"十三五"江苏省高等学校重点教材

编号：2017-2-053

U0853872

NOMICS & MANAGEMENT

高等学校经济管理类主干课程教材

审计系列

Performance Auditing

绩效审计

（第2版）

主编　郑石桥

中国人民大学出版社

· 北京 ·

图书在版编目（CIP）数据

绩效审计 / 郑石桥主编. --2 版. --北京：中国人民大学出版社，2021.7
高等学校经济管理类主干课程教材. 审计系列
ISBN 978-7-300-29588-6

Ⅰ.①绩… Ⅱ.①郑… Ⅲ.①效益审计-高等学校-教材 Ⅳ.①F239.42

中国版本图书馆 CIP 数据核字（2021）第 132257 号

"十三五"江苏省高等学校重点教材
高等学校经济管理类主干课程教材·审计系列
绩效审计（第 2 版）
主编 郑石桥
Jixiao Shenji

出版发行	中国人民大学出版社		
社　　址	北京中关村大街 31 号	**邮政编码**	100080
电　　话	010－62511242（总编室）		010－62511770（质管部）
	010－82501766（邮购部）		010－62514148（门市部）
	010－62511173（发行公司）		010－62515275（盗版举报）
网　　址	http://www.crup.com.cn		
经　　销	新华书店		
印　　刷	北京七色印务有限公司	**版　　次**	2018 年 7 月第 1 版
开　　本	787 mm×1092 mm　1/16		2021 年 7 月第 2 版
印　　张	20 插页 1	**印　　次**	2025 年 8 月第 4 次印刷
字　　数	419 000	**定　　价**	43.00 元

前　言

从技术逻辑来说，审计就是对特定事项与既定标准之间的一致性获取证据并发表意见，这里的特定事项就是审计主题。总体而言，审计主题包括财务信息、业务信息、经济行为、经济制度，审计就是围绕上述四类主题与既定标准之间的一致性收集证据并发表意见。基于这四类审计主题，分别形成了财务审计、绩效审计、合规审计、制度审计，本书仅聚焦绩效审计这一部分。

虽然各国绩效审计呈现不同的特色，但总体来说，自20世纪70年代以来，绩效审计已经成为不少审计机构的主流业务，经济性、效率性、效果性、环境性及公平性是绩效审计的核心内容。我国自1983年恢复审计事业至今，绩效审计从独立探索、与国际接轨探索直至全面推进，成效显著。但是，由于绩效审计在我国起步较晚，无论是在理论上还是实践上都还有许多问题需要解决，绩效审计的发展任重而道远。

本书定位于绩效审计课程的大学教材，也可以作为实际工作人员学习绩效审计原理的读物。根据这个定位，本书以总结多年的相关教学经验为基础，借鉴国外绩效审计理论和实务，扎根于中国绩效审计理论研究和实务探索，对绩效审计原理做了系统介绍，并介绍了国内外绩效审计发展概况、中国的绩效审计准则及一些典型的绩效审计案例。总体来说，本书的内容包括绩效审计理论、绩效审计原理和绩效审计实务三个模块，基本结构如下表所示。

内容结构

模块	内容
绩效审计理论	第1章　绩效管理基本框架及绩效审计定位 第2章　绩效审计基本框架
绩效审计原理	第3章　绩效审计项目选择 第4章　绩效审计准备工作 第5章　绩效信息鉴证 第6章　绩效水平评价 第7章　绩效差异分析 第8章　绩效审计中对违规行为及制度缺陷的考虑 第9章　绩效审计的电子数据分析

续表

模块	内容
绩效审计实务	第10章　绩效审计的产生和发展概况 第11章　中国政府审计机关的绩效审计准则 第12章　中国内部审计机构的绩效审计准则 第13章　国内绩效审计案例

本书由郑石桥主编，各章分工如下：第1章、第2章、第3章、第4章、第5章、第8章、第10章，由郑石桥编写；第6章，由郑石桥、戚振东编写；第7章，由郑石桥、陈希晖、贾云洁、陈丹萍、戚振东编写；第9章，由陈伟、郑石桥编写；第11章，由郑石桥根据江苏省审计厅发布的《绩效审计指南》改编；第12章，由郑石桥根据中国内部审计协会发布的内部审计准则改编；第13章由陈希晖根据相关资料改编。

绩效审计涉及面广，本书对绩效审计理论、原理及实务的介绍只是体现了我们对绩效审计的理解，如有不当之处，敬请读者指正。

郑石桥

于南京老山

目 录

第1章

绩效管理基本框架及绩效审计定位

学习目标

1. 了解绩效管理及其基本环节
2. 了解绩效审计在绩效管理中作为绩效信息鉴证机制的原因及作用
3. 了解绩效审计在绩效管理中作为特殊的绩效评估机制的原因及作用

引导案例

菏泽——经济责任审计杜绝“官出数字”

为解决“官出数字、数字出官”等问题，树立正确的用人导向，1997年，菏泽市建立了经济责任审计工作领导体制，形成了组织部门牵头、纪检监察机关监督、审计部门实施、人事等部门配合的工作格局。通过审计，菏泽市有效解决了“官出数字、数字出官”的问题，变过去的报政绩、评政绩为审政绩、查政绩，为干部聘任提供了真实可靠的依据。2000年以来，全市因虚报政绩影响使用的县科级干部达47人。其中，对2003年虚报政绩的13个乡镇25名党政“一把手”分别给予了党政纪处分。

资料来源：周广进，祖士常. 菏泽：经济责任审计杜绝“官出数字”. 工人日报，2007-09-12.

思考问题：菏泽市为什么开展经济责任审计？这种经济责任审计在干部政绩考核中发挥什么作用？

从管理学的角度来说，绩效就是得到的结果，这种结果也体现了绩效主体的表现或业绩，它包括组织绩效和个人绩效两个层级。从审计的角度出发，本书主要关注组织绩效，基于这个定位，绩效管理就是组织为了得到希望的绩效所实施的一系列管理活动，其中包括绩效审计，绩效审计是绩效管理的组成要素。本章首先介绍绩效管理的基本框架，在此基础上，阐述绩效审计在绩效管理中的定位。

第1节 绩效管理基本框架

组织作为一个主体，其绩效就是这个组织为了实现目标，通过一系列活动得到的结果，这种结果也体现了这个组织的表现或业绩。组织为了实现目标，必须获得预期的绩效，为此，必须进行绩效管理。无论是公共组织还是企业组织，都需要绩效管理。绩效管理是指组织为了达到目标，根据战略规划来制定绩效计划、实行绩效监测、进行绩效评估并运用绩效成果的持续循环过程，其目的是持续提升组织绩效。一般来说，绩效管理作为一个管理循环，包括的管理环节及相关关系如图1-1所示。下面，对绩效管理各环节做一简要阐述。

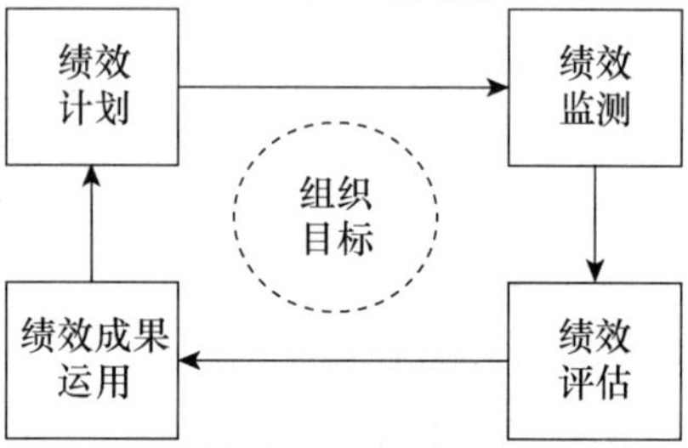

图1-1 绩效管理循环

一、绩效计划

绩效管理是为实现组织目标服务的，所以绩效计划要以组织的战略规划为起点，根据战略规划来制定年度事业计划及绩效计划。同时，绩效计划的实施还需要相应的资源配置，所以绩效计划还需要绩效预算来配合。从某种意义上说，绩效计划是战略规划、事业计划和绩效预算的关联中介。

战略规划是组织选择长期目标并将其付诸实施的安排规划。对一个组织而言，制定战略规划可以带来以下好处：剖析组织外部环境和外部条件；识别组织具有的内部优势和劣势；识别组织面临的外部机遇和挑战；明确组织未来的目标及方向。组织各个层级的战略规划主要包括三个方面的内容：一是方向和目标，战略方向是关于组织未来产品或服务范围的选择，战略目标则是组织业务营运活动预期取得的主要成果的期望值；二是政策，它是战略方向和战略目标的体现，是实施战略所要遵循的行动原则；三是计划和指标，即战略的落实计划及量化。一般来说，任何一个组织的战略规划都是多层级的，通常分为组织层级、业务单元层级和职能层级，每个层级的战略规划都要包括上述三个方面的内容，形成一个战略规划矩阵，如表1-1所示。

表 1-1　战略规划矩阵

战略规划的层级	战略规划的内容		
	方向和目标	政策	计划和指标
组织层级	★	★	★
业务单元层级	★	★	★
职能层级	★	★	★

注：★表示有这种战略规划组合。

绩效计划是组织内部各个层级以战略规划和年度事业计划为基础，按年度制定的绩效指标、绩效目标及其评价标准。一般来说，绩效计划能发挥以下几个方面的作用：

（1）科学合理的绩效计划为组织目标的实现奠定基础。战略规划确定之后，每个年度需要根据战略规划确定事业计划，在此基础上，确定各内部单位的绩效指标和绩效目标，这就是绩效计划。绩效计划要以事业计划为基础，以确保内部单位目标和组织目标的一致性，为内部单位绩效和组织整体绩效同步提升奠定基础。

（2）绩效计划为内部单位提供了努力的方向和目标。绩效计划包含绩效指标、绩效目标、权重以及评价标准等方面，对内部单位提出了具体明确的要求和期望，同时明确表达了内部单位在哪些方面取得成就会获得组织的奖励，这就引导着内部单位朝着组织期望的方向努力。

（3）绩效计划提供了对内部单位进行绩效考核的依据。制定了绩效计划，考核时就可以根据这个绩效计划对内部单位进行考核。取得优异评价的内部单位会获得奖励，而没有完成绩效计划的内部单位，其自身及有关各方面会帮助其分析没有完成绩效计划的原因并制定绩效差异改进计划。

兵马未动，粮草先行。要实现绩效计划，必须要有相应的资源配置，预算是资源配置的主要形式，任何一个组织，要实现其绩效计划，必须以事业计划和绩效计划为基础来配置资源，这就产生了绩效预算。绩效预算是把资源配置与事业计划、绩效计划紧密结合的预算系统，它以事业计划和绩效计划为基础来配置资源，是事业计划和绩效计划的资源支持计划。当然，由于任何一个组织的资源都是有限的，资源也可能约束事业计划和绩效计划，需要根据有限的资源来修改和调整事业计划及绩效计划，使事业计划及绩效计划与可得到的资源相匹配。

需要说明的是，绩效预算与绩效预算管理不同，绩效预算只是绩效预算管理的一个环节，而绩效预算管理是一个由绩效目标确定、绩效运行跟踪监控、绩效评价、绩效评价结果反馈和运用管理共同组成的综合系统。绩效预算管理将绩效理念融入预算管理全过程，使之与预算编制、预算执行、预算监督一起成为预算管理的有机组成部分，建立起“预算编制有目标、预算执行有监控、预算完成有评价、评价结果有反馈、反馈结果有运用”的绩效预算管理机制。从某种意义上说，绩效预算管理就是预算视角的绩效管理，其管理环节与绩效管理环节基本相同。

以上关于绩效计划的内容是以组织为对象来介绍的，事实上，以项目或政策为对象也可以实行绩效管理，同样需要制定绩效计划，同时也需要以绩效计划为基础来编制绩效预算。其基本原理与以组织为背景的绩效计划类似，不再赘述。

二、绩效监测

绩效计划及绩效预算在实施过程中，需要了解其运行情况，以便及时了解绩效目标的达成情况，并及时发现偏差，以采取措施应对。绩效监测主要关注五个问题：一是绩效指标体系的设计；二是绩效信息的采集；三是绩效运行跟踪；四是绩效报告；五是绩效偏离的应对。由于绩效计划中已经确定了绩效指标，因此，绩效监测就要监测这些指标。一般来说，需要为这些指标设计记录、计量、确认和报告的信息系统。任何一个组织在业务营运过程中都会产生大量的信息，而绩效信息只是这些信息的一部分，绩效信息通常要融入组织的信息系统之中，不宜单独作为“信息孤岛”。通过信息系统对绩效信息进行采集、跟踪，并与绩效计划进行比较，发现较大的偏差时，要及时采取措施。同时，还要定期或不定期出具绩效报告，以便相关方了解绩效计划的执行情况。

三、绩效评估

在绩效管理中，绩效评估是指对绩效责任主体的绩效目标达成程度进行评估，包括绩效评价和绩效差异分析。绩效评价是绩效评估的主要因素，包括四个方面的内容：一是评估指标体系；二是指标评价标准；三是指标权重；四是综合评价方法。一般来说，绩效评估指标体系就是绩效计划中的指标，绩效监测即监测这些指标，绩效报告即报告这些指标；指标评价标准就是绩效计划中所确定的目标值；指标权重就是各指标在绩效整体中的权重；综合评价方法就是如何将单个绩效指标合并成一个综合绩效指标的技术方法。通常，这些内容都会在绩效计划中确定，绩效评估时需要采取绩效计划中确定的方法，这并不困难。

在某些情形下，绩效评估还会分析绩效差异的原因，主要是在绩效严重偏离目标值时，通过一定的方法来寻找产生这些差异的内部原因和外部原因，并以此为基础制定应对措施。

一般来说，基于绩效改进的目的，绩效评估是由绩效计划执行主体对绩效计划执行情况进行自我评价，提交绩效报告，将实际取得的绩效与绩效目标进行对比，如未实现绩效目标，需要说明理由并提出改进和提高工作的措施；同时，相关部门对绩效计划执行主体的绩效评价工作进行指导、监督和检查，并对其报送的绩效评价报告进行审核。基于绩效考核的目标，绩效评估通常要由绩效责任主体之外的机构来实施。

四、绩效成果运用

绩效成果运用是将绩效结果用于对组织或组织负责人的激励机制中，如果绩效结果不能用于激励机制之中，绩效好坏都没有关系，则没有人会重视绩效责任主体是否实现了绩效目标，如此一来，整个绩效管理也就失去了动力。在绩效管理中，激励效应起着非常重要的作用，其大小取决于目标效价和期望值的乘积。目标效价指的是目标达成所获得的各种奖励对组织或组织负责人的激励程度或者目标未达成对组织或组织负责人的惩罚程度；期望值指的是组织达成目标的可能性与上级组织承诺兑现奖励或惩罚的可能性，只有这两个方面的可能性都非常大，期望值才足够高。一些实现绩效预算的国家将本期预算绩效结果与下期预算资金联系起来，这也是一种绩效成果运用。

第 2 节　绩效审计在绩效管理中的定位

根据前面的介绍可知，绩效管理主要有四个环节：绩效计划、绩效监测、绩效评估、绩效成果运用。那么，绩效审计在绩效管理中如何定位呢？尽管人们对审计本质的认识有差异，但是对审计技术逻辑有高度的共识，认为审计就是围绕特定事项与既定标准，采用系统方法收集证据，再以这些证据为基础判断该特定事项与既定标准之间的相符程度并发表意见。这里的特定事项就是审计主题。所以，从技术逻辑上说，审计就是采用系统方法收集证据，以判断审计主题与既定标准之间的一致性并发表意见。

很显然，绩效审计需要在绩效管理中围绕特定事项与既定标准，采用系统的方法收集证据，以这些证据为基础判断该特定事项与既定标准之间的相符程度并形成结论或发表意见。问题的关键是，绩效管理中的哪些特定事项需要审计来形成结论或发表意见呢？一般来说，主要有两类特定事项：一是绩效监测信息；二是绩效目标实现程度。所以，绩效审计在绩效管理中有两种定位：一是作为绩效监测的组成要素鉴证绩效信息的真实性；二是作为一种特殊的绩效评估机制评价绩效目标实现程度。下面，我们来具体分析绩效审计的这两种定位。

一、绩效审计作为绩效监测的组成要素鉴证绩效信息的真实性

绩效监测是通过一定的指标体系来测量及跟踪绩效计划实现情况及相应的资源配置和使用情况，通常会体现为一些财务指标和业务指标。通过这些财务指标和业务指标，以及通过绩效预算所配置的资源的到位情况、使用情况及结余情况，反映组织所确定的绩效目标的完成情况，这些指标合并称为绩效信息。绩效监测的基本要求是获得真实的绩效信息，为后续行动奠定基础，如果绩效信息失真，则可能误导后续行动。

那么，绩效信息是否会失真呢？回答是完全有可能失真！一般来说，委托代理关系有三种类型：一是公共部门委托代理关系；二是私营部门委托代理关系（这两种委托代理关系都是原始意义的委托代理关系）；三是组织内部的委托代理关系。这三种委托代理关系下，都存在信息不对称、激励不相容和环境不确定问题，因此，代理人都可能产生机会主义行为。为了治理代理人的机会主义行为，

需要设计一些应对机制，其中，绩效信息报告制度是重要的机制之一。绩效信息报告制度要求代理人向委托人真实地披露与经管责任或绩效责任履行相关的信息，主要包括两个方面的内容：一是资源使用情况；二是绩效目标或责任目标完成情况。由于代理人的资源是委托人提供的，委托人会关注资源使用情况。委托人将资源交给代理人，一定是希望代理人完成特定的事项，表现为代理人的责任目标或绩效目标，委托人当然会关注这些目标的完成情况。一般来说，绩效信息是以财务计量和非财务计量的视角表征代理人责任目标或绩效目标完成情况的量化信息。代理人在报告上述信息时，完全有可能操纵信息，甚至弄虚作假，当然，也可能由于非故意的错误导致信息失真。其原因如下：

第一，绩效信息是委托人激励代理人的基础，在很大程度上还表征代理人的努力程度，在自利动机的驱动下，代理人具有操纵绩效信息的积极性。由于信息不对称的存在，代理人有信息优势，在这种情形下，代理人就具备了操纵绩效信息的可能性。由于上述积极性和可能性的存在，代理人作为信息提供方，提供的信息可能存在故意的舞弊。

第二，绩效信息是由人加工生产出来的，而人是有限理性的，在信息生产过程中可能出现错误。上述绩效信息舞弊和绩效信息错误，共同形成绩效信息失真。委托人作为理性人会预期到代理人的上述绩效信息可能失真，为了治理代理人的绩效信息失真，委托人会推动建立一些治理机制来应对绩效信息失真，绩效信息审计是其中的机制之一。当然，绩效信息审计只是治理绩效信息失真的机制之一，委托人最终采用何种治理机制或治理机制的组合是由成本效益决定的。一方面要达到治理效果，另一方面还要考虑治理成本，绩效信息审计如果符合成本效益原则，则会成为委托人选择的治理绩效信息失真的机制或其中之一；如果不符合成本效益原则，或者绩效信息真实的可能性不大，绩效信息审计也就不会成为绩效信息失真的治理机制。

通过上述分析可以认为，绩效审计作为绩效监测的组成要素鉴证绩效信息的真实性，存在这种审计需求。那么，绩效信息的真实性能否鉴证？这涉及两个条件：一是绩效信息是否存在既定标准，也就是是否存在审计依据；二是绩效信息是否存在记录，也就是是否存在审计载体。

绩效信息的既定标准也就是绩效信息生产和报告的相关规定，一般来说，这种规定是存在的，因为绩效信息在很大程度上体现组织内部各单位作为代理人的业绩，也是组织目标达成程度的量化反映，同时，还在很大程度上包括了资源的状况，所以，对于这些信息如何记录、计量、确认和报告，委托人应该有明文规定，通常体现为统计制度和会计制度。它们可以作为绩效信息的审计依据，凡是与这些制度规定不一致的，就认定为失真；凡是与这些制度规定相一致的，就认定为真实。绝大多数绩效信息都存在既定标准，如果需要，都能纳入绩效信息审计的范围。

审计要获取证据，而审计证据必须来源于一定的载体，没有载体，就无法获取审计证据。绩效信息审计也需要绩效信息载体，没有这些载体，就无法获取证据以证明绩效信息的生产和报告是否符合既定标准。通常，绩效信息载体是相关的原始记录、台账、报表等，可以是纸质的，也可以是电子的。为了生产和报告绩效信息，组织内部各单位需要建立一定的绩效信息载体，这些载体为绩效信息审计奠定了基础。当然，不同的绩效信息，其载体的状况可能不同。有些绩效信息可能存在完整的载体链，这种绩效信息就具备较好的审计条件，通常可以发表合理保证审计意见；有些绩效信息的载体可能不完整，难以追踪，此时可以发表有限保证审计意见；有的绩效信息的载体较为缺乏，基本不具备审计条件，此时就无法纳入审计范围。随着绩效信息载体的变化，能纳入绩效信息审计范围的绩效信息也会变化，原来不具备审计条件的可能具备了审计条件，从而纳入审计范围。

最后，需要特别说明的是，绩效审计作为绩效监测的组成要素，其本身并不产生绩效信息，只是对已经存在的绩效信息进行鉴证，以判断其真实性。为绩效管理提供真实的绩效信息，这应该是绩效审计的基本定位，是绩效管理的基础环节，任何形式的绩效管理都离不开这种定位的绩效审计。就审计主题来说，这种定位的绩效审计的审计主题包括财务信息，主要是资源获得、使用及结合状况，以及业务信息，主要是绩效目标的相关信息。当然，绩效目标也可能包括财务信息。就审计业务基础来说，这种定位的绩效审计有两种类型：一是直接报告业务，这是当责任方没有绩效报告时，审计人员选择一些绩效信息作为审计主题；二是基于责任方认定业务，这是当责任方有绩效报告时，审计人员对绩效报告中的绩效信息进行审计。

表1-2是定位于绩效信息真实性鉴证的绩效审计报告举例。

表1-2　绩效审计举例（绩效信息鉴证型）

审计目标	确定美国某州监狱囚犯的年看护平均成本。
审计发现	20××年，美国某州监狱囚犯的年看护平均成本是35 000美元，变动范围从27 000～41 500美元不等。每个监狱囚犯的年看护平均成本如下： …………

二、绩效审计作为一种特殊的绩效评估机制评价绩效目标实现程度

绩效评估是指运用一定的评价方法、量化指标及评价标准，对各级组织绩效目标的实现程度，以及为实现这一绩效目标所安排预算资源的执行结果进行的综合性评价。可见，绩效评估既包括工作业绩的评价，也包括工作投入的评价。绩效评估有多种目的，评估目的不同，评估内容也不同，进而评估主体也不同。

一般来说，绩效评估目的可以分为两类：一是绩效问责；二是绩效差异改进。基于问责目的的绩效评估的绩效问责并不是指发现问题以追究责任，而是在搞清楚绩效主体的绩效责任或经管责任履行情况的基础上，决定奖励或处罚。基于这种绩效评估目的，绩效评估的内容要根据绩效责任或经管责任的内容而定，一般

包括绩效目标完成情况及预算资源使用情况。基于这种目的的绩效评估需要绩效责任主体的外部单位来进行，而不是绩效责任主体的自我评估。

基于绩效差异改进的绩效评估，其目的是及时找出绩效履行中的问题，针对这些问题及时采取措施。基于这种目的的绩效评估，其评估内容不一定具有全面性，而是聚焦于绩效不好的领域，针对这些领域开展针对性的调查，并在此基础上，为改进绩效提出方案。这种目的的绩效评估要求对绩效的营运过程及影响因素相当清楚，所以，通常需要绩效责任主体本身具有这种专业胜任能力和及时性、敏感性。当然，也不排除某些评估主体具有这种能力。

绩效审计是一种特殊类型的绩效评估，这里的特殊不是指绩效审计作为绩效评估机制的适用情形较少，恰恰相反，在许多组织，绩效审计是主要的绩效评估机制，这里的特殊是指绩效审计作为绩效评估机制，其本身具有其他一些绩效评估机制所不具备的特征，正是这些特征，使得绩效审计成为特殊的绩效评估机制。绩效审计作为绩效评估机制，其特殊性主要表现在以下几个方面。

1. 评估主体的特殊性

审计机构作为一种专门的机构，具有两个显著特征：一是独立性；二是专业性。独立性是指审计机构与审计客体及审计相关的利益相关者之间没有利益关联，正是这种独立性，使得审计机构在获取审计证据及形成审计结论时能做到客观公正，审计结论具有客观性。专业性是指审计机构对于所审计的事项具有获取证据以判断其与既定标准相符程度的能力，正是这种专业胜任能力，使得审计机构的审计结论具有科学性。对于绩效审计来说，独立性要求审计机构不是绩效责任主体，不参与绩效计划的履行，不承担绩效计划履行的责任，同时，要求审计人员与承担绩效履行责任的人员不具有利益关系。这种独立性的存在，使得审计机构和审计人员能从主观态度上做到客观公正，为客观地实施绩效评估奠定基础。审计机构和审计人员的专业性，使得审计过程中的技术问题都能有效地解决，从而为科学实施绩效评估奠定基础。需要说明的是，审计机构同时具备独立性和专业性，有些绩效评估机构也具备独立性，但是在专业性方面可能存在缺陷。例如，一些外部绩效评估机构具有独立性，但是专业水平不足；而绩效责任主体的自身评估虽然具备专业水平，但是独立性缺失；还有一些绩效评估机构在独立性和专业性两个方面都存在不足。

2. 评估目的的特殊性

前已叙及，绩效评估有两类目的：一是绩效问责；二是绩效差异改进。对于绩效审计来说，通过其工作内容的变化，上述两类评估目的都可以存在。首先，绩效审计可以定位在鉴证绩效信息真实性的基础上，将绩效实际值与目标进行比较，对绩效目标达成程度发表意见。这种审计定位下的绩效审计，事实上是对绩效目标达成程度发表意见，对绩效责任是否完成发表意见，属于绩效问责性质的绩效评估。其次，绩效审计可以针对发现的绩效问题领域开展深入的调查，搞清楚绩效问题的原因，并寻找可行的解决措施。这种定位下的绩效审计，事实上是为提升绩效水平服务的，属于绩效差异改进性质的绩效评估。当然，审计机构能选择不同绩效评估目的，其基础性原因还是本身所具有的独立性和专业性，至于究竟选择何种目的的绩效评估，取决于审计需求者的需求或审计机构对审计需求的感知。

3. 评估客体的特殊性

一般来说，作为绩效管理的一个重要环节，所有的绩效责任主体在其绩效管理过程中都需要某种形式的绩效评估（至少是自身绩效评估）。但是，绩效审计作为评估机制并不是对所有的绩效责任主体都要实施，而是具有选择性，只对一些特殊的绩效责任主体的绩效责任履行情况进行绩效审计。原因是审计机构的资源也是有限的，不能满足所有绩效评估的需求，同时，绩效审计本身也需要讲究成本效益，不符合成本效益原则的绩效评估就不宜作为绩效审计来实施。通常，不同的审计机构需要根据一定的方法来选择评估客体。

4. 评估方法的特殊性

审计机构实施的绩效审计作为一种特殊的绩效评估机制，在评估方法上也有一定的特殊性。首先，绩效审计会以特有的方法关注绩效信息的真实性，其他的绩效评估可能也会关注绩效信息的真实性，但是缺乏系统的方法，而绩效审计则以审计所具有的特殊的系统方法来关注绩效信息的真实性，这为真实地评估绩效并找到绩效差异的成因奠定了基础；其次，绩效审计作为特殊的绩效评估机制，后续审计可能会成为重要的审计程序，通过这种审计程序检查绩效问题是否真的得到解决、绩效水平是否真的得到提升，为绩效评估真正发挥作用奠定了基础。

5. 评估内容的特殊性

首先，绩效审计作为一种评估机制，会用审计特有的方法来关注绩效信息的真实性，这是绩效审计内容的特殊性；其次，绩效审计对于发现的绩效问题会进行调查，可能会涉及绩效责任主体的管理全过程，这与其他的绩效评估机制并无重要区别，但是，如果在这种绩效过程中，发现审计客体有违规嫌疑，则必须保持应有的职业谨慎而予以追踪，以发现审计客体在履行绩效责任过程中的重大违规行为，这是绩效审计的特有内容。

6. 评估结果运用的特殊性

正是由于绩效审计对于审计客体的违规嫌疑必须保持应有的职业谨慎而予以追踪，绩效审计对于发现的违规行为还要予以定性，并对直接责任人和责任单位进行处理处罚，这是一般的绩效评估机制所没有的。

绩效审计作为绩效评估机制所具有的上述特征，使得由审计机构实施的绩效审计成为绩效评估的主要机制，对于公共部门来说尤其如此。然而，绩效审计作为特殊的绩效评估机制，也有两种不同的定位：一是绩效水平评价；二是绩效差异改进。当定位于绩效水平评价时，绩效审计将鉴证后的绩效信息与一定的标杆进行比照，以确定绩效水平的等级，此时，绩效审计只是评估了绩效水平，并没有解释绩效差异的成因，当然也没有提出改进绩效水平的建议。当定位于绩效差异改进时，绩效审计需要解决两个关键问题：一是识别具有重要性的绩效差异；二是寻找这种绩效差异的成因及其相应的解决措施。此时，绩效审计成为一种绩效差异应对机制，也可以称为绩效差异纠偏机制。

表1-3是定位于绩效水平评价的绩效审计举例，表1-4和表1-5是定位于绩效差异改进的绩效审计举例。

表1-3 绩效审计举例（绩效水平评价型）

审计目标	确定美国某州监狱囚犯的年看护成本是否合理，监狱是否具有良好的看护条件和安全设施。
审计发现	美国某州监狱囚犯的年看护平均成本比具有同等或稍高看护条件及同等安全措施的其他两个州监狱的年看护平均成本高3 000～3 800美元。 20××年，美国某州监狱囚犯的年看护平均成本是35 000美元，变动范围从27 000～41 500美元不等。按安全程度最低、中等、最高，其年看护平均成本分别为29 400美元、36 200美元和39 100美元。 每个监狱囚犯年看护平均成本如下： …………
绩效标准	我们从具有类似气候和囚犯特征的5个州获得的成本数据如下： （1）两个州监狱，囚犯的年看护平均成本是32 000～31 200美元，看护条件相同或稍好； （2）一个州监狱，囚犯的年看护平均成本是36 000美元，看护条件较好； （3）两个州监狱，囚犯的年看护平均年成本低于34 000美元，看护条件较差。 以上各州监狱的安全设施相同。

表1-4 绩效审计举例（绩效差异改进型）

审计目标	确定美国某州监狱囚犯的年看护成本是否合理，监狱是否具有良好的看护条件和安全设施。如果不具有，确定成本过高的原因。
审计核实的绩效状况	美国某州监狱囚犯的年看护平均成本比具有同等或稍高看护条件及同等安全措施的其他两个州监狱的年看护平均成本高3 000～3 800美元。 20××年，美国某州监狱囚犯的年看护平均成本是35 000美元，变动范围从27 000～41 500美元不等。按安全程度最低、中等、最高，其年看护平均成本分别为29 400美元、36 200美元和39 100美元。 每个监狱囚犯年看护平均成本如下： …………
绩效标准	我们从具有类似气候和囚犯特征的5个州获得的成本数据如下： （1）两个州监狱，囚犯的年看护平均成本是32 000～31 200美元，看护条件相同或稍好； （2）一个州监狱，囚犯的年看护平均成本是36 000美元，看护条件较好； （3）两个州监狱，囚犯的年看护平均年成本低于34 000美元，看护条件较差。 以上各州监狱的安全设施相同。
后果	按州监狱目前关押囚犯人数，通过降低上述3 000～3 800美元成本，每年可以节约经费9 000万～1.14亿美元。

续表

审计分析的原因	四个因素导致近 80%的成本差异。通过与上述两个州监狱系统对比发现，本州监狱的监管人员与安全警卫人员的经费、每个安全警卫人员的无线通信成本和安全警卫人员流动率（约 40%）均高于其他两个州监狱，从而增加了培训成本和管理成本。 本州监狱系统的管理层从未对本州监狱系统的运营及成本结构做过研究，也不知道本单位成本如此高的情况。

表 1－5　绩效审计举例（绩效差异改进型）

审计目标	确定 A 机构资助的各农场的井水是否适合饮用，是否符合该机构政策规定的安全要求？如果不安全，有哪些后果以及需要采取什么行动？
审计策略	抽取 34 个县的井水作为样本进行检验。
审计结论	A 机构资助的大部分（并非全部）农场的井水适合人类饮用。A 机构每四年检查井水一次，该间隔对于接近污染区的水井来说时间过长。大部分县级主管部门对井水进行了追加检验，这种做法保证了检测的及时性，所有县级主管部门都应当效仿。
绩效标准	A 机构的政策目标是保证农场井水适合人类饮用，符合环境保护局的标准。
核实后的绩效现状	A 机构资助的大部分（并非全部）农场的井水适合人类饮用。从 34 个县的代表性样本中随机抽取 680 口水井，对井水进行检验，结果表明，19 个县的井水适合饮用，15 个县的井水有 10%受到细菌污染，不适合饮用。
后果	居民正使用受到污染的井水，因此，有大约 5 000 个家庭的健康受到威胁。
原因	直接原因： A 机构每四年检验井水一次，该间隔对于接近污染区的水井来说，时间过长。 为保证农场井水安全，A 机构制定井水检验程序，要求每四年对井水进行检验以确定是否符合标准。在对井水的随机检验中发现，四年时间的间隔过长。 在对 34 个县的代表性样本的审计中发现，没有受到污染的 19 个县级主管部门每四年对井水检验一次，但是，对于接近污染区的井水，检验次数多一些。主管部门称，在四年一次的检验中，如果发现靠近污染区的井水，他们会更频繁地进行检验，并留出更多的预算。另外 15 个县级主管部门每四年对所有井水进行一次全面检验。这些县级主管部门说，偶尔能检测出受到污染的井水，但是，他们没有意识到对井水进行检验的次数应该更多。 潜在原因： A 机构管理层早已知道各个县对井水进行检验程序的各种看法，却没有对检验结果进行监督，没有意识到后果的严重性。
建议	A 机构负责人应该修改程序，以便在必要时进行检验，从而保证井水在检验之前没有受到污染，并对检验结果进行监督，以确定是否有必要采取进一步的行动。

以上分别分析了绩效审计的三种定位，总括起来，不同的定位下，绩效审计的构成要素不同，基本情况如表 1－6 所示。

表1-6 绩效审计构成要素

审计定位	审计要素			
	绩效状况	绩效水平标准	差异及后果	差异原因
绩效信息鉴证	√			
绩效水平评价	√	√		
绩效差异改进	√	√	√	√

注：√表示有这种要素。

本章小结

绩效就是得到的结果，绩效管理就是组织为了得到希望的绩效结果所实施的一系列管理活动，其中包括绩效审计。绩效管理是一个循环，包括绩效计划、绩效监测、绩效评估、绩效成果运用四个环节。绩效审计在绩效管理中有两种定位：一是作为绩效监测的组成要素鉴证绩效信息的真实性；二是作为一种特殊的绩效评估机制评价绩效目标实现程度。绩效审计作为绩效监测的组成要素，其本身并不生产绩效信息，只是对已经存在的绩效信息进行鉴证，以判断其真实性，这是绩效审计的基本定位，这种定位的绩效审计有两种类型：一是直接报告业务；二是基于责任方认定业务。绩效审计是一种特殊类型的绩效评估，这里的特殊是指绩效审计作为绩效评估机制，其本身具有一些其他绩效评估机制所不具备的特征，正是由于这些特征，由审计机构实施的绩效审计成为绩效评估的主要机制。

思考题

1. 什么是绩效管理？
2. 绩效审计在绩效管理中有哪些定位？
3. 绩效管理的绩效信息为什么会失真？如何保障其真实性？
4. 绩效审计为什么能作为绩效信息真实性的鉴证机制？
5. 绩效审计作为特殊的绩效评估机制，其特殊性表现在哪些方面？

第2章

绩效审计基本框架

学习目标

1. 了解绩效审计需求
2. 了解绩效审计本质
3. 了解绩效审计目标
4. 了解绩效审计客体
5. 了解绩效审计主体
6. 了解绩效审计内容
7. 了解绩效审计环境与绩效审计的关系
8. 了解绩效审计模式和基本流程

引导案例

河北省审计厅将政府统计数据纳入经济责任审计内容

2015年以来，河北省审计厅在部分经济责任审计项目中将统计数字的真实性、有效性纳入经济责任审计内容，防止“官出数字、数字出官”现象，提高统计数字的准确性，更加科学地评价领导干部任期的实绩。审计人员通过组织查阅和学习大量现行统计法律法规、制度规章和统计业务流程规范，采取自下而上的方式，找准审计工作的突破口，从企业年报、报表入手，重点对规模以上工业企业、限上商贸企业、资质以上建筑业企业、外商投资企业以及重点建设项目投资五类统计样本企业（项目建设单位）进行随机抽样，与相关部门的发布数据进行比对，发现和揭示弄虚作假行为。例如，对规模以上工业企业总产值数据的审计核实中，采取以政府投资建立起来的由国家、省、市、县（区）和样本企业单位五级组成的全国上报统计数据专网平台为抓手，以样本企业上报统计台账数据、企业生产数据、销售数据、财务核算数据以及管理数据为基础，参照政府发布的地方经济发展公报和统计部门巡查报告，运用计算机抽样技术随机抽取辖区内规模以上工业企业样本量，分成不同小组深入企业实地审计调查，逐一计算核实的办法。采用通行的工业总产值计算方法，一是当月产品产量×销售单价，二是当月主营业务收入+(库存商品期末余额－库存商品期初余额)，并在审计流程中关注不同计算方法误差系数的影响导致的结果差异因素。某经济责任审计项目，通过抽查样本企业，共查出虚报经济数据上百亿元。

资料来源：河北省经济责任审计局. 拓展审计领域 创新审计内容 河北省经济责任审计工作成效凸显. [2015-10-15]. http://www.hebaudit.gov.cn/h/c/i/335050.

思考问题：河北省审计厅将政府统计数据纳入经济责任审计内容的原因是什么？审计主体是什么？审计目标是什么？审计客体是什么？审计内容是什么？审计定位是什么？

根据前一章的内容可知，绩效审计是绩效管理的组成部分，在绩效管理中有两种定位：一是作为绩效信息鉴证机制；二是作为特殊的绩效评估机制。本章将这两种机制结合起来，对绩效审计的基本问题做一简要阐述，形成绩效审计基本理论框架，主要内容包括：绩效审计需求、绩效审计本质、绩效审计目标、绩效审计客体、绩效审计主体、绩效审计内容、绩效审计环境、绩效审计模式、绩效审计基本流程。

第1节 绩效审计需求、绩效审计本质和绩效审计目标

本节关注绩效审计的三个基本问题：为什么会有绩效审计——绩效审计需求；什么是绩效审计——绩效审计本质；希望通过绩效审计得到什么——绩效审计目标。

一、绩效审计需求

审计源于委托代理关系。在委托代理关系中，由于人性自利，在激励不相容、信息不对称及环境不确定的条件下，代理人可能偏离委托人的期望，出现代理问题和次优问题，为此，需要建立应对机制，审计就是应对机制的组成部分。这里的审计当然包括绩效审计。下面，我们根据上述思路，对绩效审计的审计需求做具体分析。

美国自由主义经济学家弗里德曼曾极为精彩地归纳出如表2-1所示的四种花钱方式，除了“花自己的钱，为自己办事”没有委托代理关系之外，其他各种花钱方式都有一定的委托代理成分，而“花他人的钱，为他人办事”属于典型的委托代理关系。

表 2-1　花钱的四种方式

方式	是否讲求节约	是否讲求效果
花自己的钱，为自己办事	是	是
花自己的钱，为他人办事	是	否
花他人的钱，为自己办事	否	是
花他人的钱，为他人办事	否	否

在委托代理关系下，由于人性自利和有限理性，在激励不相容、信息不对称及环境不确定的条件下，代理人可能偏离委托人的期望，花钱可能不讲求节约、不讲求效果，出现各种对经管责任履行有负面影响的问题。由于人性自利产生的故意行为，称为代理问题；由于有限理性产生的非故意行为，称为次优问题。为此，必须建立治理机制来应对这些代理问题和次优问题，包括绩效审计在内的绩效管理就是其中之一。

绩效管理是指组织为了达到组织目标，根据战略规划来制定绩效计划、实行绩效监测、进行绩效评估并运用绩效成果的持续循环过程，其目的是持续提升组织绩效。从经管责任的角度来说，绩效管理就是事先根据组织战略，对组织的做事和花钱做出计划，绩效计划是其中之一，在此基础上，以绩效计划为基础对绩效进行监测，并定期对绩效进行评估，同时根据绩效成果，对绩效责任主体进行奖励或处罚。通过这个循环，抑制或控制绩效目标确定、绩效产生及绩效成果运用中的代理问题和次优问题，为绩效水平的提高奠定基础。

绩效审计作为绩效管理的组成部分，聚焦两个问题：一是保障绩效信息的真实性；二是识别具有重要性的绩效差异，在此基础上，调查绩效差异的原因，并提出应对绩效差异的措施，也就是服务于提升组织绩效水平。通过解决上述两个问题，绩效审计抑制了绩效信息失真，为绩效管理发挥了基础性的信息保障作用；同时，识别了绩效差异及其原因，并提出了应对措施，而这里的原因，要么是代理问题，要么是次优问题。上述绩效信息失真以及导致绩效差异的代理问题、次优问题，都是绩效审计关注的核心问题。

二、绩效审计本质

审计本质关注审计是什么，绩效审计本质也不例外。绩效审计属于审计，所以，其本质不能离开审计本质，我们以审计本质为基础来分析绩效审计本质。

一般认为，审计是以系统方法从行为、信息和制度三个维度独立鉴证经管责任的履行情况，并将结果传达给利益相关者的制度安排。以此为基础，可对绩效审计本质界定如下：绩效审计是以系统方法从绩效信息角度独立鉴证和评价绩效责任履行情况，并将结果传达给利益相关者的制度安排。对于绩效审计本质的上述界定，可以从以下六个方面深入理解。

1. 绩效审计的审计对象是绩效责任履行情况

绩效责任通常属于经管责任的一部分，也就是一定的主体对绩效计划的实现及相关资源环境的使用所应该承担的责任，通常包括绩效目标实现情况及绩效预算资源环境使用情况。很显然，绩效责任属于经管责任的组成部分，其外延要小于经管责任，所以，绩效审计属于审计的一部分。当然，对于绩效责任的理解不同，可能导致绩效审计的对象不同。同时，审计作用于绩效责任有其独特的视角，即关注绩效责任履行中的代理问题和次优问题。绩效责任履行有许多环节，而绩效审计并不全部涉及，只是关注绩效责任履行中的代理问题和次优问题，它是问题导向的，通过鉴证和评价这些问题，促进责任主体更好地履行其绩效责任。

2. 绩效审计的审计主题是绩效信息

审计主题是指对什么进行审计，绩效审计一方面可以定位于鉴证绩效信息的真实性，此时，鉴证的绩效信息包括财务信息和业务信息，从审计主题来说，它们都是信息主题；另一方面还可以定位于一种特殊的绩效评估机制，此时，财务信息和业务信息仍然是绩效审计的审计主题，但是为了寻找绩效差异的原因，可能涉及经济行为是否合规、经济制度是否健全的问题，就审计主题来说，它们都是解释绩效差异的，并不需要对它们形成结论或发表意见，所以它们不属于绩效审计的审计主题。总体来说，绩效审计是以绩效信息为审计主题，这里的绩效信息主要是业务信息，也可能包括一些财务信息。

3. 绩效审计的功能定位包括鉴证和评价

一般来说，审计具有鉴证、评价和责任追究三大功能。其中，鉴证是基本功能，没有鉴证功能，就不可能发挥评价功能和责任追究功能。绩效审计的基本功能是绩效信息的真实性鉴证，评价功能是在鉴证的基础上，将真实的绩效与一定的标杆进行比较，以确定绩效水平，甚至还会寻找绩效差异的原因。当绩效审计定位于绩效信息鉴证机制时，主要发挥鉴证功能；当绩效审计定位于特殊的绩效评估机制时，绩效审计在鉴证功能的基础上，还发挥评价功能，并且主要注重评价功能。当然，绩效审计无论如何定位，在审计流程上都要对违规行为保持警觉，以便于及时发现违规行为，对这些违规行为的责任者进行处理处罚，这样就发挥了责任追究功能。当然，这种责任追究功能的发挥具有不确定性，所以，不属于绩效审计的必要功能。

4. 绩效审计具有独立性

独立性是审计的灵魂，对于绩效审计来说，独立性要求审计机构不是绩效责任主体，不参与绩效计划的履行，不承担绩效计划履行的责任。同时，要求审计人员与承担绩效履行责任的人员也不具有利益关系。这种独立性的存在，使得审计机构和审计人员能从主观态度上做到客观公正，为客观地实施绩效审计奠定基础。

5. 绩效审计要将审计结果传递给利益相关者

绩效审计不是为了审计而审计，而是为了提高绩效信息的真实性和提升绩效水平，所以，审计人员必须将绩效信息鉴证结果及绩效评估结果提交给利益相关者，以便他们使用这些审计结果来做出自己的相关决策。这里的利益相关者也就是绩效责任的相关者，一般包括绩效责任主体及其委托人，也可能包括绩效责任主体的服务对象。

6. 绩效审计有系统方法

绩效审计可以发挥绩效信息鉴证功能，也可以发挥绩效评估功能，但无论发挥何种功能，都要体现审计的专业性，因此需要采用系统的方法。目前，关于绩效信息鉴证有一些审计准则，关于绩效评估也有一些准则，这些准则是绩效审计系统方法的体现。当然，与财务审计相比，绩效审计的系统方法还处于发展阶段。

三、绩效审计目标

审计目标就是人们通过审计实践活动所希望得到的结果，它是审计工作的出发点和归宿；绩效审计目标也是如此，它是人们通过绩效审计活动所希望得到的结果。这里的“人们”主要有两类：一是以审计委托人为主的利益相关者；二是审计人员。前者希望绩效审计得到的结果是绩效审计的真正起点和终点，称为终极目标；后者希望绩效审计得到的结果是绩效审计的直接产出，称为直接目标。

关于审计终极目标，一般来说，绩效审计的利益相关者希望得到两种结果：一是保障绩效信息真实，这主要通过绩效信息鉴证来实现；二是提升绩效责任主体的绩效水平，这主要通过绩效审计作为评估机制来实现。那么，利益相关者的这两个目标如何实现呢？这就需要审计人员提供审计产品，通过消费审计产品来实现上述目标，利益相关者使用审计结果之后的结果是审计的终极目标。所以，直接目标是终极目标的基础，而直接目标的选择要以终极目标为导向。

关于审计直接目标，绩效审计的定位不同，审计人员提供的审计产品也不同。当定位于绩效信息鉴证机制时，审计产品就是绩效信息鉴证结论，此时的审计目标称为绩效信息的真实性，事实上，审计人员鉴证绩效信息是否真实的主要路径是寻找绩效信息是否存在失真，所以，查找具有重要性的绩效信息失真是这种定位的主要目标。

当定位于特殊的绩效评估机制时，有两种不同的选择：一是评价绩效水平；二是寻找绩效差异及解决措施。不同的选择会有不同的审计产品，当评价绩效水平时，其审计产品是绩效评价报告，目标是确定绩效处于何种水平，主要方式是将实际的绩效与一定的标杆进行比较以确定绩效水平，所以，确定绩效水平是这种情形下的审计直接目标。当寻找绩效差异及解决措施时，审计人员需要解决两个关键问题：一是识别具有重要性的绩效差异；二是寻找这种绩效差异的原因及相应的解决措施。这两个关键问题的解决也就是审计人员的直接目标。

以上所述的绩效审计在不同定位下的终极目标和直接目标，归纳起来如表 2 - 2 所示。

表2-2 绩效审计目标

绩效审计定位		审计目标	
		直接目标	终极目标
绩效问责	绩效信息鉴证	发现绩效信息失真	保障绩效信息真实
	绩效水平评价	确定绩效水平	提升绩效水平
绩效差异改进		识别绩效差异，寻找绩效差异的原因及解决措施	提升绩效水平

第2节 绩效审计客体和绩效审计主体

本节关注绩效审计的两个基本问题：绩效审计究竟审计谁——绩效审计客体；绩效审计由谁来审计——绩效审计主体。

一、绩效审计客体

审计客体关注审计谁，绩效审计客体也不例外。一般来说，审计客体就是委托代理关系中的代理人（包括其领导的组织，下同），绩效审计的审计客体也不例外。由于委托代理关系具有广泛性，绩效审计客体也具有多种情形。委托代理关系包括公共部门委托代理关系、私营部门委托代理关系和组织内部委托代理关系，这三种委托代理关系下的代理人都是审计客体，当然也都是绩效审计客体。

在公共部门委托代理关系中，审计客体是公共经管责任承担者。政府的委托人是公众，在单一制国家，上级政府也是下级政府的委托人。对于政府部门、政府事业组织来说，本级政府是委托人；对于非政府组织（NGO）来说，供资者是委托人。代理人的绩效责任包括两个部分：一是资源管理及其使用状况；二是经管责任完成情况（在绩效管理体系中，也就是绩效目标完成情况，下同）。一般来说，资源管理及其使用情况体现在财务报告中，而经管责任完成情况则体现在各类绩效报告或统计报表中。这里的经管责任有多种情况，可以是一个单位或部门的职责，可以是一个项目的实施，可以是一项政策的执行，也可以是一类公共资源的管理，所以，公共部门的绩效审计分为单位/部门绩效审计、项目绩效审计、政策绩效审计、资源环境绩效审计，上述四个方面的绩效审计既可以定位于绩效信息鉴证，也可以定位于绩效评估机制。

私营部门委托代理关系主要存在于企业中，股东是委托人，管理层是代理人。管理层的绩效责任包括两个部分：一是资源管理及其使用情况，主要体现在财务报告中，针对这种信息报告，有专门的财务审计；二是业务营运责任，也就是组织目标或绩效目标完成情况，包括财务成果、营运业绩、核心竞争力、可持续发展等方面的成果，这些绩效中财务成果来源于财务报告，其他各类绩效基本上都是非财务绩效，需要由专门的绩效审计来鉴证其真实性，同时进行绩效评估。一般来说，股东是将企业作为一个整体来关注的，在特定情形下，股东也可能关注某些特定的项目，例如，大型工程项目、重要的研究项目，所以，这些项目也可能成为绩效审计的特定客体。

公共部门和私营部门都有内部组织层级，都存在内部委托代理关系，上级是委托人，下级是代理人。上级将一定的资源交付下级，并要求下级完成特定的职责，下级要向上级报告资源管理及其使用状况，更要报告其职责履行情况，绩效主要体现为职责履行或组织目标的完成。在一些特殊情形下，上级交付下级实施特定项目，这类项目也就是绩效审计客体。

以上所述的各类绩效审计客体，归纳起来如表 2－3 所示。

表 2－3　绩效审计客体

委托代理关系类型	审计客体类型	审计客体具体存在形态
公共部门委托代理关系	公共部门	单位：政府、政府部门、事业单位、NGO 等
		单个项目
		单项政策
		某类资源环境
私营部门委托代理关系	企业	企业整体
		重大项目：工程项目、研究项目等
组织内部委托代理关系	内部单位	单位：内部具有独立职能的组织
		重大项目：工程项目、研究项目等

二、绩效审计主体

审计主体关注谁来审计，绩效审计主体也不例外。对审计主体的要求包括独立性和专业胜任能力。由于专业胜任能力是可以建立的，所以，从根本上说，对审计主体的唯一要求是独立性。当然，在保持独立性的前提下，还要考虑成本效益原则。根据这两个要点，在不同的委托代理关系中，审计主体有不同的选择。

在公共部门委托代理关系中，当政府本身作为审计客体时，其审计主体只能是上级政府建立的审计机关，或者是在同级政府分权制衡下，本级广义政府的审计机关作为本级广义政府的一种权力，对属于另外权力类型的政府进行审计，例如，属于立法机关的审计机构对属于行政机构的政府进行审计。当政府部门或事业单位作为审计客体时，本级广义政府设立的审计机关或上级政府审计机关都具有独立性，都可以成为审计主体，究竟选择何种审计主体，还要视成本效益原则而定。至于项目、政策、资源环境的绩效审计，需要根据这些事项的负责机构来确定其审计主体，基本类似于上述政府本身、政府部门或事业单位的审计主体的选择。至于 NGO，其审计主体有两种情形：一是供资者积极参与 NGO 治理，此时，可以由供资者选择审计主体，既可以委托民间审计机构来审计，也可以申请政府审计机关来审计；二是供资者基本不参与 NGO 治理，此时，政府审计机关应该作为审计主体积极地参与其中。当然，当政府审计机关作为审计主体时，也可以采取审计业务外包的方式，委托民间审计机构来实施，这并不改变政府审计机关作为审计主体的事实。

在私营部门委托代理关系中，对于企业最高管理层的审计，股东一般会委托民间审计机构来实施。当然，如果股东投资了许多企业，也可以建立自己的审计机构来对接受投资的企业进行审计。究竟选择何种审计主体，股东会基于成本效益原则做出理性选择。

在组织内部委托代理关系中，审计客体是单位内部组织，审计主体有两种选择：一是建立内部审计机构；二是委托民间审计机构。选择何种审计主体，单位最高管理层会根据成本效益原则做出决定。

在绩效审计主体的选择中，有一个需要讨论的问题是：负责绩效考核的机构能否作为审计主体？从独立性来说，在许多情形下，绩效考核机构可能不具有应有的独立性，此时，就不宜作为审计主体。例如，在公共部门委托代理关系中，一些指标是层层加码确定的，下级绩效指标可能是上级绩效的基础，没有下级指标的完成，上级绩效可能难以完成。在这种情形下，上级绩效考核部门就难以保持独立性，从而也就不能作为这些绩效的审计主体。当然，如果绩效考核机构能保持应有的独立性，从专业胜任能力来说，绩效考核部门应该是没有问题的，如果还符合成本效益原则，则绩效考核机构可以作为绩效审计主体。

第3节 绩效审计内容和绩效审计环境

本节关注绩效审计的两个基本问题：绩效审计究竟审计什么——绩效审计内容；绩效审计与其环境因素是什么关系——绩效审计环境。

一、绩效审计内容

绩效审计内容涉及两个问题：一是从哪些维度来开展绩效审计，这涉及绩效究竟包括什么；二是绩效审计业务类型，这涉及绩效审计定位和绩效审计内容维度的组合。

（一）绩效审计内容维度

一般认为，绩效内容可能包括五个维度：经济性（economy）、效率性（efficiency）、效果性（effectiveness）、公平性（equity）、环境性（environment）。上述每个方面的英语单词都是以E开头，所以绩效审计也称5E审计。经济性反映对各项经济资源的利用是否节约合理；效率性反映投入与产出的关系；效果性反映目标的执行结果；公平性反映社会影响；环境性反映环境影响。

将绩效内容的上述维度与审计客体关联起来，根据前面的分析，绩效审计客体包括以下主要情形：单位、工程项目、研究项目、政策、资源环境。内容维度与审计客体关联起来形成绩效审计内容矩阵，如表2-4所示。

表 2-4　绩效审计内容矩阵

绩效审计客体	绩效内容维度				
	经济性	效率性	效果性	公平性	环境性
单位	★	★	★	★	★
工程项目	★	★	★	★	★
研究项目	★	★	★	★	★
政策	★	★	★	★	★
资源环境	★	★	★	★	★

注：★表示可能有这种绩效审计。

（1）单位绩效审计内容。单位绩效包括的范围很广，凡是具有独立职能的任何组织都应该有绩效，都可能成为绩效审计客体。在公共部门委托代理关系中，政府本身、政府部门、事业单位、NGO 都具有独立的职能，都应该有绩效，都可能有绩效审计。当然，不同单位的职能不同，其绩效内容也会不同。例如，高等学校的绩效与医院不同，从而其绩效审计内容也不同。另外，即使是同一单位，在不同时期委托人对其绩效的关注重点也可能不同，从而导致绩效审计内容不同。例如，各级地方政府在以前的绩效考核中并不关注资源环境绩效，在生态文明建设列为国家重要议程之后，各级政府的绩效考核指标中资源环境绩效成为重要内容，进而这方面的绩效也就成为绩效审计的重要内容。

（2）工程项目绩效审计内容。工程项目绩效分为两种：一是建设绩效；二是营运绩效。建设绩效包括建设成本、建设质量、建设工期、建设环境影响等，不同的项目在上述各方面的权重可能有所区别。营运绩效一般是工程项目的设计功能实现情况，主要体现为一些财务指标和业务指标，不同的工程项目其功能指标差异较大。

（3）研究项目绩效审计内容。研究项目绩效主要关注科研成果及效果，科研成果是科研的直接产出，而效果则是科研成果使用后的产出。很显然，不同的研究项目，成果和效果的指标不同。

（4）政策绩效审计内容。政策绩效主要关注政策事实和价值两个维度，事实维度是指政策目标达成情况，一般体现为一些量化指标；价值维度指政策产生的影响，这些影响是以价值判断为基础的，也可能体现为一些量化指标。

（5）资源环境绩效审计内容。这里的资源环境是指为特定目标而设定的具有专门用途的资源环境，资源环境绩效是指其特定目标达成情况，一般也体现为一些量化指标绩效。

（二）绩效审计业务类型

绩效审计业务类型受到三个因素的联合影响：一是绩效审计内容维度，包括经济性、效率性、效果性、公平性、环境性，不同的绩效审计内容维度，绩效审计业务不同；二是绩效审计客体，包括单位、工程项目、研究项目、政策、资源环境，不同的绩效审计客体，绩效审计业务不同；三是绩效审计定位，包括绩效信息鉴证、绩效水平评价、绩效差异改进，不同的绩效审计定位，绩效审计业务不同。当定位于绩效信息鉴证时，绩效审计就是绩效信息鉴证型审计；当定位于绩效水平评价时，绩效审计就是绩效水平评价型审计；当定位于绩效差异改进时，绩效审计就是绩效差异改进型审计。总体来说，绩效审计业务类型的基本情况如表2-5所示。

表2-5 绩效审计业务类型

审计客体	审计定位	绩效内容维度				
		经济性	效率性	效果性	公平性	环境性
单位	绩效信息鉴证型审计	★	★	★	★	★
	绩效水平评价型审计	★	★	★	★	★
	绩效差异改进型审计	★	★	★	★	★
工程项目	绩效信息鉴证型审计	★	★	★	★	★
	绩效水平评价型审计	★	★	★	★	★
	绩效差异改进型审计	★	★	★	★	★
研究项目	绩效信息鉴证型审计	★	★	★	★	★
	绩效水平评价型审计	★	★	★	★	★
	绩效差异改进型审计	★	★	★	★	★
政策	绩效信息鉴证型审计	★	★	★	★	★
	绩效水平评价型审计	★	★	★	★	★
	绩效差异改进型审计	★	★	★	★	★
资源环境	绩效信息鉴证型审计	★	★	★	★	★
	绩效水平评价型审计	★	★	★	★	★
	绩效差异改进型审计	★	★	★	★	★

注：★表示可能有这种绩效审计业务。

二、绩效审计环境

审计环境理论关注两个问题：一是审计环境如何影响审计；二是审计如何影响审计环境。绩效审计也不例外。

从审计环境对审计的影响来说，绩效审计环境从两个路径影响绩效审计：一是影响绩效审计需求，不同的审计环境对绩效是否存在审计需求以及何种绩效是审计重点，存在重要影响。例如，现在非常重要的资源环境责任审计，在以前并没有得到重视，发生这种变化的原因是资源环境问题的严峻性。二是影响审计技术方法，在不同的审计环境下，绩效载体不同，技术条件不同，能用于绩效审计的技术方法也不同。例如，在专业测量模式中用到的测量技术就受到科学技术环境的影响。

绩效审计不是为审计而审计，所以审计最终会对审计环境产生影响。绩效审计主要通过其审计产品来影响审计环境。绩效审计产品包括鉴证产品、评价产品和建议产品，这些审计产品通过委托人及利益相关者的使用，会影响代理人及利益相关者的行为，进而影响绩效责任的履行及绩效水平。

第 4 节　绩效审计模式

本节的主题是绩效审计究竟怎么审计。首先介绍审计模式，其次介绍绩效审计模式，最后对绩效审计的主要模式做较详细的介绍。

一、审计模式的含义

模式这个词在审计领域使用较多，有时甚至可能在错误使用。例如，审计模式的含义之一是审计机构报告关系，即表明审计机构的直接领导是谁。根据这种含义，政府审计分为立法模式、司法模式、行政模式和独立模式，而内部审计则分为治理导向模式、管理导向模式和财务导向模式。显然，这里的模式不是方法论，而是体制，因此审计模式应该用审计体制来表述。

审计模式的第二种含义是审计目标、审计范围、审计对象、审计内容、审计立项原则、审计准则、审计方法和技术、审计程序、审计报告和审计结果等主要审计要素的组合。不同国家在上述要素方面存在差异，就形成了不同的国家审计模式，例如，美国模式、德国模式、法国模式、中国模式等。不同的审计业务类型在主要审计要素方面也存在差异，从而也会形成不同的审计模式，例如，合规审计模式、财务报表审计模式、绩效审计模式等。很显然，这种意义上的审计模式给模式本身赋予的含义太多，从而模糊了模式的特定含义。

审计模式的第三种含义是指审计客体，这个意义上的审计模式主要是针对绩效审计而言。这种观点认为，绩效是一个相对而非绝对的概念，不同地区、不同国家、不同时期对绩效的理解存在一定的差异。与特定地区、时期的经济社会发展状况相适应，对绩效也存在不同层次的理解，由此形成了三种不同类型的绩效审计模式。一是资金绩效审计模式。这种审计模式是指将政府部门分配、管理、使用资金的绩效状况作为评价内容的一种模式，重点是对全部政府性资金运用的经济性、效率性和效果性进行评价，关注资金的分配是否经济合理、管理是否规范有序、使用是否高效安全等。二是项目绩效审计模式。这种模式是将政府部门负责的公共项目绩效状况作为审计内容，重点是对政府部门负责管理或直接投资的公共项目的经济性、效率性和效果性进行评价。三是制度绩效审计模式。这种模式是将政府部门相关制度规范的绩效作为审计内容，重点是对政府部门各项制度的规范性、有效性进行评价。第三种审计模式关注的是审计实施路径，似乎具有方法论的含义，但是主要涉及绩效审计范围或审计客体，所以，可以归结为审计范围或审计客体。

审计模式的第四种含义是指为实现特定的审计目标所采取的审计策略、方式和方法的总称。它规定了审计取证工作的切入点，规定了审计人员在实施审计工作时，从何处入手、如何入手、何时入手等问题。随着社会经济的发展，审计目标在不断变化，审计客体的具体情况在不断变化，审计模式也在不断发展。显然，这里的审计模式具有方法论的含义，也包含了事物之间的规律关系，是真正意义上的审计模式。本章的绩效审计模式主要是指这个含义的审计模式，一定程度上兼顾其他审计模式。

二、绩效审计模式的分类

根据上述对审计模式的分析可知，绩效审计模式应该是为实现特定的绩效审计目标所采取的绩效审计策略、方式和方法的总称，它规定了绩效审计取证工作的切入点，规定了绩效审计人员在实施绩效审计工作时，从何处入手、如何入手、何时入手等问题。尽管绩效审计在国外已经有较长的历史，但是直到20世纪70年代，绩效审计才成为审计领域的重要业务。人们对绩效审计模式的含义存在不同的观点，或从不同的视角来概括绩效审计。下面，我们先对这些不同的绩效审计模式的分类做一个简要介绍，之后再对主要绩效审计模式进行详细介绍。

（一）二分法

二分法就是将绩效审计模式分为两种类型，该法又有多种分类体系。例如，最高审计机关国际组织在《最高审计机关国际组织绩效审计实施指南》中，将绩效审计分为以结果为重点的方法和以问题为重点的方法两大类。其他一些二分法包括：根据绩效审计与其他审计的关系不同，将绩效审计分为独立型绩效审计和结合型绩效审计；根据绩效审计的服务对象不同，将绩效审计分为宏观服务绩效审计和微观服务绩效审计。

（二）三分法

三分法就是将绩效审计模式分为三种类型，包括精英模式、理性模式和渐进模式。精英模式就是审计机构通过绩效审计，促进绩效管理的改革实践以及制度建设。因为审计机构可以利用自己工作中掌握的大量审计信息和自身专业优势，向一些关键人物提出绩效管理改革方面的建议。理性模式就是审计机构在理性分析的基础上选择重点、热点或关键的审计客体进行绩效审计。通过对单位、项目或事项进行审计，扩大绩效审计的影响，引起关键人物的关注和重视，最终达到影响其决策的目的。在这种模式下，应该选择关键人物强调的项目或活动开展绩效审计，选择审计项目时，应对审计客体将耗费的审计人力与成本和审计能带来的改进进行初步评估，并选择净收益最大的项目开展绩效审计。渐进模式就是审计机构因地制宜逐步扩大绩效审计范围和业务量，不强调每年必须开展多少独立的绩效审计项目，而是在传统的审计项目中逐步增加项目绩效审计的内容。

（三）四分法

四分法就是将绩效审计模式分为四种类型，包括结果导向绩效审计、过程导向绩效审计、问题导向绩效审计、风险导向绩效审计。

（四）五分法

五分法就是将绩效审计模式分为五种类型，包括两种分类体系。一种分类体系是将绩效审计模式分为过程导向审计、3E 导向审计、结果导向审计、制度导向审计、风险导向审计。这里的 3E 导向审计模式主要从经济性、效率性和效果性出发，检查审计客体为履行职能而使用所掌握资源环境的绩效情况，这种模式最大的优势是概念包容性广，对微观绩效审计项目有较强的指导作用。这里的制度导向审计模式是指绩效的大小或好坏与该组织的管理制度有密切的因果联系，制度导向审计模式就是从这一因果联系出发，寻求和确定审计客体绩效变化的原因，为进一步审计提供重点方向。制度导向审计的关键是对审计客体的管理制度进行评价，通过评价基本掌握审计客体的制度缺陷和薄弱环节，在此基础上深入分析管理制度上的漏洞以及可能导致的绩效风险和不良后果。

另一种分类体系是将绩效审计模式分为结果导向审计、过程导向审计、问题导向审计、业务导向审计、风险导向审计。这里的业务导向审计模式是指以审计客体重大业务为线索，对该项业务的过程和结果进行检查分析，判断业务活动是否正常以及是否达到预期效果，然后进一步找出导致业务活动偏差的因素，提出改进建议的一种审计方法。所谓重大业务，是指对审计客体绩效有重大影响的业务，它是审计客体素质的综合表现，是业务活动绩效的集中反映。通过对重大业务活动的追踪审计，能够捕捉到审计客体的多方面信息，可以收到立竿见影的效果。五分法中的其他各种绩效审计模式的内容将在本章随后内容中介绍。

（五）六分法

六分法就是将绩效审计模式分为六种类型：结果导向审计、控制系统导向审计、3E 导向审计、问题分析导向审计、责任机制导向审计、成本效益分析导向审计。

这里的控制系统导向审计主要是对审计客体的控制系统进行分析、检查和测试。审计人员根据对实现关键结果的重要性来选择一些控制环节进行审计，确定主要缺陷后，再采取进一步的措施确定问题的原因和对预期结果的影响或潜在影响。事实上，这也就是前面介绍的制度导向审计模式。这里的责任机制导向审计模式是将责任机制作为绩效审计的中心内容，主要判断不同层次的负责人员在多大程度上实现了相关目标和要求。在这种模式下，审计人员要去发现问题，并对所发现问题背后的原因进行分析，但其重点是要发现谁犯了错误和没有尽到应有的责任。这里的成本效益分析导向审计模式主要是对审计客体、项目或活动的成本和效益进行分析和比较，该模式有两个特点：一是对任何单位、项目或活动进行的评价，均从成本和效益两个方面入手；二是在判断一个事项是有利（效益）还是无利（成本）、是重要还是不重要（即确定各部分的权重）时，明确地站在公众的立场上。六分法中的其他各种绩效审计模式的内容将在本章随后各节中介绍。

三、有实践活动的绩效审计模式

前面介绍了绩效审计模式的不同分类体系，有些分类只是理论上的探究，并没有相应的实践活动，而有些分类则有相应的实践活动。根据这个区别，下面将对有实践活动的绩效审计模式做较详细的介绍，包括结果导向绩效审计、过程导向绩效审计、问题导向绩效审计、风险导向绩效审计。

（一）结果导向绩效审计

最高审计机关国际组织发布的《最高审计机关国际组织绩效审计实施指南》指出，绩效审计一般是事后审计，所以，结果导向绩效审计又称为事后审计模式。由于新公共管理倡导以结果为导向，因此结果导向绩效审计模式是当前世界各国绩效审计的一个主导模式。在这种模式下，审计人员不是一开始就检查审计客体的经管责任履行过程，而是直接检查经管责任履行结果，对其是否符合绩效标准进行评价。它的一般过程是：检查目标完成情况；分析效率性、效果性和经济性；分析原因；提出审计建议。该模式放弃了使用已久的对程序和系统的关注，直接关注工作是否达到了预期的目标。在结果导向绩效审计模式下，审计人员对审计客体绩效结果进行分析评价，以此为线索追踪导致该结果的原因，继而追踪到业务过程和活动，对这些过程和活动进行有针对性的审计。这里的绩效结果通常是指经过审计被证实为真实与合法的财务报表资料或根据绩效考核指标所计算的数据。审计客体一定时期的绩效通过财务报表和业务报表反映出来，审计人员在鉴证这些资料准确无误后，就可以计算与审计客体有关的绩效评价指标，然后将计算结果与一定的标准进行比较，对差距较大的指标进一步分析，找出绩效变化的原因。为了保证对关键原因分析的可靠性，审计人员还会采取一定的方法进行验证，直到反映真实情况为止。

这种模式的优点是审计证据易收集，审计目标易实现，占用审计资源更少，但它只能“秋后算账”，无法有效发挥预防作用。

结果导向绩效审计是当前世界各国政府绩效审计的主导模式，其原因有两个。

第一，源于社会公众的问责需求。公共部门的绩效审计实质上是审计机构代表社会公众来监督政府对公共资源或财政资金的管理和使用，社会公众或立法机构最为关心的一般是公共资源的使用结果而不是管理和使用过程。因此，绩效审计工作的设计应该以结果为导向，向社会公众、立法机构等提供他们所关心的公共资源使用结果及政府业绩方面的信息。这就使得结果导向绩效审计模式应该成为政府绩效审计的主导模式。当然，这里结果的含义可能在不同的国家有不同的理解，对于不同的审计项目内容也不同，总体来说，其主要内容可以归纳为经济性、效率性和效果性。

第二，源于审计资源的限制和审计风险控制。在有限的审计资源条件下，如何有效地开展绩效审计以满足社会公众的问责需要，是审计机关需要认真研究的问题。从审计取证时机来说，就是要在事前审计、事中审计、事后审计以及全过程审计模式中进行选择。事前审计模式是一种带有预测性质的分析和评估，所获取的审计证据大多为预测性质的证据，这就需要审计人员必须具有更多的专业知识以及更高超的分析预测水平和技术，所以，这种事前审计证据更难收集，审计的风险也更大，不是绩效审计最优的审计模式。事中审计模式是以管理过程或控制系统为导向的绩效审计。一般来说，对控制系统、管理过程进行分析的成本较高，而且确定控制系统缺陷对预期结果的影响也比较困难，因此，对于以政府及非营利组织为主要审计客体的政府绩效审计来说，这一审计模式的成本明显过高。全过程审计模式包括事前审计、事中审计和事后审计，该模式不仅需要更多数量和更高素质的审计人员，而且需要更多的审计经费和审计时间。就事后审计模式来说，其获取的审计证据一般都是已经发生的事实证据，审计人员比较容易获取这些审计证据，审计风险相对不大。同时，由于事后审计不需要对复杂的政府管理过程和程序进行全面审计，审计成本也相对不高。所以，比较而言，事后审计是可选择的绩效审计模式。

（二）过程导向绩效审计

过程导向绩效审计是以绩效产生过程为重点的绩效审计模式，这种模式的理论基础是过程方法论。该理论认为过程是结果的保障，其基本思想包括：通过对过程实现动态循环改进，不断提高目标达成程度；通过识别关键过程、重点过程，以及关键过程、重点过程的后续开发和持续改进，促进以目标为关注焦点的形成和提高目标的达成程度；了解所有过程和这些过程之间的关系，更加有效地分配和利用组织的现有资源；通过过程方法提出过程的输入要求，对过程的输出结果进行检查，提供必要的资源，展开过程的各项活动，充分发挥过程所涉及的所有部门与人员的作用；过程的策划、控制与改进是过程管理的基本环节。

根据过程方法论，过程是结果的保障，没有持续可靠的绩效产生过程，就不可能持续可靠地实现绩效目标。所以，过程导向绩效审计关注绩效产生过程，通过识别绩效产生过程的缺陷，实现绩效产生过程的持续改进，为绩效目标的达成奠定基础。

从本质上说，过程导向绩效审计的审计主题是绩效产生过程，也就是制度，这与其他各类绩效审计模式有很大的不同。特别是在结果导向绩效审计模式下寻找绩效差异原因时，可能会追踪到绩效产生过程，但此时对绩效产生过程的追踪是为了寻找绩效结果的差异原因，并不对绩效产生过程本身发表意见，所以，过程导向绩效审计模式下对绩效产生过程的关注，与结果导向绩效审计模式对绩效产生过程的关注有很大的不同，过程导向绩效审计在本质上是制度审计。

（三）问题导向绩效审计

问题导向绩效审计是结果导向绩效审计的一种特例，它是一种审计人员以审计客体暴露的突出问题为线索，从问题发生的原因追查审计客体业务运行和管理的薄弱环节，从而提出针对性的改进建议的审计模式。这种审计模式的应用前提是重大问题已经暴露。

问题导向绩效审计主要关注问题的确认和分析。在这一审计模式下，缺点和问题是审计的起始点，而不是审计的终点。该审计模式的主要任务是确认问题的存在，然后从不同角度分析其原因，并在此基础上通过完善相应的体制、机制、制度等来推进问题的解决，达到发挥审计建设性作用的目的。

在具体实践应用中，问题导向绩效审计需要着重把握以下几个关键点：

第一，从问题出发确定立项选择。在项目的选择中要注重三个环节：注重项目选择来源渠道的广泛性；注重项目关注问题的实地调查和多方确认；注重项目效果的预见性分析。

第二，通过分解问题确定审计的主要内容。项目确定后，将审计要回答的总括性问题，自上而下分解为多个层次的子问题，形成逻辑结构树。通过不断发展逻辑结构树直至最低层，来确定基本审计任务以及完成审计工作所需的资源，合理分配审计人员的工作。该逻辑结构树可以帮助审计人员明确审计目标，从杂乱无章的信息中筛选出有价值的审计证据，并用这些证据搭建出一座通往审计目标的桥梁。

第三，在实施过程中寻找评价标准。问题导向绩效审计主要关注问题的确认和分析，因此，需要在审计实施过程中，通过对审计事项的全面了解和深入分析，找到恰当的评价标准。

第四，对问题产生的原因进行综合提炼。问题的原因分析是问题导向绩效审计的主要内容，可以分为三个层次：一是直接原因；二是体制、机制、制度的制约；三是经济社会发展的约束。

第五，提出解决问题的多层次建议。针对原因分析的三个层次，审计建议也可以相应地分为三个层次：对于问题产生的直接原因，提出个性化解决办法，采用一对一的问题解决方式；对于体制、机制、制度的制约，向有关主管部门或有关决策部门，提出改进和完善的建议；对于经济社会发展的约束，应阐明问题和原因的性质，对经济社会制约因素的演化过程进行必要的分析，为最终改进问题提供一个面向未来的、不断发展的思路框架，并提交有关分析报告给决策部门。

第六，强化审计结果利用。发现问题和分析问题仅仅是绩效审计的初步目标，最终目标是发挥审计的建设性和预防性作用。要提高审计结果的利用效果，关键是区分不同单位对审计结果利用的不同需求，开发出多层次的审计结果，推进审计结果的综合利用。

需要说明的是，问题导向绩效审计的关键是以什么突出问题为线索，如果以绩效严重偏离绩效目标为突出问题，这显然是绩效审计；如果以已经发生的事故为线索，则很有可能以调查事故原因为主，这事实上是制度审计，而不是绩效审计。

(四) 风险导向绩效审计

风险导向绩效审计立足于对绩效审计风险进行系统分析和评价，并以此为出发点制定审计计划，实施审计实务。这种模式强调对审计客体相关风险的关注与评估，并以此为核心，对效果性、效率性和经济性等进行审计。这里所说的风险是指审计客体的各个业务部门、各项业务活动和各项财产物资，受到不确定因素的影响，导致绩效不利变动的可能性，也就是指绩效目标不能达成的风险，即绩效风险。风险导向绩效审计模式下，审计人员以绩效目标为基础，对审计客体的各项业务或财产物资进行风险评估，按照风险评估结果的高低来确定进一步审计的内容。

风险导向审计使审计人员从被动地承受风险转变为主动地控制和降低审计风险，在提高审计效率的同时，又有针对性地控制和降低了审计风险，在一定范围内控制并且减轻了审计人员的责任，从而为绩效审计开拓了新的思路。但是，从实质上说，风险导向绩效审计是以绩效风险评估为基础来开展绩效审计，而绩效风险主要指绩效目标不能达成的风险，所以，这种审计模式事实上是结果导向绩效审计模式的具体实施模式。

根据以上分析，过程导向绩效审计模式是以过程为基础的审计模式，其审计主题是制度，所以，过程导向绩效审计本质上是制度审计；而问题导向绩效审计是结果导向绩效审计的特殊情形；风险导向绩效审计是结果导向绩效的具体实施模式。就绩效审计的基本思路来说，结果导向绩效审计是绩效审计的主要模式，包括问题导向绩效审计和风险导向绩效审计。如果将风险导向绩效审计和结果导向绩效审计结合起来，可以称为基于风险的结果导向绩效审计。这种绩效审计模式是结果导向，这是绩效审计的特征，但其审计取证思路是以绩效风险评估为基础，这就显现了绩效审计与财务审计、合规审计、制度审计的共性。所以，本书后续的内容如无特殊说明，均以基于风险的结果导向绩效审计为背景。

第 5 节 绩效审计基本流程

本节的主题仍然是绩效审计究竟怎么审计，是在绩效审计模式的基础上，介绍绩效审计基本步骤。然而，绩效审计的类型较多，不同情形的绩效审计，其审计流程可能存在差异。所以，首先需要对绩效审计的基本情形予以分析，然后在此基础上确定以何种情形为基础来介绍绩效审计流程。

一、绩效审计的基本情形

审计基本过程一般包括审计准备、审计实施和审计报告三个阶段，绩效审计也是如此。但是，在有些情形下，绩效审计还要增加一些阶段。绩效审计有多种类型，从审计取证思路来说，绩效审计模式有四种类型：结果导向绩效审计、问题导向绩效审计、过程导向绩效审计、风险导向绩效审计。从绩效审计定位来说，绩效审计有三种类型：绩效信息鉴证型审计、绩效水平评价型审计、绩效差异改进型审计。将审计取证思路和绩效审计定位组合起来，绩效审计的基本情形如表2-6所示。

表2-6　绩效审计的基本情形

绩效审计取证思路	绩效审计定位		
	绩效信息鉴证型审计	绩效水平评价型审计	绩效差异改进型审计
结果导向绩效审计	★	★	★
问题导向绩效审计	★	★	★
过程导向绩效审计	★	★	★
风险导向绩效审计	★	★	★

注：★表示可能有这种组合。

从逻辑上说，表2-6所示的12种绩效审计组合情形，其审计流程都存在差异，但仍有较大的共性。为了避免内容重复，没有必要分别介绍这12种情形下各自的审计流程，而是重点介绍主流情形。根据本章前面的分析，就审计取证思路来说，基于风险的结果导向绩效审计是主流模式；就审计定位来说，在绩效信息鉴证型审计、绩效水平评价型审计、绩效差异改进型审计三种情形中，前者是后者的简化，后者可以涵盖前者，所以需要从绩效差异改进型审计来介绍绩效基本流程。基于上述分析，本书后续的内容，如无特殊说明，是以绩效差异改进型审计为定位，以基于风险的结果导向绩效审计为取证思路。

二、绩效审计基本步骤

一般来说，审计基本步骤包括审计准备、审计实施和审计报告三个阶段，但是，绩效审计需要有的放矢，所以需要选择审计项目；另外，绩效审计对发现的问题需要进行后续跟踪，所以需要增加审计结果应用阶段。如此一来，绩效审计通常需要包括五个基本步骤：审计项目选择、审计准备、审计实施、审计报告、审计结果应用。下面，对各步骤做一个提纲性介绍，具体做法将在本书随后各章的内容中介绍。

（一）审计项目选择

由于审计资源限制，绩效审计项目需要选择。审计机构通常要采取一定的方法，从众多的待选项目中，选择拟实施绩效审计的项目。这项工作通常在编制年度审计计划时进行。绩效审计项目的选择是绩效审计的起点，审计项目的选择将直接决定绩效审计效果，所以，通常需要审计机构的管理层高度重视。当然，在某些情形下，绩效审计可能已经成为法定审计业务，此时，就是根据法律的要求来确定绩效审计项目，而不是选择绩效审计项目。

（二）审计准备

在基于风险的结果导向绩效审计下，绩效审计准备阶段主要有四个方面的工作：一是组建审计组；二是发送审计通知书，民间审计接受委托从事绩效审计时，不一定需要发送审计通知书；三是进行初步业务活动，主要是为了制定总体审计策略和具体审计方案，而对审计客体进行初步了解；四是在此基础上，制定总体审计策略和具体审计方案。

（三）审计实施

在基于风险的结果导向绩效审计下，绩效审计实施阶段主要是实施总体审计策略和具体审计方案，包括以下工作：绩效信息真实性鉴证，绩效差异识别，绩效差异原因调查及对策建议，对违规及管理缺陷保持应有的职业警觉。

（四）审计报告

这个阶段的主要工作是基于审计实施获得的审计证据，形成审计结论，以此为基础形成审计报告，并与利益相关方沟通。绩效审计的定位不同，审计报告也不同。绩效信息鉴证型审计会出具绩效信息鉴证报告，绩效水平评价型审计会出具绩效水平评价报告，而绩效差异改进型审计会出具绩效评估报告。

（五）审计结果应用

在绩效差异改进型审计中，对于发现的绩效问题及其整改情况，审计机构还需要做进一步的跟踪，这是绩效审计结果应用的主要内容。此外，对于一些审计机构来说，在审计流程中发现的违规及管理缺陷责任人，可能还涉及处理处罚的问题，这也是审计结果应用。

各步骤的主要工作归纳起来，如表 2－7 所示。

表 2－7　绩效审计基本步骤

审计步骤	各步骤可能的主要工作	不同审计定位的审计工作		
		绩效信息鉴证型审计	绩效水平评价型审计	绩效差异改进型审计
审计项目选择	1. 法定审计项目的确定	★	★	★
	2. 选择性审计项目的选择	★	★	★
审计准备	1. 组建审计组	★	★	★
	2. 发送审计通知书	★	★	★
	3. 进行初步业务活动	★	★	★
	4. 制定总体审计策略和具体审计方案	★	★	★

续表

审计步骤	各步骤可能的主要工作	不同审计定位的审计工作		
		绩效信息鉴证型审计	绩效水平评价型审计	绩效差异改进型审计
审计实施	1. 绩效信息真实性鉴证	★	★	★
	2. 绩效差异识别	☆	★	★
	3. 绩效差异原因调查及对策建议	☆	☆	★
	4. 对违规及管理缺陷保持应有的职业警觉	★	★	★
审计报告	1. 形成审计意见	★	★	★
	2. 编写审计报告及相关文件	★	★	★
审计结果应用	1. 审计流程中的审计结果应用	★	★	★
	2. 审计结果公告	★	★	★
	3. 审计建议的后续跟踪	☆	☆	★
	4. 审计处理处罚的后续跟踪	★	★	★

注：★表示可能有这种审计工作，☆表示可能没有这种审计工作。

本章小结

本章对绩效审计的基本问题做了简要阐述，形成了绩效审计基本框架，主要内容包括：绩效审计需求、绩效审计本质、绩效审计目标、绩效审计客体、绩效审计主体、绩效审计内容、绩效审计环境、绩效审计模式、绩效审计基本流程。

思考题

1. 为什么会出现绩效审计？
2. 什么是绩效审计？
3. 绩效审计目标是什么？
4. 绩效审计客体有哪些类型？
5. 绩效审计主体有哪些类型？
6. 绩效审计内容有哪些维度？绩效审计业务类型有哪些？
7. 绩效审计取证思路有哪些？主流模式是什么？
8. 绩效审计环境与绩效审计之间有什么关系？

第3章

绩效审计项目选择

学习目标

1. 了解绩效审计战略规划
2. 了解绩效审计项目选择的基本步骤
3. 了解绩效审计项目选择的技术方法

引导案例

深圳市2016年度绩效审计工作报告

市人大常委会：

受市政府委托，现向市人大常委会报告深圳市2016年度绩效审计工作情况，请审议。

一、基本情况

按照《深圳经济特区审计监督条例》的规定，市审计局2016年的绩效审计工作贯彻落实年初政府工作报告提出的强化审计监督和绩效管理的要求，紧紧围绕市委、市政府的中心工作，组织开展了城市管理治理专题绩效审计。其中，本年度单独立项的城市管理治理审计项目主要有：食品安全方面的食品药品安全重大民生工程资金审计调查，治水提质方面的水污染防治资金绩效审计、优质饮用水入户工程审计调查，公共交通方面的城市轨道交通建设绩效审计调查、机动车道路临时停车设施规划及管理审计调查，医疗卫生方面的"十二五"期间市本级投资新建医院项目建设及运营绩效审计调查、深圳市第二人民医院及香港大学深圳医院营运管理绩效审计，资源管理方面的龙华和坪山新区领导干部自然资源资产离任审计等。本年度安排的其他审计项目也高度关注城市管理治理工作，积极向绩效审计延伸，分析评价财政资金管理使用和项目建设运营的经济性、效率性和效果性，深入揭示存在的问题，提出改进工作的意见建议。

本年度绩效审计工作报告共反映8类33个问题，市审计局已出具审计报告，分别提出审计处理意见和建议，有关单位正在整改或调查处理中。

…………

资料来源：深圳市审计局. 深圳市2016年度绩效审计工作报告.［2016-12-31］. http://audit.sz.gov.cn/sjzl/ztlm/jzojgd_54359/ztjxsj/content/post_1908746.html.

思考问题：深圳市审计局在2016年的年度计划中，选择绩效审计项目的原则是什么？

绩效审计客体很多，由于审计资源有限，审计机构不可能对所有可能的审计客体都实施绩效审计，而需要从潜在的审计项目中选择绩效审计客体，这就涉及如何选择的问题。一般来说，绩效审计项目进入年度计划有两种情形：一是法定或上级审计机构要求或本组织管理层指示要开展的绩效审计项目，对于这类绩效审计项目，通常要直接列入或追加列入年度绩效审计计划；二是在上述情形之外，由审计机构自主选择一些绩效审计项目列入年度绩效审计计划。本章主要介绍第二种情形下的绩效审计项目选择，具体内容包括：绩效审计战略规划、年度计划中的绩效审计项目选择步骤、年度计划中的绩效审计项目选择技术方法。

第1节 绩效审计战略规划

为了有效开展绩效审计，通常需要有一定周期的绩效审计战略规划，并以此为基础编制绩效审计年度计划，通过这个程序精准地选择绩效审计项目。本节介绍绩效审计战略规划的相关内容。

一、绩效审计战略规划的定义和作用

绩效审计战略规划是指按照一定的标准和程序，确定近几年绩效审计的重点审计事项和任务进度安排，规范审计资源和后续审计计划。绩效审计战略规划是审计机构整体战略规划的一部分，是编制年度审计项目计划的基础，它可以帮助审计机构识别和选择那些对提高绩效责任主体的绩效水平具有较大潜在推动力的审计领域，为审计机构今后的绩效审计项目选择提供战略性的指导。绩效审计战略规划主要是为具体项目的选择确定方向，为编制项目审计实施方案或项目审计计划以及进行审计资源配置提供方向和指导。它虽然还不涉及具体审计项目，但已经明确了年度或跨年度绩效审计的潜在审计领域以及主要的问题方向。

二、绩效审计战略规划编制前的基础性分析

一般来说，编制绩效审计战略规划之前，必须进行绩效审计需求分析、绩效审计效果分析和绩效审计资源状况分析，在此基础上，才能确定一定周期的绩效审计重点。

（一）绩效审计需求分析

绩效审计需求主要有三种形式：一是指令性需求，包括法定任务、领导交办任务和上级审计机构统一组织的绩效审计项目等；二是中心工作需求，包括组织在一定时期的中心工作，分析这种中心工作对绩效审计的可能需求，也就是绩效审计如何服务于本组织的中心工作；三是专业需求，主要指审计机构的各审计业务部门，根据本部门的审计工作判断本领域的绩效审计需求。一般来说，绩效审计需求可以体现为多个维度，潜在审计项目的重要程度、风险性是主要的维度。

绩效审计需求分析的一个关键问题是确定绩效审计潜在领域，它是指在未来的一定时期，对哪些审计客体从哪些内容维度来开展绩效审计。从审计客体来说，针对单位、工程项目、研究项目、政策、资源环境，都可以开展绩效审计，当然，上述这些审计客体内部本身又有多种类型。例如，政府审计机关可以审计的单位包括党政机关、国有事业单位、国有金融组织、国有企业等，可以审计的工程项目、研究项目、政策、资源环境也是如此；内部审计也存在类似的情况。从审计内容维度来说，可以对经济性、效率性、效果性、公平性、环境性进行选择或组合，从而产生不同的审计内容。上述审计客体和审计内容组合起来形成潜在的绩效审计领域，如表3－1所示。

表3－1　潜在的绩效审计领域

绩效审计客体	绩效内容维度				
	经济性	效率性	效果性	公平性	环境性
单位	★	★	★	★	★
工程项目	★	★	★	★	★
研究项目	★	★	★	★	★
政策	★	★	★	★	★
资源环境	★	★	★	★	★

注：★表示绩效审计可能的潜在领域。

从理论上讲，一切有投入产出的单位、项目、政策、资源环境都应该纳入绩效审计立项范围，但受立法和审计资源的限制，绩效审计立项范围在不同的组织或国家可能有一定的差异。例如，对于政府审计机构来说，绩效审计项目涉及但不限于以下几个领域：

（1）部门预算执行绩效情况；

（2）政府性专项资金绩效情况；

（3）政府部门履行职责绩效情况；

（4）公共投资项目绩效情况；

（5）重点企业绩效情况；

（6）政策实施效果；

（7）公共资源配置使用情况；

（8）资源管理绩效情况；

（9）环境管理绩效情况；

（10）重大管理或绩效问题。

（二）绩效审计效果分析

绩效审计效果是绩效审计可能产生的结果，绩效审计效果分析关注潜在审计领域产生重要改进结果的可能性。一般来说，绩效审计的主要目的是绩效改进，通常会从绩效的薄弱领域入手，选择利益相关者特别关注的单位、资源环境、项目等作为绩效审计客体。但是，在绩效审计规划阶段，由于尚未进入具体立项阶段，对绩效审计结果的分析主要是对绩效审计可能的结果进行预期性判断。绩效审计效果可能体现为多个维度，其中，发现问题的可能性及这些问题得以解决的可能性是重要的维度，一般来说，需要二者协同，才能形成绩效审计效果。如果不能发现问题，或者发现问题但无法解决，绩效审计就难以有价值。

（三）绩效审计资源状况分析

绩效审计需求分析认清了未来时期可能需要进行绩效审计的潜在领域，而绩效审计效果分析则认清了对这些潜在领域开展绩效审计可能产生的效果，二者决定了绩效审计的需求和可能的效果。但是，还需要考虑绩效审计的供给能力，三个方面组合起来才能确定绩效审计的未来重点。

绩效审计的供给能力分析主要是审计资源状况分析，它是从审计资源配置的角度，对绩效审计能否进行以及能否取得预期效果进行综合能力评估，通常包括审计人员数量与结构、绩效审计能力与经验、专家聘用与专家知识的学习运用等。

三、未来时期绩效审计重点领域的选择标准

绩效审计战略规划应在绩效审计需求分析、绩效审计效果分析和绩效审计资源状况分析的基础上，根据一定的标准确定未来时期的绩效审计重点领域。

最高审计机关国际组织发布的《最高审计机关国际组织绩效审计实施指南》中提出的选择标准包括：增值、重要问题或领域、风险或不确定性。最高审计机关亚洲组织在其发布的《绩效审计指南》中提出的选择标准包括：预期效果、财务重要程度、管理风险、政治敏感性、国家利益和审计覆盖面。江苏省审计厅制定的《绩效审计指南》确定的选择标准包括：重要程度、增值性、时效性。青岛市审计局制定的《绩效审计操作指南》确定的选择标准包括：重要程度、实效性、可行性。

综合上述绩效审计指南并结合我国的绩效审计实践，审计机构选择某一项目而不选择另一个项目，一般情况下取决于以下几个因素：增值潜力、重要程度、可行性、时效性。

（一）增值潜力

增值潜力主要是指审计客体在经济性、效率性和效果性等方面所存在的风险具有改进的空间。这些风险体现在：预期目标没有实现；管理部门没有针对以往审计提出的控制薄弱环节进行改进；公众和媒体有批评意见；频繁的人事变动；单位本身的高度复杂性；没有接受监督检查的时间过长等。审计客体的增值潜力大，意味着开展绩效审计后预期效果好。

（二）重要程度

重要程度即选定的项目在组织目标实现、资源运用或利益相关者需求等方面具有较大的影响或作用。通常可以从关键人物、利益相关者对该项目的关注程度高低、项目在绩效方面的问题是否突出、问题是否亟待解决等角度，以及项目的建设是否对组织目标及经济、环境产生长远的影响等方面，确定项目是否重要。此外，资源投入量、与环境保护等民生问题的相关程度亦是重要程度的判断依据。潜在项目的重要程度越高，就越应该成为重点领域。

（三）可行性

可行性主要关注可操作性和审计成本。审计项目可行性评估主要关注该项目或领域进行审计的复杂程度和可能存在的风险，还需要考虑与开展审计有关的审计权限、审计资源、审计能力和审计时间。审计机构选择过于复杂或存在较高风险的领域或项目进行审计，如有关审计事项的信息和数据不易获得，责任可能被推诿或混淆，政治上过于敏感，存在安全保密问题，没有适宜的绩效评价标准，审计人员的知识不能满足要求等，可能会导致审计成本增大甚至审计失败。例如，1980 年开始，澳大利亚国家审计署对澳大利亚邮盟柜台服务的绩效审计在花费了 349 600 澳大利亚元、耗时长达 4 年未果后，不得不最终放弃，很大程度上是因为审计署不能准确确定范围、合理实施项目管理并选取恰当的审计技术，审计组人员缺乏经验也是一个重要原因，该项目在立项时没有充分考虑其可行性。总的来说，对于审计成本较低和可操作性较强的项目应该优先立项。

（四）时效性

时效性是指绩效审计时机要贴近经济社会发展和本组织的实际，能及时为解决问题提供帮助。环境、政策变化使一些审计项目变得不合时宜，一般就不应再实施了。一般情况下，本组织的年度工作重心是选择绩效审计项目的重要依据。例如，浙江省审计厅开展的就业及再就业税收优惠政策执行专项审计调查项目的选择就充分体现了选择项目的时效性，项目实施时正值税收优惠政策试点即将结束，政府拟对该政策进行完善和调整，审计结果可以为政策的完善提供相关及时的信息。

四、绩效审计战略规划的内容

绩效审计战略规划为年度绩效审计项目计划提供基础，年度绩效审计计划是绩效审计项目计划和资源分配的依据。就内容来说，绩效审计战略规划一般包括对审计客体及环境（含绩效风险）的描述、审计机构内部各部门所做的长期战略汇总、近年开展的绩效审计及整改情况、将来可能开展绩效审计的领域、选择绩效审计项目的标准、今后一定期间进行的绩效审计项目领域清单及其选择依据和执行时间。绩效审计战略规划应与本组织的总体战略规划一致，以 5 年为一个周期，每年应及时进行反馈和修正。通过绩效审计战略规划可以对绩效审计进行立项统筹，对未来绩效审计方向提供决策依据，并对绩效审计项目的立项选择提供指导性依据。

第 2 节　年度计划中的绩效审计项目选择步骤和技术方法

绩效审计战略规划是以一定周期为基础来编制的，通常还需要以年度为基础来编制年度绩效审计计划，确定该年度的绩效审计项目。本节介绍年度绩效审计计划编制中的绩效审计项目选择步骤和技术方法。

一、年度计划中的绩效审计项目选择步骤

选择绩效审计项目是连接绩效审计战略规划与绩效审计具体审计项目的桥梁和纽带。在年度计划中，选择绩效审计项目的步骤，不同的审计机构有所不同，但是总体来说有较大的共性。

（一）不同审计机构的规定或文献的建议

英国国家审计署规定，在年度计划中，绩效审计项目选择要经历一个自下而上的多层次、多环节、反复酝酿的过程。一般先由各审计业务部门的审计人员多渠道收集和分析信息，确定绩效审计的选题，在比较分析预期审计成果和预计成本的基础上提出绩效审计项目建议，上报主计审计长，由其做出最终选择。其主要步骤如下：明确项目选题范围；广泛收集资料；确定合适的项目选题；对项目选题进行成本效益分析；确定项目选题。

我国审计署科研所课题组在其发布的《绩效审计程序与方法研究》中提出了以综合评价法为核心的绩效审计立项方法，其基本步骤包括：确定可选择的绩效审计项目，收集上述项目的相关信息，并根据收集的信息对每个备选项目结合立项应考虑的因素聘请专家打分；对每个项目各个因素的打分结果进行加总排序；结合审计资源，将得分高的项目确定为绩效审计项目或优先立项，纳入年度审计项目计划。

有的文献提出，将数据包络分析法用于选择绩效审计项目，其步骤包括：选

定决策单元集合（可审计项目），选择投入产出指标，用效率测量系统软件进行分析，根据数据包络分析结果，结合审计资源约束情况，将技术效率小于 1 的项目确定为绩效审计对象。这种方法一般适用于拟审计项目的绩效可以用定量指标进行衡量的情况。

我国《国家审计准则》规定的审计项目选择步骤同样适用于绩效审计项目的选择，其步骤如下：调查审计需求，初步选择审计项目；对初选审计项目进行可行性研究，确定备选审计项目及优先顺序；评估审计机构可用审计资源，确定审计项目。

审计机构从下列方面调查审计需求，初步选择审计项目：国家和地区财政收支、财务收支以及有关经济活动情况；政府工作重心；本级政府行政首长和相关领导机关对审计工作的要求；上级审计机构安排或者授权审计的事项；有关部门委托或者提请审计机构审计的事项；群众举报、公众关注的事项；经相关数据分析认为应当列入审计的事项；其他方面的需求。

审计机构对初选审计项目进行可行性研究，确定初选审计项目的审计目标、审计范围、审计重点和其他重要事项。进行可行性研究时重点调查研究下列内容：与确定和实施审计项目相关的法律、法规和政策；管理体制、组织结构、主要业务及开展情况；财政收支、财务收支状况及结果；相关的信息系统及电子数据情况；管理和监督机构的监督检查情况及结果；以前年度审计情况；其他相关内容。对本级政府行政首长和相关领导机关要求审计的项目和上级审计机构安排或者授权的审计项目可以不进行可行性研究，直接立项。

审计机构在调查审计需求和进行可行性研究过程中，从下列方面对初选审计项目进行评估，以确定备选审计项目及其优先顺序：项目重要程度；项目风险水平；审计预期效果；审计频率和覆盖面；项目对审计资源的要求。也可以采用征求意见函、调查问卷、访谈等方式，向有关部门、机构、单位、专家学者、社会公众等广泛征求意见，取得支持和关注，对拟选项目及相关内容做出补充或调整。

一般情况下，上级审计机构直接审计下级审计机构审计管辖范围内的重大绩效审计事项，应当列入上级审计机构年度绩效审计项目计划，并及时通知下级审计机构。上级审计机构可以依法将其审计管辖范围内的绩效审计事项，授权下级审计机构进行审计。对于上级审计机构审计管辖范围内的绩效审计事项，下级审计机构也可以提出授权申请，报有管辖权的上级审计机构审批。

（二）年度计划中的绩效审计项目选择的一般步骤

综合以上不同的审计机构的规定或一些文献的建议，年度计划中的绩效审计项目选择方法可以称为基于风险评估的绩效审计项目选择，这个方法的核心是以对潜在审计项目的风险评估为基础，按风险排序来确定年度计划中的绩效审计项目。其一般步骤包括：

1. 确定潜在审计项目

潜在的绩效审计项目来源于多个方面，一般由审计机构的管理层、计划管理部门、审计业务部门根据各自掌握的情况提出。对于选择性的绩效审计项目，潜在的绩效审计项目通常来源于三个方面：一是与本组织当年中心工作相关的事项；二是经相关数据分析认为应当列入绩效审计的事项；三是关键人物、利益相关者关注的绩效事项。通过这些渠道，可以得到一个潜在的绩效审计项目清单。

2. 确定选择因素

对潜在的绩效审计项目进行筛选，问题的关键是，从哪些维度对潜在的绩效审计项目进行筛选，这就需要确定选择因素。通常认为，可以从以下几个维度来选择绩效审计项目：一是项目重要程度，根据潜在的绩效审计项目在组织目标或国家经济社会发展中的重要性，关键人物和利益相关者的关注程度，资金、资产及资源规模等来评价项目的重要程度；二是项目风险水平，这里的风险指绩效信息虚假风险及绩效目标不能实现的风险；三是审计预期效果，主要指通过绩效审计之后，绩效信息真实性的保障程度及绩效差异的改进程度；四是审计频率和覆盖面。

3. 确定各选择因素的权重

由于要根据多个维度来选择潜在的绩效审计项目，因此需要确定各维度的重要性。而这种维度权重的确定，可能会在很大程度上决定潜在绩效审计项目的评价结果。每个选择因素的权重可以用数字表示，例如1～5，5代表权重最高，1代表权重最低。并不要求权重总和是一定的数字，只需用不同的权重表明不同维度的重要性差异，但通常会用百分比表示，在这种情形下，各选择因素的百分比总和为100%。

4. 确定各选择因素的打分规则

一般来说，要求将各选择因素的数值与权重相乘得到一个数值，各选择因素的数值之和就是该潜在绩效审计项目的选择评分。然而，这样做有个前提，即各选择因素的量纲相同。如果各选择因素的量纲不同，这些选择因素的数值与权重的乘积可能无法直接相加，所以需要进行无量纲化处理。无量纲化处理的技术方法很多，最简便的方法是对各选择因素进行打分，将不同量纲的数值都转换为分数值，实现各选择因素的量纲统一。通常，按统一的等级来确定各选择因素的计分等级。例如，分为5个等级，1表示最低等级，5表示最高等级。在此基础上，确定如何将各选择因素的数值转换为计分等级的规则，各个选择因素要分别制定计分规则。例如，在3级计分等级下，财务重要程度可以按以下规则计分：20万美元以上取值为3，5万～20万美元取值为2，5万美元以下取值为1。在5级计分等级下，产品质量这个绩效指标的计分规则可以确定如下：达到行业基准的取值为1，达到目标的取值为2，低于目标但在10%以内的取值为3，低于目标但在20%以内的取值为4，低于目标但在20%以外的取值为5。

5. 收集各选择因素的有关数据

要对各选择要素进行计分，首先要搞清楚各选择的现实状况，为此需要收集各选择因素的有关数据，为打分奠定基础。审计机构如果有审计客体的基础数据库，则在很大程度上能解决数据来源问题。然而，在许多情形下，可能需要从多种来源收集数据。一般来说，提出该潜在绩效审计项目的部门可能提供较多的数据。在特殊情形下，也可以为项目选择专门收集数据。

6. 对潜在审计项目打分

根据收集的数据，确定各选择因素的数值，这个数值是按原来的计量单位计量的，不同的选择因素具有不同的量纲，在此基础上，需要根据各选择因素的打分规则进行打分，以确定各选择因素的评价分值。表3-2是一个潜在绩效审计项目选择评分表。

表3-2　潜在绩效审计项目选择评分表

潜在审计项目	选择因素								总分数
	A因素(权重20%)		B因素(权重10%)		C因素(权重30%)		D因素(权重40%)		
	等级	分数	等级	分数	等级	分数	等级	分数	
甲	4	0.8	5	0.5	2	0.6	5	2.0	3.9
乙	3	0.6	3	0.3	4	1.2	2	0.8	2.9
丙	1	0.2	3	0.3	2	0.6	4	1.6	2.7

7. 对潜在审计项目进行排序并确定审计项目

对潜在审计项目打分之后，要根据分数进行排序，在此基础上，还需要考虑两个方面的因素：一是选择因素中没有考虑的其他重要因素，例如，审计覆盖率相关情况。对于长期没有得到审计的单位，可以适当提前其排序。二是审计资源的限制，有些潜在的审计项目排序靠前，但是需要很多审计资源，如果选择该项目，则可能放弃许多潜在审计项目，在这种情形下，一方面要考虑增加审计资源，另一方面要考虑适当调整潜在绩效审计项目的评分排序。解决上述问题之后，基本就确定了未来年度的绩效审计项目清单。

二、年度计划中的绩效审计项目选择技术方法

选择绩效审计项目的具体技术方法主要包括成本效益分析法、综合评价分析法、征求意见函法、问卷调查法、访谈法。

（一）成本效益分析法

英国国家审计署选择绩效审计项目时以风险分析为基础进行成本效益分析，其步骤如下：

（1）评估项目风险，制定风险管理措施。开展绩效审计会遇到各种各样的问题，如与审计客体关系紧张、审计涉及多个部门或多个利益主体、审计评价标准得不到认可等，这些问题的存在构成了绩效审计风险。审计人员应分析影响绩效审计项目按期提交报告的因素，并分别就每个因素确定风险事件，评估风险事件的可能性及后果，再根据评估结果征询各方意见，确定应采取的风险管理措施，并形成风险管理资料，这些风险管理资料至少包括风险事件、可能性、影响、控制方法、责任人等要素。

（2）预计绩效审计成果。审计成果具体体现为政府及相关部门接受审计建议后，资源使用的经济性、效率性和效果性的提高。绩效审计成果具体体现为：财务节约；由于采纳审计报告中的建议所带来的过程和实践的改变；依据审计报告所采取的行动有助于审计客体取得更好的成绩；为管理或避免所发现的风险而采取的预防性措施；控制流程得到改善；提供让第三方有理由对政府的业绩数据保持信心的保证；产生威慑性效果，即遏制消极行为、鼓励积极行为的效果。

（3）估算审计成本。审计人员应结合审计重点、审计范围、审计方法等多方面的因素，估算所需的财务资源、人力资源（数量和专业结构）、外部审计资源、时间等成本。

（4）根据风险、成果和成本分析结果，比较权衡，确定合适的审计项目。

（二）综合评价分析法

综合评价分析法操作简单，比较适合我国审计机构选择绩效审计项目，其步骤如下：

（1）确定可选择的绩效审计项目。根据项目选择标准，采用自上而下或自下而上的方式选择审计项目。例如，某审计局各业务处按照自下而上的方式上报了6个项目，分别是交通局的公路维修和保养项目、卫生局的医疗器械采购项目、房屋管理局的经济适用房项目、科技局的科研经费项目、民政局的春蕾工程项目和农业局的水稻肥料补助项目。

（2）了解备选项目的相关信息。应了解的相关信息具体包括这些单位的文件、内部审计报告、业绩和目标等，项目外部有关组织和机构的报道、报告和专业杂志等，审计机构以前年度报告等。

（3）根据收集的相关信息，对每个备选项目结合应考虑的因素进行打分。这些因素就是前面提到的选择绩效审计项目的标准，可能包括预计审计效果、资金规模、管理风险、影响力、可行性等。这些因素在不同审计机构或者同一审计机构的不同时期并不是一成不变的。实践中，还可以根据各因素的重要程度设置一定的权重（各权重相加等于1），根据实际情况定义各分值的含义，聘请不少于5个不同领域的专家进行打分。

（4）对各因素打分进行汇总、排序，结合审计资源约束，确定绩效审计项目。计算各项目及各因素的平均分数（总得分/专家人数），进而计算各项目的加权平均分数（如果设置了权重），并按照分数从高到低排序。将分数高的审计项目确定为绩效审计项目或者优先安排项目。假如6个备选审计项目的评价得分如表3－3所示，审计机构的审计资源和能力仅能支持审计4个项目，则应该选择科研经费、公路维护、医疗器械和经济适用房项目，其余2个可以放弃或者纳入下一年的审计项目库。项目中资金规模的得分可以根据资金规模大小设置各得分值的范围，该得分是客观的，其余几项则主要由各专家根据专业判断打分。

表3-3　利用综合评价法确定审计项目表

应考虑的因素	备选项目						权重
	公路维护	医疗器械	经济适用房	科研经费	春蕾工程	肥料补助	
预计审计效果	6	2	2	9	2	2	0.3
资金规模	2	6	9	6	2	9	0.2
管理风险	9	9	9	9	6	9	0.2
影响力	7	7	4	6	3	1	0.2
可行性	6	9	3	9	6	3	0.1
加权平均得分	6	5.9	5.3	7.8	3.4	4.7	
优先次序	2	3	4	1	6	5	

（三）征求意见函法

征求意见函法是指审计机构采用信函、电子邮件、互联网页等形式制发征求意见函，向有关部门、机构和人员征求审计项目立项建议或者对初步选定的绩效审计项目的意见，解释选择该项目的理由，并要求被征求意见单位（人）进行回复。征求意见函应对被征求意见对象回复意见的范围、重点、方式、时间等做出明确指引，以便审计机构对回复意见进行汇总和采纳。对于政府审计机构来说，征求意见的对象一般包括地方党委、人大、政府、政协、地方政府直属部门，当然也可以向公众征求立项意见。2008年审计署曾向广大网友征集2009年审计项目计划安排建议，取得了较好的成果。江苏省地方审计机构也广泛使用该方法确定绩效审计项目。对于内部审计来说，征求意见的对象一般包括各级管理层，内部各部门、各单位的负责人及业务骨干，甚至还包括一些重要的供应商及客户。

（四）问卷调查法

问卷调查法是指审计机构设计出一系列对拟选绩效审计项目的各种应考虑因素进行描述和分析的命题，调查和统计调查对象对各命题的认同程度和同意各项目立项的票数及比率，以确定是否选择该审计项目。问卷中各命题的设计应该围绕主题，简短清晰，格式统一，对答复意见预设量化指标，并尽量避免多项选择。对回收的调查结果，要依据问卷既定设计思路，选取相应的统计公式和分析模型进行汇总分析，要特别注意汇总中权重的选择和影响。随着网络的日益普及和公民对绩效审计关注程度的不断提高，审计机构可以尝试在门户网站上就绩效审计项目立项进行网络调查。

（五）访谈法

访谈法包括走访和座谈两种方式。走访是一种提问者和回答者之间交互式获取信息的方式，可以用来了解问题、发现问题、了解观点看法、收集信息等。座谈是指邀请有关机构代表或相关专家以及拥有不同知识、经验和观点的人员等进行集体沟通和讨论。与问卷调查法的广泛性特点不同，访谈法的对象是精心挑选出来的，通过这种方法取得的意见和建议具有较强的针对性和较高的权威性。

另外，初次选择绩效审计项目时也可以参考其他单位已经实施的绩效审计项目，这些项目名称可以从其他审计机构网站上获得。例如，香港审计署自2001年起每年都在其网站上公布大约20个绩效审计报告；2003—2011年，深圳市审计局共开展绩效审计项目77个，这些项目报告都可以在深圳市审计局官网上下载；江苏省审计厅近年大力推进绩效审计项目，每年评选优秀审计项目，这些审计项目也可以在网站上查到。这些绩效审计项目至少在可行性方面为审计机构绩效审计立项提供了基础。

本章小结

审计机构不可能对所有可能的审计客体都实施绩效审计，而需要从潜在的审计项目中选择绩效审计客体，这就涉及绩效审计战略规划和年度计划中的绩效审计项目选择。绩效审计战略规划应在绩效审计需求分析、绩效审计效果分析和审计资源状况分析的基础上，根据一定的标准，确定未来时期的绩效审计重点领域。审计机构选择某一项目而不选择另一个项目，一般情况下取决于以下几个因素：增值潜力、重要程度、可行性、时效性。年度计划中的绩效审计项目选择方法可以称为基于风险评估的绩效审计项目选择，这个方法的核心是以对潜在审计项目的风险评估为基础，按风险排序来确定年度计划中的绩效审计项目。选择绩效审计项目的具体技术方法主要包括成本效益分析法、综合评价分析法、征求意见函法、问卷调查法、访谈法。

思考题

1. 在绩效审计战略规划中，审计机构选择某一项目而不选择另一个项目的影响因素有哪些？

2. 年度计划中的绩效审计项目选择步骤有哪些？如何操作？

3. 年度计划中的绩效审计项目选择技术方法有哪些？如何操作？

第4章

绩效审计准备工作

学习目标

1. 掌握组建审计组的要求
2. 掌握发送审计通知书的要求
3. 掌握初步业务活动的目的、内容及程序
4. 掌握总体审计策略的内容
5. 掌握具体审计方案的内容

引导案例

中国“长寿之乡”造假史：政府主导，虚报年龄！

最近，因众多老人涌入争抢“圣水”，“中国长寿之乡”广西巴马成为舆论热点。所谓的“长寿之乡”，真有什么“养生”神效吗？

1. 新疆地区长寿老人较多，主要是老人记忆不准、户籍不清造成的

新疆地区也以长寿著称，和田县拉依苏村是有名的长寿村。早在1982年第三次人口普查时，人们就发现在全国3 857名百岁老人中，有865名来自新疆，占全国百岁老人总数的22.4%。

1985年，国际自然医学会将新疆列为“世界第四大长寿之乡”。国际自然医学会是日本人森下敬一于1970年创建的一家私人医疗机构，主营业务为食品、仪器等保健品，该机构并非世界权威医学机构且从未发表过有关长寿的专业论文，缴纳会费即可成为其会员，得到其提供的医疗服务。

在新疆与长寿联系在一起后，当时的新疆维吾尔自治区主席铁木尔·达瓦买提同意对

新疆百岁老人的真实情况进行调查。学者何炳济参与抽查了阿克苏市温宿县上报的9位百岁老人，他们中年龄最大的为140岁，最小的为103岁，平均年龄109.3岁。然而调查后发现，9位老人都未达到百岁，真实平均年龄在85.1岁，那位140岁老人其实为89岁。

2. 梁子岛是在政府主导下岛民虚报年龄，人为打造的“第一长寿岛”

湖北省武汉市的梁子岛曾被誉为“中国第一长寿岛”。在官方宣传中，在全岛2 400名居民中，有14人超过100岁。原本每年登岛游客不过一两千人，2001年打出“长寿牌”后，游客激增至20万人次；2001年全岛财政收入200万元，2004年达到4 000万元。

记者到梁子岛调查发现，一位自称140岁的老人，儿子竟只有50岁，而在派出所的户籍档案中，岛上没有一位老人超过100岁。知情者介绍说：“梁子岛上根本没有百岁老人，所谓有14位百岁老人全是当地政府部门吹出来的。政府规定，当有记者向老人询问他们多大岁数时，如果老人回答是110岁，就会得到几百元的报酬。”在这种“激励”下，梁子岛上居民向游客所报的年龄通常要比真实年龄大上十几岁，甚至更多。

经各大媒体曝光后，梁子岛官方也承认，原梁子岛旅游公司在旅游促销上，对梁子岛“百岁老人”的宣传确实夸大其词，这是一种旅游炒作，同时又表示，虽然没通过论证是中国第一长寿岛，但梁子岛绝对可以称得上是长寿岛。相关旅游项目仍继续开展。

3. 广西巴马县的泉水、空气、磁场均不存在任何神奇效果，该县的“长寿之乡”称号系日本某私人医疗机构所评定

巴盘屯所在的巴马县，人口仅约30万，自“世界长寿之乡”的说法广为人知后，该县不断发展以养生、保健为核心的特色旅游。2015年全县接待游客338.22万人次，旅游总收入36.17亿元。巴马县是广西唯一入选“第二批国家级旅游业改革创新先行区”的县。百岁长寿老人可以从中直接受益。在巴盘屯村口贴有百岁老人的头像及年龄、住址等信息，游客们大都会去百岁老人家中拜访，并送上红包。每天有40多名游客到村中最年长的老人家中拜访，所送红包以5元、10元为主，老人每年可收入8万～10万元。

巴马县名声如此之大，是因为在1991年被国际自然医学会评定为“世界第五大长寿之乡”。此外，在巴马县的官方宣传中，将据称活了145岁的蓝祥称为巴马人。其实按照清朝史料，蓝祥生活在今宜州区福龙乡，和巴马县相距有280多公里。被称为“中国最年长寿星”的巴马县老人罗美珍，于1885年出生，2013年去世，享年128岁。然而在她去世前的2010年，新华社两篇不同稿件分别称罗美珍“114岁”和“125岁”。按照罗美珍的年龄，她是在61岁生下的儿子，亦不合常理。

在巴盘屯，一个原名“百么洞”的石灰岩溶洞改名为“百魔洞”，被打造为富含高浓度负氧离子且能“包治百病”的磁疗区；巴马县的泉水被认为具有神奇功效，有旅游组织者专门指导游客“如何科学喝水”；当地特产的火麻油、泡脚药、野生灵芝等，都成为游客眼中的长寿秘方。事实上，仪器测量显示，百魔洞外空气中所含的负氧离子反而高于洞内。甚至有一名肺癌病人每天喝七八瓶巴马县的泉水，三天后大口吐血，不久后去世。

4. 寻求“养生”应关注人均预期寿命

在古代，朝廷喜欢用“长寿老人的年龄/数量”这个指标，是因为可以拿来渲染本朝“德政”。在当代，民间喜欢用“长寿老人的年龄/数量”这个指标，是因为可以拿来宣扬“养生”这门生意。不能说这个指标毫无意义。

比如，有学者按照2000年第五次人口普查数据（新疆长寿人口数据不够准确，不做排列），发现100岁及以上长寿人口比例最高的是广西、海南、西藏、广东；最低的是内蒙古、河北、江西、山西。按照2010年的第六次人口普查数据，100岁及以上长寿人口比例最高的是海南、广西、广东、新疆；最低的是山西、甘肃、内蒙古、陕西。按照上面两组数据统计，百岁老人较多的巴马县出现在广西，以及海南接过“中国第一长寿岛”桂冠，都确有事实依据。

但是，无论“德政”也罢，“养生”也罢，最直观的评估数据乃是人口平均预期寿命，而非百岁老人的年龄/数量。

2010年，中国各省、市、自治区的人均预期寿命的排行榜中，列在前四位的是上海（80.26岁）、北京（80.18岁）、天津（78.89岁）、浙江（77.73岁）。海南排在第9位（76.3岁）、广西排在第14位（75.11岁）、西藏排在最后（68.17岁）。由此可知，百岁老人多的地方，人均寿命不一定长。众多研究显示，一个地区人均GDP和人均预期寿命正相关，即经济越发达的地区，人的寿命越长。

中国香港作为世界上最繁荣的城市之一，在自然环境上无法同早年的巴马县相比，肯定也不如海南，但是2016年中国香港地区男性、女性的人均寿命分别达到了81岁和87岁，超过日本，成为全世界最长寿地区。究其原因，不在于空气中的负氧离子，也不在于泉水的天然矿物，而在于中国香港地区发达的经济，以及领先的公立医疗系统——政府负担着全香港41家公立医院的九成开支。想要“养生”，还得依赖大城市。

资料来源：杨津涛．中国“长寿之乡”造假史．[2017-07-05]. https://www.163.com/dy/article/COJI6H820521DCCG.html.

思考问题： 如果将寿命这个指标作为绩效指标，请根据上述背景，考虑针对这几个“长寿之乡”的绩效审计总体策略。

绩效审计准备工作是对于年度计划或其他途径已经确定的绩效审计项目在审计取证之前所开展的各项工作，其最终成果是由总体审计策略和具体审计方案组成的审计计划，所以也称为计划审计工作。在基于风险的结果导向绩效审计下，绩效审计准备阶段主要有四个方面的工作：一是组建审计组；二是发送审计通知书，民间审计接受委托从事绩效审计时，可能不一定需要发送审计通知书；三是进行初步业务活动，主要是为了制定总体审计策略和具体审计方案，而对审计客体进行初步了解；四是在此基础上，制定总体审计策略和具体审计方案。

第1节　组建审计组和发送审计通知书

无论何种审计项目，审计准备都有不少的工作，绩效审计也不例外。从逻辑上说，首先要组成审计组，然后通知审计客体，在此基础上，开展其他的审计准备工作。本节以绩效审计为背景，介绍这两个方面的内容。

一、组建审计组

（一）组建审计组的必要性

绩效审计项目需要由审计组而不是单个的审计人员来完成，其原因基于两个方面：一是专业胜任能力的要求；二是审计风险防范的要求。就专业胜任能力来说，面对复杂多变的审计客体，每个审计人员的能力无论多么超群都是有限的，只有将各个本来分散的具有不同能力、不同个性的审计人员结合起来携手作战，组成一个有共同目标的、相互协调的团队，才能具备足够的专业胜任能力。就审计风险防范来说，单个审计人员可能被俘获，而审计组则会大大降低被俘获的可能性，增加独立性和客观性。所以，每个审计项目都是以审计组代表审计机构来完成的，审计组的行为与效率对于保证审计目标的实现起着十分关键的作用。

（二）组建审计组的要求

组建审计组有两个方面的要求：一是专业胜任能力；二是独立性。专业胜任能力要求是指审计机构应当合理配备审计人员组成审计组，确保其在整体上具备与审计项目相适应的专业胜任能力。不同的绩效审计项目，由于审计客体的绩效信息不同，相关的特征不同，绩效审计的内容也不同，这就要求审计组作为一个整体能充分正确地理解审计客体的业务营运及审计关注的绩效信息，正确地选择审计依据，恰当地做出职业判断。绩效审计有多种定位，或者要找出审计客体存在的绩效信息是否存在错报，或者要评价绩效目标是否达成，或者要寻找绩效差异的原因是什么，可能还需要提出应对措施，这些都必须具备足够的业务本领，这些业务本领就是专业胜任能力，没有金刚钻，就无法完成瓷器活。当然，专业胜任能力是对审计组作为一个整体的要求，并不要求审计组的每个成员都具备全部的专业胜任能力。然而，审计组长或主审必须对审计客体的业务营运活动及绩效信息有足够的理解能力，并熟知审计客体适用的绩效标准。

独立性是任何审计项目都必须遵守的基本要求，绩效审计也不例外。没有独立性，就可能失去客观性，进而得出错误的审计结论。独立性要求主要体现在两个方面：第一，审计组的组成人员不能存在有损独立性的因素。一般来说，下列情形可能有损独立性：与审计客体负责人或者有关主管人员有夫妻关系、直系血亲关系、三代以内旁系血亲以及近姻亲关系；与审计客体或者审计项目有直接经济利益关系；对曾经管理或者直接办理过的相关业务进行审计；可能损害审计独立性的其他情形。第二，在审计过程中要保持独立性，主要是保持廉洁，不接受审计客体以任何方式的任何利益输送，始终处于不被俘获的状态。

（三）审计组的构成

审计组是各审计机构派出的，代表各审计机构行使审计职责与权限，为完成审计任务而组成的临时组织。审计组由审计组长和其他成员组成。根据工作需要，审计组还可以设立主审。通常情况下，审计组实行组长负责制。一般来说，审计项目越重大，涉及范围越广，对审计组长和成员的业务能力和素质要求就越高，对审计人员的数量和级别要求也越多，审计组应当根据审计项目的性质、特点和范围要求来组建。对于绩效审计项目，安排审计组的人员构成时，应充分考虑年龄、能力、个性及性别等多方面的因素，具体来说，应当考虑以下方面：

（1）分析审计项目的难易程度和开展审计工作所需的总体时间要求，在此基础上根据所需要的审计时间配置相应的审计人员，确定审计组的人员数量。

（2）从专业技能来看，在绩效审计业务中，审计组通常需要配备一定量的能够熟练掌握和运用计算机技能的计算机专业方面的审计人员，对审计客体进行数据采集和数据分析；需要一定量的熟悉审计客体业务营运的相关专业及适用绩效标准的审计人员；需要具有较强写作能力的审计人员；有时还需要高情商、善于沟通的审计人员。配置审计组成员时应当体现专业互补、用人所长的原则，充分发挥 1＋1＞2 的审计合力。

（3）审计组的组成还要考虑不同审计人员的年龄结构、能力结构和个性结构。从年龄结构来看，审计组中年龄层差别较大的团队由于缺乏有效沟通，容易产生观念及理解上的冲突；而年龄层过于接近的团队又容易因竞争而导致矛盾与冲突。因此，需要考虑好年龄结构差别，减少摩擦与冲突的产生。从能力结构来看，根据不同的审计项目对具备不同技能的人员进行合理的搭配极其重要。一个团队要充分发挥其潜能，需要三类成员：一是具有技术专长的人；二是具有解决问题和决策技能，能够发现问题、提出建议并做出有效选择的人；三是善于聆听、反馈、解决冲突及搞好人际关系的人。从审计人员的个性结构来看，团队成员各有其个性特质，应当注意成员之间的个性差异，取长补短，尽量减少或消除个性不合造成冲突而抵消力量的情况。

（4）特殊情形下，审计机构可以聘请外部人员参加审计组，所聘请的外部人员应当根据其在审计组中发挥的作用和角色，成为审计组的成员，参加审计业务活动或者提供技术支持、专业咨询、专业鉴定。

（四）审计组的产生方式

审计组是由派出审计组的审计机构产生的，具体产生方式可以有多种。通常情况下，审计组的人选由审计业务部门确定，重大审计项目的审计组也可以由审计机构的最高管理层确定。

还有其他一些产生审计组的方式。例如，在某些审计机构，对于特别重要的审计项目，审计组长是通过竞聘方式产生的，并由审计组长来选择审计组成员。又如，某审计机构推出“三层动态审计模式”：由于审计机构普遍存在业务人员少、工作任务重的矛盾，该审计机构改变过去按业务部门分工的做法，尝试了一种全新的开放式工作组合模式，即“三层动态组合审计项目组模式”。其主要内容是：作为第一层级的审计组长一律由审计机构的领导班子成员担任，直接分管审计项目，从审计进点到审计撤点全部在审计现场直接负责与管理，拒绝遥控指挥；

作为第二层级的项目主审不再由业务部门负责人担任，而是从全部审计人员中挑选作风硬、业务精的审计人员担任，打破原业务部门之间的界限；作为第三层级的审计组一般成员不受各自所在业务部门的限制，全体审计人员集中统一调配，组员在审计期间只向主审负责，原先的职务及级别不发生作用。后来“三层动态组合”发展为“三制”：审计组长民主推荐制、项目主审竞争上岗制、一般成员双向选择制。

二、发送审计通知书

审计机构在实施审计前，通常会向审计客体送达审计通知书，要求其做好审计准备工作，遇到特殊情况，可以直接持审计通知书实施审计。民间审计接受委托从事绩效审计时，由于要签订审计业务委托书，因此，并不需要发送审计通知书。

（一）审计通知书的内容

一般来说，审计通知书的内容主要包括：审计客体名称、审计依据、审计范围、审计起始时间、审计组长及其他成员名单、审计客体配合审计工作的要求。同时，还应当向审计客体告知审计组的审计纪律要求。具体来说，审计通知书内容应注意以下重点：

（1）审计通知书应载明审计客体全称。准确指明审计客体名称，即审计的是谁，以规范审计客体选择的合理性和必要性，规范审计行为。

（2）审计通知书应简要说明实施审计的依据。解释为什么审计，依据什么法律法规或规章制度，以规范审计职责权限。

（3）审计通知书应当简要说明实施审计的方式和范围。即审计什么、怎么审计，审计通知书需要载明审计方式、审计涉及的时间跨度等。

（4）审计通知书应载明审计组主要成员。为了进一步规范审计人员的资格和审计权力行使，审计通知书应载明审计组长、主审、成员等，方便审计实施时工作对接。

（5）审计通知书应说明审计客体配合的工作要求。

（6）审计通知书应载明审计实施过程中审计客体的法律责任。

（7）审计通知书应载明审计组的审计纪律要求。

（二）审计通知书的发送时间

确定好审计组成员后，审计组开始审计准备工作，此时，不少审计项目可能需要审计客体配合。为此，许多审计项目在此之前就需要发出审计通知书。也就是说，审计通知书在审计组开展初步业务活动之前就要发送到审计客体，而不是审计准备阶段结束、正式开展审计时才发送。现实生活中，有些审计机构在审计准备阶段不发送审计通知书，在审计准备结束、正式开始审计时才发送审计通知书，所以将审计准备称为审前准备。这种做法的缺陷是审计准备阶段没有审计通知书，审计客体的配合似乎处于非正式状态。当然，对于一些特殊类型的绩效审计，也可以持审计通知书直接到审计客体开展审计。

（三）审计通知书的发送方式

审计通知书由审计机构负责人签发，审计组负责发送到审计客体。一般是直接送达，也可以邮寄送达或者以其他方式送达。直接送达的，以审计客体在送达回证上注明的签收日期或者见证人证明的收件日期为送达日期；邮寄送达的，以邮政回执上注明的收件日期为送达日期；以其他方式送达的，以签收或者收件日期为送达日期。

第 2 节　初步业务活动

审计机构通过审计组给审计客体发送审计通知书之后的问题是，审计组如何对审计客体实施审计以实现审计目标？一般来说，首先需要制定总体审计策略，并编制具体审计方案，这是审计准备阶段的主要工作。然而，总体审计策略和具体审计方案不是凭空想象而来的，需要对审计客体及相关情况有一定的了解。了解审计客体及相关情况的活动称为初步业务活动，本节介绍初步业务活动的相关内容。

一、初步业务活动的目的和程度

绩效审计要有效地实行，必须要计划审计工作，包括制定总体审计策略和具体审计方案，而计划审计工作不能凭空想象，必须基于对审计客体的了解来制定相关的计划，为此，需要了解审计客体及相关情况。一般来说，绩效审计项目有多种来源，有些是通过评估后纳入年度绩效审计计划的，所以，在进行初步业务活动之前，审计人员对需要实施的绩效审计项目已经掌握了一些信息。但是，通常来说，已经掌握的这些信息还不足以支持制定绩效审计的总体策略和具体审计方案，为此，需要在已掌握信息的基础上，再专门开展一些有针对性的调查，为计划审计工作服务。由于这些调查活动还不是为获取审计证据而开展的调查活动，因此称为初步业务活动，也有些审计机构称其为审前调查。总体来说，开展初步业务活动的目的是为计划审计工作提供资料，使得审计计划具有针对性、可行性，从而为审计项目的高效率和良好效果奠定基础。

《国际内部审计专业实务框架》提出，初步业务活动还有一个目的，就是决定是否有进一步实施审计的必要。这个目的一般适用于未经过绩效审计项目选择阶段的项目。通常年度绩效审计计划之外的项目是临时来源于其他渠道的绩效审计项目，对于这些潜在的绩效审计项目，在初步业务活动之后确实需要评估项目开展的可行性，还需要审视其必要性，确定是否要进一步实施该项目。

初步业务活动是为计划审计工作服务的，那么，初步业务活动要对审计客体及相关情况了解到什么程度呢？一般来说，对初步业务活动程度的最低要求是获取足够的与审计客体相关的信息和知识，以计划审计工作，所以，初步业务活动的程度是否足够，判断标准是其获取的信息能否满足计划审计工作的需要。如果获取的信息能满足计划审计工作的需要，初步业务活动的程度就足够了，否则，就需要进一步开展初步业务活动以获取更多的信息来支持审计计划工作。

初步业务活动中，对审计客体及相关情况进行的了解还受到一些因素的影响：

（1）如果审计机构事先编制了年度绩效审计计划，在编制这个年度计划时对潜在绩效审计项目的选择依据了一些信息，这些信息当然可以作为制定总体审计策略和具体审计方案的依据之一，从而减少审计准备阶段的初步业务活动工作量。

（2）如果是连续审计或者以前年度对该审计客体进行过审计，则以前年度的审计档案可以提供有用信息，这也可以减少审计准备阶段的初步业务活动工作量。

（3）如果是一些组织专门提出的审计需求或指令，这些组织通常会提供一些相关信息，这些信息也可以用于计划审计工作，从而减少审计准备阶段的初步业务活动工作量。

但是，一般来说，审计机构在审计准备阶段都要开展初步业务活动，使其能在一定程度上对审计客体及相关情况进行了解。即使根据前期的了解已经足够制定总体审计策略和具体审计方案，也需要确认前期了解到的情况是否发生了变化。

二、初步业务活动的内容

了解审计客体及相关情况是制定总体审计策略和编制具体审计方案的基础，但是具体了解什么情况呢？绩效审计定位不同，需要了解的内容也不同。基于风险的结果导向绩效审计是内涵最多的绩效审计，以这种审计为背景，在绩效审计中，审计组在初步业务活动中对审计客体及相关情况的了解应该包括下列内容：

（1）管理体制、组织结构及职责分工；

（2）主要业务开展及管理情况；

（3）绩效管理情况，特别是绩效指标、绩效目标、绩效计量、绩效报告及绩效评价标准等情况；

（4）基于绩效的激励机制情况；

（5）上级对绩效的考核及目标责任制情况；

（6）相关的信息系统及其电子数据情况，特别是拟审计的绩效信息的相关载体情况；

（7）与审计项目相关的法律法规和政策，特别是拟审计的绩效及绩效信息相关的法律法规及政策，是否对一些绩效指标提出了最低或最高的要求；

（8）财政收支、财务收支状况及管理情况；

（9）管理和监督机构的监督检查情况及结果；

（10）以前年度审计情况。

当然，以上列示的是基于风险的结果导向绩效审计需要了解的一般内容。不同的绩效审计定位还需要更加具有针对性，例如，单项性绩效审计和综合性绩效审计需要了解的内容就存在差异。

一般来说，通过对上述各方面内容的调查，可以为表 4-1 中的事项提供信息。如果还不能提供信息，则表明初步业务活动了解的内容需要在广度或深度方面再扩展。

表 4-1　初步业务活动的可能结果

(1) 确定需要进行详细审计的重点审计事项，明确绩效指标的内容； (2) 初步评价审计事项的固有风险； (3) 初步评价相关控制的状况； (4) 确定绩效审计报告的主要使用者及利益相关者； (5) 确定审计报告主要使用者和利益相关者所关心的问题； (6) 确定下一步审计可能使用的评价标准； (7) 确定下一步审计所需要的信息及其来源； (8) 获取与审计事项相关的营运信息，为制定审计计划和实施审计服务； (9) 拟定可能的审计定位及其实施方案； (10) 确定下一步审计是否应该实施。

三、初步业务活动的程序

在绩效审计的初步业务活动中，用什么方法对审计客体及相关情况进行了解？开展初步业务活动时，审计人员对审计客体及相关情况进行了解的常用方法包括询问、审阅、观察和分析程序（电子数据分析）等。

询问是指以面谈或座谈会等形式，通过口头询问审计客体管理层及相关人员，了解审计客体及相关情况。无论是内部审计还是外部审计，所有调查的第一步都是与审计客体管理人员和员工进行讨论。因为管理人员熟悉其所在单位的权限、绩效目标以及为实现目标所采取的方法，员工能提供关于业务方法和程序、会计和信息记录系统，以及相关绩效报告的细节性信息。审计客体管理人员和员工还能帮助确定问题所在并找出出现问题的原因。此外，关于财务和人力资源的相关资料可以从预算和会计人员那里获取。同时，还可以与其他相关人员面谈，例如，与提出过审计需求的人员、客户、预期受益人员及审计客体以外的其他相关知情人面谈，对揭示绩效的薄弱环节和绩效缺陷能提供有利帮助。对于质量和及时性方面的问题，客户有切身体会，从客户或市民问卷调查中得出的结果能提供关于存在问题领域的信息，但是，在初步业务活动阶段开展对客户或市民的调查通常过于耗时。

审阅是指通过阅读审计客体的相关书面材料以了解审计客体及相关情况。对于任何单位来说，研究报告、投诉记录、审计报告和新闻报道都是非常好的信息来源。在初步业务活动中，审计人员会发现，把过去、现在的管理研究报告、内部审计报告、工作计划收集起来并列出清单是非常有用的，利用他人已经加工的信息有助于减少工作量并节省时间。通常情况下，对于管理层执行管理有用的信息，对于审计人员同样有用。从管理层获取的信息，例如，预算、业务报告、成本报告、内部控制评价报告、业绩报告等，能使审计人员了解绩效目标的实现情况。

观察是指到审计客体的相关现场进行察看，以了解审计客体及相关情况。实地观察是审计人员迅速了解审计客体的业务和环境状况必不可少的方法，亲自观察通常比阅读程序手册快得多，并且能准确地理解所执行的业务程序。但是，审计人员要谨慎行事，以确认观察到的事项具有代表性。

初步业务活动中的分析程序（电子数据分析）是指通过数据分析来了解审计客体及相关情况。在基于风险的结果导向绩效审计模式下，电子数据分析是主要的方法。审计人员通过数据分析形成的分析成果，可以准确了解审计客体业务活动的变化情况以及环境变化对业务和财务活动的影响。当然，由于绩效审计定位不同，在初步业务活动中需要进行的数据分析也存在差异。一般来说，在初步业务活动中，需要分析绩效指标的变动及差异情况，为总体审计策略及具体审计方案的制定提供指引。电子数据分析一般包括六个步骤：确定要进行电子数据分析的内容；初步编制电子数据分析方案；获取并整理电子数据；确定可执行的电子数据分析方案；实施电子数据分析；编制电子数据分析报告。

第 3 节　制定总体审计策略和具体审计方案

通过初步业务活动，并结合编制年度绩效审计计划时选择潜在绩效审计项目的相关资料，审计人员对审计客体及相关情况有了一定的了解，接下来就要以此为基础，制定绩效审计总体策略和具体审计方案。

一、总体审计策略

总体审计策略是关于绩效审计项目作为一个整体的策略性选择，主要包括选择绩效审计定位、确定审计范围、选择审计取证具体模式、选择审计意见类型、初步确定审计重要性、初步评估风险水平、初步确定审计重点、初步确定审计依据等内容。

（一）选择绩效审计定位

绩效审计在绩效管理中有两种定位：

第一，作为绩效监测的组成要素鉴证绩效信息的真实性。绩效审计作为绩效监测的组成要素，其本身并不生产绩效信息，只是对已经存在的绩效信息进行鉴证，以判断其真实性，为绩效管理提供真实的绩效信息。这是绩效审计的基本定位，也是绩效管理的基础环节，任何形式的绩效管理都离不开这种定位的绩效审计。

第二，作为一种特殊的绩效评估机制。绩效审计作为一种特殊的绩效评估机制，也有两种不同的定位：一是绩效水平评价；二是绩效差异改进。当定位于绩效水平评价时，绩效审计将鉴证后的绩效信息与一定的标杆进行比照，以确定绩效水平的等级，此时，绩效审计只是评估了绩效水平，并没有解释绩效差异产生的原因，当然也没有提出改进绩效水平的建议。当定位于绩效差异改进时，绩效审计需要解决两个关键问题：一是识别具有重要性的绩效差异；二是寻找这种绩效差异产生的原因及其相应的解决措施。此时，绩效审计成为一种绩效差异应对机制，也可以称为绩效差异纠偏机制。

总体来说，绩效审计事实上存在三种不同的定位选择。很显然，选择绩效审计定位是总体审计策略的首要内容，审计人员应通过初步业务活动，并结合编制年度绩效审计计划时选择潜在绩效审计项目的相关资料，对本次绩效审计的定位做出选择。

（二）确定审计范围

审计范围是指针对特定审计客体开展的审计活动在时间上和空间上所达到的广度。通常情形下，绩效审计的时间范围会在绩效审计年度计划中基本确定，进行初步业务活动之后，绩效审计范围还需要从两个维度来考虑：

（1）绩效的范围，也就是说，哪些绩效要纳入本次绩效审计。理论上，任何事情都有绩效，但是，即使对于特定的审计客体，也不可能将所有的绩效都纳入审计范围，一定要有所选择。例如，本次绩效审计是关注环境绩效，还是特定的组织目标的绩效，或者是特定的项目的绩效，这些不同的选择会将绩效的范围清晰显现出来。

（2）绩效涉及的单位范围，也就是说，审计客体内部的哪些机构要纳入本次审计的范围。一般来说，只要与本次需要审计的绩效相关的内部机构都要纳入审计范围。

上述两个维度确定之后，通常可以列出一个审计范围清单，可能出现的情形如表 4－2 所示。

表 4－2　绩效审计范围

绩效范围	内部机构范围				
	甲单位	乙单位	丙单位	丁单位	…
A 绩效	√	√	√	√	√
B 绩效	√	√	√	√	√
C 绩效	√	√	√	√	√
D 绩效	√	√	√	√	√
⋮	√	√	√	√	√

注：√表示可能出现的情形。

（三）选择审计取证具体模式

确定绩效类型及涉及的内部机构之后，审计什么的问题也就解决了。接下来的问题是如何审计，解决这个问题的首要步骤是选择审计取证模式。总体来说，绩效信息真实性审计有四种取证模式：命题分解模式、专业测量模式、数据流程模式、数据分析模式。其中，前三者属于命题论证型取证模式，数据分析模式属于事实发现型取证模式。命题分解模式适用于绩效信息存在纸质或电子数据载体的情形，其基本思路是将绩效信息真实性审计总目标进行分解，确定更加具体的一些命题或审计具体目标，然后围绕这些命题或审计具体目标的证明来收集证据。专业测量模式适用于绩效信息存在实物支撑载体的情形，其基本思路是通过绩效信息原来的生产方法，重新生产绩效信息，在绝大多数情形下，需要委托专业机构来完成绩效信息的重新生产。当不存在支撑载体，无法从载体中获取证据来验证绩效信息的真实性时，如果信息生产过程可靠，则可以通过评估绩效信息生产流程是否可靠来判断绩效信息是否真实，此时，绩效信息真实性审计转为制度审计，需要围绕数据流程来获取证据，这种取证模式称为数据流程模式。当不存在支撑载体并且绩效信息生产流程本身无法保证信息的真实性时，取证思路就改为从数据之间的逻辑关系来判断数据质量，这种取证模式称为数据分析模式。当然，命题分解模式下，数据更多，也可能采用数据分析模式。上述不同审计取证模式及其相应的审计载体状况，归纳起来如表 4－3 所示。

表 4－3　绩效审计取证模式选择

审计载体状况	审计取证模式	
	适用的取证模式	取证模式的类型
有完整的非实物审计载体	命题分解模式	命题论证型取证模式
	数据分析模式	事实发现型取证模式
有完整的实物审计载体	专业测量模式	命题论证型取证模式
无完整的审计载体，但数据产生过程可靠	数据流程模式	命题论证型取证模式
无完整的审计载体，并且数据产生过程不一定可靠	数据分析模式	事实发现型取证模式

由于命题分解模式、专业测量模式、数据流程模式都可以支持发表合理保证审计意见，相当于审计总目标作为一个命题得到了验证，因此，这些取证模式合并称为命题论证型取证模式，而数据分析模式通常支持发表有限保证审计意见，类似于对发现的事实予以报告，因此，这种取证模式称为事实发现型取证模式。

在绩效审计准备阶段，审计人员要根据初步业务活动中对审计客体的了解，判断其审计载体状况，并结合审计意见类型的要求，确定拟采取的审计取证具体模式。

（四）选择审计意见类型

绩效审计有多种定位，如果需要对绩效信息真实性发表意见，则在审计准备阶段，需要根据初步业务活动了解到的审计载体状况，确定拟发表的审计意见类型。在这个阶段，审计人员不能确定发表何种具体审计意见，但是，要对审计意见类型的需求和可能性进行判断。

一般来说，绩效信息真实性审计意见类型分为合理保证审计意见和有限保证审计意见，前者是对绩效信息的整体是否真实发表意见，后者只是报告对绩效信息的审计发现。根据初步业务活动中对审计客体及相关情况的了解，审计人员首先要判断本次绩效审计需要发表的审计意见类型，是发表合理保证审计意见，还是发表有限保证审计意见。绩效审计意见类型主要依赖于审计载体状况及相应的审计取证模式。当没有完整的载体信息链时，只能选择有限保证审计意见；当存在完整的载体信息链时，可以选择合理保证审计意见，也可以选择有限保证审计意见。以上所述绩效审计意见类型的选择，归纳起来如表 4－4 所示。

表 4－4　绩效审计意见类型的选择

审计意见类型需求	审计载体状况（审计取证模式）	
	有完整的载体信息链（命题论证型取证模式）	无完整的载体信息链（事实发现型取证模式）
合理保证审计意见	√	×
有限保证审计意见	√	√

注：√表示可能出现这种情形，×表示不可能出现这种情形。

（五）初步确定审计重要性

绩效审计有多种定位，不同的定位下，适用的重要性标准不同。当定位于绩效信息鉴证时，需要确定绩效信息错弊的重要性标准；当定位于绩效水平评价时，需要确定绩效水平偏差的重要性标准；当定位于绩效水平改进时，需要确定绩效差异的重要性标准。

在绩效审计准备阶段，审计人员需要基于初步业务活动中对审计客体的了解，并根据前面确定的绩效审计定位，初步确定适用的审计重要性。无论是数量重要性还是性质重要性，都要站在利益相关者的角度来确定。这里的利益相关者也就是审计报告使用者，因为能否容忍某种程度的偏差毕竟是由审计报告使用者判断，而不是由审计人员判断。当审计报告使用者已知时，就需要站在这种确指的审计报告使用者的角度来估计重要性；当审计报告使用者不可确指时，首先需要预测审计报告使用者的范围和类型，在此基础上，再站在这些审计报告使用者的角度来估计重要性。

（六）初步评估风险水平

绩效审计有多种定位，在不同的定位下，需要关注不同的风险。一般来说，主要有两类风险：一是绩效信息错弊风险，这是指绩效信息发生错报的可能性；二是绩效差异风险，这是指绩效差异发生的可能性。在审计准备阶段，审计人员需要根据初步业务活动中对审计客体及相关情况的了解，对上述两类风险都做出初步评估。

对于绩效信息错弊风险，审计人员需要做出两种判断：一是初步确定可接受的绩效信息审计风险水平；二是初步评价绩效信息错弊风险。

可接受审计风险是指审计项目完成后，审计人员准备承担或可以接受的审计风险。一般来说，审计人员需要基于初步业务活动中对审计客体的了解，考虑一些相关因素来确定可接受审计风险水平，这些相关因素包括：一是审计报告使用者的情况。审计报告使用者素质越高、知识范围越广、对审计报告的利用程度越高，可接受审计风险就越低。二是审计机构的风险承受能力。审计机构的风险承受能力越强，可接受审计风险也就越高，而审计机构的风险承受能力主要取决于审计机构的规模、经济实力以及法律地位和法律责任等。三是审计资源限制。确定了可接受绩效审计失败风险，事实上也就确定了检查风险，而检查风险是决定审计资源需求的基础性因素，因此，确定的可接受审计风险越高，可接受的检查风险就越高，审计资源需求也就越少。四是行业竞争情况。审计机构之间的竞争越激烈，可接受审计风险也就越低。当然，在审计准备阶段只是初步确定可接受审计风险水平，随着后续审计程序中对审计客体及相关情况的进一步了解，可能修正这个可接受的审计风险水平。

初步评价绩效信息错弊风险，是指审计人员根据初步业务活动中了解到的审计客体及其相关情况，以纳入审计的绩效信息及其审计标的为对象，判断其发生错报的可能性。可以将绩效信息错弊风险分解为固有风险和控制风险来判断，前者是指没有内部控制的情形下绩效信息错弊的可能性，后者是指相关的内部控制不能抑制绩效信息错弊的可能性。当然，也可以不分解为固有风险和控制风险，而将二者结合起来进行综合评价。初步评价绩效信息错弊风险的主要目的是确定重要审计事项，绩效信息错弊风险高的领域被确定为重要审计事项的可能性大。

对于绩效差异风险，审计人员需要根据初步业务活动中了解到的审计客体及其相关情况，以特定绩效及其分解形成的审计标的为对象，初步判断其绩效差异发生的可能性及可能的差异程度。

（七）初步确定审计重点

为了提高审计效率效果，需要找出审计重点，不同的特定绩效及其审计标的在绩效审计中会有不同的关注程度，重点关注的就是审计重点。一般来说，审计人员需要根据初步业务活动中了解到的审计客体及相关情况，从两个维度来判断特定绩效及其审计标的是不是审计重点。第一，特定绩效及其审计标的的风险程度。以风险评估为基础来确定审计重点，通常是风险越高，与此相关的绩效及其审计标的就越有可能成为审计重点。需要特别说明的是，这里的风险主要是绩效信息错弊风险和绩效差异风险。第二，特定绩效及其审计标的重要程度：一是从特定绩效及其审计标的对于审计客体的重要程度来判断其重要程度；二是从利益相关者、相关领导及公众对特定绩效及其审计标的的关注程度来判断其重要程度；三是从特定绩效及其审计标的的资金和资产规模来判断其重要程度。通常，需要分别以绩效信息错弊和绩效差异为对象，将风险判断和重要程度判断结合起来，以确定哪些特定绩效及其审计标的是审计信息错弊的审计重点及绩效差异的审计重点，基本情况如表4-5所示。

表4-5　审计重点的判断

特定绩效及其审计标的的重要程度	特定绩效及其审计标的的风险程度	
	高	低
高	A	C
低	B	D

表4-5所示的四种组合中，情形A一般是审计重点，情形D一般不是审计重点，而情形B和情形C是否作为审计重点是需要选择的，无论如何，其作为审计重点的可能性低于情形A但高于情形D。

（八）初步确定审计依据

审计依据是审计判断的依据，绩效审计也不例外，但是，由于绩效审计的定位有多种选择，在不同的定位下绩效审计依据不同。当定位于绩效信息鉴证时，绩效审计依据是绩效信息记录、计量及报告的相关规定，通常以审计客体现行使用的规定为准，如果需要开发新的绩效信息，则需要与审计客体及审计报告使用者商议这种绩效信息的计量方法，不能由审计机构自行确定。当定位于绩效水平评价时，在绩效信息鉴证标准的基础上，还需要增加绩效水平评价标准，也就是确定将审计客体的绩效水平与什么样的标杆进行比较，通常，审计人员也需要与审计客体及审计报告使用者商量可以比较的标杆。当定位于绩效差异改进时，仍然需要绩效水平评价标准以确定绩效差异。总体来说，在审计准备阶段，审计人员需要根据初步业务活动中对审计客体及相关情况的了解，初步确定绩效信息鉴证标准和绩效水平评价标准。

二、具体审计方案

具体审计方案是在总体审计策略的基础上，根据初步业务活动中对审计客体及相关情况的了解，对绩效审计工作的具体安排。绩效审计定位不同，需要做的具体工作也不同。一般来说，当定位于绩效信息鉴证时，需要制定绩效信息获取及鉴证方案；当定位于绩效水平评价时，需要制定绩效水平评价方案；当定位于绩效差异改进时，需要制定绩效差异调查方案。虽然后者的定位要包容前者的定位，但从具体工作方案来说，不同定位下的内容可以相对独立。

（一）绩效信息获取及鉴证方案

绩效信息通常有三种来源：一是审计客体现有的信息；二是第三方信息；三是审计人员自行调查获取的信息。由于审计人员自行调查获取的绩效信息，是审计人员亲历亲为的数据，通常是通过一些简要的统计分析来检验其信度和效度，并不需要专门的信息鉴证；而对于审计客体提供或第三方提供的数据，审计人员要借鉴财务信息审计的思路对这些数据的真实性进行鉴证。所以，绩效信息获取及鉴证方案需要包括以下内容：

（1）从审计客体现有信息系统中获取的绩效信息，包括绩效信息的具体内容，获取的地点、方式、时间及人员安排。

（2）从第三方获取的绩效信息，包括绩效信息的具体内容，获取的地点、方式、时间及人员安排。

（3）审计人员自行调查获取的绩效信息，需要制定绩效信息调查方案，包括调查内容、调查对象、问卷设计、调查方式、数据整理等内容，还应包括调查费用预算安排。

（4）对审计客体提供及从第三方获取的绩效信息的审计方案。通常需要基于总体审计策略中对绩效信息真实性审计模式的选择（命题分解模式、专业测量模式、数据流程模式、数据分析模式），分别制定审计程序表，确定审计程序的性质、范围、时间及实施人。

（二）绩效水平评价方案

绩效水平评价要以真实可靠的绩效信息为基础，在此基础上，绩效水平评价方案需要确定绩效水平评价的主要因素，包括以下内容：一是绩效指标，即究竟采用哪些指标来评价绩效；二是指标权重，一般来说，绩效指标会有多个，要确定各个绩效指标在整体绩效中的权重；三是绩效标准，即究竟以什么为绩效标杆，将绩效实际数与之比较，以确定绩效水平；四是绩效评价方法，即是单个指标分别评价，还是以单个指标分别评价为基础来进行综合评价，无论是单个指标的评价还是综合评价，都需要确定具体的技术方法。

当然，作为一个完整的绩效水平评价方案，还需要确定人员和时间安排。

（三）绩效差异调查方案

绩效差异调查以绩效水平评价为基础，对于具有重要性的绩效差异应调查其原因，可能还要提出应对措施。绩效差异调查方案需要在绩效水平评价方案的基础上，增加以下内容：

（1）可能的绩效差异及其计算方法；

（2）绩效差异重要性判断标准；

（3）可能的绩效差异调查方法；

（4）提出绩效差异改进措施的方法。

当然，作为一个完整的绩效差异调查方案，还需要确定人员和时间安排。

本章小结

绩效审计准备工作是对于年度计划或其他途径已经确定的绩效审计项目在审

计取证之前所开展的各项工作，其最终成果是由总体审计策略和具体审计方案组成的审计计划，主要包括四个方面：一是组建审计组；二是发送审计通知书；三是进行初步业务活动；四是制定总体审计策略和具体审计方案。在审计准备阶段为制定总体审计策略和具体审计方案而了解审计客体及相关情况的活动称为初步业务活动。总体审计策略是关于绩效审计项目作为一个整体的策略性选择，主要包括选择绩效审计定位、确定审计范围、选择审计取证具体模式、选择审计意见类型、初步确定审计重要性、初步评估风险水平、初步确定审计重点、初步确定审计依据等内容。具体审计方案是在总体审计策略的基础上，根据初步业务活动中对审计客体及相关情况的了解，对绩效审计工作的具体安排，包括绩效信息获取及鉴证方案、绩效水平评价方案、绩效差异调查方案。

思考题

1. 对于绩效审计项目来说，组建审计组有哪些要求？
2. 对于绩效审计项目来说，审计通知书的主要内容包括哪些？
3. 对于绩效审计项目来说，初步业务活动需要了解的审计客体及相关情况的内容有哪些？审计程序有哪些？
4. 对于绩效审计项目来说，在初步业务活动中，可以考虑哪些数据分析？
5. 对于绩效审计项目来说，总体审计策略包括哪些内容？
6. 对于绩效审计项目来说，具体审计方案有哪些情形？

第5章
绩效信息鉴证

学习目标

1. 了解绩效信息鉴证的重要性标准
2. 了解绩效信息鉴证的鉴证风险模型
3. 了解绩效信息鉴证的逻辑框架
4. 了解绩效信息鉴证的取证模式

引导案例

东北多地挤统计水分：一些县域经济规模超香港

东北多地官员向《新华视点》记者坦承，各地纷纷在给统计数字“挤水分”，并反思统计数据造假之弊。

多年来，地方GDP“增速高于全国、总量大于全国”的统计乱象引发公众质疑。有专家指出，这种“数据掐架”看似是重复统计、数出多门和基础资料不全等问题导致的，但其深层次原因则是“官出数字、数字出官”的扭曲政绩观在推波助澜。相形之下，东北三省部分地方数据造假之风尤甚，不仅误导了中央和地方的规划决策，而且已演化为破坏党风政风、损害政府公信力的腐败推手。

注水数据惊动中央巡视组

“如果统计数据不错弊，东北经济发展后劲今天不至于此。”吉林省人大财政经济委员会主任委员赵振起认为，从各地固定资产投入上计算，“2010年底一汽集团的资产总额才1 725亿元，全省每年上万亿元的投资，一年要建设多少个一汽?”倘若依照各地汇报的产业成长性计算，东北一些县域经济规模都超过香港了。

2015年上半年，辽宁省大连市受工业负增长拖累，在全国副省级城市中经济增速排名垫底。“以一季度为例，工业经济增长−29.9%，其中价格因素和市场需求不足各占5%，剩下20%是‘挤水分’。”大连市经信委副主任于德虎向记者剖析当期经济下滑主因。

“相关部门做过一些核查，有些投资数据至少有20%的水分。”黑龙江省工信委投资规划处处长官英敏证实。仅黑龙江省自行“挤掉”的投资水分，近两年每年至少数百亿元。

2013年，黑龙江省黑河市虚报项目投资19亿元，按当年统计公报披露的223亿元的年度项目投资总额计算，“注水”比例为8.5%；辽宁省岫岩满族自治县虚增财政收入8.47亿元，超过同年实际财政收入的127%，地方统计数据“注水量”之大由此可见。

黑河市、岫岩县等地的数据注水丑闻，2015年1月分别由中央纪委监察部、审计署通过《中共黑龙江省委关于巡视整改情况的通报》《关于2013年度中央预算执行和其他财政收支审计查出问题整改情况》向社会公布。自2014年2月底开始，中央第四巡视组、第十一巡视组、第八巡视组先后向吉林、辽宁和黑龙江三省反馈巡视情况，各地对经济数据注水问题反映强烈，各巡视组也都将之列为党风廉政和作风建设的突出问题进行反馈，要求整改。

“如果不是当初吹得高，现在也不会掉这么厉害”

几年前，东北曾流传这样一副对联：“上级压下级，层层加码，马到成功；下级哄上级，层层掺水，水到渠成。”“如果不是当初吹得高，现在也不会掉这么厉害。”一些基层官员反映部分经济数据造假严重，不仅GDP增速、投资、消费和进出口等数据“大水漫灌”，甚至连棚户区改造、城乡居民收入等数据也被篡改。

2014年底，辽宁省阜新市、葫芦岛市虚报年度新开工任务数，比实际开工数合计多2万余套，占上报开工数的52.8%和29.3%；吉林省四平市虚报开工数8 165套，占上报开工数的87.2%，审计发现后又编造完成基础打桩6 938套，截至2015年5月仍有6 356套未开工。之后，吉林省对四平市、省住房和城乡建设厅8名责任人给予了相应的政纪处分和组织处理。

为了保证虚高的注水数据不露馅，一些地方官员甚至采取无收入来源的空转财政收入、有收入来源的列收列支及借款缴税、违规调整入库品种和截留侵占上级收入以及违规提前征收税款入库等更为隐蔽的手段，在公共财政收入上大做手脚。

2014年，审计署对庄河市塔岭镇审计时发现：2013年全镇公布财政收入比实际财政收入高出2 534万元，虚增16.24倍。相邻的普兰店市将全市2014年公共财政收入，由年初预算53.35亿元下调为33.85亿元，降幅近20亿元。大连市针对虚增财政收入进行专项整治，对庄河市、普兰店市主要领导提出严肃批评，并对塔岭镇镇长做出免职处理。

尽管各级官员都深知注水数据的危害，但面对来自上级考核、地区竞争和自身升迁等压力和冲动，往往还是硬着头皮“层层分解指标、人人摊派任务”，难得糊涂。

“东北黄金十年两位数的增长，数字挺好看但经济很难受，弄到最后各省都在挤水分。”阜新市副市长金东海说。

防止注水数据需多管齐下

国家统计局早就提出，要将弄虚作假作为统计领域最严重的腐败来治理。对于过度推崇GDP增长的地方官员而言，无论多报虚报、瞒报谎报，还是少报漏报、凭空捏报，只要能转化为政绩指标，至多被视为作风不实而敷衍了事。这种失之于宽的纵容行为，助长一些地方统计数据竞相“掺水”，其社会危害程度并不亚于贪污腐败。

“注水数据不是骗国家就是骗百姓，一定有个人利益在里面。”辽宁省鞍山市经信委副主任孙祎明等人认为，当前，要保证经济数据质量就必须完善统计问责制，追究涉事官员的责任，确保“挤干”经济统计数据中的水分，对造假行为予以严惩，让干部吹不起“数字牛皮”。

虽然《中华人民共和国统计法》明确规定，利用虚假统计资料骗取荣誉称号、物质利益或者职务晋升的，除对其依法追究法律责任外，还要取消其荣誉称号，追缴获得的物质利益，撤销晋升的职务，但在实际执行中极少有人为此“丢官”。有关专家指出，既然注水数据的真相是一笔糊涂账，自然没有人为此担责；既然无人为此担责，注水数据问题自然长期存在，两者互为因果。

为彻底解决数据注水问题，东北三省以中央巡视组反馈整改为契机，自 2014 年以来重点整饬经济数据弄虚作假行为。黑龙江省制定出台《黑龙江省产业项目推进责任主体考核办法》和《反对弄虚作假提高统计数据质量工作方案》，调整考核指标和分数权重，对统计指标进行规范。记者在《牡丹江市整治投资指标数据上弄虚作假工作实施方案》中看到，重点清理固定资产投资额指标的弄虚作假和不规范行为，主要包括统计调查对象造假和统计数据资料造假两项内容。

吉林省采取调整全年 GDP 增速，改进各部门和市（州）领导干部政绩考核指标，以拓展延伸“德能勤绩廉”考察范围和内容为重点，帮助各级领导班子和领导干部树立正确的政绩观。辽宁省调整财政收入考核评价指标体系，取消利用外资指标和城区财政收入指标考核排名，调整招商引资工作重点，对寅吃卯粮、空转收入等问题开展自查整改，坚决遏制财政收入征管中的弄虚作假行为。

资料来源：刘荒，齐海山，等. 东北多地挤统计数据水分：若非当初吹得高，现在不会掉这么多. 澎湃新闻，[2015-12-10]. http://www.thepaper.cn/newsDetail_forward_1407184.

思考问题：对统计数据造假的一些地区，审计机关曾经实施过领导干部经济责任审计，不少统计指标就是领导干部经济责任指标，然而审计机关并未发现这些统计指标造假，这其中的原因是什么？

做好审计准备或审计计划之后，接下来的任务就是实施审计计划，以获取审计证据。无论绩效审计如何定位，对于绩效信息的真实性进行鉴证都是基础性的工作。一般来说，绩效信息的来源可以归纳为两种：一是审计人员通过各种手段亲自获取的绩效信息，这是审计人员亲历亲为的数据，通常是通过一些简要的统计分析来检验其信度和效度，并不需要专门的信息鉴证。二是由审计客体或第三方提供的数据，对于这些数据，审计人员要借鉴财务信息审计的思路对这些数据的真实性进行鉴证。本章主要关注从第二种来源获得的数据的真实性鉴证，主要包括以下内容：绩效信息鉴证重要性标准和鉴证风险模型、绩效信息鉴证逻辑框架、绩效信息鉴证取证模式、绩效信息鉴证报告。

第 1 节　绩效信息鉴证重要性标准和鉴证风险模型

无论是结果导向绩效审计还是绩效信息鉴证型审计或绩效水平评价型审计，都需要对绩效信息的真实性进行鉴证，并且都是基于风险评估的思路。所以，可以将绩效信息鉴证归纳为风险导向绩效信息鉴证。这种鉴证究竟如何进行涉及的问题较多，本节介绍其中的重要性标准和鉴证风险模型。

一、绩效信息鉴证重要性标准

（一）绩效信息鉴证重要性标准的概念

绩效信息鉴证主要关注绩效信息是否符合既定标准，如果绩效信息与既定标准的要求一致就是真实，有偏差就是错弊。然而，对于绩效信息错弊是否有一定的容忍？如果是零容忍，也就是不允许有任何偏差，当然也就不需要重要性这个概念；如果不是零容忍，而是可以容忍一定程度的偏差，这种可容忍的最大程度就是绩效信息鉴证重要性。

问题的关键是，绩效信息能否容忍偏差呢？我们认为，绩效信息应该容忍一定程度的偏差，其原因有三个方面：第一，绩效信息的利益相关者对于绩效信息可能存在一定的容忍度，也就是说，可能一些绩效信息错弊的存在并不会改变利益相关者的决策，既然如此，就意味着绩效信息鉴证可以有重要性判断；第二，从成本效益原则来说，如果对于绩效信息错弊零容忍，就可能花费较大的成本，且并未获得相应的边际价值，得不偿失；第三，绩效信息相关的既定标准本身可能存在不完善之处，偏离这些既定标准，可能并不会影响这些既定标准的宗旨。

既然利益相关者对于绩效信息错弊并不是零容忍，那么其可以容忍的最大程度就是绩效信息鉴证重要性，也就是说，即使审计客体的绩效信息存在不高于重要性标准的偏差，也可以认为该审计客体的绩效信息是真实的，利益相关者仍然不会改变其相关决策。但是，如果审计客体的绩效信息错弊超出该重要性标准，则认为审计客体的绩效信息不真实，利益相关者会改变其相关决策。

（二）绩效信息鉴证重要性标准的类型

从本质上说，绩效信息鉴证重要性是可以容忍的绩效信息最大错弊程度，在这个内涵的基础上，绩效信息鉴证重要性还具有丰富的外延，存在多种类型的重要性。

从绩效信息鉴证重要性的相关主体来说，包括利益相关者和审计人员，前者是绩效信息鉴证报告的使用者，后者是绩效信息鉴证报告的生产者。根据这两种不同的相关主体，绩效信息鉴证重要性分为客观重要性和估计重要性。客观重要性是会影响绩效信息鉴证利益相关者理性判断或决策的重要性，也就是这些利益相关者对绩效信息的最大可容忍错弊。一般来说，不同的利益相关者可能会具有不同的可容忍程度，所以，客观重要性具有多样性和客观性。同时，不同利益相关者的可容忍程度一般并不为外界所熟知，所以，客观重要性具有不确定性的特点。估计重要性是审计人员在绩效信息鉴证的各个阶段所使用的重要性，由于这种重要性是审计人员基于相关信息的估计，因此称为估计重要性。估计重要性可能与客观重要性存在差异，只有当审计人员的估计重要性接近利益相关者的客观重要性时，鉴证风险才会较低；如果估计重要性高于客观重要性，则鉴证风险增大；如果估计重要性大大低于客观重要性，会导致审计效率降低。

从绩效信息鉴证重要性的判断标准来说，绩效信息鉴证重要性分为数量重要性和性质重要性。数量重要性主要是从金额方面考虑的重要性，有时也可能要从非金额的数量方面考虑，这种重要性也称为重要性水平；性质重要性主要是从绩效信息错弊的性质角度来考虑的重要性，在某些情况下，绩效信息错弊从数量方面来考虑可能并不重要，但是由于其性质特殊，可能对绩效信息利益相关者的决策产生重要影响以至改变其决策，这种绩效信息错弊就具有性质上的重要性。所以，对于绩效信息错弊，不能只是从数量上考虑其重要性，还要从性质上考虑其重要性。

从绩效信息鉴证重要性的应用来说，可以按重要性的应用层级来划分，也可以按重要性的应用阶段来划分。按重要性的应用层级，可以划分为整体层级重要性和审计标的层级重要性。按重要性的应用阶段，由于绩效信息鉴证的准备阶段、实施阶段和报告阶段都会用到重要性，绩效信息鉴证重要性可以划分为计划重要性、执行重要性和评价重要性。上述两种按重要性应用的分类方法结合起来，如表5-1所示。

表5-1 绩效信息鉴证重要性的类型（按应用层级和应用阶段）

不同应用层级的重要性	不同应用阶段的重要性		
	计划重要性	执行重要性	评价重要性
整体层级重要性	★	★	★
审计标的层级重要性	★	★	★

注：★表示必须有这种重要性。

（三）绩效信息鉴证重要性标准的应用

绩效信息鉴证重要性在绩效信息鉴证各个阶段都会应用：在准备阶段，应用计划重要性确定审计策略和审计方案；在实施阶段，应用执行重要性具体实施审计策略和审计方案；在报告阶段，应用评价重要性得出审计结论。

1. 绩效信息鉴证准备阶段重要性的应用

在绩效信息鉴证准备阶段，审计人员主要是估计重要性，数量重要性和性质重要性需要分别考虑。同时，还需要按整体层级和审计标的层级分别估计重要性标准。

（1）无论是数量重要性还是性质重要性都要站在利益相关者角度来确定。某种绩效信息错弊是否具有重要性，要从利益相关者的角度来判断，不能站在审计人员的角度来判断。由于绩效信息鉴证的利益相关者并不披露，审计人员并不知道利益相关者的重要性标准，也就是说，并不知晓绩效信息鉴证的客观重要性。此时，审计人员应该如何估计重要性标准？从逻辑上说，有两种情形：一是在绩效信息鉴证主要是为特定利益相关者服务的情形下，审计人员需要站在特定利益相关者的角度来估计重要性标准；二是在绩效信息鉴证并不是为特定的利益相关者服务，而是具有较广泛的利益相关者的情形下，审计人员要考虑各种利益相关者的需求，从中选择较为稳健的重要性标准。很显然，基于上述原因，绩效信息鉴证重要性标准的选择需要较大的职业判断，可能出现差异或不一致。

(2) 按绩效信息鉴证重要性应用层级，需要区分整体层级和审计标的层级分别估计重要性标准。绩效信息整体层级重要性的确定方法可以参照财务报表整体层级重要性的确定方法。就数量重要性来说，可以考虑一些影响重要性的因素，选择一些基准数据，按一定的比例确定整体层级重要性。目前，财务信息审计已经有一些应用广泛的基准数据和比率，然而，绩效信息鉴证尚缺乏这些基准数据和比率。一般认为，绩效信息鉴证重要性应该比财务信息审计更加宽松，也就是说，人们对绩效信息错弊的容忍程度高于对财务信息错弊的容忍程度。就性质重要性来说，主要是考虑法律法规、规章制度的明确要求。凡是涉嫌犯罪的绩效信息舞弊，一般具有重要性；越是涉及违反硬性规定的绩效信息错弊，越可能具有重要性；越是涉及谋取个人利益、局部利益的绩效信息错弊，越可能具有重要性。

绩效信息鉴证审计标的层级重要性的确定有两种方法：一是不分配的方法；二是分配的方法。不分配的方法是将各个审计标的作为独立的项目，根据其相关的特定情形，单独确定其重要性；分配的方法一般是将整体层级重要性按一定的方法在审计标的中进行分配，主流方法是差别比率法，也可以采用德尔菲法等。

2. 绩效信息鉴证实施阶段重要性的应用

在绩效信息鉴证实施阶段，审计人员需要将准备阶段估计的计划重要性转换为执行重要性，并体现在具体实施的审计方案中。

(1) 执行重要性不同于计划重要性，一般是以计划重要性的一定比例来确定执行重要性。例如，财务信息审计中，执行重要性占计划重要性的一定比例，国际审计和鉴证准则理事会（IAASB）的审计指南给出的参考比例是 60%～85%，不少审计机构的比例是 50%～75%。绩效信息鉴证中，执行重要性占计划重要性的比例尚缺乏参考数据，一般来说，绩效信息鉴证应该更为宽松，所以执行重要性占计划重要性的比例应该更高些。

(2) 绩效信息鉴证中，既然有了计划重要性，为什么还要确定执行重要性？主要原因是，如果按计划重要性来实施绩效信息鉴证工作，可能忽视这样一个事实，即许多不具有重要性的绩效信息错弊汇总起来可能导致具有重要性的错弊，所以在审计实施阶段，确定低于计划重要性的执行重要性，并将这个重要性体现在具体实施的审计方案中，可以将整体层级及审计标的层级未更正和未发现绩效信息错弊的汇总数超过该层级计划重要性的可能性降到适当的低水平。

3. 绩效信息鉴证报告阶段重要性的应用

（1）确定最终的评价重要性。在审计准备阶段及实施阶段，审计人员分别确定了计划重要性和执行重要性。在这两个阶段，审计人员对审计客体尚未全面了解，此时确定的重要性可能需要修订。在报告阶段结束后，审计人员对审计客体的相关情况已经全面掌握，此时要对重要性重新做一次审视（包括数量重要性和性质重要性），以决定是否需要修订计划重要性和执行重要性，并在此基础上确定作为最终决定审计结论类型的重要性标准。此时所确定的重要性标准就是最终的重要性，也是最可靠的重要性标准。由于是在审计报告阶段用于审计总体评价，因此，也称为评价重要性。

（2）要重视性质重要性。由于性质重要性一般不具有数量重要性，设计专门的审计程序以发现仅因其性质而可能被评价为重大的绩效信息错弊并不可行。但是，审计人员在审计实施过程中，如果发现了性质重要性的线索予以跟踪，也可能发现一些具有性质重要性的绩效信息错弊。因此，在审计报告阶段，审计人员要根据已经掌握的审计证据，考虑性质重要性对总体评价意见的影响，并体现在审计结论类型之中。

（3）将数量重要性和性质重要性判断同时体现在审计结论中。绩效信息鉴证由于取证模式不同，审计意见类型有合理保证和有限保证两种类型。如果是发表合理保证鉴证意见，则可以参照财务信息审计的相关准则，将数量重要性和性质重要性判断同时体现在审计意见类型中，并就整体层级发表审计意见或报告审计发现。

二、绩效信息鉴证风险模型

（一）绩效信息鉴证风险的概念

关于风险本质的认识，有损失论和目标偏离论两种主流观点。损失论认为，风险是损失的可能性或不确定性；目标偏离论认为，风险是实际结果与预期结果的偏离，或者是实际结果偏离预期结果的概率。事实上，损失论和目标偏离论具有兼容性，目标偏离论强调了风险的原因，而损失论强调了风险的结果。正是因为目标偏离了，才会有损失，如果目标达成了，损失也就不会产生。所以，损失论和目标偏离论是异曲同工的。

基于对风险的上述认识，我们采用目标偏离论来界定绩效信息鉴证风险。根据目标偏离论，绩效信息鉴证风险是指绩效信息鉴证目标未能达成或未能达成的概率。那么，绩效信息鉴证目标是什么呢？一般来说，绩效信息鉴证目标可以分为直接目标和终极目标，直接目标是审计人员在绩效信息鉴证项目中的目标，而终极目标是绩效信息鉴证的利益相关者希望通过绩效信息鉴证得到的结果。很显然，直接目标是终极目标的基础，没有直接目标的履行，终极目标就没有达成的基础。但是，二者存在重大差别。就直接目标来说，应该是找出或发现绩效信息错弊，并就绩效信息的真实性发表意见；就终极目标来说，应该是通过绩效信息鉴证，促进审计客体的绩效信息越来越真实，绩效信息鉴证事实上是发挥了保障绩效信息真实的作用。

根据对审计目标的上述理解，绩效信息鉴证风险可以从审计人员角度和利益相关者角度分别界定。就审计人员来说，绩效信息鉴证风险是指未能发现审计客体存在的绩效信息错弊，对绩效信息真实性发表了错误的审计意见。具体有两种情形：一是审计人员未舞弊，但存在过失，致使未能发现审计客体存在的绩效信息错弊，这种鉴证风险称为鉴证失败风险；二是审计人员存在舞弊，没有发现或没有报告审计客体存在的绩效信息错弊，这种鉴证风险称为鉴证舞弊风险。同样，根据目标偏离论，就利益相关者来说，绩效信息鉴证风险是指通过绩效信息鉴证来抑制绩效信息错弊的目标没有达成。具体也有两种情形：一是根本没有委托或指派审计机构实施绩效信息鉴证，当然审计客体存在的绩效信息错弊也就不能得到抑制，这种风险称为未鉴证风险；二是委托或指派审计机构实施了绩效信息鉴证，但是审计客体的绩效信息错弊并未得到有效抑制，这种鉴证风险称为屡审屡犯风险。概括起来，绩效信息鉴证风险的类型如表 5-2 所示。

表 5-2　绩效信息鉴证风险类型

风险主体	审计目标	目标偏离原因	鉴证风险类型
审计人员	发现审计客体存在的绩效信息错弊	审计人员存在过失	鉴证失败风险
	发现审计客体存在的绩效信息错弊	审计人员存在舞弊	鉴证舞弊风险
利益相关者	抑制审计客体的绩效信息错弊	未委托或未指派审计机构实施绩效信息鉴证	未鉴证风险
	抑制审计客体的绩效信息错弊	委托或指派审计机构实施了绩效信息鉴证，但未能抑制审计客体的绩效信息错弊	屡审屡犯风险

表 5-2 显示，绩效信息鉴证风险包括鉴证失败风险、鉴证舞弊风险、未鉴证风险、屡审屡犯风险。现实生活中，审计人员主要关注鉴证失败风险，这种风险即为狭义的绩效信息鉴证风险。本书随后内容即从狭义角度来理解绩效信息鉴证风险——绩效信息鉴证失败风险。

（二）绩效信息鉴证风险模型

绩效信息鉴证可以发表合理保证鉴证意见，也可以发表有限保证鉴证意见。

发表有限保证鉴证意见事实上就是报告其审计发现，如果审计发现没有问题，则审计意见就无所谓不正确，在这种情形下，事实上没有鉴证失败风险。但是，在合理保证鉴证意见下，需要根据样本来推断总体，这就可能导致发表错误的审计意见，从而出现审计失败。所以，鉴证失败风险主要是在发表合理保证鉴证意见时产生的。以此为基础，绩效信息鉴证失败风险模型如式（5-1）所示。

可接受绩效信息鉴证失败风险＝绩效信息错弊风险×检查风险　　(5-1)

对式（5-1）进行变换，得到式（5-2）：

检查风险＝可接受绩效信息鉴证失败风险/绩效信息错弊风险　　(5-2)

根据式（5-1），审计人员要得到公式左边的检查风险，就必须确定公式右边的可接受绩效信息鉴证失败风险和绩效信息错弊风险，而这两项工作，就是绩效信息鉴证风险评估的主要内容。

检查风险是设计进一步审计程序的基础，而可接受绩效信息鉴证失败风险和绩效信息错弊风险则是确定检查风险的基础。所以，总体来说，绩效信息鉴证风险评估的主要目的是为确定进一步审计程序奠定基础。这种基础的实质就是寻找审计重点，而这里的审计重点是用绩效信息错弊风险来衡量的。绩效信息错弊风险越高，越有可能成为审计重点，而进一步审计程序则体现了审计资源的配置，审计资源配置跟着审计重点走，实质上就是审计资源跟着绩效信息错弊风险走，风险越高的事项，配置的审计资源越多。所以，从本质上说，绩效信息鉴证风险评估是解决绩效信息鉴证如何抓审计重点、如何配置审计资源的问题，也就是解决如何提高绩效信息鉴证效率效果的问题。另一方面，当审计重点抓住了，以合理保证鉴证意见找到具有重要性的绩效信息错弊也就有了保障，绩效信息鉴证失败风险自然也就得到了控制。所以，抓住鉴证重点与控制绩效信息鉴证失败风险具有异曲同工之妙，是一枚硬币的两面。

绩效信息鉴证风险模型可以在两个层面应用：一是绩效信息整体及其审计总目标层面；二是绩效信息整体分解的审计标的及审计具体目标层面。相关内容参见本章随后介绍的绩效信息鉴证逻辑框架。

第2节　绩效信息鉴证逻辑框架

绩效信息鉴证究竟如何实施，涉及多个层面的问题，本节介绍其逻辑框架。首先是阐述通用的审计逻辑框架，在此基础上，再介绍绩效信息鉴证逻辑框架。

一、审计逻辑框架

审计逻辑框架是审计内容、审计方法、审计依据和审计意见的有机组合，特别强调它们之间的相互关联。从某种意义上说，审计逻辑框架就是审计内容、审计方法、审计依据及审计意见相互关联的一个逻辑体系，它们相互关联地解决了审计的两个基本问题：一是审计什么；二是怎么审计。前者是指审计内容，后者包括审计方法、审计依据和审计意见三个要素，这四个要素相互关联，形成一个有机的整体，并受到审计环境的影响，其基本情况如图 5-1 所示。

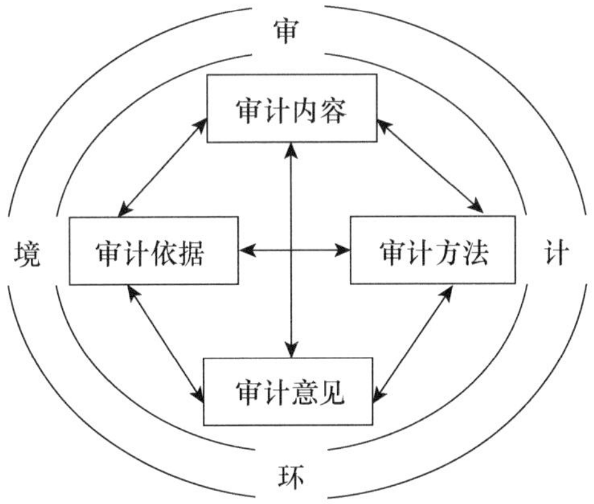

图 5-1 审计逻辑框架各要素的关系

(一) 审计内容

审计逻辑框架的首要问题是审计内容，一般将审计需要发表意见的特定事项称为审计主题。审计就是围绕审计主题收集证据，以判断其与既定标准的相符程度并形成意见。一般来说，审计主题分为四种类型：财务信息、业务信息、经济行为、经济制度。不同的审计业务类型就是基于不同的审计主题收集证据以判断该主题与既定标准的相符程度并形成意见的。将审计内容划分到审计主题之后，审计内容就具有了可实施性，可以针对财务信息、业务信息、经济行为、经济制度设计可实施的审计方案。

对于特定的审计主题实施审计，还需要确定其审计目标，也就是说，审计人员希望通过对该审计主题的审计得到什么结果。一般来说，这种审计目标要分为两个层级：首先是审计总目标（就是审计依据在该特定审计主题上的体现），这是针对审计主题这个层级的，例如，财务信息和业务信息，其审计总目标是真实性；经济行为的审计总目标是合法性；而经济制度的审计总目标是健全性。有了审计总目标，对于特定的审计主题就有了审计的大方向，但是要具体实施审计，还需要将总目标细分到具体的审计标的（审计标的还可以进一步分解为审计事项）。这里有两个细分：一是将审计主题分解为具体的审计标的；二是将审计总目标再分解到具体的审计标的，确定审计标的的审计具体目标（就是审计依据在该特定审计标的上的体现）。通过上述过程，就形成了审计标的及其相对应的审计具体目标所组成的审计内容体系。上述过程如图 5-2 所示。

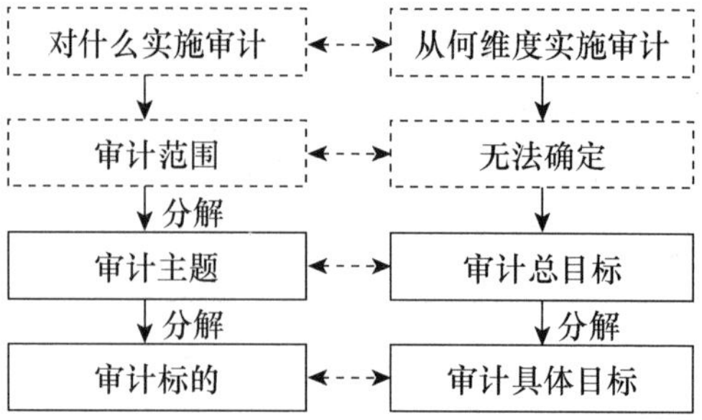

图5-2 审计内容体系

（二）审计依据

审计依据是审计主题及其分解形成的审计标的应该遵守的既定标准，是一种应然状态。按来源不同，审计依据分为外部依据和内部依据；按性质不同，审计依据分为法律法规、规章制度、预算/计划、业务规范和技术经济标准等。一般认为，审计依据具有层次性、时效性、地域性等特征，但是，审计依据最重要的特征是针对性。在图5-2所示的审计内容体系中，不同的审计主题甚至不同的审计标的都有不同的审计依据，不能不区分审计主题来谈审计依据，一定的审计依据需要与一定的审计主题或审计标的相联系，而一定的审计主题或审计标的需要有一定的审计依据，二者是一一对应的，如果张冠李戴，就会出现错误的审计意见。财务信息及其分解形成的审计标的，其审计依据是关于财务信息如何确认、计量、记录和报告的规范；业务信息及其分解形成的审计标的，其审计依据是关于业务信息如何确认、计量、记录和报告的规范；经济行为及其分解形成的审计标的，其审计依据是关于这些经济行为及其审计标的应该如何营运的规范；经济制度及其分解形成的审计标的，其审计依据是关于这些经济制度及其审计标的应该如何设计和执行的规范。不同审计主题及其分解形成的审计标的，都有其相对应的既定标准，如果混同使用，会形成荒谬的结论。

审计依据除了要与审计主题及其分解形成的审计标的对应之外，与审计目标也高度关联。事实上，审计目标就是判断特定的审计主题及其分解形成的审计标的对于既定审计依据的遵守程度。例如，对于财务信息，审计目标是真实性，就是判断财务信息的确认、计量、记录和报告是否遵守了其相应的既定标准，如果遵守了，就是真实的，如果有重大错弊，就是不真实的；其他各类审计主题也是如此。所以，总体来说，审计依据是判断审计目标是否达成的依据。

（三）审计方法

审计方法就是获取证据以判断审计主题及其分解形成的审计标的是否遵守了审计依据的系统过程。由于审计目标是审计依据在审计主题及其分解形成的审计标的上的体现，因此，审计方法也是收集审计证据以判断不同层级审计目标达成状况的系统过程。但是，从审计实施的角度来说，审计方法就是寻找偏离审计依据之处，或者是寻找审计目标未达成之处。通过对偏离审计依据或审计目标未达成的严重程度来判断审计依据遵守情况或审计目标达成情况。如果将偏差或目标未达成作为"问题"，那么审计过程就是问题导向的，就是寻找问题并对问题进行等级划分的过程。

根据上述思路，审计方法作为一个系统过程，首先要选择审计取证模式，在此基础上，设计审计方案并获取审计证据。按是否能根据样本推断总体，审计取证模式可以分为两种类型：一是命题论证型取证模式；二是事实发现型取证模式。前者是将审计总目标作为大命题，将审计具体目标作为小命题，将审计取证过程视同命题证明过程，然后根据小命题的证明情况来推断大命题的状况，这种取证模式能根据样本审计结果来推断总体状况，可以发表合理保证鉴证意见；后者将审计目标视同指引方向，围绕这个方向找问题，然后报告发现的问题，并不能根据找到的问题来推断总体状况，在这种取证模式中样本不代表总体，只能发表有限保证鉴证意见。在审计实践中先后出现的账项基础审计、制度基础审计、传统风险导向审计、现代风险导向审计、数据式审计等取证模式，是以审计取证的思路来划分的，都可以选择命题论证型取证模式或事实发现型取证模式。不同的选择会有不同的取证逻辑，也会有不同的审计意见类型。然而，审计取证模式的选择并不是随意的，而是要受到一些条件的约束，主要的约束条件有三个：一是审计意见类型；二是审计载体；三是审计主题。不同的审计意见类型需要不同的审计证据力，从而需要不同的审计取证模式。一般来说，合理保证鉴证意见需要采用命题论证型取证模式，而事实发现型取证模式只能支持有限保证鉴证意见，所以，需要发表的审计意见类型会影响审计取证模式的选择。同时，审计实施是需要载体的，没有系统且有支撑材料的审计载体就无法采用命题论证型取证模式，只能采用事实发现型取证模式，所以，审计载体状况是影响审计取证模式选择的重要因素。另外，前已叙及，审计主题包括财务信息、业务信息、经济行为、经济制度，不同的审计主题可能需要不同的审计意见类型，也可能有不同的审计载体，从而会有不同的审计取证模式。审计取证模式一般会体现在审计准则中，所以在具体的审计中，选择了适用的审计准则，也就基本上确定了适用的审计取证模式。

审计方法这一系统过程的第二步是设计审计方案并获取审计证据。这个过程要基于对审计客体的基本了解，无论选择何种审计取证模式，其基本过程均包括三个步骤：一是以审计标的为对象，围绕审计具体目标的验证设计审计方案，包括审计程序的性质、范围及时间；二是合并同类审计标的的审计方案，删除重复的审计程序，形成可实施的审计方案；三是实施审计方案，获取证明各审计标的的审计证据，并形成对审计标的的审计具体目标的审计结论。很显然，审计方案离不开审计标的，也离不开审计具体目标。

（四）审计意见

审计意见就是对该审计主题与既定标准之间的相符程度形成的结论。一般来说，需要根据审计证据的证明力来确定审计意见类型，有两种可能的选择方式：一是合理保证鉴证意见；二是有限保证鉴证意见。合理保证是对总体发表意见，需要以命题论证型取证模式为基础，而有限保证并不对总体发表意见，事实发现型取证模式就可以满足其证据力的需求。一般来说，需要针对不同的审计主题分别发表意见，不能不区分审计主题来发表意见。合理保证鉴证意见事实上是对审计总目标达成程度的结论；有限保证鉴证意见事实上是报告针对不同审计主题的审计发现。审计意见的形成过程与审计内容体系的形成过程恰好相反，后者是一个命题分解过程，前者需要根据针对审计标的的审计具体目标的审计结论形成关于审计主题的审计总目标的审计结论（合理保证鉴证意见），或者是根据审计标的的审计具体目标的审计发现形成关于审计主题的审计总目标的审计发现（有限保证鉴证意见）。所以，总体来说，审计意见离不开审计内容和审计方法，不能就审计意见谈审计意见。

不同的审计意见能满足审计报告使用者的不同需求，因此，如果发表的审计意见类型与审计报告使用者所希望的审计意见类型不同，就会产生审计期望差。例如，审计报告使用者希望的是合理保证鉴证意见，而审计人员发表的是有限保证鉴证意见，则会出现审计期望差。此外，审计意见类型还会影响法律责任。合理保证鉴证意见更容易界定审计人员的法律责任，而有限保证鉴证意见则较难界定审计人员的法律责任。上述这些因素都可以视为环境因素对审计意见的影响。

根据上述分析可知，审计内容、审计依据、审计方法和审计意见虽然各有各的内容，但是彼此相互影响，不能就某一要素来谈另一要素，应该以关联的视角认识各要素，它们相互关联地组成了审计逻辑框架。在这个框架中，审计主题是关键，因此，可以将这个框架称为基于审计主题的审计逻辑框架。

二、绩效信息鉴证逻辑框架

绩效信息包括财务信息和业务信息，由于财务信息审计的逻辑框架已基本成熟，这里仅介绍业务绩效信息鉴证逻辑框架。业务绩效信息包括的内容很广泛，就其审计总目标来说，应该是信息的真实性，这与财务信息审计类似。问题的关键是，业务绩效信息的审计标的及其审计具体目标如何确定？许多业务信息都可以分为流量信息或存量信息，我们从流量信息和存量信息的角度来分析审计标的。对于流量信息，其审计标的类似于财务信息中的交易或事项，也就是说流量信息所反映的是特定的交易或事项；对于存量信息，其审计标的类似于财务信息中的期末余额，称为期末存量。对于业务绩效信息按上述思路确定审计标的之后，则相应的审计具体目标也可以根据类似于财务信息的相应审计标的来确定，基本情况如表5-3所示。

表5-3　业务绩效信息的审计标的及审计具体目标

审计标的	审计具体目标
交易或事项	发生、完整性、准确性、截止、分类
期末存量	存在、权利和义务、完整性、计量

例如，矿产资源开采量是业务流量信息，它的审计标的就是矿产资源开采交易，审计具体目标包括发生、完整性、准确性、截止、分类。发生是指矿产资源开采不存在虚构或高估；完整性是指所有的矿产资源开采都包含在内或不存在低估；准确性是指对矿产资源开采的具体计量不存在错误；截止是指矿产资源开采记录于正确的期间；分类是指不同类型的矿产资源开采分类正确。

又如，矿产资源期末储量是业务存量信息，它的审计标的就是矿产资源的期末储量，审计具体目标包括存在、权利和义务、完整性、计量。存在是指列入矿产资源期末储量中的矿产资源确实是存在的或不存在虚构或高估；权利和义务是指列入矿产资源期末储量中的矿产资源确实属于报告主体所有；完整性是指期末所有的矿产资源都包括在报告的矿产资源期末储量中或不存在遗漏或低估；计量是指对矿产资源期末储量的计算不存在错误。

就审计依据来说，业务绩效信息鉴证依据当然适用于业务绩效信息确认、计量、记录和报告的规则，所谓的业务绩效信息鉴证真实性，就是判断业务绩效信息的确认、计量、记录和报告是否符合这些规则。例如，《矿产资源登记统计管理办法》就是矿产资源信息真实性鉴证的重要标准。

就审计取证来说，有两个因素决定业务绩效信息取证模式的选择：一是要求的审计意见类型。如果要求发表合理保证鉴证意见，则必须采用命题论证型取证模式；如果要求发表有限保证鉴证意见，则可以采用事实发现型取证模式。二是审计载体状况。如果存在完整的审计载体信息链，则可以采用命题论证型取证模式，否则就只能采用事实发现型取证模式。例如，矿产资源开采量及储量如果存在完整且可追索的审计载体，则可以采用命题论证型取证模式，否则只能就可利用的审计载体采取事实发现型取证模式。

就审计方案来说，首先要以审计标的为对象，设计针对性的审计方案，在此基础上，删除重复的审计程序，得到可实施的审计方案，并通过实施这个方案得到审计证据。例如，对矿产资源开采量及储量审计时，首先要区分不同的矿产资源，在此基础上区分流量和储量，针对各自的审计具体目标编制审计方案，再删除重复的审计程序，得到可实施的审计方案，并实施该方案以获得审计证据。

就审计意见来说，业务绩效信息鉴证意见类型要根据审计证据证明力来确定，也就是要根据审计取证模式来确定。审计意见的形成过程与财务信息基本类似，主要差异之处是不同层级的重要性对审计意见的影响，一般来说，业务绩效信息的重要性可能相对宽松一些。

第3节　绩效信息鉴证取证模式

绩效信息究竟如何鉴证，涉及多个层面的问题，本节介绍绩效信息鉴证的取证模式。首先介绍绩效信息鉴证取证模式的总体框架，然后具体介绍各种取证模式及其选择。

一、绩效信息鉴证取证模式的总体框架

审计取证模式是审计取证的策略和思路。获取审计证据首先要考虑证据的来源。来源不同，获取证据的策略也不同。绩效信息鉴证取证模式，首先要考虑的是是否存在支撑绩效信息的载体。绩效信息产生于这些支撑载体，当然也可以从这些支撑载体中获取证据以证明绩效信息是否真实。总体来说，可以分为两种情形：一是存在支撑载体，绩效信息产生于这些支撑载体，可以从这些载体中获取证据验证绩效信息是否真实；二是不存在支撑载体，或者有一部分支撑载体，但是不具有系统性，这种情形下，当然也就无法从支撑载体中获取完整的证据来证明绩效信息的真实性。

当存在支撑载体时，其载体又有两种情形：第一种情形是支撑载体是非实物，主要是纸质或电子数据。这种情形下，可以将绩效信息真实性进行分解，确定一些更加具体的命题，围绕这些具体命题的证明来收集证据，这种取证模式称为命题分解模式。第二种情形是支撑载体是实物，绩效信息产生于这些实物。这种情形下，如果符合成本效益原则，可以通过绩效信息原来的生产方法，重新生产绩效信息，在绝大多数情形下，需要委托专业机构来完成绩效信息的重新生产（审计机构当然也可以自己建立这种专业测量能力，此时，审计机构本身也就是专业机构），这种取证模式称为专业测量模式。

当不存在支撑载体时，无法从载体中获取证据绩效信息的真实性。此时，取证策略转为考虑信息生产流程。一般来说，过程是结果的保证，如果信息生产过程可靠，则信息本身也可能是可靠的。绩效信息生产流程又分为两种情形：第一种情形是有持续可靠的生产流程，数据流程本身可以保证信息的真实性，这种情形下可以通过评估绩效信息生产流程是否可靠来判断绩效信息是否真实，此时，绩效信息鉴证转为制度审计，要围绕数据流程来获取证据，这种取证模式称为数据流程模式。第二种情形是绩效信息生产流程本身无法保证信息的真实性，这种情形下无法通过数据流程来判断数据质量，此时的取证策略就改为从数据之间的逻辑关系来判断数据质量，这种取证模式称为数据分析模式。

总体来说，绩效信息鉴证有四种取证模式：命题分解模式、专业测量模式、数据流程模式、数据分析模式，归纳起来如图5-3所示。由于命题分解模式、专业测量模式、数据流程模式都可以支持发表合理保证鉴证意见，相当于审计总目标合为一个命题得到了验证，这些取证模式合并称为命题论证型取证模式。而数

据分析模式通常支持发表有限保证鉴证意见，类似于对发现的事实予以报告，所以，这种取证模式也称为事实发现型取证模式。

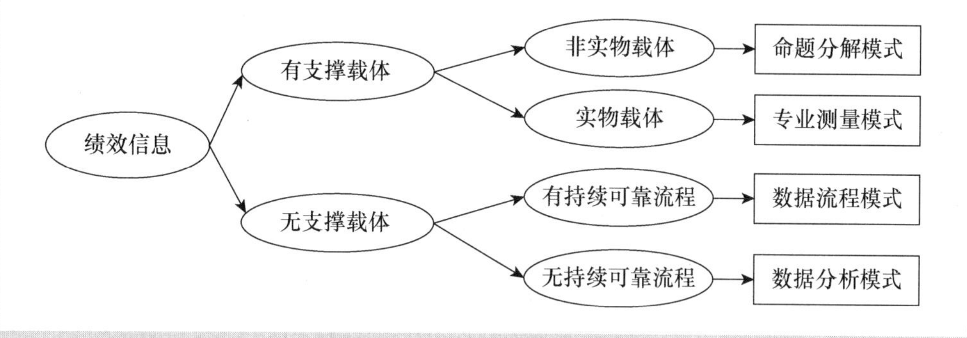

图 5－3 绩效信息鉴证取证模式

一般来说，审计取证模式包括审计标的、审计命题和审计取证程序这些核心要素。接下来，我们从上述三个方面，对各种取证模式进行较为详细的分析，并在此基础上，讨论不同审计取证模式的选择。

二、命题分解模式

命题分解模式适用于绩效信息存在纸质或电子数据载体（也不排除有少量实物载体，下同）的情形，其基本思路是将绩效信息鉴证总目标进行分解，确定一些更加具体的命题或审计具体目标，围绕这些命题或审计具体目标的证明来收集证据。

审计标的是审计实施的直接标的物，也就是审计的靶子。在命题分解模式下，审计标的是特定绩效信息的构成分类。例如，对于产量这个绩效信息，可以将其分解为不同产品的产量，而不同产品的产量还可以再分解为每个生产班的产量，甚至分解为每台生产设备的产量等。这些分解之后的审计标的都有明确的审计载体，可以通过验证这些载体的真实性来验证产量的真实性，相当于将产量这个绩效信息分解成不同产品的产量、不同生产班的产量、不同生产设备的产量，通过验证更具体的分解项来验证上位层级的分解项，最终验证产量的真实性。当然，也可以将支撑产量信息的一些信息载体作为审计标的，此时台班生产记录、班组生产日报、产品入库单等就成为审计标的，不过，它们只是形式上的载体，而实质性的载体则是不同产品的产量、不同生产班的产量、不同生产设备的产量。财务信息审计标的分为交易、余额和列报三类，当然交易也有许多种，余额和列报也是如此，所以形成了一个周延的财务信息审计标的体系。对于绩效信息鉴证来说，不同的绩效信息在理论上可以建立一个绩效信息鉴证标的体系。例如，前面提到的产量信息审计，不同产品的产量、不同生产班的产量、不同生产设备的产量都是审计标的，但是这个体系无法推广到其他绩效信息鉴证，不同的绩效信息存在不同的审计标的体系。

审计标的确定之后，接下来的问题就是确定审计总体和审计个体。每个审计标的都有总体和个体，个体是审计标的的最基本组成单位，而总体则是某审计标的的全部个体。由于审计标的有不同的层级，审计总体也有不同的层级。例如，前面提到的产量信息审计，不同产品的产量、不同生产班的产量、不同生产设备的产量都存在各自的审计总体，每种产品是一个审计总体，每个生产班是一个审计总体，每台生产设备也是一个审计总体。组成审计总体的个体就是审计个体。

审计总体和审计个体确定之后，接下来的问题就是确定每个审计总体的审计命题或审计具体目标。命题是可以被定义并观察的现象，审计命题具有两个方面的含义：第一，它是审计目标的分解，也可以称为审计具体目标；第二，它必须与一定的审计总体相联系，也就是针对特定的审计总体需要获取证据来证明的命题。就流量信息来说，绩效信息鉴证各类审计总体的审计命题包括：发生、完整性、准确性、截止、分类。发生是指审计载体中已经记录的事项是真实的；完整性是指所有事项都已经确实记录于审计载体中；准确性是指审计载体中对事项相关数据的记录是正确的；截止是指审计载体将事项记录于恰当的期间；分类是指在审计载体中的事项确实属于该事项。例如，前面提到的产量信息审计，每种产品是一个审计总体，每个生产班是一个审计总体，每台生产设备也是一个审计总体，针对这些审计总体可能确定的审计命题包括：发生是指审计载体中已经记录的产量是真实的；完整性是指所有产量都已经确实记录于审计载体中；准确性是指审计载体中对产量相关数据的记录是正确的；截止是指审计载体将产量记录于恰当的期间；分类是指在审计载体中的产量确实属于该总体。

在审计标的（包括审计总体、审计个体）、审计命题确定之后，接下来的问题是选择审计程序。这包括两个层级的选择：一是选择审计策略；二是选择具体审计程序。当存在系统的审计载体时，审计程序有三类：风险评估程序、控制测试、实质性程序。审计策略就是对上述三类审计程序的组合策略。风险评估是必须进行的，组合策略的差异在于对控制测试的选择。一般来说，有两种组合策略：一是综合策略；二是实质性策略。综合策略是在控制测试的基础上设计实质性程序；而实质性策略则是不依赖控制测试，在风险评估的基础上直接实施实质性程序。具体审计程序的选择主要是以审计策略为前提，确定具体审计程序的性质、范围和时间。当存在系统的审计载体时，绩效信息鉴证可以采用审阅、询问、监盘、观察、调查、重新计算、重新执行、分析程序等审计程序来获取审计证据。

总体来说，当存在纸质或电子数据载体时，绩效信息鉴证取证可以借鉴财务信息审计，但在审计标的和审计命题方面存在差异。

三、专业测量模式

专业测量模式适用于绩效信息存在实物支撑载体的情形，其基本思路是通过绩效信息原来的生产方法，重新生产绩效信息，在绝大多数情形下，需要委托专业机构来完成绩效信息的重新生产。

绩效信息鉴证标的包括实质上的标的和形式上的标的。就实质上的标的来说，专业测量模式与命题分解模式并无区别，只是在形式上的标的方面，二者存在重大差异；专业测量模式的审计形式标的（也就是审计载体）主要是实物，绩效信息就来源于这些实物。许多绩效信息属于这些情形，例如，期末资产信息、资源信息、环境信息、工程量信息等。

就审计命题来说，专业测量模式与命题分解模式存在一些差异。例如，对流量信息来说，命题分解模式的审计命题一般分为发生、完整性、准确性、截止、分类；而在专业测量模式下，主要关注绩效信息重新生产时的状况，所以，主要关注准确性，也就是指绩效信息对审计实物载体的某属性的描述是正确的。

至于审计取证程序，在专业测量模式下，主要是由审计机构委托专业机构来完成，以专业机构的意见作为审计证据。但是，为了保证审计证据的质量，审计机构也需要实施一些审计程序。各类审计主体的审计准则中，对于如何利用外部专家的工作都有规定。

《中国注册会计师审计准则第 1421 号——利用专家的工作》第六条规定，在确定是否需要利用专家的工作时，注册会计师应当考虑下列因素：项目组成员对所涉及事项具有的知识和经验，根据所涉及事项的性质、复杂程度和重要性确定的重大错弊风险，预期获取的其他审计证据的数量和质量；第七条规定，在计划利用专家的工作时，注册会计师应当评价专家的专业胜任能力；第八条规定，注册会计师应当评价专家的客观性；第十条规定，注册会计师应当获取充分、适当的审计证据，以确信专家的工作范围可以满足审计的需要；第十二条规定，在将专家工作结果作为审计证据时，注册会计师应当评价专家工作的适当性。

《第 2304 号内部审计具体准则——利用外部专家服务》第九条规定，内部审计机构聘请外部专家时，应当对外部专家的独立性、客观性进行评价；第十条规定，在聘请外部专家时，内部审计机构应当对外部专家的专业胜任能力进行评价，考虑其专业资格、专业经验与声望等；第十二条规定，内部审计机构在利用外部专家服务结果作为审计证据时，应当评价其相关性、可靠性和充分性。

《中华人民共和国国家审计准则》第七十四条规定，审计组在分配审计资源时，应当为重要审计事项分派有经验的审计人员和安排充足的审计时间，并评估特定审计事项是否需要利用外部专家的工作。这个准则强调要利用专家工作之前的评估。

四、数据流程模式

当不存在支撑载体时，无法从载体中获取证据来验证绩效信息的真实性。如果信息生产过程可靠，可以通过评估绩效信息生产流程是否可靠来判断绩效信息是否真实，此时，绩效信息鉴证转为制度审计，要围绕数据流程来获取证据。

就审计标的来说，在数据流程模式下，审计标的是数据生产流程，也就是制度。对于制度审计标的，目前还没有一个通用的分类体系。例如，能否根据数据生产环节不同，将审计标的分为数据输入、数据处理和数据输出三种标的？

就审计命题来说，制度审计的命题分解为合法性、健全性和遵循性。合法性是指绩效信息生产制度是符合既定标准的（这里的既定标准主要是外部机构颁布的绩效信息生产相关法律法规及规章）；健全性是指绩效信息生产制度是合理的，不存在重大缺陷；遵循性是指绩效信息生产制度得到了有效的执行，在执行中不存在重大偏离。

就审计取证程序来说，手工数据生产流程和信息化数据生产流程有较大的差异。在手工数据生产流程下，审计取证过程一般包括风险评估和制度测试两个步骤。这里的风险是制度风险，也就是制度不能保障数据真实性的可能性，一般可以分解为固有风险、控制设计和执行风险、控制运行效果风险。制度测试是以审计标的层面的风险评估为基础，为每个审计标的确定具体审计方案并实施，主要涉及针对特定审计标的的审计程序的性质、时间和范围。在信息化数据生产流程下，既可以采用面向系统的方法，例如，测试数据法、集成测试法、平行模拟法、程序跟踪法等；也可以采用信息系统评估技术，例如，控制矩阵、风险矩阵、层次分析法等。

五、数据分析模式

当不存在支撑载体，并且绩效信息生产流程本身无法保证信息的真实性时，取证思路就改为从数据之间的逻辑关系来判断数据质量。

就审计标的来说，数据分析模式下，实质上的审计标的是绩效信息的再分类所形成的体系，而形式上的审计标的就是绩效信息及相关数据载体。但是，没有系统的支撑载体，审计载体是不完整的，这就决定了此时没有清晰的审计总体范围，审计取证只能就可能获得的审计载体来实施。例如，居民人均收入审计的审计标的可以分解为人口和收入两个项目，如果没有系统的人口和收入的原始记录系统，就无法采用命题分解模式来获取审计证据，如果选择数据关系的方法来判断数据质量，则此时的审计标的就是能找到的人口和收入数据及相关数据（如居民存款、居民不动产、居民股权等数据）。

就审计命题来说，数据分析模式与命题分解模式类似，例如，对于流量信息，审计命题一般分为发生、完整性、准确性、截止、分类，但由于受到审计载体限制，并不一定能为上述全部命题找到审计证据。

就审计取证程序来说，数据分析模式的取证思路是从数据之间的逻辑关系来判断数据质量。判断数据之间逻辑关系的分析方法有多种，主要的方法包括：数据质量评估、多维数据分析、数据挖掘、探索性因子分析、文本挖掘等，这些方法从不同的角度来判断绩效信息是否存在逻辑矛盾。

六、不同审计取证模式的选择

根据本章前面的分析，命题分解模式、专业测量模式、数据流程模式、数据分析模式是绩效信息鉴证的四种模式。命题分解模式适用于绩效信息存在纸质或电子数据载体；专业测量模式适用于绩效信息存在实物支撑载体；当不存在支撑载体时，如果信息生产过程可靠，则采用数据流程模式；当不存在支撑载体，并且绩效信息生产流程本身无法保证信息的真实性时，则采用数据分析模式。

这四种模式之间是否真的存在不可跨越的界限呢？显然不是。不存在支撑载体的取证模式，既然在没有支撑载体时都可以使用，显然也可以用于存在纸质或电子数据载体时的审计取证。所以，当存在纸质或电子数据载体时，数据流程模式和数据分析模式都可以采用。事实上，数据分析模式在任何情形下都可以采用。

既然有些审计取证模式可能用于多种情形，那么如何选择审计取证模式呢？这主要由审计意见类型决定，在有限保证鉴证意见和合理保证鉴证意见下，审计取证模式的选择不同。如果只要求发表有限保证鉴证意见，即只就已经发现的事实予以报告，不对审计总体发表意见，那么这种取证模式就称为事实发现型取证模式。在这种情形下，选择审计取证模式的主要考虑因素是审计效率。一般来说，数据分析模式是效率最高的审计取证模式，所以，其他模式的应用范围可能被数据分析模式取代。如果要求发表合理保证鉴证意见，即并不只是对已经发现的事实发表意见，而是要对审计总体发表意见，那么此时选择审计取证模式的主要考虑因素是审计责任，也就是审计证据能否支持对审计总体发表意见，命题分解模式、专业测量模式、数据流程模式有了用武之地。数据分析模式由于不一定能穷尽可能的主要数据关联，所以，并不支持发表合理保证鉴证意见。需要说明的是，命题分解模式下也有数据分析，一般称为分析程序，但是，采用分析程序进行数据分析，只是命题分解模式的手段之一，并不等同于数据分析模式。以上所述绩效信息取证模式的选择，归纳起来如图 5－4 所示。

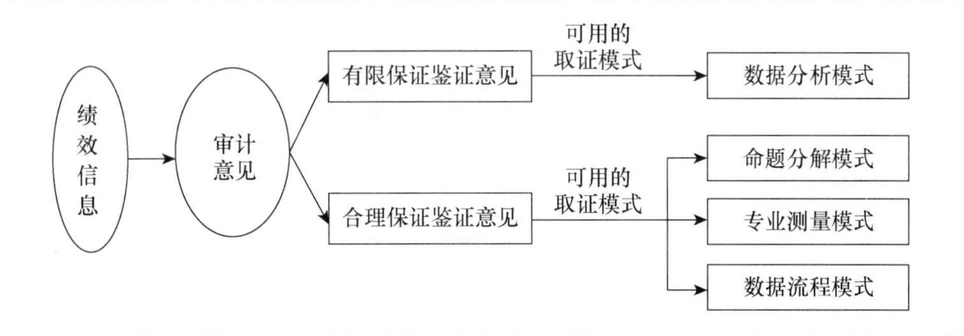

图 5－4　绩效信息取证模式选择

第 4 节　绩效信息鉴证报告

绩效信息鉴证报告是指审计人员根据审计证据，对绩效信息真实性状况发表审计意见的书面文件。审计人员获取的审计证据不同，发表的审计意见类型也不同。不同类型的审计报告，其内容要素也不同。

一、绩效信息鉴证的审计意见类型

（一）绩效信息鉴证意见的发表对象

绩效信息包括很多类型，一次审计中也可能包括多项绩效信息。例如，对领导干部进行经济责任审计时，领导干部的经济责任指标可能涉及多项绩效指标；又如，对一个建设项目进行绩效审计时，该建设项目的绩效指标也可能是一个指标体系。在多绩效指标的情况下，绩效信息鉴证意见一般需要就各个绩效指标分别发表，而不是将这些绩效指标作为一个整体来发表意见，这完全不同于财务报表审计。这其中的原因是，财务报表中的信息是密切关联的，一个方面的信息错弊很有可能导致其他方面的信息也形成错弊。而绩效信息则不一定有这种关联，一个绩效指标有错弊并不必然会造成其他绩效指标也形成错弊，所以，每个绩效指标需要单独发表意见。

（二）绩效信息鉴证取证模式与审计意见类型

绩效信息审计载体不同，能获取的审计证据的证明力不同，能发表的审计意见类型也不同，基本情况如表5－4所示。合理保证是对总体发表意见，它事实上是对审计总目标达成程度的结论，需要根据针对审计标的的审计具体目标的审计结论形成关于审计主题的审计总目标的审计结论；而有限保证并不对总体发表意见，事实上是报告针对不同的审计主题的审计发现，是根据审计标的的审计具体目标的审计发现形成关于审计主题的审计总目标的审计发现的归集。

表5－4 绩效信息鉴证取证模式和审计意见类型

审计载体状况	适用的取证模式	审计意见类型
有完整的非实物审计载体	命题分解模式	合理保证鉴证意见
	数据分析模式	有限保证鉴证意见
有完整的实物审计载体	专业测量模式	合理保证鉴证意见或有限保证鉴证意见
无完整的审计载体，但数据产生过程可靠	数据流程模式	合理保证鉴证意见或有限保证鉴证意见
无完整的审计载体，并且数据产生过程不一定可靠	数据分析模式	有限保证鉴证意见

（三）合理保证鉴证意见的具体类型

对于绩效信息鉴证的合理保证鉴证意见的具体类型包括无保留意见、保留意见、否定意见、拒绝表示意见。各种审计意见的含义及形成条件与财务信息审计基本相同，只需要将财务信息改为绩效信息，详细内容不再赘述。

二、绩效信息鉴证报告的内容

绩效信息鉴证报告是指审计人员用简练的语言扼要地说明审计过程、审计结果并简略地表达审计意见的书面报告，通常包括以下内容：

（1）标题：绩效信息鉴证报告的标题统一规范为“绩效信息鉴证报告”。

（2）收件人：绩效信息鉴证报告的收件人是指审计业务的委托人或派出审计组的审计机构。

（3）范围段：绩效信息鉴证报告范围段说明审计的时间范围、业务范围及其他一般性说明。

（4）说明段：绩效信息鉴证报告说明段应当充分叙述审计人员对审计绩效信息真实性所持意见的理由。包括对形成审计意见产生影响的有关事项，以及这些事项对绩效信息相关项目的影响情况。

（5）意见段：绩效信息鉴证报告意见段是审计人员根据审查情况形成的审计意见。审计人员提出的意见应当公正、客观、实事求是，并且对所出具报告内容的正确性、合法性负责。在合理保证鉴证意见下，提出的意见应根据审计结果表示无保留意见、保留意见、否定意见、拒绝表示意见，表示保留意见、否定意见或拒绝意见时，绩效信息鉴证应以清楚和善意的方式在说明段陈述其全部理由；在有限保证鉴证意见下，要报告审计发现。

（6）签章和审计机构地址：绩效信息鉴证报告应由审计人员签名、盖章，加盖审计机构公章，并标明审计机构的地址。

（7）报告日期：绩效信息鉴证报告日期是指审计人员完成外勤审计工作的日期。

本章小结

审计人员要鉴证由审计客体或第三方提供的数据，这涉及绩效信息鉴证重要性标准、鉴证风险模型和鉴证取证模式。绩效信息鉴证重要性是可以容忍的绩效信息最大错弊程度。根据相关主体的不同，绩效信息鉴证重要性分为客观重要性和估计重要性，客观重要性是会影响绩效信息鉴证利益相关者理性判断或决策的重要性，估计重要性是审计人员在绩效信息鉴证的各个阶段所使用的重要性。从绩效信息鉴证重要性的判断标准来说，绩效信息鉴证重要性分为数量重要性和性质重要性，数量重要性主要是从金额方面考虑的重要性，性质重要性主要是从绩效信息错弊的性质角度考虑的重要性。按重要性的应用层级，可以划分为整体层级和审计标的层级重要性；按重要性的应用阶段，由于绩效信息鉴证的准备阶段、实施阶段和报告阶段都会用到重要性，绩效信息鉴证重要性可以划分为计划重要性、执行重要性和评价重要性。

绩效信息鉴证风险是指绩效信息鉴证目标未能达成或未能达成的概率。就审计人员来说，绩效信息鉴证风险是指未能发现审计客体存在的绩效信息错弊，对绩效信息真实性发表了错误的审计意见。就利益相关者来说，绩效信息鉴证风险是指通过绩效信息鉴证来抑制绩效信息错弊的目标没有达成。可接受绩效信息鉴证失败风险＝绩效信息错弊风险×检查风险。检查风险是设计进一步审计程序的基础。

绩效信息鉴证有四种取证模式：命题分解模式、专业测量模式、数据流程模式、数据分析模式。命题分解模式适用于绩效信息存在纸质或电子数据载体（也不排除有少量实物载体）的情形，其基本思路是将绩效信息鉴证总目标进行分解，确定一些更加具体的命题或审计具体目标，围绕这些命题或审计具体目标的证明来收集证据。专业测量模式适用于绩效信息存在实物支撑载体的情形，其基本思路是通过绩效信息原来的生产方法，重新生产绩效信息，在绝大多数情形下，需要委托专业机构来完成绩效信息的重新生产。当不存在支撑载体时，无法从载体中获取证据来验证绩效信息的真实性，如果信息生产过程可靠，可以通过评估绩效信息生产流程是否可靠来判断绩效信息是否真实，此时，绩效信息鉴证转为制度审计，要围绕数据流程来获取证据。当不存在支撑载体，并且绩效信息生产流程本身无法保证信息的真实性时，取证思路就改为从数据之间的逻辑关系来判断数据质量。

绩效信息鉴证意见包括合理保证鉴证意见和有限保证鉴证意见，而合理保证鉴证意见的具体类型包括无保留意见、保留意见、否定意见、拒绝表示意见。

思考题

1. 什么是绩效信息鉴证重要性标准？
2. 绩效信息鉴证重要性标准有哪些类型？
3. 在审计的各个阶段如何运用重要性？
4. 什么是绩效信息鉴证风险？
5. 绩效信息鉴证风险有哪些类型？
6. 绩效信息鉴证风险模型包括哪些要素？如何应用这个模型来指导绩效信息鉴证？
7. 绩效信息鉴证逻辑框架包括哪些要素？其相互关系是什么？
8. 什么是命题分解模式？
9. 什么是专业测量模式？
10. 什么是数据流程模式？
11. 什么是数据分析模式？
12. 绩效信息鉴证意见类型与取证模式有何种关系？
13. 合理保证鉴证意见的具体类型包括哪些？

第 6 章

绩效水平评价

学习目标

1. 掌握绩效指标设计
2. 掌握绩效评价标准
3. 了解综合绩效评价需要解决的技术问题及技术方法
4. 掌握绩效水平评价报告
5. 了解绩效评价主体的心理误区解决路径

引导案例

云南省地方政府领导干部经济责任审计评价评分表（部分）

一级指标	二级指标	三级指标	基本目标完成情况（0.6）				与地区水平比较（0.4）			
			目标	系数	分值	得分	属性	系数	分值	得分
经济管理权	GDP	地区生产总值			15		增长		15	
		人均生产总值			5		增量		5	
	财政收入	财政总收入占 GDP 的比重			5		比重		5	
		地方财政一般预算收入			10		增量		5	
							增长		5	
	消费投资	社会消费品零售总额			5		增量		2.5	
							增长		2.5	
		全社会固定资产投资			10		增量		5	
							增长		5	

续表

<table>
<tr><th rowspan="2">一级指标</th><th rowspan="2">二级指标</th><th rowspan="2">三级指标</th><th colspan="4">基本目标完成情况（0.6）</th><th colspan="4">与地区水平比较（0.4）</th></tr>
<tr><th>目标</th><th>系数</th><th>分值</th><th>得分</th><th>属性</th><th>系数</th><th>分值</th><th>得分</th></tr>
<tr><td rowspan="14">经济管理权</td><td rowspan="4">个人收入</td><td rowspan="2">城镇居民人均可支配收入</td><td rowspan="2"></td><td rowspan="2"></td><td rowspan="2">10</td><td rowspan="2"></td><td>增量</td><td></td><td>5</td><td></td></tr>
<tr><td>增长</td><td></td><td>5</td><td></td></tr>
<tr><td rowspan="2">农民人均纯收入</td><td rowspan="2"></td><td rowspan="2"></td><td rowspan="2">10</td><td rowspan="2"></td><td>增量</td><td></td><td>5</td><td></td></tr>
<tr><td>增长</td><td></td><td>5</td><td></td></tr>
<tr><td rowspan="4">产业发展</td><td rowspan="2">进出口贸易总额</td><td rowspan="2"></td><td rowspan="2"></td><td rowspan="2">5</td><td rowspan="2"></td><td>增量</td><td></td><td>2.5</td><td></td></tr>
<tr><td>增长</td><td></td><td>2.5</td><td></td></tr>
<tr><td rowspan="2">完成规模以上工业增加值</td><td rowspan="2"></td><td rowspan="2"></td><td rowspan="2">5</td><td rowspan="2"></td><td>增量</td><td></td><td>2.5</td><td></td></tr>
<tr><td>增长</td><td></td><td>2.5</td><td></td></tr>
<tr><td>节能</td><td>万元GDP能耗率</td><td></td><td></td><td>10</td><td></td><td>绝对值</td><td></td><td>10</td><td></td></tr>
<tr><td>就业</td><td>城镇登记失业率</td><td></td><td></td><td>5</td><td></td><td>失业率</td><td></td><td>5</td><td></td></tr>
<tr><td>负债</td><td>债务负担率</td><td colspan="6"></td><td>5</td><td></td></tr>
</table>

思考问题：云南省地方政府领导干部经济责任审计评价时，如何确定指标权重？如何选择评价标准？如何进行单项评价？如何进行综合绩效评价？

绩效审计有多种定位：一是定位于绩效信息鉴证；二是定位于绩效水平评价；三是定位于绩效差异改进。后两种定位统称定位于一种特殊的绩效评估机制。很显然，即使定位于特殊的绩效评估机制，也需要以绩效信息鉴证为基础。绩效评价是绩效管理的一个环节，是指运用一定的量化指标、评价标准及评价方法，对绩效责任主体的绩效目标的实现程度及为实现这一目标所安排预算资源的执行结果所进行的综合性评价。本章聚焦绩效审计定位于绩效水平评价的情况，主要内容包括绩效指标、绩效评价标准、绩效评价方法、绩效水平评价报告。

第1节 绩效指标

绩效水平评价的要素包括量化指标、评价标准及评价方法，本节介绍量化指标的相关原理，具体包括绩效指标的概念和意义、绩效指标的分类框架、绩效指标的构建基础、绩效指标的构建原则。

一、绩效指标的概念和意义

绩效就是一个组织为了实现其目标，通过一系列活动得到的结果，这种结果也体现了这个组织的表现或业绩。绩效指标就是绩效的量化，是指从哪些方面来对绩效进行测量或评估，解决的是评估什么的问题。在对绩效责任主体的绩效进行评估时，指向绩效责任主体的绩效责任的各个方面就是绩效指标。绩效指标用于测量绩效责任主体的实际行为结果是否达到绩效目标或已经达到的程度，还可以测量资源的消耗状况，以评价资源的实际消耗与预算或其他标杆之间的关系。绩效指标是绩效评估内容的载体，是绩效责任主体职责具体化的外在表现，绩效指标必须围绕组织的目标来构建，必须体现具体组织的职责。从完整的意义上说，绩效指标刻画了绩效责任主体的绩效责任目标及其履行过程、产出和结果，是一个绩效记录系统，通过这个记录系统，可以清楚地体现绩效责任主体是否完成绩效目标、如何完成绩效目标。

绩效评估有一句格言，“你评价什么，他就会干什么，你就会得到什么”。对这句格言稍加改变，可以变为“你需要什么，就评价什么”。绩效指标可以体现对绩效责任主体的希望，通过这些绩效指标引导绩效责任主体的行为方向及行为方式，所以，如果绩效指标围绕组织目标来构建，体现具体的组织职责，绩效评估就可能会引导绩效责任主体实现组织目标和履行组织职责。

单个指标只是绩效某一部分或某一时点上的抽象，就其本质来说，会使绩效片面化或单一化，有可能使绩效责任主体难以很好地完成自己的职责和任务。为了克服单个指标的片面性和抽象性，各种指标应当结合于体系之中，以便比较完整、全面和准确地揭示绩效的本质，如实和多方面地充分表现绩效各个侧面的特征。

绩效是一个多层次和多元素的系统，建立绩效指标的直接目的是掌握绩效的实际运行状态是否与人们要求的理想状态相符合。如果实际状态与理想状态有偏差，就要了解这种差距有多大，是有利差距还是不利差距，而最终目的是改进和优化绩效。为了反映绩效的主要方面和本质特征，并对绩效的发展水平、发展规模、发展速度和发展结构等进行综合绩效评价，就需要建立绩效指标体系。

绩效指标体系是各种相互联系的指标的总体，这些指标从不同方面反映了绩效的现状和发展。个别指标只反映绩效的某一侧面或某一侧面的某一方面；而绩效具有很多的侧面和特征，它们都需要加以研究和反映。绩效的各个侧面在客观上是相互联系的，各种绩效指标也是相互联系、相互补充的。

一般来说，组织目标是多元的，在组织目标的实现过程中，会涉及投入、过程、产出及结果等多个方面的内容，所以，绩效评估需要多个绩效指标甚至多层级的绩效指标组成一个完整的有机体系来实现。绩效指标一般不是单一的，而是由多个相关的绩效指标构成的绩效指标体系，否则，绩效评估的内容就会不全面，就不可能有科学、客观的绩效评估结论。因此，要科学、客观地评估绩效，必须建立一套科学、综合的绩效指标体系。绩效指标决定绩效责任主体的行为方向，例如，在一段时期内的党政领导干部绩效考核中，GDP 等经济指标是核心的绩效指标，对促进我国经济增长发挥了“指挥棒”的作用，然而也带来许多负面的影响，甚至误导政府干预微观经济活动，导致经济增长质量不高、环境污染问题严重、社会问题没有有效化解等。这些问题说明，绩效指标必须是一个体系，而不能是片面的某个方面。

二、绩效指标的分类框架

绩效评估的客体包括多种类型，公共部门、企业、工程项目、研究项目、政策、资源环境都是可能的绩效评估客体，不同的客体绩效不同，即使同一类绩效评估客体，其绩效内容也可能不同。正是由于绩效内容不同，测量绩效的绩效指标也不同。因此，即使区分不同的绩效评估客体，也难以建立统一的绩效指标体系。但是，对于不同的绩效评估客体，建立一个统一的绩效指标分类框架则是有可能的，无论何种绩效评估，其绩效的绩效指标都可以纳入这个分类框架中。那么，这个分类框架是什么呢？

一些绩效评价准则提出，绩效内容可以分为五个维度：经济性（economy）、效率性（efficiency）、效果性（effectiveness）、公平性（equity）、环境性（environment），由于上述每个方面的英语单词都是以“E”开头，因此，绩效评价也称为5E审计。经济性反映对各项经济资源的利用是否节约合理，效率性反映投入与产出的关系，效果性反映目标的执行结果，公平性反映社会影响，环境性反映环境影响。既然绩效分为五个维度，绩效指标也就可以分为五类，分别形成经济性指标、效率性指标、效果性指标、公平性指标、环境性指标。如果将绩效指标与绩效评估客体联系起来，则绩效指标的基本情况如表6-1所示。

表6-1　绩效指标（按绩效内容）

绩效评估客体	绩效内容				
	经济性指标	效率性指标	效果性指标	公平性指标	环境性指标
单位	★	★	★	★	★
工程项目	★	★	★	★	★
研究项目	★	★	★	★	★
政策	★	★	★	★	★
资源环境	★	★	★	★	★

注：★表示可能有这种绩效指标。

从绩效内容角度提出的绩效指标分类体系，有助于正确地选择绩效指标，避免以偏概全。但是，这种分类体系的最大问题是，在一些情形下经济性指标、效率性指标、效果性指标、公平性指标、环境性指标难以清晰地区分，特别是经济性指标与效率性指标之间的界限不清晰。

有一种观点认为，需要从绩效产生过程来对绩效指标进行分类，绩效产生过程包括投入—过程—产出—结果，不同的阶段有不同的绩效内容。投入是为了获得产出而花费的各种资源，过程是将投入转换为产品或服务的过程，产出是投入通过过程而转换出来的产品或服务的数量及质量，结果是使用产品或服务带来的效果。既然绩效内容可以按不同的环节来区分，绩效指标也就可以分为四类：投入指标、过程指标、产出指标、结果指标。如果将绩效指标与绩效评估客体联系起来，则绩效指标的基本情况如表6-2所示。

表6-2　绩效指标（按绩效产生过程）

绩效评估客体	绩效内容			
	投入指标	过程指标	产出指标	结果指标
单位	★	★	★	★
工程项目	★	★	★	★
研究项目	★	★	★	★
政策	★	★	★	★
资源环境	★	★	★	★

注：★表示可能有这种绩效指标。

也有人认为，可以将上述两个分类框架结合起来，基本情况如表6-3所示。

表6-3　绩效指标（绩效内容和绩效产生过程的组合）

绩效产生过程	绩效内容			
	投入指标	过程指标	产出指标	结果指标
经济性	★			
效率性		★	★	★
效果性			★	★
公平性			★	★
环境性			★	★

注：★表示可能有这种绩效指标。

表6-3显示，投入的绩效指标是经济性，过程的绩效指标是效率性，产出及结果的绩效指标包括效率性、效果性、公平性和环境性。

绩效评价通常是对绩效责任主体为实现一个或几个具体的绩效目标是否有效管理而进行的评价，即使绩效有各种不同的潜在指标，也很难在一次审计中包括所有相关的绩效指标。

三、绩效指标的构建基础

构建绩效指标的一个出发点是为把握和了解绩效现状提供科学的评判依据。同时，绩效指标体系还应对绩效所涉及的各个方面的变化趋势和变化程度做出反应，通过不同指标的具体变化来发现阻碍和影响绩效的不利因素、存在问题及原因，为改进绩效提供数据。总体来说，构建绩效指标的目的是提升绩效水平。而绩效水平是为组织目标服务的，所以，决定绩效指标的基本因素有两个方面：一是组织目标，组织目标是组织总体工作方向，这是组织战略规划及年度计划（包括绩效计划）中的重要内容，它决定组织要提供哪些方面的产品或服务；二是组织职责和工作任务，它们是由组织目标决定的，一般表现为业务营运事项体系，表明如何实现组织目标或者是实现组织目标所要提供的产品或服务。根据上述两个基本因素，可以选择适宜的绩效指标。例如，民政部门的职责之一是发放低保补助，对于这项职责的绩效评估，适宜的指标就是能否及时、足额、按标准发放低保补助；公安部门的职责是公共治安，对于这项职责的绩效评估，破案率可能是适宜的绩效指标；公共项目是具有特定目标的，对于公共项目的绩效评估，将完成后的效果与决定项目时的预期效果相对比，可能是适宜的绩效指标。

上述组织目标、组织职责和工作任务在绩效指标的构建中都有重要作用，不可偏废。一般来说，组织目标具有宏观性、长远性，也具有一定的抽象性，它使得绩效指标具有战略性、多维性；而组织职责和工作任务是组织目标的具体体现，它们可以使绩效指标具有现实性，并为绩效指标的测量可行性奠定基础。所以，绩效指标的构建要密切结合组织目标、组织职责和工作任务。此外，以组织目标、组织职责和工作任务为基础构建绩效指标，有助于建立与组织职责履行密切联系的绩效评估体系，从而形成科学的绩效观；还有助于区分不同组织的绩效，使得不同组织之间的绩效体现公平性，真正达到通过绩效管理来提高组织绩效的目的。

四、绩效指标的构建原则

绩效指标体系通常是在对绩效进行理论分析的基础上建立的，这种理论分析要遵循马克思主义哲学、政治经济学和专门社会科学的各种范畴，以及以往绩效研究的科学成果。

经过对绩效的理论分析，可以确定绩效的内容、本质、属性和特征。绩效的内容、本质、属性和特征明确以后，需要根据评价的目的、任务和所要反映的绩效的属性特征，有选择地规定一系列标识，作为反映这些属性特征的工具，并据以形成各种指标和指标体系。

绩效指标体系原则上应包括全部主要标识以及按这些标识所形成的为完成评价任务所必需的各种指标。从理论上讲，指标体系所反映的内容应当完整，但从实际上考虑，指标体系应该简要，避免烦琐，不应包括不太重要的内容，也不应包括由于信息不完整、不正确和不可比而无法计算的指标，指标的设置要考虑信息资料的可得性。一般来说，绩效指标体系的设计必须遵循以下原则。

1. 实事求是原则

要从客观存在的实际情况出发，经过系统的分析和科学的抽象后，设计绩效指标体系，使绩效指标客观地反映绩效的状况。从实际出发并不否定理论的指导，而是在理论与实际相结合的基础上研究设计指标体系。

2. 联系原则

一切绩效都处于相互联系之中，这种相互联系的形式具有多样性：本质的联系和非本质的联系、必然的联系和偶然的联系、经常性的联系和暂时性的联系、函数性的联系和相关性的联系、因果性的联系和伴随性的联系等。根据相互联系原则来设计指标体系，要求在设计指标体系时，尽可能全面考虑绩效各个方面的联系。当然，这并不是要对绩效的一切方面、一切特征都详尽无遗地进行反映，而是要求辩证的全面性，即对那些能反映绩效本质的根本属性、主要内容、主要特征进行分析和反映。

3. 发展原则

一切绩效都是不断运动和发展的，都是在发展变化的时间和空间中发生变化的。设计绩效指标时，应该从绩效的形成和发展过程及其动态趋势上加以研究和反映，并结合时间及空间的变化和环境条件的变化进行研究和反映，分析绩效发展变化的历史联系和发展变化的条件，探求绩效发展变化的规律。

4. 科学性原则

指标体系总体结构设计是否合理，直接关系到评价的质量。根据科学性原则，指标体系应反映绩效的内涵要求，正确揭示绩效的本质。

5. 导向性原则

指标体系的建立必须突出导向作用，通过指标体系的建立，激励和引导各绩效责任主体积极按照绩效目标的需要而行动，提高绩效责任主体的主动性和行动的效果。

6. 先进可行性原则

在指标体系的研制过程中，要坚持在充分吸收和借鉴先进研究成果和实践经验的基础上，根据本组织的特征实现更新与突破。由于受到实际情况的限制，目前还不可能建立完全理想的绩效指标体系，而只能以务实的态度选择有限结果，突出主要数据，使之具有可操作性前提基础上的先进性。

7. 全面与重点相结合的原则

绩效指标体系要尽可能完整、全面和系统地揭示绩效的全貌，从总结果层面出发进行分解，逐层建立完整的绩效指标体系。同时，在绩效指标体系设置中，既要全面系统和公正客观，又要力求抓住重点，突出重点，有所侧重，提纲挈领，保证评价结果的客观性、完整性和公正性。

五、绩效指标构建方法和要求

（一）绩效指标构建的方法

绩效指标的形成过程就是对绩效进行理论分析和概括的过程。通过分析和概括，实现从表面到内部、从现象到本质、从个别到一般、从偶然到必然的转变，把握绩效的本质特征和客观规律性，在此基础上形成绩效指标。从指标形成的途径来讲，主要包括比较、分析和综合、演绎和归纳、类比。

1. 比较

评价任何绩效，往往不是仅评价绩效自身，而是通过比较来认识其相互关系及价值。要认识未知的绩效，必须以已知的、先前认识的绩效为标准，通过比较的方法把握未知绩效的本质特征。比较是建立科学概念和形成指标时所采用的最一般、最普遍的逻辑方法，是认识绩效的重要方法之一。著名教育家乌申斯基指出："比较是一切理解和思维的基础。"比较在认识的各个阶段都具有重要的意义。在感性认识阶段，比较使我们从表面特征上认识绩效外部与其他绩效不同的各个方面；在理性认识阶段，比较使我们认识绩效所具有的内在特殊本质。计量的过程是以比较为基础的；计量数据是将绩效同某种标准的计量单位进行比较的结果；计量中的总量数据是在同质基础上综合得出的，经过比较同质的数据才能汇总；计量中的相对数和平均数是用比较法计算的。通过比较，确定绩效的相同和不同的方面，并对绩效总体进行分类和分组，达到对绩效总体认识的具体化和深化；通过比较，对某种绩效不同发展阶段的各种情况进行对比，达到对绩效发展规律的认识；通过比较，揭示同一空间不同绩效的共同性和差异性，把握绩效的相互联系。

2. 分析和综合

分析就是在思维中把所研究的对象分为各个组成部分来进行研究。任何绩效都有许多组成部分、要素和属性，为了认识绩效，必须从绩效的许多组成部分中区分出哪些是主要和决定性质的，哪些是次要和作用不大的。分析将完整的绩效分解为各个部分，为研究绩效的某些方面提供了可能，得出了某些抽象和概念。为了全面认识绩效，还必须把这些抽象和概念结合起来，恢复绩效的统一性和完整性。综合就是在思维上把绩效的各个部分结合起来，作为一个统一整体来认识，它对认识绩效具有更重要的作用。认识的目的不仅在于认识绩效的各个组成部分和方面，最主要的是在分析的结果的基础上把握绩效的整体特征，对绩效做出整体的描述和判断，这正是综合所起的作用。在对绩效形成各种指标时，要经常对绩效进行分析和综合，首先要取得关于绩效各个方面的情况和指标，进行逻辑分析；然后要进行综合，研究各种指标之间的联系，并把它们形成体系，将多维的指标汇总成为单维的指标，总结出研究结论。

3. 演绎和归纳

演绎是从认识抽象共性到认识具体共性的思维活动，是一种从一般到个别的理性思维。演绎的正确性依赖于所根据的前提，如果前提是正确的，则演绎所得出的结论总是可靠的。绩效指标的形成离不开科学理论的指导，科学理论就是一般，具体评价问题就是个别，在科学理论指导下设计、研究绩效指标，属于演绎的方法。归纳是一种从个别到一般，从具体共性到抽象共性的逻辑思维活动，包括完全归纳和不完全归纳，对全面调查资料的归纳是完全归纳，对非全面调查资料的归纳是不完全归纳。在不完全归纳下，根据局部资料得出总体的结论，结论的可靠性取决于作为归纳依据的资料的代表性，表现为一定的概率。完全归纳是在一定抽象下的一种形式上的概括，真正科学的概括所包含的内容要丰富得多，其结论也会有或大或小的差异，所以，完全归纳只有一定程度的可靠性。在绩效指标的形成过程中，演绎和归纳是有机结合在一起的，既要遵循科学理论的指导，从一般理论过渡到绩效评价的特殊问题，去设计和研究绩效指标，又要注重从具体、特殊和丰富的事实出发，从整理和概括各种具体事实的结果中得出结论，形成绩效指标。

4. 类比

类比就是根据两类不同绩效所具有的许多共同属性而把一种绩效的某种属性转移到另一种绩效上的一种认识方法。例如，两个地区具有相同的耕地、光照和水源等标识，已知其中一个地区的农业产品产量，根据类比可断定另一个地区也会有相近的农业产品产量。根据类比进行推断，是以两类绩效所存在的必然联系和绩效标识之间所存在的关系为基础的，所掌握的共同标识越多、越重要、越具有必然性，类比推断所得的结论就越可靠；反之，仅依据一些具有偶然性的标识进行类比推断，结论就可能出现错误。因此，类比结论需要利用其他方法所得到的结论来加以验证，需要在实践中仔细检验。类比方法特别有助于指标的形成。我们在设计新的指标时，往往将新的研究对象与研究过的对象进行类比，以已知的理论和方法作为类比的依据，在原有指标的基础上形成新的指标。

（二）绩效指标构建的要求

无论采用何种方法，绩效指标必须具有以下特点：（1）概念的明确性：指标的含义有明确的规定。（2）边界的清晰性：指标的范围有明确的规定。（3）数量的具体性：指标值是数量化的，便于进行比较计算。（4）计算方法的统一性：指标值的计算方法有统一规定，使用统一的计量单位和计算方法。

无论采用何种方法，绩效指标都需要发挥以下作用：（1）描述作用：绩效指标首先要描述绩效发展状态和发展特征，反映绩效的发展状况和发展程度，以作为评价的基础和依据。（2）分析作用：绩效指标反映绩效在某一方面的发展水平和发展程度，实现对绩效某个侧面的反映和认识，对绩效具有分析作用。（3）评价作用：绩效指标反映绩效在某一方面的发展水平和发展程度与人们的需要的相互关系，包括是否满足了需要以及差距有多大。（4）导向作用：绩效指标的设立和使用，会引导绩效责任主体重视所评价的方面，努力按照评价标准的要求把工作做好。（5）鞭策和激励作用：评价结果会对绩效责任主体产生鞭策和激励作用，有力地推动工作，使绩效朝着有利的方向发展。

第 2 节　绩效评价标准

本节介绍绩效评价标准，主要内容包括绩效评价标准的概念和特征、绩效评价标准的类型和选择。

一、绩效评价标准的概念和特征

绩效评价标准是评价绩效责任主体的绩效责任履行状况时所使用的规范、准绳、应有的期望、最佳实务和标杆。绩效评价需要将实际绩效与评价标准进行比较，从而做出绩效水平判断或提出改进建议。绩效评价标准是做出这种判断的依据和准绳。从这种意义上说，绩效评价标准就是希望达到的绩效水平。

一般来说，作为绩效水平应该达到的标杆，绩效评价标准具有以下特征。

1. 绩效评价标准的多维性

绩效评价标准的多维性又称绩效评价标准的全面性，是指绩效需要进行多方位、多层次的评价，为此，需要一整套标准和相互联系的指标体系。绩效评价标准是多元化的，具有多个层次的（某一对象的绩效好坏反映在不同层次上），如有宏观、中观和微观标准；多角度性的，如有财务指标（利润指标、资本保值、增值指标）、经营指标（产量指标、产值指标、成本指标、资金周转指标）、业务指标和技术经济指标等；多方位性的，如有采供、库存、生产、运输、销售等方面的标准。

2. 绩效评价标准的可控性

绩效评价标准的可控性是指绩效评价仅仅对可以控制的因素（或指标）进行评价，对不可控制的因素无法评价。例如，利润分析只评价收入、成本、利润，不评价投资收益率，因为影响投资收益率的各个因素是无法控制的。评价项目原材料利用绩效时，应当以材料单耗、材料利用率等指标进行评价，而不能将单位产品的材料成本列为评价标准，因为材料成本购入价格是绩效责任主体无法负责的不可控因素。

3. 绩效评价标准的动态性

绩效评价标准的动态性是指绩效评价标准的适用性、有效性随时间、环境条件以及绩效责任主体经营管理水平的变化而变化。绩效评价标准是技术性指标，具有自然属性，随着评价时间、环境、评价主体和客体等条件的变化以及生产技术和管理水平的提高，衡量和评价绩效的标准的内容和形式也必然不断充实、完善和提高。绩效评价标准的动态性也导致绩效评价结论的动态性。例如，评价工程项目成本绩效的高低，可以依据计划成本，也可以依据目标成本、外部标准成本等；对同一对象进行绩效评价，可以依据计划水平、历史水平、同行业水平等不同标准，得出的结论也可能是不同的。

4. 绩效评价标准的指导性

绩效评价标准的来源和内容较为复杂，标准的形式和标准水平的层次多样，评价的标准与绩效责任主体所处的特殊社会经济环境和内部经营管理现状及水平密切相关。绩效责任主体实际绩效是否达到评价标准的要求和水平，取决于主观和客观、内部和外部诸多因素，所以运用评价标准对绩效责任主体的绩效实现程度和开发利用途径进行定性、定量分析评价时，必须综合各种因素，灵活掌握标准分寸和水准，并根据具体评价目标和评价环境，在实际评价操作中予以补充和完善。许多绩效评价标准不具备强制性，在很大程度上是指导性和参考性的，在评价过程中对标准的掌握和运用还具有一定的弹性。

5. 绩效评价标准的相对性

绩效评价标准在不同行业、不同时期并不相同，对同一行业、同一单位的同一指标也有不同的评价标准，因此，绩效评价标准具有相对性。

6. 绩效评价标准的先进性

绩效评价的目的主要是促进绩效责任主体提高绩效，因此，作为衡量其绩效水平高低的依据，绩效评价标准应该具有一定的先进性，这样有利于激励绩效责任主体努力提高绩效。

7. 绩效评价标准的可计量性

要准确地衡量绩效责任主体绩效的状况，应以计量性指标为宜，如各种指标、数据等，而不宜采用一般原则等定性指标，因此，绩效评价标准具有可计量性。

二、绩效评价标准的类型和选择

绩效评价标准有多种来源，主要包括：组织的命令或计划文件；有关法律和规章制度；方针性文件；公认管理实务；专业机构的决定；研究现状。表 6－4 列示了绩效评价标准的常用来源及可能的绩效评价标准。

表 6－4　绩效评价标准的常用来源

期望	法律规定，包括法律、政策和规章制度中的表述
	政策、程序和绩效目标等设定的期望目标
	服务对象的期望
实际经验	基准数据和绩效责任主体曾经达到的历史最好水平
	未能进行控制分组的绩效
	从事类似工作的机构的绩效水平和做法
	业绩最好的员工的绩效等级
	专家知识
	服务对象满意度
公认标准	有关良好绩效的公认做法和标准
	职业协会、专家和有关主管机构制定的原则和标准
分析性标准	工程技术标准和经分析研究制定的方法
	成本-收益或成本-效果计算
	基于理性逻辑提出的绩效等级

多种来源的绩效评价标准按发挥作用的效力大致可分为三个层次：

（1）共性标准。如普遍适用的法律、法规、法则和管理原理、原则，国民经济宏观调控、产业政策、国家在一定时期的发展规划等。

（2）行业标准、计划标准、历史标准、经验标准。一般而言，绩效评价标准按照可计量性分为定性标准和定量标准，但定性标准和定量标准可以根据标准的取值基础不同，分为行业标准、计划标准、历史标准、经验标准四种类型。

行业标准是以一定行业群体的相关指标数据为样本，运用数理统计方法计算和制定的该行业评价标准。采用行业标准便于进行历史的、横向的比较分析，通过评价结果总结出一定时期内绩效应达到的经济效率或有效水平，并为加强绩效管理提供科学标准。

计划标准又称目标或预算标准，是指以事先制定的目标计划、预算、定额等预定数据作为绩效评价的标准。计划标准具有以下三个特征：一是具有较强的计划性，通常是在绩效行为发生前予以确定；二是具有一定的前瞻性，往往高于某地区、部门或者单位的当前绩效水平；三是具有不确定性，随着绩效行为所处阶段的不同，其计划标准也有所不同。

历史标准是以本地区、本部门、本单位或同类部门、单位、项目的绩效指标的历史数据作为样本，运用一定的统计学方法计算出的各类指标的平均历史水平。历史标准也可以是该地区、部门、单位或项目过去形成或存在的某个数据，例如，上年实际数据、上年同期数据、历史最好水平等。历史标准具有较强的客观性和权威性，在实际操作中得到了广泛运用。需要注意的是，运用历史标准的基本假设是现行评价对象所处的环境与历史标准所涉及的环境相同或类似。如果环境发生了较大变化或者持续不稳定，则不适宜采用历史标准进行评价。如果历史绩效中存在不合理因素，运用历史标准评价现在的工作成绩就等于认可了过去的不足，并将其不足作为合理成分延续至今以至将来。实际运用时也要对历史标准进行及时修订和完善，尤其要注意剔除价格变动、数据统计口径不一致和核算方法改变等不可比因素，以保证历史数据符合客观实际情况。

经验标准是根据长期的经济活动发展规律和管理实践，由具有丰富经验的专家学者，在经过严密分析研究后得出的有关指标标准或惯例。经验标准具有较强的公允性和权威性，在绩效评价中具有一定的适用价值，但不是所有的指标都有经验标准可用，经验标准的适用范围有局限性。经验标准适用于缺乏同业比较资料，尤其是缺乏行业标准时的绩效评价。

（3）部门和单位自行制定的计划、预算、定额、合同。评价人员在做绩效评价时，要综合利用部门和单位自行制定的业务营运计划、预算、定额、合同等作为评价标准。

绩效评价标准类型很多，在开展一项绩效评价之前，要根据确定的评价对象进行调查研究，就绩效评价标准问题与绩效责任主体进行沟通协商，寻求一种大家认可的、不存在异议的绩效评价标准。怎样选择和确立绩效评价标准是重要事项，关系到绩效评价结果的客观性和公正性，关系到绩效责任主体的利益，关系到绩效评价的成败。绩效评价可选择标准的来源有多种，在没有标准选择的情况下也可以与绩效责任主体协商产生评价标准。在众多的标准面前，要选择合适的、科学的标准，达到绩效评价的目的，一般来说应当遵循如下几个原则：

（1）标准的全面性原则。一个项目、一个单位或一项政策不能简单地以最终结果来评价，绩效评价标准应该是系统的，不能完全以结果论英雄。绩效的产生是一个连续的或是持续的过程，过程中是否能够有效控制，资源是否有效合理地利用，社会、经济和环境效益充分兼顾与否，都是要充分考虑的方面。

（2）标准的科学性原则。绩效评价标准的科学性就是标准是先进的，同时也是在现实中通过努力可以达到的。

（3）标准的权威性原则。绩效评价中有一部分标准是法律法规，但大多数标准可能不是法定的，也可能没有达到法定的要求。绩效评价标准应是能接受时间和大众检验的，要解决标准的认可度和接受度的问题。

第 3 节　绩效评价方法

绩效评价方法所要解决的问题是如何以绩效指标和绩效评价标准为基础，对绩效水平得出结论。本节介绍绩效评价方法的相关内容，主要包括：综合绩效评价的必要性、综合绩效评价所要解决的技术问题及技术方法、不需要绩效评价标准的综合绩效评价方法、需要绩效评价标准的综合绩效评价方法。

一、综合绩效评价的必要性

绩效指标既有单一指标，也有由多个指标组成的绩效指标体系，因此，绩效评价需要以单一指标的绩效评价为基础，形成基于指标体系的综合绩效评价。一般来说，单个指标的绩效评价具有以下特征：每个指标只能反映评价对象的某个层次或某个侧面的绩效，反映的内容具有片面性；评价指标体系中各个指标反映评价对象各个侧面的绩效情况，具有分散性；每个指标值是某一评价指标在评价对象中的具体表现，具有具体性；每个评价指标都具有不同的计量属性、数量级、核算标准和核算方法，虽然指标数值是数量化的，但就其本身来说量纲不同，具有不可综合性。

评价指标体系具有一定程度的全面性和系统性，如果各个指标独立评价，则会缺乏综合性，难以直接对评价对象从整体上进行时间和空间上的对比分析。绩效评价要力戒只见树木、不见森林，所以，综合绩效评价是非常有必要的。综合绩效评价就是在对评价指标数值进行无量纲化或同量纲化处理的基础上，运用科学的方法确定指标权重，在此基础上，采用一定的方法将各个评价指标反映的评价对象的信息综合成为科学、合理、客观的综合绩效评价值，以从整体上对评价对象的绩效状况做出综合评价。综合绩效评价值具有以下特征：

（1）全面性。综合绩效评价值反映评价对象各个方面的绩效水平的综合状况，包含各方面指标数值的主要信息。

（2）整体性。综合绩效评价值用一个点值来反映评价对象的整体水平，反映其在一个系统或集合中的位置和优先程度。

（3）综合性。综合绩效评价值是将评价指标体系中每个指标的信息按其重要性程度综合的结果。

（4）抽象性。综合绩效评价具有高度的抽象性。

（5）客观性。综合绩效评价值客观反映评价对象的实际绩效水平和相对绩效水平。

二、综合绩效评价所要解决的技术问题及技术方法

（一）单一指标绩效评价的技术逻辑

单一指标反映了绩效的某一方面，运用单一指标可以对该方面的绩效进行评

价，其技术逻辑非常简单，就是将绩效的实际值与标准值进行比较，以确定绩效水平。具体来说，有绝对数比较和相对数比较两种不同路径。同时，有些绩效指标是越大越好的正向指标，有些指标是越小越好的负向指标，还有些指标是处于一定范围较好。由于指标的不同情形，基于单一指标的绩效评价的技术逻辑，大致有式（6-1）到式（6-6）所示的不同情形。式（6-1）和式（6-2）是绝对数比较，前者适用于正向指标，后者适用于负向指标；式（6-3）和式（6-4）是没有差异的相对绩效评价，前者适用于正向指标，后者适用于负向指标；式（6-5）和式（6-6）是有差异的相对绩效评价，前者适用于正向指标，后者适用于负向指标。

$$绩效水平=绩效实际数-绩效标准值 \tag{6-1}$$
$$绩效水平=绩效标准值-绩效实际数 \tag{6-2}$$
$$绩效水平=绩效实际数据/绩效标准值 \tag{6-3}$$
$$绩效水平=绩效标准值/绩效实际数 \tag{6-4}$$
$$绩效水平=(绩效实际数-绩效标准值)/绩效标准值 \tag{6-5}$$
$$绩效水平=(绩效标准值-绩效实际数)/绩效标准值 \tag{6-6}$$

（二）综合绩效评价所要解决的技术问题及技术方法

综合评价是以单一指标绩效评价为起点，以指标体系为基础，形成综合性的绩效评价结论。这种绩效评价既保留单一指标所承载的绩效信息，又将不同指标承载的绩效信息综合起来，形成综合性的绩效信息。所以，必须解决两个技术问题：一是单一指标的无量纲化或同量纲化处理，将单一指标的不同计量属性去除；二是确定每个单一指标在指标体系中的权重，也就是确定各个单一指标在指标体系中的重要性。在许多情形下，上述两个问题是分别解决的；在有些情形下，上述两个问题则是同时解决的。目前，解决上述技术问题的主要方法如表6-5所示，本节随后的内容将对表中列示的各种方法做简要介绍。

表6-5 综合绩效评价技术方法

方法	解决的技术问题		方法分类
	指标无量纲化	指标权重	
直线型无量纲化方法	★		需要绩效评价标准的综合绩效评价方法
折线型无量纲化方法	★		需要绩效评价标准的综合绩效评价方法
曲线型无量纲化方法	★		需要绩效评价标准的综合绩效评价方法
层次分析法		★	需要绩效评价标准的综合绩效评价方法
主成分分析法		★	需要绩效评价标准的综合绩效评价方法
分项计分法	★	★	需要绩效评价标准的综合绩效评价方法
数据包络分析法	★	★	不需要绩效评价标准的综合绩效评价方法

注：★表示能解决这个技术问题。

三、不需要绩效评价标准的综合绩效评价方法

一般来说，绩效评价是以绩效指标和绩效评价标准为基础，对绩效水平得出结论。但是，在一些特殊情形下，可以基于不同绩效责任主体的绩效状况进行相互比较，以这种比较为基础来确定不同绩效责任主体的绩效相对水平，此时，就不需要绩效评价标准，只需要解决绩效指标的无量纲化和权重问题，数据包络分析法就是其中的典型代表。

（一）数据包络分析法的概念

绩效评价指标有很多，如净收益、每股盈余、现金流量、投资报酬率和剩余收益、市场价值等，均是单项财务指标，无法表述绩效多目标的全貌。同时，这些指标都要求有财务信息，对于非财务信息则无法解决。此外，由于只是一项投入与一项产出的比值，不适用于含有多项投入和多项产出的情况。如果所有的投入和产出不能转化为一个总计的投入或产出值，绩效测量过程中所包含的投入和产出就要分别计算，而这样计算得出的结果是无法说明问题的。一个适用于多项投入和多项产出情形的效率评价方法就是数据包络分析法（DEA）。

数据包络分析法是在相对效率评价概念的基础上发展起来的一种评价具有相同类型投入和产出的绩效的方法，其中每个部门或单位称为决策单元（DMU）。数据包络分析法使用数学规划模型，根据多指标投入和多指标产出，对相同类型的单位进行相对有效性或效益评价，对决策单元做出评价，这种方法并不需要单独绩效评价标准，而是各单位的绩效相互比较，相互作为绩效评价标准。数据包络分析法评价的绩效因素有两种：一种是决策单元在活动中需要耗费的量，即输入指标；另一种是表明该活动的成效的量，即输出指标。根据多个输入指标和多个输出指标的数据，评价相对于给定决策单元来说某决策单元的优劣，即评价决策单元间的相对有效性。

数据包络分析法是处理多目标决策的有效方法。它可根据一组输入数据和输出数据来评价决策单元的优劣，即评价各单位的相对效率，解决多输入-多输出的有效性综合绩效评价问题。数据包络分析法所测量的效率是相对于集合分析中所有其他单位的效率。通过这种方法，可以找出效率不高的决策单元，而且能够得到如何提高其效率的数据资料。

通常的应用方法是对一组给定的决策单元，选定一组输入、输出的评价指标，求得所关心的特定决策单元的有效性系数，以此来评价决策单元的优劣，即被评价单元相对于给定的决策单元的有效性。也就是说，通过输入和输出数据的综合分析，数据包络分析法就可以得出每个决策单元综合效率的数量指标。据此将各决策单元定级排队，确定有效的决策单元，并可得出其他决策单元非有效的原因和程度，即它不仅可对同一类型各决策单元的相对有效性做出评价与排序，还可

以进一步分析决策单元非数据包络分析有效的原因及其改进方向，从而为决策者提供重要的管理决策信息。

一般来说，数据包络分析法具有以下优点：

（1）使用数据包络分析法，不仅能对每个决策单元的相对效率进行综合绩效评价，而且可以得到许多在经济学中具有深刻经济含义和背景的管理信息，用于指导决策单元输入、输出指标的改进和修正。

（2）不需要任何变量间的函数假设。数据包络分析法不必确定输入-输出的显式表达关系就可以得出每个决策单元综合效率的数量指标，据此确定有效决策单元，并对非有效决策单元分析原因，为主管部门提供管理信息，进一步调整决策单元投入规模的正确方向和程度。

（3）对分散的评价指标（以定量或定性的形式表示）进行分析处理，从全局和整体的角度利用数据，从而避免了通常分散指标处理的片面性。

（4）对无法货币化甚至难以轻易确定权重的指标进行分析。各指标能够以本来的量纲出现，不必统一计量单位，保证了原始信息的完整、真实，避免了人为因素的主观影响。

（5）与回归方法相比能清楚地观察到每个决策单元的效率，而不是给人以平均的认识。

（二）数据包络分析法的原理

数据包络分析法更适用于具有多输入和多输出的复杂系统，其最大的优点是无须对评价系统输入和输出的函数形式进行假定，而仅仅在生产可能集满足凸性、无效性及最小性等客观假设条件的基础上，通过借助数学规划将决策单元投影到生产可能集前沿面（又称数据包络分析前沿面）上，并根据决策单元偏离前沿面的距离来评价它们的相对有效性。数据包络分析模型最早用来评价美国公立小学系统的相对有效性，随后这一模型又应用于医院、学校、征兵站、维修站等的效率评定。

数据包络分析的具体做法如下：设有 n 个同类型的被评价单位，第 j 个被评价单位在一项经济（生产）活动中的输入向量为 $x_j=(x_{j1},\cdots,x_{jm})^T$，输出向量为 $y_j=(y_{j1},\cdots,y_{js})^T$，可以用 (x_j,y_j) 来表示被评价单位的整个生产活动。称集合

$$T=\{x,y\}\mid\sum_{j=0}^{n}\lambda_j x_j\leqslant x,\quad\sum_{j=0}^{n}\lambda_j x_j\geqslant y,\lambda_j\geqslant 0,\quad\sum_{j=0}^{n}\lambda_j=1,j=0,1,\cdots,n$$

式中，$(x_0,y_0)=(0,0)$ 为生产可能集。

生产可能集 T 是凸集，满足无效性：设 $(x,y)\in T$，若 $x'\geqslant x$，则 $(x',y)\in T$；若 $y'\leqslant y$，则 $(x,y')\in T$。这说明在原来生产活动的基础上增加投入或减少产出进行生产是可能的。同时，生产可能集 T 是满足上述条件（凸性与无效性）的所有集合的交集。

生产可能集 T 由两部分构成：一是集合的内部；二是集合的边界，其边界即由数据（x_j，y_j，$j=0$，1，…，n）生成的包络，称为生产可能集前沿面。落在集合边界上的点对应的生产活动，实现了在同样投入下的最大产出，称为有效的生产活动，落在集合内部的点对应的生产活动称为非有效的生产活动。

（三）数据包络分析法的具体应用

数据包络分析法主要用在多输入-多输出的系统模型中，对于解决评价相同（相似）类型部门间的相对有效性问题具有突出优势。例如，类型相同的纺织厂、高等学校、医院、图书馆以及政府中工作性质相同的职能部门等，每个成员单位都是一个决策单元。在评价这些成员单位的绩效时，比较好的处理方式是根据经济学的成本-效益模型，把它看成是具有多个输入指标（输入越小越好）和多个输出指标（输出越大越好）的多目标决策问题。

由此，有效使用数据包络分析法包括确定以下内容。首先，确定决策单元，即哪些决策单元能够或适宜在一起进行评价。其次，确定输入/输出指标体系，即通过什么样的输入/输出指标体系进行评价。最后，确定数据包络分析评价模型，即选择什么样的数据包络分析模型进行评价。实践证明，为了使数据包络分析法提供的信息具有较强的科学性，决策单元的确定、输入/输出指标体系的确定、评价模型的确定等都应当服从于应用数据包络分析法的具体目的。

1. 确定决策单元

选择决策单元就是确定参考集。由于数据包络分析法是在同类型的决策单元之间进行相对有效性的评价，因此选择决策单元的一个基本要求是决策单元同类型。同类型具有以下三个基本特征：决策单元具有相同的目标和任务；决策单元具有相同的外部环境；决策单元具有相同的输入和输出指标。

需要指出的是，在运用数据包络分析法进行数据分析时，如果将较多的决策单元放在一起组成一个参考集，则同类型反映得不够充分。但如果将它们按一定特性分成几个子集，则每个子集内的决策单元能较好地体现出同类型，这样，我们可以对这几个子集分别进行分析，再将分析结果独立或者综合地进行再分析，往往能够得到一些新的有用信息。

2. 确定输入/输出指标体系

建立输入/输出指标体系是应用数据包络分析法的一项基础性前提工作，有以下几点值得注意：

（1）应能实现评价目的，即输入向量与输出向量的选择要服务、服从于确定的评价目的。因此，需要把评价目的从输入和输出两个不同的侧面分解成若干指标，并且该评价目的的确能够将这些输入向量和输出向量构成的生产过程在“黑箱”意义下加以描述，如图 6－1 所示。

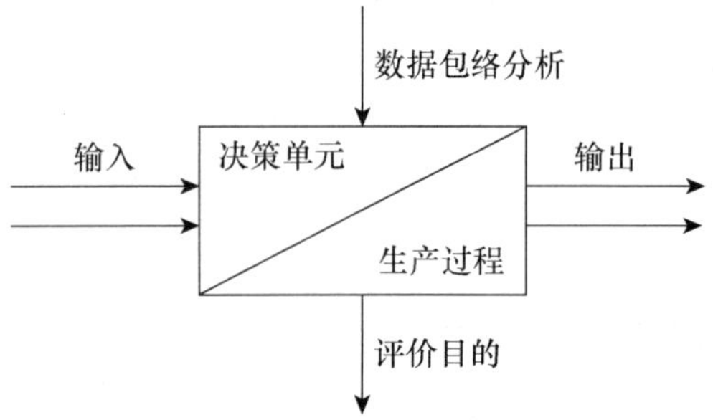

图6-1 数据包络分析的输入和输出

（2）应能全面反映评价目的。一个评价目的需要多个输入和多个输出才能较为全面地描述，缺少某个或某些指标常会使评价目的不能完整地实现。例如，在某个指标体系中新增加一个输出指标，原来的非有效决策单元变成了有效决策单元，或是在原指标体系中删除一个输出指标，原来的有效决策单元变成非有效决策单元，这都表明这些变动的指标对这些决策单元来说是“生产过程”中的“强项”，同时也可以看出，它们对评价目的的反映具有较大的影响，换言之，缺少了这些指标，就不能够全面地反映评价目的。

（3）应考虑输入向量、输出向量之间的联系。由于在生产过程中，决策单元各输入与各输出之间往往不是孤立的，因此，某些指标被确定为输入或输出后，会对其他指标的认定产生影响。例如，某指标与几个已确定作为输入（出）量的指标之间呈现较强的相关关系，我们可认为该指标的信息已在很大程度上被这几个指标包含，因此，就不一定再把它作为输入（出）指标了。又如，某指标若与诸多输入指标相关关系较强的同时又与诸多输出指标相关关系较弱，则可将该指标归为输出指标，反之则归为输入指标。另外，输入（出）集内部的指标要尽可能避免有较强的线性关系。

在实际运用数据包络分析法进行评价，确定输入、输出指标时，可以通过向专家咨询或采用统计分析方法确定，也可以在初步确定输入、输出指标后，进行试探性的分析。如果使用了不同的样本数据进行分析后，个别指标对应的权重总是相对很小，就说明这些指标对决策单元的有效性影响不大，可以考虑删除。

（4）关于输入/输出指标体系的选择，不能仅局限于生产过程，或者说，在运用数据包络分析法进行评估时，必须能构造广义的“生产过程”。实际上，根据数据包络分析模型的实质要求，所有遵循“越少越能反映效果”的都可以作为输入指标，遵循“越多越能反映效果”的都可以作为输出指标。此外，在输入/输出指标体系的建立过程中，相对性指标与绝对性指标的搭配、指标数据的可获取性、定性指标的可度量性、指标总量究竟多少较为适宜等问题也是在实际工作中会遇到且要加以解决的。

3. 确定数据包络分析模型

目前的研究中，已经有如 C^2R，C^2GS^2，C^2WH，C^2H 以及由此扩展的其他数据包络分析模型。实践中要基于实际经济背景和评价目的来选择适当的模型。一般应考虑：

（1）是选用基于输入指标的模型，还是选用基于输出指标的模型，这主要看对输入（出）指标的可控性和可处理性。若输入指标不易有较大变动或需要基本维持在一定水平，这时选用基于输出指标的模型较为适合；反之，若输出指标不宜有较大变动，如把环境指标作为一种输出指标，由于对其有严格限制，这时选用基于输入指标的模型较为适合。

（2）由于具有非阿基米德无穷小的数据包络分析模型在判定决策单元是否为（弱）数据包络分析有效以及将原来无效的决策单元"投影"到相对有效面上均有方便之处，因此，在实际中这一模型常被应用。

（3）就有效性本身而言，C^2R 模型是同时针对规模有效性和技术有效性的总体有效性，而 C^2GS^2 模型只能评价技术有效性。此外，C^2R 模型的生产可能集为闭凸锥，并且建立在规模收益不变的假设下，而 C^2GS^2 模型则反映了规模收益可变的情况，对应的生产可能集仅为凸集。注意这些不同之处，并结合评价目的与实际背景，也可帮助我们选择较适合的模型。

（4）特别地，如果生产可能集为凸锥，输入、输出指标数目较多，特别是决策者对输入、输出指标之间的相对重要性有所规定（契约、限制、偏好），并要在评价中对此规定（契约、限制、偏好）有所体现，这时选用具有锥结构的 C^2WH 模型就比较适合。

（5）为了得到不同侧面的评价信息，在可能的情况下，尽量选用不同类型的模型进行分析，再把分析结果相互比较，无疑会使评价工作更全面、更深刻、更准确。

数据包络分析法经过建模、求解，一般可以获得确定决策单元的数据包络分析有效性，各业务决策单元相对规模收益情况，确定相对有效生产可能集前沿面，各业务单元相对有效性和输入、输出指标之间的关系。对于要评价的对象，在确定了指标体系和选择适合的数据包络分析模型的基础上进行有效性评价，要对评价结果进行实际分析，此分析需要评价人员对问题的经济背景和管理、政策背景有充分的了解和掌握。

四、需要绩效评价标准的综合绩效评价方法

需要绩效评价标准的综合绩效评价，需要对绩效指标进行无量纲化处理，还需要确定绩效指标的权重，解决上述问题有一系列方法。

（一）绩效指标无量纲化处理的技术方法

绩效评价指标都有一定的计量属性，这种计量属性也称为量纲。显然，不同的量纲是无法综合到一起的，从而也就无法对绩效做出综合评价。为此，就必须对这些指标进行无量纲化处理，即通过数学变换来消除指标量纲的影响。指标无量纲化既要达到可以科学综合的要求，又要保留原指标的主要信息。一般认为，

指标无量纲化方法的选择应该遵循以下原则：

（1）最大限度保留差异信息原则。指标无量纲化所要消除的是原指标的计量属性和数量级的差别，而不是信息量的差异，因此，应最大限度地保留差异信息。

（2）评价值与原指标值对应原则。无量纲化将指标值转换为指标评价值，要保证信息在转换中不失真，则必须尽可能保持评价值与原指标值之间的对应关系。

（3）避免极端值影响过大原则。在确定原指标值的阈值标准时应减小极端值的影响，不用极端值作为指标无量纲化的基础，而用更能反映绝大多数主体指标分布的值域。

（4）简明易操作原则。在不影响无量纲化效果的情况下，采用直观、简明、易于操作的方法。

根据指标实际值与无量纲化结果数值的关系特征，无量纲化处理方法可以分为直线型无量纲化方法、折线型无量纲化方法和曲线型无量纲化方法三大类。

直线型无量纲化方法有如下假定：评价指标实际值转化为无量纲值时，实际值和无量纲值成比例变化，呈线性关系，满足这一假定的无量纲化方法称为直线型无量纲化方法。这事实上就是将指标实际值在不同水平上的同量变化给予同量的评价值。显然，这种做法在某些情况下是不适宜的，原因如下：第一，从效用角度看，有些指标的实际值达到一定水平后就会效用递减或者效用递增，因而对于指标在不同水平上的同量变化应给予不同的评价值；第二，从绩效责任主体的努力程度看，指标值达到一定水平后再提高需要付出更大的努力，因而应给予更大的评价值。指标值在不同水平上的同量变化所显示出来的意义是不同的，应给予不同的评价值。此时，折线型无量纲化方法就可以大显身手了。

随着发展阶段的演进和发展水平的提高，指标实际值的等量变化往往会引起评价值渐进式的不等变化，在指标值的变化区间内，不存在像折线型公式中那样明显的折点。在这种情况下，折线型无量纲化方法也就无能为力了，而曲线型无量纲化方法适用于指标实际值对评价值的影响呈现为非等比例变化的情况，恰恰适用于这种情况。

每类方法又包括许多种方法，其大致情况如表6-6所示。

表6-6 无量纲化处理方法

方法类型	具体方法
直线型无量纲化方法	阈值法
	指数法
	Z-score法
	比重法
折线型无量纲化方法	极值法
	功效系数法
曲线型无量纲化方法	分布法
	累进评分法

1. 阈值法

阈值法的评价值等于 j 主体 i 指标实际值 x_{ij} 与该种指标的某个阈值 x_i 之比。阈值采用指标实际值或某些特征值，当阈值采用极大值或极小值时，阈值法就成为极值法；当阈值采用满意值或不允许值时，阈值法就成为功效系数法。

（1）极值法。

1）以极大值作为比较标准。

$$y_i=\frac{x_i}{\max x_i}, \quad i\leqslant x\leqslant n$$

$$y_i=\frac{\max x_i-x_i}{\max x_i}, \quad i\leqslant x\leqslant n$$

2）以极小值作为比较标准。

$$y_i=\frac{x_i}{\min x_i}, \quad i\leqslant x\leqslant n$$

$$y_i=\frac{x_i-\min x_i}{\min x_i}, \quad i\leqslant x\leqslant n$$

3）以极大值与极小值之差为区间进行无量纲化。

$$y_i=\frac{x_i-\min x_i}{\max x_i-\min x_i}, \quad 1\leqslant i\leqslant n$$

$$y_i=\frac{x_i-\min x_i}{\max x_i-\min x_i}\times k+q, \quad 1\leqslant i\leqslant n$$

（2）功效系数法。功效系数法根据多结果规划的原理，对各项评价指标分别确定一个满意值和不允许值，以满意值为上限，以不允许值为下限，计算各项指标接近、达到或超过满意值的程度，并转化为相应的评价分数，也称为功效函数法。

1）确定各项评价指标的满意值和不允许值。满意值是指各项指标可能达到的最好水平，不允许值是指各项评价指标不应该出现的最差水平。

2）引进功效系数，计算各指标单项评价分数，计算公式为：

$$d_{ij}=\frac{x_{ij}-x_i^{(s)}}{x_i^{(h)}-x_i^{(s)}}\times 40+60, \quad i=1,2,\cdots,n;j=1,2,\cdots,m$$

式中，d_{ij} 指 j 主体 i 指标的单项评价分数，也称为 j 主体 i 指标 x_{ij} 的功效系数；x_{ij} 指 j 主体 i 指标的实际值；$x_i^{(s)}$ 指 i 指标的不允许值；$x_i^{(h)}$ 指 i 指标的满意值；j 指绩效责任主体的序号；i 指评价指标的项号。

2. 指数法

将评价指标实际值与标准值进行对比来求得各项指标的评价指标数，这种方法就是指数法，计算公式为：

$$k_{ij}=x_{ij}/x_{io}\times 100\%,\quad i=1,2,\cdots,n;j=1,2,\cdots,m$$

式中，k_{ij} 指 j 主体 i 指标的单项评价指标数；x_{ij} 指 j 主体 i 指标的实际值；x_{io} 指 i 指标的标准值；i 指评价指标项数；j 指评价主体个数。

3. Z-score 法

Z-score 法是以指标实际值的标准差为标准，对各被评价指标的实际值与平均值的偏差进行对比测度的方法，适用于指标数值呈正态分布的情况。评价值 Z_{ij} 的数值分布是以 0 为中心的对称分布，计算公式为：

$$Z_{ij}=(x_{ij}-\bar{x}_i)/s_i$$

式中，Z_{ij} 指 j 主体 i 指标的单项评价值；x_{ij} 指 j 主体 i 指标的实际值；$\bar{x}_i$ 指 i 指标的平均值；s_i 指 i 指标的标准差。

为符合人们对各指标进行评判的习惯，可将 Z_{ij} 转化为百分数形式，计算公式为：

$$Z_{ij}=50+(x_{ij}-\bar{x}_i)/10s_i\times 100$$

4. 比重法

比重法以比重作为评价值，而比重则是某主体某项指标的实际值与绩效责任主体该项指标的实际值之和的比，计算公式为：

$$y_{ij}=\frac{x_{ij}}{\sum_{i=1}^{n}x_{ij}}$$

$$y_{ij}=\frac{x_{ij}}{\sqrt{\sum_{j=1}^{m}x_{ij}^2}}$$

5. 极值法

$$y_{ij}=\begin{cases}0, & x_{ij}=0\\ \dfrac{x_{ij}}{x_{id}}y_{ij}, & 0<y_{id}<1,0<x_{ij}\leqslant x_{id}\\ y_{id}+\dfrac{x_{ij}-x_{id}}{\max x_{ij}-x_{id}}(1-y_{id}), & x_{ij}>x_{id},1\leqslant j\leqslant m\end{cases}$$

6. 功效系数法

$$y_{ij}=\begin{cases}0, & x_{ij}<x_{ia}\\ \dfrac{x_{ij}-x_{ia}}{x_{ib}-x_{ia}}\times 60, & x_{ia}<x_{ij}<x_{ib}\\ \dfrac{x_{ij}-x_{ib}}{x_{ic}-x_{ib}}\times 40+60, & x_{ib}<x_{ij}<x_{ic}\end{cases}$$

7. 分布法

（1）半正态分布。

$$y_{ij}=\begin{cases}0, & 0\leqslant x_{ij}\leqslant a\\ 1-\mathrm{e}^{-k(x_{ij}-a)^2}, & x_{ij}>a(k>0)\end{cases}$$

（2）哥西分布。

1）升半哥西分布。

$$y_{ij}=\begin{cases}0, & 0\leqslant x_{ij}\leqslant a\\ \dfrac{k(x_{ij}-a)^2}{1+k(x_{ij}-a)^2}, & x_{ij}>a\end{cases}$$

2）降半哥西分布。

$$y_{ij}=\begin{cases}\dfrac{1}{1+k(x_{ij}-a)^2}, & x_{ij}>a(k>0)\\ 1, & x_{ij}\leqslant a\end{cases}$$

（3）升半凹（凸）分布。

$$y_{ij}=\begin{cases}0, & 0\leqslant x_{ij}\leqslant a\\ a(x_{ij}-a)^k, & a\leqslant x_{ij}\leqslant a+\dfrac{1}{\sqrt[k]{a}}\\ 1, & x_{ij}\geqslant a+\dfrac{1}{\sqrt[k]{a}}\end{cases}$$

（4）升半 Γ 型分布。

$$y_{ij}=\begin{cases}0, & 0\leqslant x_{ij}\leqslant a\\ 1-e^{-k(x-a)}, & x_{ij}>a(k>0)\end{cases}$$

（5）升半岭型分布。

$$y_{ij}=\begin{cases}0, & 0\leqslant x_{ij}\leqslant a\\ \dfrac{1}{2}-\dfrac{1}{2}\sin\dfrac{\pi}{b-a}\left(x_{ij}-\dfrac{a+b}{2}\right), & a<x_{ij}\leqslant b\\ 1, & x_{ij}>b\end{cases}$$

8. 累进评分法

现实生活中存在以下两种情况：指标数值水平越高时，指标数值再提高同量主体难度越大；指标数值水平越高时，指标数值提高具有更大或更重要的意义。

在这些情况下，指标数值水平越高，同量主体增量的评价分数越多。累进评分法就是适用于这种情况的无量纲化方法，它以正态分布理论为依据，基本公式如下：

$$y_{ij}=k_i d_{ij}^2-z_i$$

式中，y_{ij} 指 j 主体 i 指标的评价分数；k_i 指 i 指标的评价分数转换公式系数；d_{ij} 指 j 主体 i 指标的数值在正态分布曲线横轴上以标准差为主体的位置；z_i 指 i 指标的基点评价分数。

累进评分法的一般步骤如下：

（1）根据样本计算出平均数 x_i 和标准差 s_i。

（2）确定评价分值范围，编制 D 值表。以标准差 s_i 为标准主体，以样本平均数 x_i 为中心，确定评定分数的指标数值范围。例如，可以将范围确定为 x_i-5s_i 至 x_i+5s_i 的指标数值区间，在此区间内以标准差为主体的各点分布位置的序号即 D 值，两种情况下的 D 值如表 6－7 和表 6－8 所示。

表 6－7　D 值表（越小越好的指标）

分布位置	$\bar{x}_i+5s_i$	$\bar{x}_i+4s_i$	$\bar{x}_i+3s_i$	$\bar{x}_i+2s_i$	$\bar{x}_i+s_i$	$\bar{x}_i$	$\bar{x}_i-s_i$	$\bar{x}_i-2s_i$	$\bar{x}_i-3s_i$	$\bar{x}_i-4s_i$	$\bar{x}_i-5s_i$
D 值	0	1	2	3	4	5	6	7	8	9	10

表 6－8　D 值表（越大越好的指标）

分布位置	$\bar{x}_i-5s_i$	$\bar{x}_i-4s_i$	$\bar{x}_i-3s_i$	$\bar{x}_i-2s_i$	$\bar{x}_i-s_i$	$\bar{x}_i$	$\bar{x}_i+s_i$	$\bar{x}_i+2s_i$	$\bar{x}_i+3s_i$	$\bar{x}_i+4s_i$	$\bar{x}_i+5s_i$
D 值	0	1	2	3	4	5	6	7	8	9	10

（3）确定评分基点与满分点。合理确定基点分值可以控制最低分值以及各指标值之间的评分值差额，根据实际情况和需要以 0 分为基点或以其他分值为基点。采用 10 分制时，满分点可以选择为 10 分；采用 100 分制时，满分点可以选择为 100 分。例如，以 x_i-5s_i 点为基点，D 值为 0，基点分值为 0 分；以 x_i+5s_i 点为满分点，D 值为 10，满分点分值为 100 分。将两点 D 值和评价分数分别代入公式 $y=kd^2-z$，得联立方程组：

$$\begin{cases}100=k\times10^2-z\\0=k\times0^2-z\end{cases}$$

解方程，得

$$\begin{cases}z=0\\k=1\end{cases}$$

（4）求各指标值的 D 值。

1）越大越好的指标。

$$d_{ij}=5+(x_{ij}-\bar{x}_i)/s_i,\quad i=1,2,\cdots,n;j=1,2,\cdots,m$$

2）越小越好的指标。

$$d_{ij}=5+(\bar{x}_i-x_{ij})/s_i,\quad i=1,2,\cdots,n;j=1,2,\cdots,m$$

（5）计算绩效责任主体各评价指标的评价分数。

$$y_{ij}=10\times d_{ij},\quad i=1,2,\cdots,n;j=1,2,\cdots,m$$

（二）绩效评价指标的综合权重客观制定方法

无量纲化处理消除了指标的计量属性，为综合绩效评价创造了重要条件。但是，不同指标具有不同的重要性，不解决这个问题，综合绩效评价就无从谈起。综合权重制定就是采用科学的方法，为每个指标确定一个客观权重，以表示指标的相对重要性。一般来说，制定综合权重要遵守以下原则：

（1）导向性原则。你评价什么，他就会干什么。指标权重的大小会引导绩效责任主体对各项工作的重视程度和努力程度。因此，要根据工作重点，给予重要指标较大的权重，以引导绩效责任主体加强该方面的工作，取得更大的成效。

（2）突出重点，兼顾一般原则。综合绩效评价的主要功能是对绩效责任主体的状况进行总体评价，因此，对反映绩效本质和主要特征的核心指标要给予较大的权重，对反映次要方面的指标则给予较小的权重，既突出重点，又兼顾一般。

（3）考虑指标可靠程度及相关程度原则。对数值准确可靠的指标以较高的权重，对数值可靠性不高或存在较明显误差的同类指标以较低的权重。对相关程度较高的一组指标在制定权重时，要考虑其综合影响，综合考虑其组合权重，防止组合权重过大。

（4）多种方法结合运用原则。评价指标的情况各不相同，因此，要采用不同的方法来确定指标的权重，不能一刀切。

目前，客观确定权重的方法包括层次分析法和主成分分析法。

1. 层次分析法

层次分析法是指利用某种对事物做出优越程度区别的相对度量作为评价事物合意度的指标，这个相对度量称为权重或优先权数。对于某属性而言，它是用两两比较的方式确定事物的优越程度，指标值越大，则权重越大，说明优越程度越高；指标值越小，则权重越小，说明优越程度越低。层次分析法适用于具有多层次结构的评价指标体系的综合权重的确定。关键在于用某种简单的方法确定用于区分各比较对象优先程度的一组权重。一般运用两两比较的方法，对比较对象的优越程度进行判断，其原理可用下面例子来说明。

设有 n 个物体 A_1，A_2，…，A_n，其重量分别为 W_1，W_2，…，W_n。现以某个物体的重量与所有物体重量之比为行（共有 n 行），并按顺序构造一个 n 阶方阵 A：

$$A=\begin{vmatrix} a_{11} & a_{12} & \cdots & a_{1n} \\ a_{11} & a_{22} & \cdots & a_{2n} \\ \vdots & \vdots & & \vdots \\ a_{n1} & a_{n2} & \cdots & a_{nn} \end{vmatrix}=\begin{vmatrix} \frac{W_1}{W_1} & \frac{W_1}{W_2} & \cdots & \frac{W_1}{W_n} \\ \frac{W_2}{W_1} & \frac{W_2}{W_2} & \cdots & \frac{W_2}{W_n} \\ \vdots & \vdots & & \vdots \\ \frac{W_n}{W_1} & \frac{W_n}{W_2} & \cdots & \frac{W_n}{W_n} \end{vmatrix} \tag{6-7}$$

式中，$a_{ij}=\dfrac{W_i}{W_j}$；i，$j=1$，2，…，n。

令 $W=(W_1, W_2, \cdots, W_n)^r$，用 W 右乘 A 得

$$AW=nW \tag{6-8}$$

由矩阵知识可知，n 为矩阵 A 的一个特征根，W 为特征根 n 对应的特征向量。

$$AW=\begin{vmatrix} \dfrac{W_1}{W_1} & \dfrac{W_1}{W_2} & \cdots & \dfrac{W_1}{W_n} \\ \dfrac{W_2}{W_1} & \dfrac{W_2}{W_2} & \cdots & \dfrac{W_2}{W_n} \\ \vdots & \vdots & & \vdots \\ \dfrac{W_n}{W_1} & \dfrac{W_n}{W_2} & \cdots & \dfrac{W_n}{W_{n1}} \end{vmatrix} \begin{vmatrix} W_1 \\ W_2 \\ \vdots \\ W_n \end{vmatrix}$$

$$=\begin{vmatrix} nW_1 \\ nW_2 \\ \vdots \\ nW_n \end{vmatrix}=\begin{vmatrix} W_1 \\ W_2 \\ \vdots \\ W_n \end{vmatrix}=nW$$

由式（6－7）不难看出，矩阵 A 具有如下性质：

(1) $a_{ij}>0$ (6－9)

(2) $a_{ii}=1$ (6－10)

(3) $a_{ij}=1/a_{ji}$ (6－11)

(4) $a_{ij}=a_{ik}/a_{ik}$ (6－12)

根据前三个性质，A 为正的互反矩阵。根据矩阵理论，A 有唯一非零最大特征根 $\lambda_{\max}$，并且

$$\lambda_{\max}=n \tag{6-13}$$

同时，W 就是矩阵 A 的最大特征根对应的特征向量，该特征向量经归一化处理后是唯一的。显然，W 的每一成分就是 n 个物体的相对重量，它跟实际重量一般相差一个常数倍数。

所以，如果物体的绝对重量未知，又难以直接测得，而用其他某种方法却易测得 n 个物体两两之间的重量比 W_i/W_j（i，$j=1$，2，…，n），则可利用这 n^2 个比值构造 n 阶矩阵 A，然后求出 A 的最大特征根对应的特征向量 W，则 W 的每一个成分就是 n 个物体的相对重量。

本例是借用物体的重量属性来说明问题，它可以推广到社会经济管理系统。层次分析法就是把 n 个评价指标当作 n 个物体，这样，某评价指标对于某一属性而言的优越程度相对指标，就相当于每一物体对于某种属性的相对度量指标。要

求出它们的值，只要先通过两两比较的方法确定矩阵 A 的 n^2 个比值，再通过解 $AW=\lambda_{\max}W$，求出 A 的最大特征根对应的特征向量即可。

层次分析法的操作步骤如下：

（1）判断矩阵的构造。根据层次分析法的基本原理，求 n 个备选方案或 n 个评价指标对于某一属性的重要性，归结为求解由式（6－7）定义的矩阵 A 的最大特征根对应的特征向量，一般把这种用于求解权重的矩阵，称为判断矩阵。

（2）判断矩阵的精度。层次分析法的基本原理是以矩阵 A 满足四个条件即式（6－9）至式（6－12）为前提的。显然，构造的判断矩阵 A，必然满足前三个条件。如果矩阵 A 满足第四个条件，即 $a_{ij}=a_{ik}/a_{ik}$，则称 A 为完全一致性判断矩阵。由于客观事物的复杂性以及人的认识的多样性，根据直觉对事物的差别进行两两比较判断时，总是不可避免地出现误差，这种误差反映在数量关系上，就是不满足式（6－13），因此，所得判断矩阵就不具备完全一致性，只能近似地具备完全一致性。

（3）判断矩阵的求解。对判断矩阵 A 求解，就是要求出 n 个指标 A_1，A_2，…，A_n 的相对权重，并进行一致性检验。求判断矩阵 A 的最大特征根及对应的特征向量，可采用幂法、和积法及方根法。

2. 主成分分析法

主成分分析法根据各评价指标的实际值所体现出的变差信息来确定指标的权重，突出反映各被评价对象之间的差异对总评价值的影响。主成分分析法能够将大量繁复的原始数据简化合成为少量的综合指标，同时又使这少量的综合指标尽可能多地包含原指标群中的变差信息，这些综合指标能够较好地反映评价对象之间的主要差别，而且在统计意义上是相互独立的。

设在二维空间中用两个评价指标来衡量 n 个评价对象 n 个样本，各样本之间的变量信息用离差平方和来表示，则综合绩效评价时的总变差为：

$$E=\sum_{i=1}^{n}(X_{i1}-\overline{X}_1)^2+\sum_{i=1}^{n}(X_{i2}-\overline{X}_2)^2$$

式中，$\sum_{i=1}^{n}(X_{i1}-\overline{X}_1)^2$ 与 $\sum_{i=1}^{n}(X_{i2}-\overline{X}_2)^2$ 两个数值在 E 中所占的比重表明两个指标在变差总信息量中的比重，反映两个指标在综合绩效评价中的重要程度。

为了集中变差信息量，可以找到 X_1 和 X_2 的一个适当的数学变换 F_1 和 F_2，满足：

$$\begin{aligned}&\sum_{i=1}^{n}(X_{i1}-\overline{X}_1)^2+\sum_{i=1}^{n}(X_{i2}-\overline{X}_2)^2\\=&\sum_{i=1}^{n}(F_{i1}-\overline{F}_1)^2+\sum_{i=1}^{n}(F_{i2}-\overline{F}_2)^2\end{aligned}$$

式中，$\overline{F}_1$ 和 $\overline{F}_2$ 分别表示新变量 F_1 和 F_2 的均值。

通过变换，使 $\sum_{i=1}^{n}(F_{i1}-\overline{F}_1)^2$ 在变差总信息量中的比重最大，新变量 F_1 在综合绩效评价中的作用最大。F_1 和 F_2 称为原变量线性组合后的成分，F_1 就成了主成分。主成分分析法就是通过一定的数学变换，使新变量-成分变为原变量的线性组合，并寻找主成分来分析评价对象的方法。

为具有一般性，下面讨论有 P 个评价指标 n 个样本的情况。设 X_{ij} 代表第 i 个样本的第 j 个指标数值，Z_{ij} 代表第 i 个样本的第 j 个指标标准化后的数值，L_{ij} 代表第 i 个样本的第 j 个标准化指标的成分系数，F_{ig} 代表第 i 个样本的第 g 个成分，则有

$$F_{ig}=\sum_{j=1}^{p}L_{ij}Z_{ij},\quad i=1,2,\cdots,n;j=1,2,\cdots,p;g=1,2,\cdots,p$$

式中，$\mathrm{Cov}(F_g,\ F_{g+k})=0$，$k\neq0$，$g+k\leqslant p$，即各个成分间是相互独立的。

通过数字变换，原指标的变差信息已全部由各成分表示，其总方差相等。X_{ij} 的协方差矩阵的特征根 λ_g 即主成分分析中第 g 个成分的方差；λ_g 对应的特征向量即第 g 个成分 F_g 中 Z_{ij} 的各个系数 L_{ij}。主成分分析中各成分是按照方差大小依次排序的，第一个成分方差最大，包含的原变量的变差信息最多，第二个成分次之，最后一个成分最少，往往接近于零。因此，在实际应用中，只取前 K 个成分来进行分析评价，既能满足对事物综合绩效评价的要求，又能减少工作量。

主成分分析法的基本步骤如下。

（1）原始指标数据的标准化。一般采用 Z-score 法，变换公式为：

$$Z_{ij}=\frac{X_{ij}-\overline{X}_j}{S_j},\quad i=1,2,\cdots,n;j=1,2,\cdots,p$$

式中，$X_j=\frac{1}{n}\sum_{i=1}^{n}X_{ij}$，$S_j=\frac{1}{n-1}\sum_{i=1}^{n}(X_{ij}-\overline{X}_j)^2$。

经过标准化后的数据，均值为 0，方差为 1。

原始指标数据经过标准化，消除了数量级和计算主体不同的影响，成了与原指标数据同分布、同变异程度的数据，从而能够正确地确定该指标在主成分中的地位和作用。

（2）求指标数据的相关系数矩阵 R（即协方差矩阵）。计算公式为：

$$r_{iK}=\frac{1}{n-1}\sum_{i=1}^{n}\frac{(X_{ij}-\overline{X}_j)(X_{iK}-\overline{X}_K)}{S_j\qquad\qquad S_K}$$

或

$$r_{iK}=\frac{1}{n-1}\sum_{i=1}^{n}Z_{ij}Z_{jK},\quad j=1,2,\cdots,p;\ k=1,2,\cdots,n$$

且有 $r_{ij}=1$，$r_{jK}=r_{Kj}$。

（3）求相关系数矩阵 R 的特征根、特征向量和贡献率。相关系数矩阵 R 的特

征方程式为$|\lambda I_p - R| = 0$，解该方程式求得特征根$\lambda_g(g=1, 2, \cdots, p)$，表示主成分$F$的方差，其值大小反映了各个主成分在描述被评价对象上所起作用的大小。计算特征根λ_g对应的特征向量L_g，即标准化向量Z_j在各成分上的系数。$a_g = \lambda_g / \sum_{g=1}^{p} \lambda_g$表示第$g$个成分标准化的信息量，即方差贡献率。

(4) 确定主成分个数。一般成分个数等于原始变量的个数。为减少工作量而又能尽可能多地保持信息量，保证综合绩效评价的科学合理，往往只取前K个主成分进行综合排序。一般要求这K个主成分保留原指标信息的比重即累积方差贡献率为$a_{(K)} \geqslant 85\%$。$a_{(K)}$的计算公式为：

$$a_{(K)} = \sum_{g=1}^{K} \lambda_g / \sum_{g=1}^{p} \lambda_g$$

(5) 主成分的综合。首先以特征根λ_g对应的特征向量L_{ij}为权数对标准化变量值进行综合分析，求得各个主成分的值：

$$F_{ig} = \sum_{j=1}^{p} L_{ij} Z_{ij}, \quad i=1,2,\cdots,n; g=1,2, \cdots,k$$

然后用每个主成分的方差贡献率d_g做权数，求得各样本的综合绩效评价值F_i：

$$d_g = \lambda_g / \sum_{g=1}^{p} \lambda_g, \quad g=1,2,\cdots,p$$

$$F_i = \sum_{g=1}^{K} d_g F_{ig}, \quad i=1,2,\cdots,n$$

由此，亦可以直接求得标准化变量对综合绩效评价值的信息量权重W_i：

$$W_i = \sum_{i=1}^{p} d_i L_{ij}$$

(三) 需要绩效评价标准但同时解决无量纲化处理和指标客观权重的方法

以上介绍了需要绩效评价标准但分别解决指标无量纲处理和指标客观权重的技术方法，这些方法都有其适用前提，并且在操作上都有一定的难度。现实生活中，使用最广泛的方法是分项计分法，这个方法同时解决指标无量纲化处理和指标客观权重。通过计分将所有绩效指标都转换为绩效分值，解决了不同绩效指标的量纲差异，在实质上实现了同量纲化；通过主观确定各指标的权重，解决了权重问题。分项计分法的核心内容包括：

(1) 选择绩效指标。即对绩效的哪些方面进行计分，一般将这些需要计分的方面称为评价要素。当然，这些评价要素综合起来，应该包括绩效的重要方面。通常，评价要素体现为绩效指标体系。

(2) 确定绩效指标权重。以主观评定为基础，确定各评价要素的权重，一般来说，各要素的权重合计应该是100%或100。当然，合计数是不是100%或100，并不影响绩效评价，这里的权重只表明各绩效要素的相对重要性。

（3）确定各绩效指标计分规则。确定各绩效要素的标准值，也就是绩效评价标准，并确定绩效要素的标准分，也就是绩效指标刚好达到绩效评价标准时的得分，在此基础上，确定各绩效指标如何根据绩效实际值与标准值的差异来计分的规则。在许多情形下，绩效指标的标准分也就是绩效指标的权重。

上述三个方面确定之后，根据各绩效指标的实际值与标准值的差异，按各绩效指标计分规则计算各绩效指标的得分，以各绩效指标的得分和权重为基础，计算综合绩效得分。这种方法的最大好处是操作简单，但是，需要主观确定权重和计分规则，绩效评价结果具有较大的主观成分。表6-9是一个分项计分法的举例，包括分项计分法的各个核心内容。

表6-9 分项计分法举例

深圳市属A类国有企业年度业绩考核计分办法

一、考核指标

（一）经济指标

（1）年度利润总额：指经核定后的企业合并报表利润总额。

（2）净资产收益率：指企业考核当期净利润同平均净资产的比率，计算公式为：

$$净资产收益率=归属于母公司所有者的净利润/平均净资产\times 100\%$$

$$平均净资产=\left(\begin{matrix}年初归属于母公司\\所有者权益合计\end{matrix}+\begin{matrix}年末归属于母公司\\所有者权益合计\end{matrix}\right)\Big/2$$

（3）经济增加值：指企业税后净营业利润扣除资本成本后的所得。

（二）分类指标

指根据企业所处行业和特点，综合考虑企业实际发展状况及市国资委监管需要，具体确定的考核要求和指标。包括社会效益、管理短板、预算管理、资本运作、重大项目、重点工作、安全生产及维稳工作等内容。

（三）评议指标

指市国资委在对企业负责人综合表现、企业营运管理水平、企业核心竞争能力、综合社会贡献等方面进行综合考察和分析基础上做出的综合评价。

二、考核计分方法

（一）考核指标分值

考核最高得分120分，其中：利润总额指标40分；净资产收益率指标50分；经济增加值指标20分；分类指标10分。

（二）考核指标综合计分

$$考核得分=(经济指标得分+分类指标得分)\times 评议指标得分/100\times 经营难度系数$$

$$经济指标得分=利润总额指标得分+净资产收益率指标得分+经济增加值指标得分$$

评议指标由市国资委组织评分，最高100分，最低0分。经营难度系数由企业全集团列入并表范围的总人数、总资产、净资产、经营收入、地区市场占有程度等指标以及企业发展阶段和社会经济发展水平综合确定，取值范围为0.8～1.2。

（三）考核指标计分

1. 利润总额

最高得分40分，其中目标考核最高得分20分，对标考核最高得分20分。

（1）目标考核得分。最高得分 20 分。完成或超额完成考核目标值的，得 20 分；没有完成的扣分，每减少 2%扣 1 分，最低为 0 分。

（2）对标考核得分。

利润总额对标值＝max{前三年实际完成平均值，上年实际完成值}

考核年度实际完成值每超过对标值 1.8%得 1 分，最高得 20 分。

几种情况处理如下：

一是对于利润总额指标采取分段计分办法，基准分和加分比例如下：利润总额为 10 亿元（含 10 亿元）以上的，基准分为 6 分，利润总额每增加 0.9%增加 1 分；利润总额为 5 亿～10 亿元（含 5 亿元）的，基准分为 4 分，利润总额每增加 1.2%增加 1 分。

二是利润总额对标值为本企业历史最好水平的，实际完成值超过对标值时，每超过 0.75%加 1 分。

三是利润总额对标值在 0 附近的，计分给予特别处理。

2. 净资产收益率

与全国同行业净资产收益率指标比较确定，最高得 50 分，其中：

（1）行业平均值≤实际值＜行业良好值（最高得 15 分）。

净资产收益率得分＝15×[（实际值－行业平均值）/（行业良好值－行业平均值）]

（2）行业良好值≤实际值＜行业优秀值（最高得 40 分）。

净资产收益率得分＝15＋25×[（实际值－行业良好值）/（行业优秀值－行业良好值）]

（3）实际值≥行业优秀值（最高得 50 分）。考核年度实际值达到行业优秀值时，得基本分 40 分；高于行业优秀值时，每高于行业优秀值 0.25%加 1 分，最高加 10 分。

行业标准值，由市国资委根据国务院国资委颁布的行业评价标准或上市公司标准，结合企业所处行业和企业实际确定。一般根据企业的主营业务领域对照企业绩效评价行业基本分类选用适用的行业标准值。多业兼营、主业突出的企业，采用该主业所在行业的标准值；主业在两个以上的企业，根据所属行业，分别选取相关行业标准值，按照各行业资产总额占企业资产总额或各行业收入占企业收入比重，加权形成适用于企业的行业标准值。

3. 经济增加值

经济增加值最高得分 20 分。企业经济增加值＞0 时，得 5 分；经济增加值改善值以基准值（指上年实际完成值）为基础，每超过基准值 1.5%加 1 分，最多加 15 分。

经济增加值考核基准值在 0 附近的，计分给予特别处理。

具体计算公式如下：

经济增加值＝税后净营业利润－资本成本

资本成本＝债务资本成本＋权益资本成本

（1）税后净营业利润。

税后净营业利润＝净利润＋（财务费用－非经常性损益±其他调整项）×（1－企业所得税税率）

式中，财务费用是指企业当年列入利润表的利息支出；非经常性损益是依据中国证监会〔2008〕43 号公告《公开发行证券的公司信息披露解释性公告第 1 号——非经常性损益（2008）》的有关办法执行的；其他调整项是指研发费用、企业已资本化的利息转入当年成本费用的金额以及经市国资委认定的其他调整项目。

（2）债务资本成本。它是指企业当年应支付的利息支出总额，包括列入当年损益的利息支出和当年资本化的利息支出。

(3) 权益资本成本。

$$\text{权益资本成本}=(\text{平均净资产}-\text{平均在建工程}-\text{非经常性损益}\pm\text{其他调整项})\times\text{权益资本成本率}$$

式中，权益资本成本率按市场化的原则制定，一企一率，确定后3年保持不变；其他调整项是指平均股东无息借款和可供出售金融资产公允价值变动累计影响净资产额。

4. 分类指标

最高得10分。分类指标完成或超额完成考核目标值的，得10分；没有完成的，按未完成指标的完成程度和重要程度扣分，最低为0分。

三、企业实际考核业绩为亏损的计分办法

(1) 对于企业考核期初核定的年度经营业绩考核指标为盈利，而实际考核结果剔除客观因素后为亏损的，考核得0分。

(2) 对于企业考核期初核定的年度经营业绩考核指标为亏损，但实际考核结果为增加亏损的，考核得0分。

第4节 绩效水平评价报告

定位于绩效水平评价的绩效审计，要发表绩效水平评价意见，包括两方面的内容：一方面，要对每个绩效指标是否真实发表意见；另一方面，要对绩效水平发表意见。同时，需要以这些意见为基础，形成书面的绩效水平评价报告。

一、绩效水平评价意见类型

绩效审计定位于绩效水平评价时，基于审计委托人的不同要求及审计项目涉及的审计客体的绩效管理状况，绩效水平评价意见有三种情形：一是分别就每个绩效指标发表意见；二是按既定的综合绩效评价方法发表综合绩效水平评价意见；三是自主确定综合绩效评价方法发表综合绩效水平评价意见。

（一）分别就每个绩效指标发表意见

当审计委托人或绩效责任主体都没有综合绩效评价方法，也不要求审计人员对综合绩效水平做出评价时，审计人员只需要对每个绩效指标所达到的绩效水平单独发表意见，此时，绩效评价结论包括的内容如表6-10所示。

表6-10 针对每个绩效指标发表意见

绩效指标	绩效目标完成情况				绩效信息真实性结论	绩效水平结论
	未审计数	审计核实数	目标值	目标完成率		
A指标	★	★	★	★	★	★
B指标	★	★	★	★	★	★
⋮	★	★	★	★	★	★

注：★表示有这项内容。

在这种情形下，绩效水平评价针对的是单个绩效指标，如果绩效指标有多个，可能出现不同的绩效水平，其目标完成情况不同。当然，由于并不关注综合绩效水平，也不介意出现目标完成情况不同。

（二）按既定的综合绩效评价方法发表综合绩效水平评价意见

通常情形下，仅仅针对单个绩效指标发表意见是不够的，需要对绩效指标体系组成的综合绩效水平发表意见，为此，需要在单个绩效指标评价的基础，做出综合绩效评价。但是，这种综合绩效评价的方法是既定的，不是审计人员自主开发的，既可能是审计委托人确定的方法，也可能是绩效责任主体本身正在使用的方法。这种情形下的绩效水平评价意见的基本内容如表 6-11 所示。

表 6-11　发表综合绩效水平评价意见（按既定方法）

绩效指标	绩效目标完成情况				绩效信息真实性结论	绩效水平结论
	未审计数	审计核实数	目标值	目标完成率		
A指标	★	★	★	★	★	★
B指标	★	★	★	★	★	★
⋮	★	★	★	★	★	★
综合绩效值：				综合绩效等级：		

注：★表示有这项内容。

（三）自主确定综合绩效评价方法发表综合绩效水平评价意见

由于绩效通常会体现为指标体系，在绩效水平评价时，通常要发表综合绩效水平评价意见。但是，如果审计委托人本身并未确定综合评价方法，绩效责任主体也没有综合绩效评价方法，或者审计人员认为各种既定的综合绩效评价方法不能满足审计目标的需要，就需要自主另行确定综合绩效评价方法，此时，需要在对单个绩效指标的绩效水平进行评价之后，再做出综合绩效评价。绩效水平评价意见的内容与按既定方法发表综合绩效水平评价意见相同，只是综合绩效评价的方法是审计人员自主开发的。

二、绩效水平评价报告的主要内容

绩效水平评价报告中，不同类型的绩效水平评价意见，只是意见不同，报告的基本内容相同，审计人员用简练的语言扼要地说明审计过程、审计结果和精准地表达审计意见，通常包括以下内容：

（1）标题。绩效水平评价报告的标题统一规范为“绩效水平评价报告”。

（2）收件人。绩效水平评价报告的收件人是指审计业务的委托人或派出审计组的审计机构。

（3）范围段。绩效水平评价报告范围段说明审计的时间范围、业务范围及其他一般性说明。

（4）说明段。绩效水平评价报告说明段叙述审计人员对审计绩效信息真实性及绩效水平所持意见的理由。包括对形成审计意见产生影响的有关事项，以及这些事项对绩效信息相关项目的影响情况。

（5）意见段。绩效水平评价报告意见段是审计人员根据审查情况形成的审计意见。在意见段，审计人员提出的意见应当公正、客观、实事求是，并且对所出具报告内容的正确性、合法性负责。审计意见应该包括绩效信息真实性和绩效水平两个方面，具体情况视不同审计项目而定：分别就每个绩效指标发表意见；按既定的综合绩效评价方法发表综合绩效水平评价意见；自主确定综合绩效评价方法发表综合绩效水平评价意见。

（6）签章和审计机构地址。绩效水平评价报告应由审计人员签名、盖章，加盖审计机构公章，并标明审计机构的地址。

（7）报告日期。绩效水平评价报告日期是指审计人员完成外勤审计工作的日期。

本章小结

本章聚焦绩效审计定位于绩效水平评价的情况，主要包括绩效指标、绩效评价标准、绩效评价方法、绩效水平评价报告。绩效指标就是绩效的量化，绩效指标体系是各种相互联系的指标的总体，这些指标从不同方面反映了绩效的现状和发展。绩效指标分为经济性指标、效率性指标、效果性指标、公平性指标、环境性指标，也可分为投入指标、过程指标、产出指标、结果指标。决定绩效指标的基本因素是组织目标、组织职责和工作任务。

绩效评价标准是评价绩效责任主体的绩效责任履行状况时所使用的规范、准绳、应有的期望、最佳实务和标杆。绩效评价标准有多种来源，大体可分为三个层次：共性标准；行业标准、计划标准、历史标准、经验标准；部门和单位自行制定的计划、预算、定额、合同。

绩效评价方法所要解决的问题是如何以绩效指标和绩效评价标准为基础，对绩效水平得出结论。综合评价是以单一指标绩效评价为起点，以指标体系为基础，形成综合性的绩效评价结论，它必须解决单一指标的无量纲化或同量纲化处理并确定每个单一指标在指标体系中的权重。解决上述问题的技术方法较多，分项计分法是简单适用的主流方法。

绩效水平评价意见有三种情形：分别就每个绩效指标发表意见；按既定的综合绩效评价方法发表综合绩效水平评价意见；自主确定综合绩效评价方法发表综合绩效水平评价意见。

思考题

1. 什么是绩效指标？建立绩效指标有什么途径？

2. 绩效指标有哪些分类体系?

3. 绩效指标的构建基础是什么?

4. 绩效指标构建方法有哪些?

5. 什么是绩效评价标准? 有什么特征?

6. 绩效评价标准有哪些类型?

7. 为什么要进行综合绩效评价?

8. 综合绩效评价所要解决的技术问题有哪些? 解决这些技术问题的技术方法有哪些?

9. 直线型无量纲化方法有哪些?

10. 折线型无量纲化方法有哪些?

11. 曲线型无量纲化方法有哪些?

12. 什么是层次分析法?

13. 什么是主成分分析法?

14. 什么是数据包络分析法?

15. 什么是分项计分法?

16. 绩效水平评价意见类型有哪些?

17. 绩效水平评价报告的主要内容有哪些?

第 7 章

绩效差异分析

学习目标

1. 掌握绩效差异重要性标准
2. 掌握绩效差异原因的调查方法
3. 掌握提出改进绩效差异对策的方法
4. 掌握绩效审计报告的主要内容
5. 掌握绩效差异改进的后续审计的主要方法
6. 掌握绩效评价人员可能出现的心理误区及解决路径

引导案例

2020 年居民人均可支配收入数据

国家统计局公布了 31 个省份 2020 年居民人均可支配收入数据，上海、北京、浙江位居前三，具体数据如表 7-1 所示。

表 7-1

省区	居民人均可支配收入（元）
上海市	72 232
北京市	69 434
浙江省	52 397
天津市	43 854
江苏省	43 390
广东省	41 029

续表

省区	居民人均可支配收入（元）
福建省	37 202
山东省	32 886
辽宁省	32 738
内蒙古自治区	31 497
重庆市	30 824
湖南省	29 380
安徽省	28 103
江西省	28 017
海南省	27 904
湖北省	27 881
河北省	27 136
四川省	26 522
陕西省	26 226
吉林省	25 751
宁夏回族自治区	25 735
山西省	25 214
黑龙江省	24 902
河南省	24 810
广西壮族自治区	24 562
青海省	24 037
新疆维吾尔自治区	23 845
云南省	23 295
贵州省	21 795
西藏自治区	21 744
甘肃省	20 335

思考问题：如果将居民人均可支配收入作为该区域政府的绩效指标，全国居民平均水平作为绩效标准值，哪些省区的绩效存在差异？哪些省区的绩效差异是具有重要性的绩效差异？这些省区的绩效差异原因如何分析？针对这些原因，你能提出什么建议？

绩效审计有三种定位，本书前面介绍了绩效审计定位于绩效信息鉴证、绩效水平评价的情形，本章介绍绩效审计定位于绩效差异改进的相关内容，主要包括：绩效差异识别、绩效差异原因调查、绩效差异改进对策、绩效审计报告、绩效差异改进的后续审计、绩效评价人员的心理误区及解决路径。

第 1 节　绩效差异识别

绩效审计定位于绩效差异改进，首先要识别绩效差异，然后调查具有重要性的绩效差异原因并提出改进对策，在此基础上，跟踪绩效差异的改进结果，通过这个循环，绩效审计才能发挥改进绩效差异的作用。本节介绍绩效差异识别的相关内容。

一、绩效差异识别

绩效差异识别是绩效差异改进的起点，简单地说，绩效差异就是实际绩效与预期绩效的偏离，这种偏离既可以是实际绩效超过预期绩效，一般称为积极差异；也可以是实际绩效低于预期绩效，一般称为消极差异。对于积极差异，主要是总结经验，以便于绩效责任主体今后借鉴，也可能为他人所借鉴；对于消极差异，则需要调查原因，以便于绩效责任主体改进差异，也可能被他人引以为鉴，避免犯同类错误。绩效差异可以从不同的角度来认识：从差异对象来说，可以计算单个绩效指标的差异，也可以计算绩效指标体系形成的综合绩效差异；从差异形式来说，可以计算差异的绝对数量，也可以计算差异的相对数量，形成差异率。概括起来，绩效差异类型如表7-2所示。

表7-2 绩效差异类型

差异对象	差异形式			
	差异数额		差异率	
	积极差异	消极差异	积极差异	消极差异
单个绩效指标	★	★	★	★
综合绩效	★	★	★	★

注：★表示有这种差异。

绩效差异是实际绩效与预期绩效的偏离，其计算一方面依赖于绩效实际数，这通过绩效信息鉴证已经解决了其真实性；另一方面就是预期绩效，这实质上是绩效评价标准。对于绩效差异改进来说，预期绩效首先要选择绩效目标，绩效目标是绩效责任主体已经确定的绩效期望值与之相比较形成的绩效差异，是绩效责任主体所要关注的首要绩效差异。然而，绩效目标只是绩效预期之一，基于不同的目的，还可能选择将实际绩效与其他各种可能的绩效标准进行比较，例如，与同行业先进水平比较，就是很有实质意见的绩效差异改进方法。对于每种比较标准，可以计算绝对差异，也可以计算相对差异，不同的差异各有其信息含量。所以，绩效差异呈现多种情形，基本情况如表7-3所示。

表7-3 绩效差异基本情况

绩效指标	绩效目标			其他标准		
	目标值	差异额	差异率	目标值	差异额	差异率
A绩效指标	★	★	★	★	★	★
B绩效指标	★	★	★	★	★	★
C绩效指标	★	★	★	★	★	★
⋮	★	★	★	★	★	★
综合绩效	★	★	★	★	★	★

注：★表示可能有这种数据。

二、具有重要性的绩效差异识别

绩效差异是实际绩效与预期绩效的偏离，一般来说，二者完全一致的情形很少，即绩效差异具有普遍性。但是，从绩效管理或绩效差异改进的角度出发，并不需要关注所有的绩效差异，而是要关注具有重要性的绩效差异。为此，需要从众多的差异中，识别出具有重要性的差异。那么，如何识别呢？关键问题是制定绩效差异重要性标准。

绩效差异重要性标准是一种审计重要性标准，需要根据审计重要性标准的原理来建立和使用。审计重要性是指审计客体的审计主题偏离既定标准的严重程度，这一严重程度在特定环境下可能影响包括审计委托人在内的利益相关者的判断或决策，其在量上的表现称为审计重要性水平。审计重要性虽然是审计人员做出的专业判断，但其判断考虑的角度是利益相关者。审计人员在判断审计客体的审计主题偏离既定标准的严重程度是否重要时，是以是否影响利益相关者的判断或决策为依据的，而不是从审计客体管理层或审计人员的角度考虑的。所以，审计人员在做出审计重要性的判断之前，必须在充分了解利益相关者的基础上，评估利益相关者对审计客体的特定审计主题偏离既定标准的容忍程度。

就绩效审计来说，审计重要性包括绩效信息偏离重要性标准和绩效差异重要性标准，前者已经在绩效信息真实性鉴证中介绍过，这里聚焦绩效差异重要性标准。借鉴审计重要性标准的一般原理，绩效差异重要性就是包括审计委托人在内的利益相关者对绩效差异的最大容忍程度，也就是利益相关者能容忍的最大绩效差异。当然，这里的绩效差异主要是指消极差异，但是，也可以包括积极差异。根据审计重要性的一般原理，绩效差异重要性标准也就是利益相关者不会改变其决策的绩效差异，换言之，当绩效差异在这个范围内时，利益相关者认为这个绩效差异属于正常差异，而超出这个范围时，利益相关者则认为这个绩效差异不正常，属于异常差异。

如何建立绩效差异重要性标准？我们分为两个方面来讨论：第一，制定绩效差异标准；第二，确定绩效差异重要性标准。

绩效差异标准通常分为定性标准和定量标准，定量标准有差异率标准和差异额标准两种。对于定量标准来说，通常应该考虑差异率标准，但是在一些特殊情形下，绩效指标的绝对额很大，即使是较小的差异率也会有很大的绝对额，通常需要兼顾差异率和差异额，例如，财政收入、GDP 以及一些资源环境绩效指标，这些绩效指标的绝对额都很大，即使是很小的差异率对应的数额也是巨大的，在这些情形下，需要兼顾差异额和差异率来确定差异重要性水平。对于定性标准来说，通常应该考虑差异是否造成实质性影响，例如，绩效差异的发生导致法律法规规定的红线被突破，绩效差异的发生使得目标责任是否完成发生变化，绩效差异的发生使得绩效的变动方向发生变化，在这些情形下，即使绩效差异额或差异率都不高，但因其性质具有重要性，这些绩效差异也应该作为具有重要性的绩效差异。

按一定的方法确定绩效差异重要性标准时，这个标准的水平受到一系列因素的影响。一般来说，需要考虑以下几个方面的因素以确定绩效差异重要性标准：第一，绩效标准的宽松程度。绩效标准较为宽松时，因为绩效标准本身要求不高，所以，绩效差异重要性标准要严格些。第二，包括审计委托人在内的利益相关者对绩效指标的关注程度。关注程度越高，绩效差异重要性标准越要严格。第三，绩效指标的影响因素。影响绩效指标的因素越多，意味着绩效责任主体的可控性越少，此时，绩效差异重要性标准应该越要宽松。第四，绩效改进的需求。具有重要性的绩效差异一般需要进行绩效差异原因调查进而提出改进对策，所以，绩效改进的需求越强烈，绩效差异重要性标准可能越要严厉。

绩效差异重要性标准确定之后，对识别出的绩效差异进行甄别，可分为两类：一是不具有重要性的绩效差异；二是具有重要性的绩效差异。在此基础上，对于具有重要性的绩效差异，开展差异原因调查。

第2节 绩效差异原因调查

绩效差异识别之后，对于具有重要性的绩效差异，特别是其中的不利差异，要调查其原因，以便提出改进对策。到目前为止，关于绩效差异原因的调查方法还没有规律性，本节介绍可能用到的绩效差异原因调查方法，这些调查方法，有的是思路性的，有的是工具性的，有的是定性的，有的是定量的，需要根据具体情况予以选择。

一、鱼刺图法

鱼刺图法指的是一种发现问题根本原因的分析方法。鱼刺图又名因果图或石川图，它看上去有些像鱼骨，问题或缺陷（即后果）标在鱼头处，在鱼骨上长出的鱼刺上面按出现机会多寡列出产生问题的可能原因，有助于说明各种原因之间是如何相互影响的。问题总是受到一些因素的影响，可以通过头脑风暴法找出这些因素，按相互关联性整理成层次分明、条理清楚的关联图。因其形状如鱼骨，所以又叫鱼骨图法，它是一种透过现象看本质的分析方法。

制作鱼刺图的步骤如下：

（1）查找要解决的问题；

（2）把问题写在鱼头上；

（3）召集相关人员共同讨论导致问题出现的可能原因，尽可能多地找出原因；

（4）把相同的问题分组，在鱼骨上标出；

（5）就不同问题征求大家的意见，总结出原因；

（6）对每一个问题研究为什么会产生；

（7）针对问题的答案再问为什么，至少深入五个层次（连续问五个问题）；

（8）当深入到第五个层次后认为无法继续进行时，列出这些问题的原因，再列出多个解决方法。

例如，以送货时间太长作为分析的问题，按上述方法绘制的鱼刺图如图 7－1 所示。

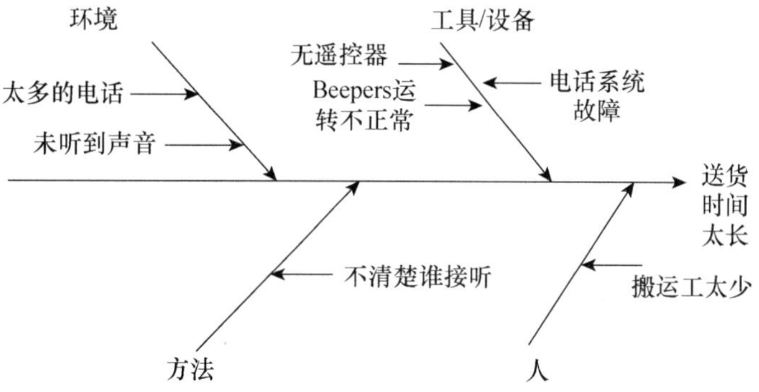

图 7－1　送货时间太长的鱼刺图

又如，采用鱼刺图法对某炼油厂的市场营销问题进行解析。鱼头表示需要解决的问题，即该炼油厂的产品在市场中所占份额未达到预期目标，差异较大。根据调查，可以把产生该炼油厂市场营销问题的原因概括为五类：人员、渠道、广告、竞争和其他。每一类中包括若干造成这些原因的可能因素，如营销人员数量少、销售网点少、缺少宣传策略、进口油的广告攻势等。将五类原因及其相关因素分别以鱼刺分布态势展开，形成鱼刺图。

二、问题分析法

问题分析法是一种通过确定一个总括性问题、相关子问题以及解决这些问题的具体审计任务来规划绩效审计工作的方法。通过问题分析法，能够按照严密的、结构化的步骤把要回答的总括性问题分解成具体的工作任务。英国国家审计署形象地将这一类似于金字塔结构的系列问题描述为逻辑结构树：要回答的总括性问题喻为树干，第二层问题是大树枝，第三层问题是支树枝，第四层问题是树梢，通过一定的方法完成的工作任务则是树叶。工作任务是从要回答的总括性问题经过第二层、第三层、第四层的逻辑结构演绎推理出来的。

问题分析法的基本思路是：首先提出要回答的总括性问题，其次针对总括性问题设计一系列子问题，最后以子问题为基础继续分解成更小的问题，这些细小问题综合起来能够反映总括性问题。根据经济性、效率性和效果性等绩效内容概括出主要的绩效问题，这些问题的原因分析构成了绩效差异分析的主要目标，根据主要问题推导第二层次的问题，再进一步细化为第三层次的问题，这些问题构成绩效差异分析的任务。一般情况下，这些问题采用金字塔结构，通过结构化的方案提供研究框架，应遵循两个原则：一是互相排斥；二是融合为一。也就是说，一方面，问题不能互相交叉重复；另一方面，子问题应涵盖整个问题的全部内容。上述思路如表 7－4 所示。

表7-4 问题分析结构

问题1		
↓		
问题2	问题2	问题2
↓	↓	↓
问题3.1	问题3.1	问题3.1
问题3.2	问题3.2	问题3.2
问题3.3	问题3.3	问题3.3
问题3.4	问题3.4	问题3.4
问题3.5	问题3.5	问题3.5
问题3.6	问题3.6	问题3.6

例如，道路的拥堵每年造成大量的经济损失，英国政府采纳了一个解决拥堵问题的高速公路当局的“优化使用计划”，该计划由一系列旨在减少拥堵状况的项目组成，包括：改善道路的规划，对封闭车道进行更加快速的清理，设立警告驾驶员前方所发生问题的信息路牌等。然而，该道路建设项目的成本远远高于当初的估算，英国国家审计署开展了“道路建设成本估算与监督”的绩效审计，分析成本远远高于当初估算的原因。问题分析结构如表7-5所示。

表7-5 道路建设成本估算与监督项目问题分析结构

道路建设及道路改善的成本是否得到有效的估算和监督		
↓		
道路建设方案中成本的增加程度是不是合理的	道路建设成本的增加理由是不是合理的	交通部和高速公路管理局是否对成本的估算和监督进行了有效的安排
↓	↓	↓
道路建设项目改建计划的成本是否与估算一致	所有的道路建设项目是否在获得批准前都进行了全面估算	现有的成本监督安排是怎样的，是否有效
当地的交通计划成本是否与估算一致	成本高出估算的主要原因是什么	对项目批准的控制是否足够严格
	所有道路建设项目的运营是否都经过适当的估算	对采购成本的控制是否足够严格
		对地方运营的中央监控是否有效

三、访谈法

绩效审计的大量工作以访谈为基础，在审计过程的不同阶段需要开展不同形式的访谈。英国国家审计署按照时间构成比例将访谈法分为传统的访谈法和新兴的访谈法。传统的访谈法以对话式访谈为主，在时间构成比例方面，访谈者占 20%，被访谈者占 80%。新兴的访谈法如专题座谈法和认知图法等，在这些方法中，访谈者主要承担协调人的角色，只占谈话时间的 5%。

（一）结构性访谈法

这种访谈通常按照一个详细的访谈提纲进行，各个访谈活动的提纲风格都是相同的，也就是说，问题的措辞和提问的顺序具有一致性。运用结构化访谈的主要步骤包括：设计结构化访谈，如确定变量和开发问题，编写问题；进行预测试和专家评审；培训访谈人员；选择和联系受访者，进行访谈；分析数据。结构化访谈的最大优点是访谈结果方便量化，可做统计分析。与问卷调查法相比，结构化访谈法能够控制取证信息的可靠性，反馈率高，应用范围更广，可以问些复杂的问题，并可选择性地对某些特定问题做深入调查，还可对被访谈者的态度精心观察以获得非语言信息。结构化访谈法的主要缺点是：需要具有高度熟练技巧和受过专门培训的访谈者，需要较多的人力、物力和时间。另外，对于敏感性、尖锐性或者有关个人隐私的问题，被访谈者受心理因素和环境因素的影响，可能不会做出正面回答，导致访谈结果失真。

（二）非结构性访谈法

这种访谈通常有一个访谈指南可供参考，其内容主要是介绍一些谈话主题和试探性问题的例子，供访谈者需要之时使用。这种方法下，访谈者可以自由灵活地提出事先没有设想的问题，或者设计一些开放性问题，并对被访谈者的答复进行深入探讨。这种方法适用于构建理论，能提供丰富的数据，适合复杂的审计项目。其缺点是可能需要投入大量的时间，数据分析时有额外的工作量，难以量化。

（三）认知图法

这种方法一般用来了解某个组织是如何进行决策的，也可以用来揭示帮助或阻碍该组织实现目标的各种因素。这种方法有助于将工作重点放在审计目标上，理清其工作思路，能揭示各个组织在工作思维方式上的差异。访谈者可以在访谈过程中澄清或核对其对被访谈者答复内容的理解是否正确。其缺点是：每次访谈必须有两个访谈者（一个提问引导被访谈者，一个在白板上绘图）；要求有绘图设备；需要具有专门技能的访谈者。

（四）专题座谈法

专题座谈会可以理解为一种多元式的面谈，参加座谈会的人员通常为 6～10 人，一般包括学术界人士、政府部门决策者、某个领域的专家、相关利益团体甚至审计组成员。专题座谈法有利于与会者对各自的观点进行讨论和比较。这种方法适用于形成和测试各种观点，有助于设计或修订调查问卷，成本低，效果好。其缺点是：需要有专门技能的协调人；存在与会者缺乏讨论动力的问题。在召开座谈会前，可以事先将有关讨论的主题提交给相关人员，以便他们有时间做些准备。

（五）头脑风暴法

这是一种群体访谈法，具有非结构性特点，适用于绩效审计的开始和最后阶段，以形成思想观点和获取审计证据。这种方法是激励与会者表达各种思想观点的理想方法，有助于传播知识。其缺点是同样存在与会者缺乏动力的问题，并且难以对大家表达的观点进行分析，如果寻求审计证据则应该认真把握。

（六）邮寄访谈法和电话访谈法

这两种方法是指通过邮寄或电话方式，进行非面对面的远距离访谈，能覆盖较大范围的访谈对象。邮寄访谈法可满足被调查人匿名的心理需求，适用于一些敏感性题目，能确保提问的一致性，可避免访谈人导致的偏离，但其反馈率可能较低，需要向被访谈者清楚地介绍相关情况，管理工作负担重。电话访谈法是一种收集数据的快速方法，如果对提出的问题不清楚，可以及时澄清，但反馈率同样较低，难以同时进行访谈和记录，不能阅读非口头信息。

四、观察法

观察法是指通过靠近特定的对象来了解正在发生的事情的一种方法，包括参与式观察法和非参与式观察法。

（一）参与式观察法

参与式观察法是指绩效评价人员直接到营运现场，采取公开观摩等方式观察。这种方法可以评估正在发生的事情，适用于评估结果，有丰富的信息来源。但可能会干扰现场工作，有丧失客观性的风险。在英国国家审计署对政府公共服务热线提供公共服务情况的绩效审计项目中，绩效评价人员就曾经运用“秘密购买”（绩效评价人员假扮社会公众来电咨询，用于测试员工是否能够妥善处理公众来电）的方式，对护照申办咨询服务热线的服务质量进行取证，发现 90%的来电得到了恰当的处理。

（二）非参与式观察法

非参与式观察法是指绩效评价人员不直接参与正在发生的活动，而是根据现场情况采取暗中观察、公开照相等方式进行观察，适用于有丰富的信息来源的审计项目。但是，它存在“不够贴近”和看不到观察范围之外的风险，不易操作。例如，在山东省青岛市的大麦岛污水处理厂绩效审计项目中，为了解项目截污是否彻底，前海一带是否还有未治理的污染问题，两名绩效评价人员沿着海岸线，从大麦岛一直走到浮山湾，沿途对雨污混流的污水处理厂西侧暗渠、云霄路暗渠等地方进行拍照取证，发现了截污问题处理不彻底等问题。

五、问卷调查法

问卷调查法也称书面调查法或填表法，是用书面形式收集相关材料的一种调查手段，它通过向调查者发出简明扼要的征询单（表），请其填写对有关问题的意见和建议来间接获得材料和信息。

尽管问卷调查法使用的调查问卷各不相同，但都包括封面信、指导语、问题及答案部分。封面信旨在向被调查者介绍和说明调查目的、调查单位、调查的大致内容、调查者身份、对象选取方法、保密措施等。指导语用来指导被调查者填答问卷的各种解释和说明。问题是问卷的主体，也是问卷设计的主要内容，在形式上可分为开放式问题、封闭式问题两大类。开放式问题只提供问题，不提供答案，由答题者根据自己了解的情况自由填答；封闭式问题则是在提出问题的同时，还给出若干答案，要求答题者根据实际情况进行选择。开放式问题允许回答者自由发表意见，所得资料丰富，但资料不便于统计分析，对回答者的知识水平和文字表达能力有一定要求，花费时间较多，可能产生无用问卷，而封闭式问卷与之相反。一般在探索性调查中采用开放式问卷，在大规模正式调查中采用封闭式问卷。

设计调查问卷应考虑的因素有以下两个：一是主观障碍，即由调查者心理上和思想上对问卷产生的各种不良反应所形成的障碍，如问卷题目太多、问卷表太厚、思考回忆费时、问卷涉及个人隐私时会造成被调查者的畏难和顾虑情绪，语言不通或与被调查者的文化水平不协调时可能会导致对调查没有兴趣。二是客观障碍，即由被调查者自身的能力、条件等方面的限制所形成的障碍，主要包括被调查者的文化水平、理解能力等。

调查问卷的问题形式主要有填空式、是否式、多项选择式、矩阵式、表格式五种。填空式一般只适用于既容易回答又容易填写的题目；是否式可以将回答者分为两类不同的群体但所得的信息量太小；多项选择式是各类调查问卷中采用最多的一种形式；矩阵式是将同一类型的若干问题集中在一起构成一个问题的表达方式；表格式是矩阵式的变体，与矩阵式相似，一般情况下，这两种形式在同一问卷中不宜使用太多。例如，调查某一城市的环境情况，可采用的表格式如表 7－6 所示。

表 7－6　你觉得污染在你所在的城市是否严重？（请在每一行适当的格中打钩）

项目	很严重	较严重	不太严重	不严重	不知道
1. 灰尘					
2. 噪声					
3. 污水					

问题答案的设计原则包括穷尽性和互斥性。穷尽性指答案包括所有可能的情况，对于任何一个被调查者来说，答案中总有一个符合他的情况。互斥性是指答案互相之间不能交叉重叠或相互包含。

问题的语言要尽量简单，尽量避免专业术语；问题不能太长，尽量清晰简短；问题不能有多重含义；问题不能带有倾向性，即问题的提法和语言不能使被调查者觉得应该填什么或希望填写什么；不要采用否定式提问，因为人们习惯肯定式提问，如果采用否定式提问，许多人会漏掉问题中的“不”字；不能直接提问涉及敏感性的问题。

问题的数量应该能让被调查者20分钟左右答完，否则会产生厌倦情绪或畏难情绪。将简单的题目和被调查者熟悉的题目放在前面。一般先问行为方面的问题，再问态度、意见看法方面的问题。个人背景方面的问题可能对调查有很大帮助，但应放在结尾。另外，开放式问题一般放在后面。还需要注意的是，对于后续性问题答题顺序的处理，后续性问题是指在前后两个相连的问题中被调查者是否回答后一个问题要由他对前一个问题的调查结果来确定，即前一个问题是过滤性问题。

调查问卷收集资料的方法包括自填问卷法和结构访问法。前者是指调查者将调查问卷发送（或者邮寄）给被调查者，由被调查者自行阅读和填答，再由调查者收回的方法；后者是指调查者依据结构式调查问卷，向被调查者逐一提出问题，根据被调查者的回答在问卷上选择合适答案的方法。

自填问卷法包括个别发送法、邮寄填答法、集中填答法。它可以节省时间、经费和人力，具有很好的匿名性，能避免人为因素的影响。其主要缺点是：问卷的回收率有时难以保证；对被调查者的文化水平有一定的要求；调查资料的质量往往难以保证。

问卷调查法需要一定的技巧，绩效评价人员如果不具备相关的问卷调查能力，也可以聘请咨询公司及各种组织进行问卷调查，由绩效评价人员对问卷质量和数据分析质量进行监控。

问卷调查法的优点是：比较节省时间；调查结果可以量化，便于统计分析；由于问卷的核心问题是封闭式的（有固定的选择答案），所收集的信息比较可靠。主要缺点包括：由于多为自填方式，被调查者可能不愿意或者不能提供所需信息，影响调查结果的质量；调查问卷的设计难度大，不同设计者对同一问题的理解各异，设计的问题也不同，影响问卷质量；采用文字取代对话的方法，调查结果广而不深，如果问题太多，被调查者会产生腻烦心理；另外，问卷回收率难以保证。

六、描述性统计分析法

（一）概念及原理

在数据分析时，一般首先要对数据进行描述性统计分析，以发现其内在的规律，再选择进一步分析的方法。描述性统计分析在表示数量的中心位置的同时，还能表示数量的变异程度即离散程度。描述性统计分析要对调查总体所有变量的有关数据做统计性描述，主要包括数据的频数分析、数据的集中趋势分析、数据的离散程度分析、数据的分布以及一些基本的统计图形。

（二）描述性统计分析的种类

1. 数据的频数分析

在数据的预处理部分，利用频数分析和交叉频数分析可以检验异常值。此外，频数分析也可以发现一些统计规律。比如，收入低的被调查者用户满意度比收入高的被调查者高，或者女性的用户满意度比男性低等。不过这些规律只是表面特征，在后面的分析中还要经过检验。

2. 数据的集中趋势分析

数据的集中趋势分析用来反映数据的一般水平，常用指标有平均值、中位数和众数等。各指标的具体意义如下：

（1）平均值是衡量数据的中心位置的重要指标，反映数据的必然性特点，包括算术平均值、加权算术平均值、调和平均值和几何平均值。

（2）中位数是另一种反映数据的中心位置的指标，其确定方法是将所有数据按由小到大的顺序排列，位于中央的数据值就是中位数。

（3）众数是指在数据中发生频率最高的数据值。

如果各个数据之间的差异程度较小，用平均值就有较好的代表性；如果各个数据之间的差异程度较大，特别是有个别的极端值的情况，用中位数或众数有较好的代表性。

3. 数据的离散程度分析

数据的离散程度分析主要用来反映数据之间的差异程度，常用的指标有方差和标准差。方差是标准差的平方，根据不同的数据类型有不同的计算方法。

4. 数据的分布

在统计分析中，通常假设样本的分布属于正态分布，因此，需要用偏度和峰度两个指标来检查样本是否符合正态分布。偏度衡量的是样本分布的偏斜方向和程度；而峰度衡量的是样本分布曲线的尖峰程度。一般情况下，如果样本的偏度接近于 0，而峰度接近于 3，就可以判断总体的分布接近于正态分布。

5. 绘制统计图

用图形的形式来表达数据比用文字表达更清晰、更简明。在 SPSS 软件里，可以很容易绘制各个变量的统计图形，包括条形图、饼图和折线图等。

七、回归分析法

（一）概念及原理

回归分析是指对两类或多类经济数据之间的因果关系进行分析，推导出相应的回归方程，然后以此回归方程来推算自变量与因变量的变化规律。回归分析法是确定两种或两种以上变量之间相互依赖的定量关系的一种统计分析方法，实质是从观察数据中找出自变量与因变量之间的相关关系。观察数据一般分为两种：一是时间序列数据；二是剖面数据。统计分析的方法有很多，最主要的是回归分析法。

（二）回归分析法的分类

回归分析法的运用十分广泛，按照涉及自变量的多少，可分为一元回归分析和多元回归分析；按照自变量和因变量之间的关系类型，可分为线性回归分析和非线性回归分析。如果在回归分析中，只包括一个自变量和一个因变量，且二者的关系可用一条直线近似表示，则称为一元线性回归分析。如果回归分析中包括两个或两个以上的自变量，且因变量和自变量之间是线性关系，则称为多元线性回归分析。

（三）回归分析法的步骤

（1）根据预测目标，确定自变量和因变量。明确了预测的具体目标，也就确定了因变量。如预测具体目标是下一年度的销售量，那么销售量就是因变量。通过市场调查和查阅资料，寻找与预测目标相关的影响因素即自变量，并从中选出主要的影响因素。

（2）建立回归预测模型。依据自变量和因变量的历史统计资料进行计算，在此基础上，建立回归分析方程，即回归分析预测模型。

（3）进行相关分析。回归分析是对具有因果关系的影响因素（自变量）和预测对象（因变量）所进行的数理统计分析处理。只有当自变量与因变量确实存在某种关系时，建立的回归方程才有意义。因此，作为自变量的因素与作为因变量的预测对象是否有关，相关程度如何，以及判断这种相关程度的把握性有多大，就成为进行回归分析必须解决的问题。进行相关分析，一般要求找出相关关系，以相关系数的大小来判断自变量和因变量的相关程度。

（4）检验回归预测模型，计算预测误差。回归预测模型是否可用于实际预测，取决于对回归预测模型的检验和对预测误差的计算。回归方程只有通过各种检验，且预测误差较小，才能作为预测模型进行预测。

（5）计算并确定预测值。利用回归预测模型计算预测值，并对预测值进行综合分析，确定最后的预测值。

应用回归分析法时应首先确定变量之间是否存在相关关系。如果变量之间不存在相关关系，对这些变量应用回归分析法就会得出错误的结果。正确应用回归分析法时应注意以下几点：用定性分析判断现象之间的依存关系；避免回归预测的任意外推；应用合适的数据资料。

八、聚类分析法

聚类分析法是研究“物以类聚”的多指标统计分析方法，主要用于对事物类别的面貌尚不清楚，甚至连总分类都不能确定的分类问题的研究。进行聚类分析时，事先不必知道分类对象的分类结构，而是根据事物本身的数据特征，按事物之间的某种近似程度进行分类。该方法实用性强，特别在依据多指标数据对观察对象进行分类时效果颇佳。聚类分析直接比较样本中各指标（或样本）之间的“性质”，将性质相近的归为一类、性质差别较大的归为不同类。聚类分析的内容非常丰富。常用的聚类方法有：系统聚类法、动态聚类法（逐步聚类法）、有序样本聚类法、模糊聚类法、图论聚类法等。

九、矩阵数据分析法

可以用数据表示的矩阵图法，叫作矩阵数据分析法，它是新的质量管理七种工具之一，矩阵图上各元素间的关系如果能用数据定量化表示，就能更准确地整理和分析结果。在新的质量管理七种工具中，数据矩阵分析法是唯一利用数据分析问题的方法，但其结果仍要以图形表示。数据矩阵分析法的主要方法为主成分分析法，利用此法可从原始数据获得许多有益的情报。主成分分析法是一种将多个变量化为少数综合变量的多元统计方法。矩阵数据分析法与矩阵图法类似，它与矩阵图法的区别是：不是在矩阵图上填符号，而是填数据，形成一个分析数据的矩阵。它是一种定量分析问题的方法，在矩阵图的基础上，把各个因素分别放在行和列，然后在行和列的交叉点中用数量描述这些因素之间的对比，再进行数量计算、定量分析，确定哪些因素相对比较重要。

例如，当我们进行顾客调查、产品设计或者其他各种方案选择、做决策时，往往需要确定对哪几种因素加以考虑，然后针对这些因素权衡其重要性，加以排序，得出加权系数。譬如，在进行产品设计之前，向顾客调查对产品的要求，就能确定哪些因素是临界质量特性。

十、时间序列分析法

（一）概念及原理

时间序列也叫时间数列、历史复数或动态数列。时间序列分析法是对历史资料的延伸预测，所以也称历史引申预测法，它以时间序列所能反映的社会经济现象的发展过程和规律性进行引申外推，预测其发展趋势。时间序列是按时间顺序排列的一组数字序列。时间序列分析就是利用这组数列，应用数理统计方法加以处理，以预测未来事物的发展。时间序列分析法是定量预测方法之一，基本原理如下：一是承认事物发展的延续性。应用过去数据就能推测事物的发展趋势。二是考虑到事物发展的随机性。任何事物发展都可能受偶然因素影响，为此要利用统计分析中加权平均法对历史数据进行处理。该方法简单易行，便于掌握，但准确性差，一般只适用于短期预测。

时间序列模型也可以根据趋势预测将来，预测模型相对复杂，需要加大近期数据的权重，以增加影响程度。绩效评价人员可以在专家的帮助下使用这些方法，以研究和确定时间推移对财务状况可能产生的影响。Excel 和 SPSS 经常被用来进行时间序列分析和建立更复杂的模型。

（二）时间序列分析法的分类

时间序列分析法可用于短期预测、中期预测和长期预测。根据对资料分析方法的不同，又可分为简单序时平均数法、加权序时平均数法、简单移动平均法、加权移动平均法、指数平滑法、季节性趋势预测法、市场生命周期预测法等。

（1）简单序时平均数法。也称算术平均法，即把若干历史时期的统计数值作为观察值，求出算术平均数作为下期预测值。这种方法基于下列假设：过去这样，今后也将这样。它把近期和远期数据等同化和平均化，因此，只能适用于事物变化不大的趋势预测。如果事物呈现某种上升或下降的趋势，就不宜采用此法。

（2）加权序时平均数法。就是把各个时期的历史数据按近期和远期影响程度进行加权，求出平均值，作为下期预测值。

（3）简单移动平均法。就是相继移动计算若干时期的算术平均数作为下期预测值。

（4）加权移动平均法。即将简单移动平均数进行加权计算。在确定权数时，近期观察值的权数应该大些，远期观察值的权数应该小些。

上述几种方法虽然简便，能迅速求出预测值，但由于没有考虑整个社会经济发展的新动向和其他因素的影响，准确性较差。应根据新的情况，对预测结果做必要的修正。

（5）指数平滑法。即根据历史资料的上期实际数和预测值，用指数加权的办法进行预测。此法实质上是由加权移动平均法演变而来的一种方法，优点是只要有上期实际数和上期预测值，就可计算下期预测值，可以节省很多数据和处理数据的时间，减少数据的存储量。这种方法简便，是一种国外广泛使用的短期预测方法。

（6）季节性趋势预测法。根据经济事物每年重复出现的周期性季节变动指数，预测其季节性变动趋势。推算季节性指数可采用不同的方法，常用的方法有季（月）别平均法和移动平均法两种：1）季（月）别平均法。就是把各年度的数值分季（月）加以平均，除以各年季（月）的总平均数，得出各季（月）指数。这种方法可以用来分析生产、销售、原材料储备、预计资金周转需要量等方面的经济事物的季节性变动。2）移动平均法。即应用移动平均数计算比例求典型季节指数。

（7）市场生命周期预测法。就是对产品市场生命周期的分析研究。例如，对处于成长期的产品预测其销售量，最常用的一种方法就是根据统计资料，按时间序列画成曲线图，再将曲线外延，即得到未来销售发展趋势。最简单的外延方法是直线外延法，适用于对耐用消费品的预测。这种方法简单、直观、易于掌握。

（三）时间序列分析法的步骤和应注意的问题

时间序列分析法的步骤如下：

（1）收集历史资料，加以整理，编成时间序列，并根据时间序列绘成统计图。

时间序列分析通常把各种可能发生作用的因素进行分类，传统的分类方法是按各种因素的特点或影响效果分为四大类：长期趋势、季节变动、循环变动、不规则变动。

（2）分析时间序列。时间序列中的每一时期的数值都是由许多不同的因素同时发生作用后的综合结果。

（3）求时间序列的长期趋势（T）、季节变动（S）和不规则变动（I）的值，并选定近似的数学模式来代表它们。

（4）利用时间序列资料求出长期趋势、季节变动和不规则变动的数学模型后，就可以利用它来预测未来的长期趋势值和季节变动值，在可能的情况下预测不规则变动值。

运用时间序列分析法应注意以下事项：

（1）必须保证不同时期的数据具有可比性，否则必须做出调整，才能进行比较。

（2）如果时间序列在两年以上，货币数据必须根据通货膨胀率调整为不变价格。

（3）用时间序列分析法分析数据有一个重要的假设，就是过去的数据所反映的趋势在将来仍是有效的。在多数情况下这是适当的，但在一些数据变动较大的情况下，时间序列分析法很难预测未来。

十一、因素分析法

（一）概念及原理

因素分析法又称指数因素分析法，是利用统计指数体系分析现象总变动中各个因素影响程度的一种统计分析方法，包括连环替代法、差额分析法、指标分解法、定基替代法。因素分析法是现代统计学中一种重要且实用的方法，是多元统计分析的一个分支。使用这种方法能够使研究者把一组反映事物性质、状态、特点等的变量简化为少数几个能够反映出事物内在联系的、固有的、决定事物本质特征的因素。因素分析法的最大功用就是运用数学方法对可观测的事物在发展中所表现出的外部特征和联系进行由表及里、由此及彼、去粗取精、去伪存真的处理，从而得出客观事物普遍本质的概括。同时，使用因素分析法可以使复杂的研究课题大为简化，并保持其基本的信息量。

（二）因素分析法的具体分类

（1）连环替代法。它是将分析指标分解为各个可以计量的因素，并根据各个因素之间的依存关系，顺次用各因素的比较值（通常为实际值）替代基准值（通常为标准值或计划值），据以测定各因素对分析指标的影响。

例如，某一个财务指标及有关因素的关系由如下公式构成：

实际指标 $P_o=A_o\times B_o\times C_o$

标准指标 $P_s = A_s \times B_s \times C_s$

实际指标与标准指标的总差异 $= P_o - P_s$

这一总差异同时受到 A，B，C 三个因素的影响，它们各自的影响程度可分别由以下公式计算求得：

A 因素变动的影响 $= A_o \times B_s \times C_s - A_s \times B_s \times C_s$

B 因素变动的影响 $= A_o \times B_o \times C_s - A_o \times B_s \times C_s$

C 因素变动的影响 $= A_o \times B_o \times C_o - A_o \times B_o \times C_s$

最后，将以上三大因素各自的影响数相加就应该等于总差异（$P_o - P_s$）。

（2）差额分析法。它是连环替代法的一种简化形式，利用各个因素的比较值与基准值之间的差额，来计算各因素对分析指标的影响。

例如，企业利润总额受到三个因素的影响，其表达式为：

利润总额＝营业利润＋投资损益±营业外收支净额

在分析上年和本年的利润变化时，可以分别算出本年利润总额的变化，以及三个影响因素与上年比较时不同的变化，这样就可以了解本年利润增加或减少主要由三个因素中的哪个因素引起。

（3）指标分解法。例如，资产利润率可分解为资产周转率和销售利润率的乘积。

（4）定基替代法。分别用分析值替代标准值，测定各因素对财务指标的影响，例如，标准成本的差异分析。

（三）因素分析法的步骤及应注意的问题

因素分析法的步骤包括：确定需要分析的指标；确定影响该指标的各个因素及其与该指标的关系；确定各个因素影响的程度数额。

采用因素分析法时应注意以下问题：（1）因素分解的关联性。（2）因素替代的顺序性。（3）顺序替代的连环性，即计算每一个因素变动时，都是在前一次计算的基础上进行，并采用连环比较的方法确定因素变化的影响结果。（4）计算结果的假定性。连环替代法计算的各个因素变动的影响数，会因替代计算的顺序不同而有差别，即其计算结果只是在某种假定前提下的结果，为此，分析人员在具体运用此方法时，应力求使这种假定合乎逻辑，且具有实际经济意义，这样计算结果的假定性就不会妨碍分析的有效性。

十二、探索性因子分析法

（一）概念及原理

探索性因子分析法是一项用来找出多元观测变量的本质结构并进行降维处理的技术，因而，能够将具有错综复杂关系的变量综合为少数几个核心因子。探索性因子分析法是两种分析形式的统一体，即验证性分析和纯粹的探索性分析。英国心理学家斯皮尔曼在 1904 年提出了单一化的智能因子。随着试验的深入，大量个体样本被分析研究，斯皮尔曼的单一智能因子理论被证明是不充分的。同时，人们认识到有必要考虑多元因子。20 世纪 30 年代，瑞典心理学家瑟斯通打破了流行的单因子理论假设，大胆提出了多元因子分析理论。瑟斯通在《心智向量》一书中阐述了多元因子分析理论的数学和逻辑基础。

探索性因子分析法主要运用于：顾客满意度调查；服务质量调查；个性测试；形象调查；市场划分识别；顾客、产品及行为分类。在运用该方法时，可以借助统计软件（如 SPSS 统计软件或 SAS 统计软件）来进行数据分析。对于探索性因子分析法来说，其假定是不存在异常值、等距值、线形值、多变量常态分配以及正交性等情况。

（二）探索性因子分析法的优缺点

探索性因子分析法的优点是：便于操作；当调查问卷中含有很多问题时非常有用；既是其他因子分析工具的基础（如计算因子得分的回归分析），也方便与其他工具结合使用（如验证性因子分析法）。其缺点是：变量必须有区间尺度；沉降数值至少是变量总量的 3 倍。

（三）探索性因子分析法的步骤

一个典型的流程如下：(1) 辨认、收集观测变量；(2) 获得协方差矩阵；(3) 验证将用于探索性因子分析的协方差矩阵（显著性水平、反协方差矩阵、Bartlett 球形检验、反图像协方差矩阵、KMO 检验）；(4) 选择提取因子法（主成分分析法、主因子分析法）；(5) 发现因素和因素装货；(6) 确定提取因子的个数（以 Kaiser 准则和 Scree 测试作为提取因子数目的准则）；(7) 解释提取的因子。

十三、灰色关联分析法

（一）概念及原理

对于两个系统之间的因素，其随时间或不同对象而变化的关联性大小的量度，称为关联度。在系统发展过程中，若两个因素变化的趋势具有一致性，即同步变化程度较高，可谓二者关联程度较高；反之，则较低。

所谓关联分析，就是系统地分析因素。回答的问题是：某个包含多种因素的系统中，哪些因素是主要的，哪些因素是次要的；哪些因素影响大，哪些因素影响小；哪些因素是明显的，哪些因素是潜在的；哪些因素需要发展，哪些因素需要抑制。

灰色系统理论是 1982 年由邓聚龙创立的一门边缘性学科，灰色系统用颜色深浅反映信息量的多少。一个系统是黑色的，就是指这个系统是黑洞洞的，信息量太少；一个系统是白色的，就是说这个系统是清楚的，信息量充足。这种处于黑白之间的系统，就是灰色系统或信息不完全的系统，简称灰系统。

现有因素分析的量化方法，大多是数理统计法，如回归分析、方差分析、主成分分析等，其中，回归分析用得最多。然而回归分析有下述缺点：要求大量数据，数据量少时难以找到统计规律；要求分布是典型的（线性、指数或对数的），即使是典型的也并非都能处理；计算工作量大；有时可能出现反常情况，如将正相关判断为负相关，以至于正确现象被歪曲和颠倒。

考虑到上述种种弊病和不足，灰色系统理论提出了一种新的分析方法，即系统的关联分析方法。灰色关联分析法是根据因素之间发展趋势的相似或相异程度，即灰色关联度，衡量因素间关联程度的一种方法。

（二）灰色关联分析法的基本思路

灰色系统理论提出了对各子系统进行灰色关联度分析的概念，意图通过一定的方法，寻求系统中各子系统（或因素）之间的数值关系。因此，灰色关联分析对于一个系统发展变化的态势提供了量化的度量，非常适合动态历程分析。灰色关联分析作为一种系统分析技术，是分析系统中多个因素关联程度的方法，说得确切一点，是发展态势的量化分析方法。曲线几何形态越相似，发展变化态势就越接近，其关联度就越大。

（三）灰色关联分析法的基本步骤

（1）确定反映系统行为特征的参考数列和影响系统行为的比较数列。反映系统行为特征的数据序列，称为参考数列。影响系统行为的因素组成的数据序列，称为比较数列。

（2）对参考数列和比较数列进行无量纲化处理。由于系统中各因素的物理意义不同，导致数据的量纲也不一定相同，不便于比较，或在比较时难以得到正确的结论。因此，在进行灰色关联分析时，一般都要进行无量纲化的数据处理。

（3）求参考数列与比较数列的灰色关联系数 $\xi(X_i)$。所谓关联度，实质上是曲线间几何形状的差别程度。因此，曲线间差值大小可作为关联度的衡量尺度。一个参考数列 X_0 有若干个比较数列 X_1，X_2，…，X_n，各比较数列与参考数列在各个时刻（即曲线中的各点）的关联系数 $\xi(X_i)$ 可由式（7-1）算出。

$$\xi_i(k)=\frac{\text{minmin}\mid x_0(k)-x_i(k)\mid+P\text{maxmax}\mid x_o(k)-x_i(k)\mid}{\mid x_0(k)-x_i(k)\mid+P\text{maxmax}\mid x_o(k)-x_i(k)\mid} \tag{7-1}$$

（4）求关联度 r_i。因为关联系数是比较数列与参考数列在各个时刻（即曲线中的各点）的关联程度值，所以它不止一个，而信息过于分散不便于进行整体性比较。因此，有必要将各个时刻（即曲线中的各点）的关联系数集中为一个值，即求其平均值，作为比较数列与参考数列间关联度的数量表示，关联度 r_i 如式（7-2）所示：

$$r_i=\frac{1}{N}\sum_{k=1}^{N}\xi_i(k) \tag{7-2}$$

（5）排关联序。因素间的关联主要是用关联度的大小次序描述，而不仅仅是关联度的大小。将 m 个子序列对同一母序列的关联度按大小顺序排列起来，便组成了关联序，记为 $\{x\}$，它反映了对于母序列来说各子序列的“优劣”关系。若 $r_{0i}>r_{0j}$，则称 $\{x_i\}$ 对于同一母序列 $\{x_0\}$ 优于 $\{x_j\}$，记为 $\{x_i\}>\{x_j\}$。

十四、技术经济分析法

技术经济分析法是指对不同的方案进行计算、比较、论证，评价其先进性，取得最佳技术经济效果的一种分析方法，主要包括成本效益分析法、投资效益分析法、经济批量分析法、量本利分析法、线性规划法、敏感性分析法、价值分析法等。

（一）成本效益分析法

成本效益分析法是指对每个方案的所费与所得进行比较，并选出成本最低且效益最高的方案的一种分析比较方法。采用这种方法时，一般先将方案的指标分为耗费（成本）指标和所得（效益）指标两大类。在实际工作中，为了便于计算分析，又把效益指标分为可计量和不可计量两种，通过对耗费和效益的预测和计算，可以在坐标图中绘制出各个方案的成本效益曲线，然后进行对比分析，以求出最佳方案。在绩效审计中，此法主要用于对不同技术方案合理性的审查。成本效益分析法的特点是需要绩效评价人员寻找成本效益的临界点。

（二）投资效益分析法

投资效益分析法是指对建设项目、更新改造技术组织措施和企业生产经营中的技术方案进行可行性研究所使用的方法。其主要内容是分析投资项目的技术性、经济性和社会性三个方面，具体来说，应从不同方案的经营费用、投资额、投资回收期、提供的积累、解决的就业人员、改变社会环境等方面进行比较分析，以指导投资决策，力求取得最佳投资效果。此法广泛地应用于投资绩效审计，常用的具体方法有未贴现现金流量法、贴现现金流量法和投资风险分析法等。

（三）经济批量分析法

经济批量分析法是指在保证生产供应连续性与均衡性的前提下，确定总费用最低时的合理采购量或生产量的分析方法。应用经济批量分析法，可以使库存压到最低限度，减少不合理的资金占用，加速资金周转，从而达到降低成本和提高经济效益的目的。审计客体的生产任务一定的情况下，需要购进的原材料也是相对稳定的，如果加大每次采购量，则采购批次就能减少，虽然这样可以减少采购费用，但加大了库存，不仅会影响资金周转，而且会增加储存费用。同样，虽然通过增加采购批次可以减少储存费用支出，但同时也会增加采购费用支出。经济批量分析就是要寻找使采购费用与储存费用最少时的最佳采购量与采购批次。

1. 确定指标

计划产量一般根据审计客体的生产计划确定，也可以根据市场预测的结果综合分析确定，原材料及外购件的年需求量一般可根据计划产量与定额耗用量测定。在进行经济批量分析时，还需要确定有关费用指标，包括采购费用（C_0）、生产准备费用（C_S）和储存费用（C_H）。

采购费用是指供应部门处理订购、补充库存等所需的费用，一般包括采购人员的工资、差旅费、手续费、检验费等，其计算公式为：

$$C_0=\frac{R}{Q}\times C'_0$$

式中，C_0 指采购费用；R 指原材料年需求量；Q 指每批采购量；C'_0指一次采购费用。

生产准备费用是指在批量生产情况下，每批投资前发生的工艺准备、工具及设备的调整与检验费用等，其计算公式为：

$$C_S=\frac{R}{Q}\times C'_S$$

式中，C_S 指生产准备费用；R 指年计划生产量；Q 指每年生产量；C'_S指一次生产准备费用。

储存费用是指为保管产品及原料所发生的费用，一般包括仓储设备的折旧费、维修费、搬运费、物资保险费、管理费、霉变损失、库存物资的资金利息率。其计算公式为：

$$C_H=\frac{1}{2}Q\times P\times i$$

式中，C_H 指储存费用；Q 指每批采购量或生产量，$\frac{1}{2}Q$ 指平均库存量；P 指每批购进价格或生产成本；i 指保管费率，包括资金利率与纯保管费率。

2. 建立模型

在原材料及外购件的存储费用最小时的经济采购批量模型为：

$$Q=\sqrt{\frac{2RC'_0}{P\times i}}$$

$$C=\sqrt{2R\times C'_0\times P\times i}$$

在产成品与半成品储存费用最小时的经济生产批量模型为：

$$Q=\sqrt{\frac{2RC'_S}{P\times i}}$$

$$C=\sqrt{2R\times C'_S\times P\times i}$$

3. 评价和建议

绩效评价人员可以根据计算的审计客体采购的经济批量，来对其采购计划是否能实现物资采购总成本最小化进行评价，并提出改进管理的具体建议。

（四）量本利分析法

量本利分析法是一种重要的经济分析方法，是通过业务量（销售量、营业额）、成本与利润之间的依存关系，评价盈利状况与经营业绩以及有关因素变动对利润的影响的一种分析技术，也称盈亏分析法、保本分析法等。运用量本利分析法，可以正确地掌握盈亏界限，控制成本，预测目标利润，合理安排生产，达到提高效益的目的。量本利分析法的基本原理是将全部成本分解为固定成本与变动成本两类，然后在假设收入正好能抵补固定成本（盈亏两平）的基础上，运用公式来测定有关指标。运用量本利分析法可以合理确定产销规模，正确选择工艺设备，进行成本控制。

1. 确定模型

企业的盈亏主要取决于销售收入的多少和成本费用的高低。收入大于成本就盈利，否则就亏损。量本利分析法主要是确定在不亏不盈的情况下的最低业务量，然后再测定有关因素变动时的有关指标。如果以 Q 表示业务量，P 表示价格，C_V 表示变动成本，C_F 表示固定成本。则一般模型为：

$$PQ=C_V+C_F$$

或

$$PQ=Q\times C'_V+C_F$$

$$Q=\frac{C_F}{P-C'_V}$$

式中，Q 表示盈亏的数量界限，值越小，说明单位的经营状况越好。

2. 分解成本

量本利分析法的基本点是测定销售收入，找到扣除销售成本后正好能抵补固定成本支出时的最低业务量。审计客体的成本资料中，一般不单独反映固定成本和变动成本，因此，绩效评价人员应在审阅分析有关成本资料的基础上，将总成本分解为固定成本和变动成本。固定成本是指在一定时期和相关范围内不随业务量变动而变动的成本，即只要在相关范围内，无论业务量如何变动，成本总额总是保持某一定值，如管理费用、制造成本、绩效评价人员工资等。变动成本是指在相关范围内随业务量的变动而增减变动的成本，即这部分成本总额取决于业务量的大小。只要业务量变动，成本额绝不会保持某一定值，如原材料成本、燃料与动力、部分计件工资等。但在实际工作中，除固定成本与变动成本外，还有一部分半变动成本或半固定成本即混合成本，这种成本也随业务量的增减而有所变动，但不是成比例变动，也需要将其分解成固定成本与变动成本两个部分。分解成本的主要方法有两种。

(1) 定性分析法。即绩效评价人员根据有关账面记录的审阅分析，将成本分解为固定成本与变动成本，如将原材料视为变动成本，管理费用视为固定成本等。

(2) 高低点法。即指通过审查一年或若干月份的业务量与成本额的资料，从中找出最高业务量与最低业务量时的成本数据，再利用公式计算单位变动成本（变动成本率）。高低点法主要用于分解混合成本，其计算公式为：

$$\text{单位变动成本(率)}=\frac{\text{最高点成本}-\text{最低点成本}}{\text{最高点业务量}-\text{最低点业务量}}$$

例如，销售费用中有绝大部分属于混合成本，通过审阅销售费用明细账，一年中最高点与最低点时销售量分别为4 000件与2 000件，与此对应的销售费用分别为10 000元与6 000元，则

$$\text{单位变动成本}=\frac{10\,000-6\,000}{4\,000-2\,000}=2(\text{元/件})$$

$$\text{高点变动成本额}=4\,000\times2=8\,000(\text{元})$$

$$\text{高点固定成本额}=10\,000-8\,000=2\,000(\text{元})$$

$$\text{低点变动成本额}=2\,000\times2=4\,000(\text{元})$$

$$\text{低点固定成本额}=6\,000-4\,000=2\,000(\text{元})$$

3. 测算指标

在有关成本分解完成后，即可根据有关公式测算所需的指标，如边际贡献率、变动成本率、保本点、安全边际率等，然后进一步规划目标利润、目标销售额、降价限额等。边际贡献率是指边际贡献额与销售收入的比率，边际贡献是指单位售价超过单位变动成本的金额，它首先补偿固定成本，补偿的余数为利润。变动成本率是指变动成本额与销售收入的比率。变动成本率与边际贡献率成反比，边际贡献率越大，则变动成本率越小，说明单位的经营状况越好。保本点是指在边际贡献正好等于固定成本时的销售量。安全边际率是指超过保本点的销售额与目标销售额的比率，安全边际率越大，说明企业的盈利水平越高，经营越安全。有关指标的具体测算如下：

$$\text{边际贡献额}=\sum Q(P-C_V)$$

$$\text{边际贡献率}=\frac{\sum Q(P-C_V)}{\sum QP}\times100\%$$

$$\text{变动成本率}=\frac{\sum QC_V}{\sum QP}\times100\%$$

$$=1-\frac{\sum Q(P-C_V)}{\sum QP}\times100\%$$

$$\text{保本点}=\frac{C_F}{\sum Q(P-C_V)/\sum QP}$$

$$安全边际=\sum Q_1P-\sum Q_0P$$

$$安全边际率=\frac{\sum Q_1P-\sum Q_0P}{\sum Q_1P}\times 100\%$$

$$目标销售额=\frac{C_F+P'}{\sum Q(P-C_V)/\sum QP}$$

式中，P'表示目标利润额。

$$目标利润额=\left(\sum Q_1P-\sum Q_0P\right)\times\frac{\sum Q(P-C_0)}{\sum QP}$$

$$销售价格=\frac{Q_1C_V+C_F+(Q_1-Q_0)(P-C_V)}{Q_1}$$

4. 评价与建议

通过有关指标的测定，即可对相关事项做出审计评价，并提出改进管理的具体建议。

（五）线性规划法

线性规划法主要解决资源优化问题。当绩效评价人员对稀缺资源的利用进行审查评价时，可能用线性规划方法来进行取证，计算出在一定资源限制下取得的最大经济效果。利用线性规划可以对决策、目标函数或最大目标函数的限制条件列出方程式，然后分析模型中的决策变量，在满足每一项条件下，找出使目标函数最大化的解。在绩效审计中，绩效评价人员总希望找到能充分利用资源的方法与途径，这时应用线性规划法往往是行之有效的。

1. 明确制约条件

一般而言，应用线性规划法解决的问题必须具备四个条件：一是有明确的目标；二是有多种方案可供选择，否则没有必要去规划；三是资源确实受到限制，即要解决这一问题有许多条件制约；四是影响被审计事项的各种因素能建立数学模型，而且是线性函数。在具体应用之前，应对被审查内容进行分析，判明其使用线性规划技术的条件是否具备。绩效评价人员在运用该方法求解时，只要根据已知的限定条件列出方程式，就能求出相应的最佳答案。利用线性规划通常可以对表 7－7 所列示的问题求出最优化决策。

表 7－7　线性规划可优化的决策问题

模型名称	约束条件	目标函数
资源分配	人、财、物	产值最大
配料	生产任务、产品质量	原材料最省
设备配置模型	设备数量、生产能力	产值最大

续表

模型名称	约束条件	目标函数
计划模型	生产能力、人员、原材料、销售量	产值最大、利润最大
库存模型	流动资金、材料消耗量	储存费用最低
投资模型	投资额	产值最大、利润最大
运输模型	运输任务量	运输成本最低

2. 建立数学模型

符合使用条件的被审计问题应根据有关资料分析确定变量及目标函数，并列出所有的约束条件，即建立规划问题的数学模型。数学模型的一般形式是：

求一组变量 x_1，x_2，…，x_n 的值，使它满足

$$\text{约束条件}\begin{cases} a_{11}x_1+a_{12}x_2+\cdots+a_{1n}x_n\leqslant b_1(\text{或}\geqslant b_1) \\ a_{21}x_1+a_{22}x_2+\cdots+a_{2n}x_n\leqslant b_2(\text{或}\geqslant b_2) \\ \cdots\cdots\cdots\cdots \\ a_{m1}x_1+a_{m2}x_2+\cdots+a_{mn}x_n\leqslant b_m(\text{或}\geqslant b_m) \\ x_1\geqslant 0,x_2\geqslant 0,\cdots,x_n\geqslant 0 \end{cases}$$

并使目标函数 $s=c_1x_1+c_2x_2+\cdots+c_nx_n$ 取极值。

3. 求变量的值及函数值

建立模型后，运用线性规划的求解方法求出变量的值及目标函数的值。线性规划求解的方法一般有两种——图解法和单纯形法，前者一般在三个变量以内采用，后者一般在多于三个变量时采用。

用图解法求解时，应先求出规划问题的可行解集，然后再求极值。一般求解方法是先将各约束条件转化成直线形式，并在坐标图上画出各条直线，这些直线相交后所构成的凸多边形即为可行解集，然后在坐标图上作目标函数的等值平行直线组；在这组平行线中，离原点最远而且与可行解集相交的点即目标函数的极大值点，反之为极小值点。将极值点上的相应变量值（极值点坐标）代入目标函数，即得目标函数的极值。

用单纯形法求解时，首先需要将各约束条件引进松弛变量后代成标准形式（松弛变量在目标函数中的系数为零）：

求一组变量 x_1，x_2，…，x_n 的值，使它满足

$$\text{约束条件}\begin{cases} a_{11}x_1+a_{12}x_2+\cdots+a_{1n}x_n\leqslant b_1(\text{或}\geqslant b_1) \\ a_{21}x_1+a_{22}x_2+\cdots+a_{2n}x_n\leqslant b_2(\text{或}\geqslant b_2) \\ \cdots\cdots\cdots\cdots \\ a_{m1}x_1+a_{m2}x_2+\cdots+a_{mn}x_n\leqslant b_m(\text{或}\geqslant b_m) \\ x_1\geqslant 0,x_2\geqslant 0,\cdots,x_n\geqslant 0 \end{cases}$$

并使目标函数 $s=c_1x_1+c_2x_2+\cdots+c_nx_n$ 的值最小。

若利用向量与矩阵符号，可将上述标准形式简记为

$$\text{求 } \mathrm{Min}S=cx$$

$$\text{满足}\begin{cases}Ax=b\\x\geqslant 0\end{cases}$$

式中

$$c=(c_1,c_2,\cdots,c_n)$$

$$A=\begin{vmatrix}a_{11} & a_{12} & \cdots & a_{1n}\\a_{21} & a_{22} & \cdots & a_{2n}\\\vdots & \vdots & & \vdots\\a_{m1} & a_{m2} & \cdots & a_{mn}\end{vmatrix}=m$$

这一转换过程实际上就是通过在约束条件的不等式中相应加上一个量，使不等式变成等式，然后再求 $S'=-S$ 的最小值。

其次，求一个可行基础解，并列出对应的单纯形表。单纯形表实际上就是把非基变量看作参数后表示的基变量与目标函数的系数矩阵。因此，第一个可行基下的单纯形表，可以是将松弛变量看作基变量、原变量看作非基变量时的目标函数与约束条件的系数矩阵。表中的第一栏（列）的第一分量是对应基础解时的目标函数值，其余分量对应基础解中基变量的值，但非基变量取值应为0；表中从第一行的第二个数起均为检验数，用来判断基础解是否为最优解。若检验数全部为负数，则为最优解，可求得相应的函数值。

最后，通过换基迭代求最优解。换基迭代相当复杂，尤其是当基础解有很多时，不仅费时费力，而且容易出错，因此，可以通过编制程序借助计算机来完成。

4. 审计评价与管理建议

通过求出的变量值与目标函数值，对审计客体存在的经营管理问题或高级管理人员的决策做出评价，证明其决策是否最大限度地利用各项资源，尤其是稀缺资源，以实现目标价值的最大化，提高经济效益。

（六）敏感性分析法

敏感性分析法是对决策中考虑的某一因素变化时给预计结果带来的影响进行分析。经济活动中的任何因素都有可能会发生变化，这些因素的变化都会对综合指标产生影响。为了充分估计这些因素变化可能造成的风险，就需要对这些因素变化对综合因素造成影响的幅度进行测算，以反映某一因素变化对最终结果的影响程度，即最终结果对某一因素变化的敏感程度。敏感性分析需要建立模型进行计算，并模拟运行。

（七）价值分析法

价值分析法也称价值工程法，是指通过对系统的功能与成本的对比，寻求使

整体达到最优的途径所采用的一种技术经济分析方法。价值是指效用与取得这种效用投入资源的比，是衡量各项活动有效的尺度。与政治经济学中有关价值的概念是大不相同的，用公式表达则为

$$价值(V)=功能(F)/成本(C)$$

功能是指系统所具有的特定用途，如产品的性能、质量等；成本是指系统的生命周期成本，以产品为例，则成本包括产品生命周期内发生的全部费用，如出售前发生的研制、设计、试验、生产费用，出售过程中发生的销售费用，以及出售后在使用中发生的维修、保养费用等。价值与功能成正比，与成本成反比。

价值分析的核心就是功能分析，只有通过功能分析，才能明确产品的具体功能及各功能的重要性和相互关系，从而对功能进行合理调整，去掉多余功能。功能分析包括提出功能要求、整理功能、进行功能评价等内容。

（1）提出功能要求，包括功能的总体要求和具体要求。功能的总体要求就是从总体上提出产品应具备的功能，即主要用途和次要用途（使用目的）是什么，实现这些用途有哪些条件限制。具体要求即对构成产品的每一个部件和零件应具备的功能提出的具体要求，在分析时到底需要对哪些部件和零件提出功能要求，一般视分析工作的需要而定。在提出功能要求时，一定要抓住本质，采用适当抽象的手法并做到量化，对于复合功能应分别提出、分别表达，并且提出的功能要求应该是确定需要的，即市场调查的结果、用户的具体意见、产品竞争的需要等。

（2）整理功能。就是按照一定的逻辑关系，把产品各要素的功能相互连续起来，从局部功能与整体功能的相互关系上进行分析和研究，确定必要功能，发现不必要功能，从而为确定价值分析的具体范围提供依据，并找出改善功能的具体措施。功能之间的关系有上下关系和并列关系之分，功能的上下关系是指在一个功能系统中某些功能之间存在的目的与手段的关系，目的功能在左，称上位功能；手段功能在右，称下位功能。上位功能就是某功能要达到的目的，下位功能是实现上位功能的手段。功能之间的并列关系是指在较为复杂的功能系统中，为实现同一上位功能而必须同时存在的两个以上的下位功能。处于并列关系的各功能各自构成一个子系统，称为功能区。再将构成产品的功能按上下关系和并列关系整理出来，形成功能体系，绘成功能体系图，就能为进一步的价值分析提供充分的依据。功能体系图完整地反映出产品的最终目的和功能，以及实现最终目的和功能的全部手段。

（3）进行功能评价。它是指定量评价功能的价值，找出低价值功能的区域所在，并寻找以低成本实现功能的具体措施的活动。功能评价一般通过关键功能和实现功能的成本的对比进行。按表示的具体方法不同有功能系数评价法和功能成本评价法两种。

1）功能系数评价法即通过功能系数与成本系数的比值，来确定需要改进的功能区域。该方法有多种形式，但用得较多的是强制决定法。这种方法是先求出功能评价系数和成本系数，再求价值系数进行分析，其计算公式如下：

$$价值系数(V_i)=\frac{功能系数(F_i)}{成本系数(C_i)}$$

$$功能系数(F_i)=\frac{功能单元得分(f_i)}{得分总和(\sum f_i)}$$

$$成本系数(C_i)=\frac{功能单元目前成本(C_i)}{功能成本总和(\sum C_i)}$$

若 $V_i=1$，说明该功能单元在功能上所占比重与在成本上所占比重相当，这时该功能单元可不作为改进对象；若 $V_i<1$，说明该功能单元在功能上不太重要，而成本却占了很大比重，这时该功能单元应作为重点改进对象，以降低成本；若 $V_i>1$，说明功能偏高或成本偏低，也应作为改进对象予以考虑，这时的重点是进一步查明功能偏高或成本偏低的具体原因。

需要说明的是，强制决定法一般只适宜分析功能单元不超过 10 个的场合，若功能单元很多，应先按等级相近的原则分组后再进行。在功能系数的评分上，应按照重要程度的不同采用多比例评分法，如“1，0”“0.9，0.1”“0.8，0.2”“0.7，0.3”“0.6，0.4”“0.5，0.5”等。

2）功能成本评价法即先把功能换算成实现功能的现实成本，再测定实现该功能的最低成本（目标成本），然后通过计算价值系数来确定需要改进的功能区域，其计算公式如下：

$$价值系数(V_i)=\frac{实现功能的最低成本(C_i)}{实现功能的现实成本(C_0)}$$

V_i 越小，说明最低成本与现实成本的差距越大，改进的潜力越大，这时该功能应作为重点改进对象；若 $V_i\cong 1$，说明最低成本与现实成本之间的差距几乎为零，没有改进的潜力，这时该功能不应作为改进对象。

第 3 节　绩效差异改进对策

以上介绍了一些可能用于绩效差异原因分析的方法，从某种意义上说，这些方法既然分析了绩效差异的原因，也就为绩效差异的改进提供了路径。本节介绍专门用于提出对策建议的一些方法或思路。

一、德尔菲法

德尔菲法也称专家意见法，是采用背对背的通信方式征询专家小组成员的预测意见，经过几轮征询，使专家小组的意见趋于集中，最后得出结论。德尔菲法依据系统的程序，采用匿名发表意见的方式，即团队成员之间不互相讨论，不发生横向联系，只能与调查人员发生关系，以反复填写问卷的形式，集结问卷填写人的共识及收集各方意见。德尔菲法可用来构造团队沟通流程，应对复杂任务难题。

德尔菲法具有以下典型特征：吸收专家参与，充分利用专家的经验和学识；采用匿名或背靠背的方式，使每一位专家独立自由地做出自己的判断；结论的形成过程经过几轮反馈，使专家的意见逐渐趋同。这些特点使它成为一种最为有效的专家判断法。德尔菲法能避免专家会议法的缺点：权威人士的意见会影响他人的意见；有些专家碍于情面，不愿意发表与其他人不同的意见；出于自尊心而不愿意修改自己原来不全面的意见。其主要缺点是过程比较复杂，花费时间较长。

德尔菲法的具体实施步骤如下：

（1）组成专家小组。按照课题所需要的知识范围确定专家。专家人数的多少，可根据预测课题的大小和涉及面的宽窄而定，一般不超过 20 人。

（2）向所有专家提出所要形成结论的问题及有关要求，并附上有关这个问题的所有背景材料，同时请专家提出还需要什么材料，然后由专家做出书面答复。

（3）各位专家根据收到的材料，提出自己的意见，并说明自己是怎样利用这些材料并提出结论意见的。

（4）将各位专家的第一次判断意见汇总，列成图表，进行对比，再分发给各位专家，让专家比较同他人的不同意见，修改自己的意见和判断。也可以把各位专家的意见加以整理，或请身份更高的其他专家加以评论，然后把这些意见再分送给各位专家，以便他们参考后修改自己的意见。

（5）将所有专家的修改意见收集起来汇总，再次分发给各位专家，以便第二次修改。逐轮收集意见并为专家反馈信息是德尔菲法的主要环节。收集意见和信息反馈一般要经过三四轮。在向专家进行反馈时，只给出各种意见，但并不说明发表各种意见的专家的具体姓名。这一过程重复进行，直到每一个专家不再改变自己的意见为止。

（6）对专家的意见进行综合处理。

二、头脑风暴法

在群体决策中，由于群体成员心理的相互作用影响，易屈从权威或大多数人意见，形成所谓的群体思维。群体思维削弱了群体的批判精神和创造力，损害了决策的质量。为了保证群体决策的创造性，提高决策质量，管理上发展了一系列改善群体决策的方法，头脑风暴法是较为典型的一种。

采用头脑风暴法组织群体决策时，要集中有关专家召开专题会议，主持者以明确的方式向所有参与者阐明问题，说明会议的规则，尽力创造融洽轻松的会议气氛。主持者一般不发表意见，以免影响会议的自由气氛，由专家们自由提出尽可能多的方案。头脑风暴法的激发机理有以下几个方面：

（1）联想反应。联想是产生新观念的基本过程，在集体讨论问题的过程中，每提出一个新的观念都能引发他人的联想，相继产生一连串新观念，产生连锁反应，从而形成新观念，为创造性地解决问题提供更多的可能性。

（2）热情感染。在不受任何限制的情况下，集体讨论问题能激发人的热情。人人自由发言、相互影响、相互感染，能形成热潮，突破固有观念的束缚，最大限度发挥创造性思维能力。

（3）竞争意识。在有竞争意识的情况下，人人争先恐后，竞相发言，不断开动思维机器，力求有独到见解、新奇观念。心理学的原理告诉我们，人类有争强好胜的心理，在有竞争意识的情况下，人的心理活动效率可提高50%或更多。

（4）个人欲望。在集体讨论解决问题过程中，个人的欲望自由不受任何干扰和控制是非常重要的。头脑风暴法有一条原则：不得批评仓促的发言，甚至不允许有任何怀疑的表情、动作、神色。这就使得每个人能畅所欲言，提出大量的新观念。

为使与会者畅所欲言，互相启发和激励达到较高效率，必须严格遵守下列原则：

（1）禁止批评和评论，也不要自谦。对别人提出的任何想法都不能批判、不得阻拦。即使认为是幼稚的、错误的，甚至是荒诞离奇的设想，亦不得予以驳斥。同时，也不允许自我批判。在心理上调动每一个与会者的积极性，彻底防止出现一些“扼杀性语句”和“自我扼杀语句”。诸如“这根本行不通”“你这想法太陈旧了”“这是不可能的”“这不符合某某定律”“我提一个不成熟的看法”“我有一个不一定行得通的想法”等语句，禁止在会议上出现。只有这样，与会者才可能在充分放松的心境下，在别人设想的激励下，集中全部精力拓展思路。

（2）目标集中，追求设想数量，越多越好。在头脑风暴法实施会上，只强制大家多提设想，会议以谋取设想的数量为目标。

（3）鼓励巧妙地利用和改善他人的设想。这是激励的关键所在。每个与会者都要从他人的设想中激励自己，从中得到启示或补充他人的设想，或将他人的若干设想综合起来提出新的设想等。

（4）与会人员一律平等，各种设想全部记录。与会人员不论是该方面的专家、员工，还是其他领域的学者，一律平等；各种设想不论大小，甚至是最荒诞的设想，记录人员也要认真地将其完整地记录下来。

（5）主张独立思考，不允许私下交谈，以免干扰他人的思维。

（6）提倡自由发言，畅所欲言，任意思考。会议提倡自由奔放、随便思考、任意想象、尽量发挥，主意越新、越怪越好，因为它能启发人推导出好的观念。

（7）不强调个人的成绩，应以小组的整体利益为重，注意和理解别人的贡献，人人创造民主环境，不以多数人的意见阻碍个人新观点的产生，激发个人追求更多更好的主意。

三、心智图法

心智图又称思维导图，它能够将各种点子、想法以及它们之间的关联性以图像视觉的景象呈现，将一些核心概念、事物与另一些概念、事物形象地组织起来，输入我们脑内的记忆树图。它允许对复杂的概念、信息、数据进行组织加工，以更形象易懂的形式展现在我们面前。心智图法从一些中心概念、问题入手，非常典型的是一些与中心概念线性连接的关键字、短语或图像。它被认为是全面调动分析能力和创造能力的一种思考方法。

运用心智图法可以将人们的信息交换活动（如工作组、项目会议、头脑风暴会以及战略研讨会）形象化；对收集起来的信息进行组织、重组以及过滤；分析信息，实现信息结构化，并辨识出信息所包含的关键要点之间的联系；提升改进知识管理系统。心智图可以用作可视化工作界面，各种信息以及外部链接蕴藏其后。例如，遭受恐怖攻击的纽约双子星大楼，在倒塌重创曼哈顿地区维修系统时，各种公司及组织立即启动救灾应急系统，一幅大型的心智图呈现在控制指挥中心的荧幕上，里面的内容包括所有的问题、冲击以及解决方案、优先顺序与操作程序等。灾难现场不断传来的信息能立即加到心智图合适的位置，为指挥中心提供决策的参考依据。因此，资讯虽然杂，但是有了心智图，思绪一点都不混乱。

第4节　绩效审计报告

绩效审计定位于绩效差异改进时，是最完整的绩效审计，此时的审计报告内容也最完整，可以称为绩效审计报告，本节介绍这种定位下的绩效审计报告的相关内容。

一、绩效审计定位决定绩效审计意见的核心内容

绩效审计报告的核心内容是审计意见，也就是审计人员通过绩效审计得出的审计发现或审计结论。不同的绩效审计定位下，审计人员需要发表的审计意见不同。由于审计意见是对直接审计目标的回答，而绩效审计定位与绩效审计目标具有高度的同一性，绩效审计报告的核心内容事实上也就是不同的审计目标定位下所得到的回答内容。

一般来说，绩效审计有三种定位：一是定位于绩效信息鉴证，此时，审计意见需要对绩效信息是否真实做出结论（合理保证鉴证意见），或者报告是否发现绩效信息错弊（有限保证鉴证意见）。二是定位于绩效水平评价，此时，审计意见要对绩效信息是否真实做出结论，还要对绩效水平发表意见。三是定位于绩效差异改进，此时，审计意见的信息含量更多，既要对绩效信息的真实性发表意见，也要对绩效水平发表意见，还要对绩效差异的原因发表意见，同时还可能要提出改进绩效差异的建议。所以，此时的审计意见信息含量最多，是最完整的绩效审计意见，此时的审计报告也是最完整的绩效审计报告。以上分析的不同绩效审计定位下的绩效审计意见的核心内容，归纳起来如表7－8所示。

表7-8 绩效审计意见的核心内容

绩效审计定位或目标	绩效审计意见			
	绩效信息真实性结论	绩效水平结论	绩效差异原因	绩效差异改进建议
绩效信息鉴证	★			
绩效水平评价	★	★		
绩效差异改进	★	★	★	★

注：★表示有这种内容。

二、绩效审计报告的主要内容

（1）标题。绩效审计报告的标题统一规范为“绩效审计报告”。

（2）收件人。绩效审计报告的收件人是指审计业务的委托人或派出审计组的审计机构。

（3）范围段。绩效审计报告范围段说明审计的时间范围、业务范围及其他一般性说明。

（4）说明段。绩效审计报告说明段叙述审计人员对审计绩效信息真实性、绩效水平及绩效差异原因及其改进建议所持意见的理由，包括对形成审计意见产生影响的有关事项，以及这些事项对绩效信息相关项目的影响情况。

（5）意见段。绩效审计报告意见段是审计人员根据审查情况形成的审计意见。审计人员提出的意见应当公正、客观、实事求是，并且对所出具报告内容的正确性、合法性负责。审计意见应该包括四个方面：一是绩效信息是否真实；二是绩效水平处于何种程度；三是具有重要性的绩效差异的原因；四是改进绩效差异的建议。

（6）签章和审计机构地址。绩效审计报告应由审计人员签名、盖章，加盖审计机构公章，并标明审计机构的地址。

（7）报告日期。绩效审计报告日期是指审计人员完成外勤审计工作的日期。

表7-9是定位于绩效差异改进的绩效审计报告内容的举例。

表7-9 绩效审计报告内容举例（定位于绩效差异改进）

绩效审计报告的内容	说明
对市政自来水公司的一项审计调查表明，该公司的抄表工作效率偏低。审计目标是确定能否提高市政自来水公司的抄表效率。审计具体目标是确定以下三项：（1）市政自来水公司抄表效率与私营公用事业公司的抄表效率相比如何；（2）如果市政自来水公司的抄表效率明显偏低，产生差异的原因是什么，改进后的效益如何；（3）如果效益巨大，管理层应采取什么措施提高效率并实现效益。	该段说明的是审计目标，属于“说明段”。
评估是否可能做出改进，对过去五年市政自来水公司抄表效率与本市各家提供水气电的公用事业私营公司进行对比。在审计外勤工作期间，对市政自来水公司下属八个办事处中的三个进行了现场观察。在公司总部和其他办事处进行了补充检查和调查。使用了公司下属所有办事处的绩效数据，并证实了这些数据是可靠的。	该段说明的是审计范围和方法，属于“范围段”。

续表

绩效审计报告的内容	说明
市政自来水公司抄表效率有很大的提升空间。	结论，属于“意见段”。
市政自来水公司抄表人员的绩效与该市三家提供公共事业服务的私营公司相比，只相当于后者的 1/3～1/2。根据市政自来水公司的报告，该公司抄表人员平均每天查看 37 个水表。在过去 5 年中，这一数字非常稳定。该公司的标准是每人每天查看 42 个水表。根据当地私营供水公司的员工称，其抄表人员平均每天查看 100 个水表。当地一家私营供气公司和一家供电公司报告的日平均抄表数也略高。这三家公司的员工指出，其效率提高是因为采用多户组合的结构，即把多个家庭的水表组合在一起集中察看，从而提高了抄表效率。	该段表明，市政自来水公司的抄表效率低于私营公用事业公司，属于“意见段”。
市政自来水公司抄表效率偏低的原因主要有两个：一是该公司抄表人员每天工作时间不到 8 小时；二是这些人每小时查看的水表数量较少。该公司抄表效率偏低的原因不是工作条件的差异，审计人员对水表数据的分析发现，市政自来水公司与私营供水公司服务的商业用户、单一家庭用户和多家庭用户之间并没有显著差异。	该段表明，市政自来水公司的工作效率偏低有两个原因，属于“意见段”。
如果抄表效率能提高一倍，市政自来水公司就能够少用 73 名抄表人员，他们可以去做其他工作，每年可节约 370 万美元。如果市政自来水公司的工作效率能提高到私营公用事业公司的水平，每年可节省大约 450 万美元。	该段表明，如果提高工作效率，能使成本大幅减少，属于“意见段”。
为提高效率，管理层应采取三项措施。 (1) 制定新的绩效标准。市政自来水公司的管理层可能并不知道本公司抄表效率偏低的情况。尽管按外部标准来衡量，其效率偏低，但管理层得到的信息是本公司的抄表人员工作效率合理，因为他们几乎达到了公司规定的绩效标准。市政自来水公司的绩效标准规定平均每人每天抄表 42 个。现场监管人员以此为标准，安排每天相应的抄表工作量。各办事处也依据这些标准向管理层报告关于实际绩效与标准绩效的比较情况。但是，目前来看，这个绩效标准过低，而且商业用户、单一家庭用户和多家庭用户区，抄表所需要的时间各不相同，该标准对此未予以考虑。在分配工作和绩效监管中仍然使用该标准，必然会导致抄表人员的工作效率持续低下。 (2) 加强监管。对市政自来水公司抄表人员几乎没有现场监管。如果有严格的现场监管，各单位监管人员早就可以发现每小时抄表数量可以高于公司规定的绩效标准，也会发现抄表人员每天的工作时间少于 8 小时。这点不会轻易被发现，因为在完成分配任务之后，抄表人员可以回家，省下开车回办公室的时间。加强监管并不表示要增加监管人员。市政自来水公司平均每个抄表人员对应的管理人员数量高于私营公用事业公司，而私营公用事业公司的监管人员对绩效的监管很严格。 (3) 减少抄表人员。如果采用新的绩效标准，把抄表的绩效提高到新的标准，那么会减少对抄表人员的需求。相应地，管理层需要考虑如何完成削减员工的方案。可选择的一种方案是，如果有抄表人员离职，则不再补充新员工，每年员工的平均离职率是 10%，管理层可以安排抄表人员去填补其他市政公司的空缺岗位，还可以与私营公用事业公司联系，请其考虑雇用市政自来水公司的抄表人员，私营公用事业公司的员工称该公司的员工离职率为 10%～15%。	该段提出建议，属于“意见段”。

第 5 节 绩效差异改进的后续审计

前面我们发现了具有重要性的绩效差异，调查出其原因并提出改进建议，那么绩效差异能否改进呢？这主要依赖于绩效责任主体的努力。从审计人员的角度来说，就需要开展绩效差异改进的后续审计。

一、绩效审计后续审计的概念和意义

后续审计是指审计人员根据下达的审计意见或审计决定或审计建议，要求审计客体对有关问题进行整改，在报送审计报告后，经过一段合理的时间，对审计客体整改情况进行检查监督，以审查评价审计客体是否执行了审计建议，是否采取了合适的纠正行动，是否取得了理想的效果，并评价和报告其采取纠正行动的结果。

后续审计的主要内容包括：检查审计结论中所提出的改进意见和建议是否可行并符合实际；审计结论及其提出的改进措施是否被执行，实现的效果如何；审查有无未解决或继续存在的问题，审计结论中有无不切合实际之处致使审计结论未能落实；修正与客观情况不相适应的审计意见和建议。后续审计的目的是促进审计客体对审计发现的问题及时采取合理、有效的纠正措施。

后续审计对于绩效审计来说十分重要。在绩效审计结束后的一定时期内，审计机构要对审计客体落实审计建议的情况进行检查和评价，检查其对审计建议的落实是否到位，必要时还需考虑是否有必要对其开展后续审计，以追踪检查审计建议的落实情况。绩效审计的目标是促使审计客体提高绩效，因此，要对审计客体是否采纳了审计报告中所提出的各种建议，是否在实践中取得了预期效果进行后续审计，以保证真正发挥绩效审计的作用。

审计经验表明，绩效审计程序中的后续审计十分重要。在美国，政府审计机构每年要与审计客体的主管人员至少沟通一次，以便确认审计客体是否已根据审计建议采取具体行动，同时，还要对审计客体解决问题的进展情况进行非正式跟踪，以确保后者实施审计建议不会虎头蛇尾。在加拿大，自 1955 年以来，审计长公署便有了一套实施后续审计的制度体系，审计长向议会报告某项审计发现，一般在两年后要开展对这些事项的后续审计，并将结果公布在当年提交议会的年度报告中。

二、绩效审计后续审计中对审计影响的确认

绩效审计后续审计的目标主要是审查审计客体针对审计报告的意见和建议而采取的措施的及时性和有效性，并对实施效果进行评价。通过后续审计，一方面确定通过绩效审计最终产生的影响，另一方面确保绩效审计报告的审计意见或审计决定得到落实。在后续跟踪检查阶段，审计人员主要完成的重要工作之一就是

确认绩效审计的影响。

绩效审计影响是指通过实施绩效审计，审计客体发生的变化或改进，以及产生的社会效应。开展绩效审计的最终目的，是促进审计客体健全各项管理制度措施，改善运营绩效，产生良好的社会影响。绩效审计影响主要包括两类：（1）量化的经济影响。主要表现为绩效审计在促进运营管理改善、绩效改进方面能够量化的影响。例如，审计客体采纳绩效审计建议后，以较低的成本采购符合质量规定的材料所能够节约的金额。（2）量化的非经济影响。这类影响是审计客体通过绩效审计后，所体现的不能以货币定量表述的非财务绩效改进。例如，服务满意度的提升、公共服务数量增加等。这些影响虽然不能够以货币金额来计量，但可以采用统计等方法，用数字来衡量和说明部分整改情况。

分析和确认绩效审计的影响是绩效审计后续审计的重要程序之一，确认审计影响的核心要点如下：（1）评价审计客体根据审计机构所出具审计报告提出的审计建议和意见而采取的措施。（2）检查审计报告或审计意见书或审计决定书，将审计客体采取的改进措施，与审计报告或审计意见书的建议相对比，或与审计客体做出的承诺相对比，只有当审计客体已经按照所做承诺采取措施并发生有益变化时，绩效审计的影响才得以实现。（3）与审计客体保持联系，持续关注审计客体的整改措施落实情况和绩效改善状况。（4）记录和确认影响。审计机构应当汇总有关审计影响的反馈信息，并把控制和收集潜在影响信息的工作贯穿于整个年度。

三、绩效审计后续审计的步骤

后续审计业务起始于审计客体对审计报告中的审计发现和建议做出的书面回复。在开展后续审计前，审计机构要做好准备，对审计期间的各类审计报告、审计意见甚至审计决定进行认真收集，充分掌握资料，逐条列出后续审计清单，再将后续审计任务分解落实到具体的审计人员。

（一）审查阅读审计客体整改情况说明书

审计机构或审计组接到审计客体提交的整改情况书面说明时，应当仔细审查阅读，并特别注意有下述情况的审计发现。

（1）回复不具体完整。审计客体没有就审计报告或审计意见要求进行全面说明回复。对整改报告中已经整改的问题，要分析审计客体整改的方法是否正确、措施是否有效、整改是否彻底。

（2）审计客体有异议或误解。审计客体对审计报告或审计意见理解有差异时，将直接导致审计报告或审计意见无法得到落实。

（3）审计客体说明将不会采取任何纠正措施。这时，以审计报告为依据，审阅审计客体书面说明将有助于审计人员决定哪些事项需要并值得与审计客体探讨或澄清，哪些事项需要进行现场审查。

（二）交换意见

审计人员应当通过面谈或电话询问的方式与审计客体探讨情况说明书中不清楚或未做回复的部分，并澄清有误解或有异议的审计发现或建议。面谈或电话询问中，审计人员应当注意使用恰当的技巧，以解决问题和误会。

后续审计时，对审计客体整改报告中已经整改的问题，要关注其真实性和有效性。主要分以下两种情况：一是检查审计客体已实际采取的纠正措施是否正确，有无不按审计意见整改、整改了一个问题而又产生新问题的情况。二是将审计客体实际采取的纠正措施（纠正措施的运行情况）与审计回复中所述的已经采取的措施（纠正措施的书面记录）相比较，看是否一致、实现程度如何、有无言过其实的情况。三是看是否存在根本未整改而审计回复中称已经整改的情况，看是否有弄虚作假行为。

对在整改期限内未整改到位的，要作为后续审计的重点。对未整改的问题，要实事求是地进行分析。对主观故意不进行整改的，在交换审计意见时要督促其落实整改责任；对历史遗留问题等客观原因未整改到位的，要说明情况并有详细实在的整改方案；对因政策变化使问题整改成为不必要的，不作为未整改问题；对审计机构在对审计客体实施审计过程中，因某种原因出现错误的情况，在后续审计时及时修正。

（三）现场审计

审计人员应对纠正行动和与重大审计发现有关的事项进行现场审计。执行该项审计的时间取决于事项的严重程度和后续审计的工作环境。现场审计的方法包括审阅、检查纠正措施有关的文件，以及询问、直接观察、核对等。在后续现场审计过程中，审计人员应当收集审计证据，填制审计工作底稿，并将审计工作底稿及报告等审计档案资料归档保管。后续审计采用的审计取证技术大多是常规的审计技术方法，结合后续审计性质，也要采用一些特殊的审计方法。

（四）报告后续审计结果

后续审计报告是对后续审计的工作总结，也是对审计工作效果的反映。后续审计报告要说明后续审计的目的，重申以前的审计发现问题和审计建议，概括审计客体所采取的纠正措施、后续审计的审查结果以及审计人员对纠正措施的评价。

第6节　绩效评价人员的心理误区及解决路径

绩效评价及绩效差异分析涉及相关各方的心理活动，本节从绩效评价人员的角度，分析绩效评价可能出现的心理误区，并提出解决路径。很显然，绩效审计如果定位于特殊的绩效评估机制，则绩效审计人员也是一种特殊的绩效评价人员，也可能出现心理误区。

一、绩效评价人员的心理误区

（一）晕轮效应

晕轮效应又称光环效应，属于心理学范畴，是指当认知者对一个人的某种特征形成好或坏的印象后，倾向于据此推论该人其他方面的特征。这本质上是一种以偏概全的认知上的偏误。在绩效评价中，晕轮效应意味着一个绩效评价人员对绩效责任主体的某一绩效要素的评价较高，就会导致他对该绩效责任主体其他的绩效要素也评价较高；反之，如果对绩效责任主体的某一绩效要素的评价较差，则会导致他对该绩效责任主体其他的绩效要素也评价较差。

实质上，晕轮效应是一种以偏概全的心理弊病，绩效评价人员在绩效评估过程中，把绩效责任主体绩效中的某方面甚至与绩效无关的某一方面看得过重，用绩效责任主体的某个特性去推断其他特性，造成以偏概全的评估偏误。当绩效责任主体对绩效评价人员表现特别友好或特别不友好时，晕轮效应最容易发生。

（二）逻辑误差

逻辑误差是指在评价某些具有逻辑关系的评价要素时，绩效评价人员是使用简单的推理而不是根据客观情况得出结论。产生逻辑误差的原因是两个评价要素之间的相关系数很高。例如，很多人认为"国有企业与社会责任之间有很密切的逻辑关系"，于是，他们在进行绩效评价时，往往会依据"既然是国有企业，社会责任当然也会履行得好"，而对某国有企业的社会责任做出这样的评价。

晕轮误差与逻辑误差的本质区别在于，晕轮效应只在同一绩效责任主体的各个特点之间发生作用，在绩效评价中是在对同一绩效责任主体的各个评价指标进行评价时出现的；而逻辑误差与绩效责任主体的个体因素无关，它是由于绩效评价人员认为评价要素之间存在一致的逻辑关系而产生的误差。

（三）宽大化倾向

宽大化倾向是最常见的评价误区。受这种行为倾向的影响，绩效评价人员对绩效责任主体所做的评价往往高于其实际成绩。这种现象产生的原因主要有：（1）绩效评价人员为了保护绩效责任主体，避免留下不良绩效的书面记录，不愿意严格地评价绩效责任主体；（2）绩效评价人员希望绩效责任主体的成绩优于其他人员或单位的成绩；（3）绩效评价人员对评价工作缺乏自信心，尽量避免引起评价争议；（4）评价要素的评价标准不明确；（5）绩效评价人员想要鼓励工作表现有所提高的绩效责任主体。

在宽大化倾向的影响下，绩效评价的结果会产生极大的偏差。具体而言，对绩效出色的绩效责任主体来说，他们会对评价的结果产生强烈不满，从而影响其工作积极性；而对绩效很差的绩效责任主体来说，他们无法了解自己需要提高哪些方面的绩效，只能继续维持现状，导致绩效得不到提高，绩效管理的目的无法得到实现。

（四）严格化倾向

严格化倾向是与宽大化倾向相对应的另一种可能的绩效评价人员行为倾向，是指绩效评价人员对绩效责任主体绩效的评价过分严格的倾向。现实中，有些绩效评价人员在评价绩效责任主体时，喜欢采用苛刻的标准。严格化倾向产生的原因有：（1）绩效评价人员对各种评价因素缺乏足够的了解；（2）惩罚顽固的或难以对付的绩效责任主体；（3）促使有问题的绩效责任主体主动改进；（4）为有计划地组织变革提供证据；（5）缩减凭业绩提薪的绩效责任主体的数量；（6）遵守组织的规定，不提倡管理层对绩效责任主体给出高评价。

（五）中心化倾向

在确定评价等级时，许多绩效评价人员都很容易有一种中心化倾向，对一组绩效责任主体做出的评价结果相差不多，或者都集中在评价尺度的中心附近，导致评价成绩拉不开差距。例如，设计者规定了从第一等级到第五等级的五个评价等级，绩效评价人员很可能会避开较高的等级（第五等级）和较低的等级（第一等级），而将绩效责任主体都评价在第二、三、四这三个等级上。

中心化倾向产生的原因有：（1）人们往往不愿意做出“极好”“极差”之类的极端评价；（2）对绩效责任主体不甚了解，难以做出准确的评价；（3）绩效评价人员对评价工作缺乏自信心；（4）评价要素的说明不完善，评价方法不明确；（5）有些组织要求绩效评价人员对过高或过低的评价写出书面鉴定，以免引起争议。

（六）首因效应

首因效应也称首次效应、优先效应或第一印象效应，指交往双方形成的第一印象对今后交往关系的影响，即先入为主带来的效果。虽然这些第一印象并非总是正确的，但是最鲜明、最牢固的，并且决定着以后双方交往的进程。如果一个人在初次见面时给人留下良好的印象，人们就愿意和他接近，彼此也能较快地了解，并会影响人们对他以后一系列行为和表现的解释。反之，对于一个初次见面就引起对方反感的人，即使由于各种原因难以避免与之接触，人们也会对之很冷淡，在极端的情况下甚至会在心理上和实际行为中与之产生对抗状态。

绩效评价中的首因效应是指绩效责任主体在绩效评价初期的绩效表现对绩效评价人员评价其以后的绩效表现会产生延续性影响。例如，某绩效责任主体在某绩效期间的第一季度达到了很好的业绩，给绩效评价人员留下了深刻的印象，实际上，该绩效责任主体在整个绩效评价期间的绩效并不是很好，但绩效评价人员还是根据最初的印象给了该绩效责任主体最高的评价。首因效应会给评价工作带来消极的影响，使评价结果不能正确地反映绩效责任主体的真实情况。

（七）近因效应

近因效应是指当人们识记一系列事物时对末尾部分的记忆效果优于中间部分的现象。与首因效应相反，近因效应是指在多种刺激同时出现的时候，印象的形成主要取决于后来出现的刺激，即交往过程中对他人最新的认识占了主体地位，掩盖了以往形成的对他人的评价，因此，也称新颖效应。

绩效评价中的近因效应是指绩效评价人员主要凭绩效责任主体的近期（绩效评价期间的最后阶段）表现，即绩效责任主体在绩效评价期间最后阶段绩效表现的好坏进行绩效评价，导致绩效评价人员对绩效责任主体在整个评价期间的业绩表现得出相同的结论。近因效应会使绩效评价得出不恰当的结论。

（八）溢出效应

溢出效应是指一个组织在进行某项活动时，不仅会产生活动所预期的效果，而且会对组织之外的人或社会产生影响。简而言之，就是某项活动会有外部收益，而且是活动的主体得不到的收益。

绩效评价中的溢出效应是指因绩效责任主体在评价期之前的绩效失误而降低其评价等级。例如，某单位在该绩效评价周期之前发生了生产事故，影响了该单位上一期的业绩，在本轮评价周期中，该单位没有再犯类似的错误，但是绩效评价人员可能会由于该单位上一个评价周期的表现不佳而在该期的评价中给出较低的评价等级。在绩效评价中出现溢出效应是很不公平的，将挫伤绩效责任主体继续提高绩效的积极性。

二、避免绩效评价人员心理误区的路径

避免绩效评价人员心理误区首要的方法就是使绩效评价人员认识各种评价误区。绩效评价人员心理误区实际上是绩效评价人员主观发生的错误，因此，通过使绩效评价人员了解这些误区来避免它们的发生是最直接也最有效的方法。除此之外，为了避免上述绩效评价人员心理误区，还可以采用以下路径：

（1）清晰界定绩效评价指标，以避免晕轮效应、逻辑误差以及各种错误倾向的发生。在评价指标界定清晰的情况下，绩效评价人员能够根据所要评价指标的含义有针对性地做出评价，从而避免对绩效责任主体某一方面绩效的看法影响对整体的评价。另外，界定评价指标同时还包括界定各评价指标之间的关系，以避免绩效评价人员主观臆断地找到所谓的逻辑关系，从而影响评价的准确性。

（2）使绩效评价人员正确认识绩效评价的目的，以避免宽大化倾向及中心化倾向。前面提到，宽大化倾向和中心化倾向产生的一个重要原因是绩效评价人员不希望产生矛盾和摩擦，或者影响绩效责任主体的利益。因此，只要绩效评价人员正确认识了绩效评价的目的，就能避免上述情况的发生。应该让绩效评价人员认识到，绩效评价作为绩效管理的核心环节，对于绩效水平的提升有十分重要的作用，正确的评价能够帮助绩效责任主体更好地实现组织绩效目标。因此，绩效

评价人员并不必然会与绩效责任主体形成对立。

（3）在必要的时候结合使用比较法，以避免宽大化倾向、严格化倾向和中心化倾向。客观地讲，要通过绩效评价人员的认知来绝对避免各种绩效评价人员心理误区是不可能的。在一些情况下，为了做出某些决策，绩效评价的结果必须将绩效责任主体分出所谓的三六九等。这时，在其他评价方法的基础上结合使用强制分配法，能够达到这一目的。

（4）宽大化倾向和中心化倾向的产生原因之一是绩效评价人员对绩效责任主体缺乏足够的了解，对评价的结果缺乏信心。因此，解决这一问题的方法就是使绩效评价人员有足够的时间和渠道，加深对绩效责任主体的了解。

本章小结

本章介绍绩效审计定位于绩效差异改进的相关内容，主要包括：绩效差异识别、绩效差异原因调查、绩效差异改进对策、绩效审计报告、绩效差异改进的后续审计、绩效评价人员的心理误区及解决路径。绩效差异就是实际绩效与预期绩效的偏离，绩效差异重要性就是包括审计委托人在内的利益相关者对绩效差异的最大容忍程度。绩效差异标准通常分为定性标准和定量标准，定量标准分为差异率标准和差异额标准。绩效差异原因调查的方法很多，有的是思路性的，有的是工具性的，有的是定性的，有的是定量的，需要根据具体情况予以选择。绩效差异改进对策的提出是基于绩效差异原因的分析，同时提出解决方案的方法或思路，德尔菲法、头脑风暴法、心智图法都是其中重要的方法。绩效审计报告的核心内容是审计意见，定位于绩效差异改进时，既要对绩效信息的真实性发表意见，也要对绩效水平发表意见，还要对绩效差异的原因发表意见，同时还可能要提出改进绩效差异的建议。绩效审计的目标是促使审计客体提高绩效，因此，要对审计客体是否采纳了审计报告中所提出的各种建议，是否在实践中取得了预期效果进行后续审计，以保证真正发挥绩效审计的作用。绩效评价及绩效差异分析涉及相关各方的心理活动，从绩效评价人员的角度，绩效评价可能出现的心理误区包括晕轮效应、逻辑误差、宽大化倾向、严格化倾向、中心化倾向、首因效应、近因效应、溢出效应等。

思考题

1. 什么是绩效差异？如何识别具有重要性的绩效差异？

2. 绩效差异调查有哪些方法？各种方法的基本原理是什么？

3. 提出绩效差异改进对策建议的方法或思路有哪些？各种方法的基本原理是什么？

4. 绩效审计定位对绩效审计报告有何影响？当定位于绩效差异改进时，绩效审计意见包括哪些内容？

5. 绩效审计定位于绩效差异改进时，为什么要开展后续审计？如何开展后续审计？

6. 从绩效评价人员的角度，绩效评价可能出现的心理误区有哪些？如何应对？

第8章

绩效审计中对违规行为及制度缺陷的考虑

学习目标

1. 掌握审计主题及以其为基础的审计业务体系
2. 掌握绩效审计与其他各类审计的关系
3. 掌握绩效审计中对违规行为的考虑
4. 掌握绩效审计中对制度缺陷的考虑

引导案例

《中华人民共和国审计法》(2006年修订)

第二条　国家实行审计监督制度。国务院和县级以上地方人民政府设立审计机关。

国务院各部门和地方各级人民政府及其各部门的财政收支，国有的金融机构和企业事业组织的财务收支，以及其他依照本法规定应当接受审计的财政收支、财务收支，依照本法规定接受审计监督。

审计机关对前款所列财政收支或者财务收支的真实、合法和效益，依法进行审计监督。

《中华人民共和国审计法实施条例》(2010年修订)

第二条　审计法所称审计，是指审计机关依法独立检查被审计单位的会计凭证、会计账簿、财务会计报告以及其他与财政收支、财务收支有关的资料和资产，监督财政收支、财务收支真实、合法和效益的行为。

《中华人民共和国国家审计准则》

第六条　审计机关的主要工作目标是通过监督被审计单位财政收支、财务收支以及有关经济活动的真实性、合法性、效益性，维护国家经济安全，推进民主法治，促进廉政建设，保障国家经济和社会健康发展。

真实性是指反映财政收支、财务收支以及有关经济活动的信息与实际情况相符合的程度。

合法性是指财政收支、财务收支以及有关经济活动遵守法律、法规或者规章的情况。

效益性是指财政收支、财务收支以及有关经济活动实现的经济效益、社会效益和环境效益。

思考问题： 从《中华人民共和国审计法》到《中华人民共和国审计法实施条例》，再到《中华人民共和国国家审计准则》，审计目标不断具体化，那么，审计目标中涵盖了哪些审计主题？还缺乏什么审计主题？真实性、合法性、效益性各自是哪个审计主题的审计目标？在一个审计项目中，能否同时实现上述审计目标？

绩效审计有三种定位：一是定位于绩效信息鉴证；二是定位于绩效水平评价；三是定位于绩效差异改进。无论何种定位都可能面临两个问题：一是绩效审计是否要考虑绩效相关行为的合法性；二是绩效审计是否要考虑绩效相关制度或管理是否存在缺陷。本章分别阐述上述两个问题，具体内容包括：绩效审计与其他各类审计业务的关系、绩效审计中对违规行为的考虑、绩效审计中对制度缺陷的考虑。

第1节 绩效审计与其他各类审计业务的关系

本节以委托代理关系为基础，介绍以审计主题为基础的审计业务体系，以厘清绩效审计与其他各类审计业务的关系。

一、委托代理关系与多类型的审计业务

从一般意义来说，在委托代理关系中，代理人有两项工作：一是花钱，二是做事，并且花钱是为了做事，且做事必然花钱。但是，这里的钱是委托人给代理人的，这里的事是委托人期望代理人做的。在激励不相容、信息不对称、环境不确定及合约不完备的条件下，代理人可能偏离委托人的期望，产生代理问题，也可能因为“花他人的钱，为他人办事”而放大次优问题。这些代理问题和次优问题的类型很多，有些问题是审计无能为力的，有些问题是审计可以发挥作用的。

二、审计主题与审计业务类型

审计能应对的代理问题和次优问题包括信息错弊、行为违规和制度缺陷，应对不同的问题有不同的审计主题，进而形成不同的审计业务类型。

（一）信息错弊及其审计业务

代理人可能生产或报告失真的信息，这些信息没有真实地反映实际情况。可能是由于代理人的故意行为致使信息失真，此时，属于信息舞弊；也可能是由于代理人的有限理性而导致了信息失真，此时，属于信息错误。信息舞弊和信息错

误合称为信息错弊。发生信息错弊的信息主要有两种类型：一是财务信息，主要反映财务资源的流量和存在的信息，通常体现在财务报表中，这些财务信息在很大程度上体现了代理人对财务资源的使用情况，也就是花钱的状况；二是业务信息，主要反映业务经营过程及结果方面的信息，这些信息在很大程度上体现了代理人实现组织目标的程度，实质上就是做事的状况。代理人为了粉饰其花钱的状况，可能会操纵财务信息；为了粉饰其做事的状况，可能会操纵业务信息。上述两类信息错弊的存在产生了信息审计需求。针对财务信息错弊，产生了财务信息审计，简称财务审计或财务报表审计；针对业务信息错弊，产生了绩效信息真实性鉴证需求，作为绩效审计的基础性定位。

（二）行为违规及其审计业务

委托人将资源交付代理人时，对于财务资源如何使用会有要求，同时，对于如何做事也会有要求；更为重要的是，委托人会要求代理人遵守政府颁布的相关法律法规。所以，总体来说，对于财务行为及业务行为都有合法合规的要求。但是，代理人由于其自利或有限理性，未必会遵守委托人的期望，从而可能出现行为违规。为了治理代理人的违规行为，需要建立治理机制，这就产生了财务收支合规性审计和业务行为合规性审计，它们是违规行为治理机制的组成要素，通过这些审计可以发现代理人的财务违规行为和业务违规行为。

需要说明的是，这里的合规性也就是合法性，只是其适用范围更加广泛，例如，内部审计机构可能将是否遵守组织内部自行制定的规章制度也作为审计内容，此时，称为合规性更为合适。如果站在政府审计机关的角度，则只关注法律法规，合规性就成为合法性。

（三）制度缺陷及其审计业务

代理人为了使花钱、做事有效果，花钱、做事合规，花钱、做事的相关信息真实完整，必须建立一些业务流程及相关制度来保障这些目标的达成。如果制度本身不健全或者不能得到有效执行，则上述各类目标的达成都缺乏基础。但是，代理人由于其自利或有限理性，未必能建立并执行有效的制度来提供这些保障，可能会出现制度缺陷。针对这种代理问题和次优问题，就产生了制度审计，通过这种审计，可以发现制度缺陷，并及时推动这些缺陷得到整改，从而使制度持续可靠。

审计能应对的上述三类代理问题和次优问题，从审计主题来说，可以分为财务信息、业务信息、经济行为和经济制度。这里的经济行为通常是审计只能就某些有明文法律法规及规章的经济行为而不是所有的经济行为是否合法合规进行审计，这里的经济制度是指审计只能就有审计依据的制度而不是所有制度是否健全进行审计。审计主题是审计人员需要采用系统方法来收集证据以发表审计意见的特定事项，基于不同的审计主题，审计人员能发表不同的审计意见。针对财务信息和业务信息，主要发表真实性意见；针对经济行为，主要发表合规性意见；针对经济制度，主要发表健全性意见。以上所述的审计业务体系，归纳起来如表8-1所示。

表8-1 审计业务体系

审计主题		审计目标	审计业务类型
财务信息		真实性	财务审计
业务信息		真实性及其扩展目标	绩效审计
经济行为	财务行为	合规性	财务收支合规审计
	业务行为	合规性	业务合规审计
	其他行为	合规性	××合规审计
经济制度		健全性	制度审计
多种审计主题		多目标	综合性审计

表8-1显示，由于代理问题和次优问题有多种类型，产生了多种审计主题。不同的审计主题有不同的审计目标，基于不同的审计主题和审计目标，产生了不同类型的审计业务，绩效审计只是多种审计业务类型中的一种。它可以作为独立的审计业务，也可以与其他审计业务类型组合起来形成综合性的审计业务。另外，对于业务信息为主的绩效信息，绩效审计有多种定位，鉴证其真实性是基础性的目标，还可以评价绩效水平高低或分析绩效差异以促进绩效差异改进。

第2节 绩效审计中对违规行为的考虑

根据表8-1的审计业务体系可知，针对行为是否违规的审计业务是合规审计。问题的关键是，在绩效审计中，是否要审计绩效相关行为是否违规？本节阐述这方面的内容。

一、绩效审计与合规审计的可能悖论

在绩效审计中，是否要审计绩效相关行为是否合规有两种选择：一是审计；二是不审计。然而，审计与否都有难以解决的悖论。

当选择对绩效相关行为是否合规进行合规审计时，合规审计成为绩效审计的一部分，在审计业务体系中，区分合规审计和绩效审计就变得没有必要，而绩效审计与合规审计确实有不同的审计主题，并且有不同的审计目标，进而还有不同的审计取证模式及审计程序。所以，从审计理论及审计实施角度来说，绩效审计与合规审计确实是两种不同的审计业务。从技术逻辑来说，它们需要作为不同的审计业务类型，并且离开绩效审计，合规审计可以独立开展。所以，总体而言，合规审计不应该成为绩效审计的一部分。

但是，如果绩效审计中不审计绩效相关行为是否违规，也会出现一些难以处理的困境：

（1）当绩效审计定位于绩效信息真实性鉴证时，绩效信息经过鉴证是真实的，

但这些真实的绩效是通过一些违规行为取得的，审计人员如何处理这种情况？

（2）当绩效审计定位于绩效水平评价时，绩效信息经过鉴证是真实的，经与一定的绩效标准进行比较，绩效水平也是较高的，但这些真实且较高水平的绩效是通过一些违规行为取得的，审计人员如何处理这种情况？

（3）当绩效审计定位于绩效差异改进时，绩效信息经过鉴证是真实的，经与一定的绩效标准进行比较，绩效水平也是较高的，有利的绩效差异较大，但这些真实且很高水平的绩效是通过一些违规行为取得的，这些情形的绩效经验能推广吗？

事实上，在绩效审计的不同定位下，如果考虑绩效相关行为的合规审计结论，可能出现有许多困境的情形，其基本情形如表8-2所示。

表8-2 绩效审计结论与合规审计结论的组合情形

绩效审计定位及结论		合规审计结论			
		绩效相关财务行为（花钱）		绩效相关业务行为（做事）	
		合规	不合规	合规	不合规
绩效信息鉴证	真实	★	☆	★	☆
	不真实	☆	★	☆	★
绩效水平评价	高	★	☆	★	☆
	不高	◎	★	◎	★
绩效差异改进	积极差异	★	☆	★	☆
	消极差异	◎	★	◎	★

注：★表示正常情形，☆表示悖论情形，◎表示非正常情形。

二、绩效审计中对违规行为的策略

（一）绩效审计中对违规行为的两种策略

绩效审计中审计绩效相关行为是否合规的悖论及困境告诉我们，既不能将合规审计作为绩效审计的组成部分，也不能不考虑绩效相关行为是否合规。解决这些悖论及困境的策略有两个：一是综合审计策略；二是保持职业关注策略。

综合审计策略就是在一定的环境下，将绩效审计转换类型，使之与合规审计融合，成为综合审计业务，此时，审计主题不只是绩效信息，还包括与绩效相关的财务行为和业务行为，这两个审计主题同等重要，审计目标也并重，当然，在审计结论中需要针对不同的审计目标分别发表审计意见。

综合审计策略既没有将合规审计作为绩效审计的一部分，也没有不考虑绩效相关行为是否合规，有效地解决了绩效审计与合规审计并立可能产生的悖论或困境。但是，这种策略的可能弊端也较为明显：一是会增加审计成本，综合审计是双重审计主题、双重审计目标，要求的审计资源更多；二是可能会造成合规审计冲淡绩效审计的问题，本来是二者的结合，在实务中，由于思维惯性，可能主要关注绩效相关行为是否合规，而对绩效信息鉴证、绩效水平评价、绩效差异分析等目标重视不够。

除了综合审计策略外，还有一种策略是依然保持绩效审计作为独立的审计业务，在审计程序中也不将审计绩效相关行为是否合规作为必要程序，只是在实施绩效审计程序时，对绩效相关行为是否违规保持应有的职业关注。通俗地说，就是在实施绩效审计程序时，对绩效相关行为是否违规保持警觉，如果发现有违规的疑点，则需要判断是否有必要实施追加程序以确认这些疑点是否违规。

在绩效审计中，对违规行为保持应有的职业关注有两个优点：一方面，并不要求在设计绩效审计方案时全面考虑绩效相关行为是否合规，从而避免了将合规审计作为绩效审计的组成部分，也提高了绩效审计效率；另一方面，由于对违规行为保持了应有的职业关注，所以，在绩效审计中，也不是完全不考虑绩效相关行为是否合规，从而也在一定程度上避免了绩效审计与合规审计的可能悖论。然而，这种策略也存在缺陷，由于这种策略只是对绩效相关行为是否违规保持了应有的职业关注，并未系统地收集关于绩效相关行为是否合规的审计证据，所以，并不支持对绩效相关行为是否合规来发表审计意见。当然，如果并不存在对绩效相关行为是否合规发表审计意见的需求，则这种缺陷也是不存在的。

（二）不同策略的选用

绩效审计中对违规行为有两种策略，那么，如何选择呢？或者说，什么情形下应该适用何种策略呢？我们认为，应该以合规风险评估为基础，再考虑审计需求和审计资源，在此基础上决定策略选择，其基本过程如图8－1所示。

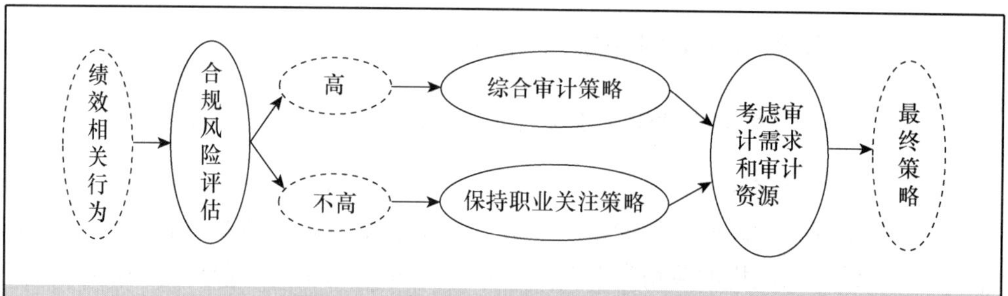

图8－1 绩效审计中对违规行为的策略

图8－1所示的绩效审计中对违规行为的策略选择如下：首先，对绩效相关行为的合规风险进行评估。当评估的合规风险高时，初步选择综合审计策略；当评估的合规风险不高时，初步选择保持职业关注策略。其次，考虑审计需求和审计资源的情况。当对合规审计的需求较高时，可以考虑选择综合审计策略，否则，宜考虑选择保持职业关注策略；同时，还要考虑审计资源的限制，一般来说，综合审计需要更多的审计资源，而保持职业关注策略的审计资源需求较少。最后，在综合考虑上述合规风险评估、合规审计需求及审计资源的基础上，确定对绩效相关行为是否合规的审计策略。

第 3 节　绩效审计中对制度缺陷的考虑

根据表 8－1 的审计业务体系可知，针对制度是否存在缺陷的审计业务是制度审计。问题的关键是，在绩效审计中是否要审计绩效相关制度是否存在缺陷。本节阐述这方面的内容。

一、绩效审计与制度审计的关系

根据表 8－1 的审计业务体系，绩效审计与制度审计是两类不同的审计业务，前者的审计主题是绩效信息，审计目标有多种定位；后者的审计主题是经济制度，审计目标是制度健全性。然而，制度与绩效之间密切的关联导致绩效审计和制度审计之间的关系复杂化。

一般来说，制度是绩效责任主体履行其绩效责任的流程及方法，是绩效的基础。但是，由于影响绩效的原因很多，制度只是其中的一部分，这就导致制度状况与绩效状况可能分离，从而使得制度与绩效之间的关系复杂化，其基本情况如表 8－3 所示。

表 8－3　制度与绩效的关系

绩效状况	制度状况	
	健全	不健全
好	★	◎
不好	◎	★

注：★表示可能出现这种组合，◎表示非正常情形。

表 8－3 显示，制度状况与绩效状况可能具有一致性，也可能会分离。因此，绩效审计和制度审计的关系也就较为复杂。

一些文献提出，从审计思路角度来看，绩效审计有两种模式：一是结果式绩效审计；二是过程/控制式审计。前者是从绩效结果开始开展绩效审计，后者是从绩效产生过程开始开展绩效审计。如果绩效审计采用过程/控制式审计思路，则事实上是寻找绩效产生过程的缺陷，在此基础上提出审计建议，优化绩效产生过程，促进绩效水平的提高。这种思路下的绩效审计，其审计主题已经转换为绩效产生过程，是制度主题而不是信息主题，所以，这种审计事实上已经是制度审计，而不是绩效审计。

另一些文献将绩效审计思路分为结果导向绩效审计、过程导向绩效审计、问题导向绩效审计、风险导向绩效审计。结果导向绩效审计取证模式下，审计人员不是一开始就检查审计客体的经管责任履行过程，而是直接检查经管责任履行结果，对其是否符合绩效标准进行评价，这是典型的绩效审计。过程导向绩效审计是以绩效产生过程为审计主题，本节前面已经分析过，这种审计思路事实上是制度审计，而不是绩效审计。问题导向绩效审计是指审计人员以审计客体暴露的突出问题为线索，从问题的原因追查审计客体业务运行和管理的薄弱环节，提出针对性的改进建议，这种思路的关键是以哪个突出问题为线索，如果是以绩效严重偏离绩效目标为突出问题，这显然是绩效审计，如果以已经发生的事故为线索，很有可能以调查事故原因为主，这事实上是制度审计，而不是绩效审计。风险导向绩效审计立足于对绩效审计风险进行系统分析和评价，并以此为出发点制定审计计划，实施审计实务，这里的风险是指绩效目标不能达成的风险，也就是绩效风险，这种审计当然是绩效审计。

通过上述分析可以看出，由于绩效与制度之间的关系密切，绩效审计与制度审计之间的界限有时并不清晰，许多所谓的绩效审计思路事实上是制度审计，而不是绩效审计。

二、绩效审计中对制度缺陷的策略

（一）绩效审计中对制度缺陷的两种策略

绩效审计有三种定位：一是定位于绩效信息鉴证；二定位于绩效水平评价；三是定位于绩效差异改进。当定位于绩效信息鉴证或绩效水平评价时，由于未涉及绩效的产生过程，这些定位下的绩效审计与制度审计关联不大；当定位于绩效差异改进时，由于制度是绩效的重要原因，绩效审计中要有如何考虑制度缺陷的策略。一般来说，有两种应对策略：一是综合审计策略；二是绩效差异原因策略。

综合审计策略就是改变绩效审计业务类型，将绩效审计与制度审计并重，二者共同形成一种综合审计业务。在这种审计业务中，绩效信息和绩效相关制度都是审计主题，在审计结论中，既要对绩效信息、绩效差异原因及改进对策提出意见，也要对制度健全性发表意见并提出改进建议。此时，绩效审计不是单纯的绩效审计业务，而是与制度审计融合形成了新的审计业务，必须为制度是否健全设计针对性的审计程序。由于制度与绩效关联密切，在许多情形下，名义上的绩效审计事实上是综合审计。这种策略的好处是能全面彻底地调查清楚绩效差异的原因，并从制度的角度进行经验总结或整改，为绩效的持续改进奠定基础。但是，它也有两个弊端：一是审计成本较高，将绩效和制度作为并重的审计主题，会增加审计资源需求；二是操作中可能将制度是否健全作为重点，而淡化了绩效差异的原因，因为许多制度之外的因素也影响绩效，这些因素可能被淡化。

绩效差异原因策略就是绩效审计的类型保持不变，绩效审计定位仍然是绩效差异改进，审计主题仍然是绩效信息，审计目标仍然是绩效差异原因调查及改进措施的提出，并不对制度健全性发表意见。但是，在寻找绩效差异的原因时，将绩效产生过程作为重要的原因来调查，在这种策略下，制度是绩效差异的原因，而不是审计主题（也就是不对制度本身是否健全发表意见，或者不以鉴证制度是否健全作为审计目标）。这种策略的好处是将绩效差异原因调查作为审计重点，从而为绩效审计目标的达成奠定基础；由于未对制度发表意见，也在一定程度上节约了审计资源。然而，如果制度的缺陷较严重，这种策略可能不利于制度的完善。

（二）不同策略的选用

绩效审计中对制度缺陷有两种策略，那么如何选择呢？或者说，什么情形下应该适用何种策略呢？我们认为，应该以制度风险评估为基础，再考虑审计需求和审计资源，在此基础上决定策略选择，其基本过程如图 8－2 所示。

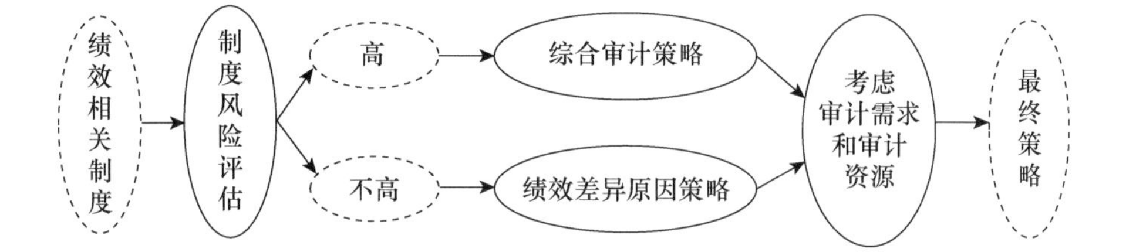

图 8－2　绩效审计中对制度缺陷的策略

图 8－2 所示的绩效审计中对制度缺陷的策略选择如下：首先，对绩效相关制度的缺陷风险进行评估。当评估的制度缺陷风险高时，初步选择综合审计策略；当评估的制度缺陷风险不高时，初步选择绩效差异原因策略。其次，考虑审计需求和审计资源的情况。当对制度审计的需求较高时，可以考虑选择综合审计策略，否则，宜考虑选择绩效差异原因策略；同时，还要考虑审计资源的限制，一般来说，综合审计需要更多的审计资源，而绩效差异原因策略的审计资源需求较少。最后，在综合考虑上述制度缺陷风险、制度审计需求及审计资源的基础上，确定对绩效相关制度缺陷的策略。

本章小结

本章关注两个问题：一是绩效审计是否要考虑绩效相关行为的合法性；二是绩效审计是否要考虑绩效相关的制度是否存在缺陷。审计能应对的代理问题和次优问题包括信息错弊、行为违规和制度缺陷，应对不同的问题有不同的审计主题，进而形成不同的审计业务类型。绩效审计是否要考虑绩效相关行为的合法性，有两种策略：一是综合审计策略；二是保持职业关注策略。综合审计策略就是在一定的环境下，将绩效审计转换类型与合规审计融合，成为综合审计业务。保持职业关注策略是指依然保持绩效审计作为独立的审计业务，在审计程序中也不将审计绩效相关行为是否合规作为必要程序，只是在实施绩效审计程序时，对绩效相关行为是否违规保持应有的职业关注。绩效审计考虑绩效相关的制度是否存在缺陷也有两种策略：一是综合审计策略；二是绩效差异原因。综合审计策略就是改变绩效审计业务类型，将绩效审计与制度审计并重，二者共同形成一种综合审计业务。绩效差异原因策略就是绩效审计的类型保持不变，在寻找绩效差异的原因时，将绩效产生过程作为重要的原因来调查，制度是绩效差异的原因。

思考题

1. 委托代理关系中有许多代理问题和次优问题，其中审计能应对的问题有哪些?

2. 什么是审计主题以及有哪些审计主题? 针对不同的审计主题，形成了哪些审计业务?

3. 如果在绩效审计中不考虑绩效相关行为是否合规，会出现哪些悖论?

4. 绩效审计中，对违规行为的策略有哪两种? 各自是如何考虑绩效相关行为是否合规的?

5. 绩效审计与制度审计是什么关系?

6. 绩效审计中，对制度缺陷的策略有哪两种? 各自是如何考虑绩效相关制度是否合规的?

第9章

绩效审计的电子数据分析

学习目标

1. 掌握电子数据分析的基本步骤
2. 掌握电子数据采集的关键技术
3. 掌握电子数据预处理的关键技术
4. 掌握电子数据分析的关键技术

引导案例

英国国家审计署对“提高英国高等教育学生完成学业能力”进行绩效审计

2001—2002年，英国国家审计署对“提高英国高等教育学生完成学业能力”进行了绩效审计，其中一项重要审计内容为造成高校学生辍学的原因，审计该项内容时运用探索性统计分析法进行了深入研究分析。具体分析过程如下：

审计人员提出了这一问题：学生辍学率是否受高校教学质量的影响？在此基础上，确定了高校教学质量以及学生辍学率这两个变量指标。通过调查研究审计人员发现，高等教育质量评估委员会曾大范围检查过英国高校的教学质量，并根据检查结果，客观综合评估各高校的表现。审计人员认为，评估结果中的高校平均教学评分可作为高校教学质量的指标。对于如何确定辍学率指标，审计人员的选择是，比较获得第一个学位的全日制毕业生的人数与入学时的学生人数。根据高等教育基金委的研究，辍学学生往往选择在第一学年退出学校，所以，审计人员确定另一个变量为“攻读第一个学位的一年级全日制学生的辍学率”。审计人员选择的这两个变量均为连续型变量，故选择变量的“平均值”和“标准差”这两个指标来反映变量特征。连续型变量一般可以选择散点图和直方图进行描述，进行简单探索后，针对本次审计中的两个变量绘制散点图。

审计人员利用 SPSS 软件绘制了关于辍学率和教学质量的散点图，并增加了一条趋势线，对一些异常数值进行了标注。经过以上探索性统计分析，审计人员得出这样的结论：教学质量和攻读第一个学位的一年级全日制学生的辍学率之间存在相关关系，总体上，教学质量越高，辍学率就越低。根据此结论，审计人员进一步专项研究了影响教学质量的具体因素，从而就如何帮助学校降低学生辍学率提出了相应的建议。

资料来源：蒋慧敏．公共财政资金绩效审计中数据分析的应用研究．南京：南京大学，2016.

思考问题： 通过数据分析，审查学生辍学率是否受高校教学质量的影响，这是什么类型的数据分析模型？

电子数据分析作为信息化、大数据时代的分析程序，在绩效审计的各个阶段都可以应用。本章介绍电子数据分析两个方面的内容：一是电子数据分析的基本过程；二是电子数据分析的关键技术，主要包括三个部分的内容，即电子数据采集技术、电子数据预处理技术、电子数据分析技术。

第 1 节　电子数据分析的基本过程

无论电子数据分析应用于绩效审计的哪个阶段，为了避免影响审计客体信息系统的正常运行，规避审计风险并保持审计的独立性，审计人员在进行电子数据审计时，一般都不直接使用审计客体的信息系统进行查询、检查，而是将所需的审计客体的电子数据采集到审计人员的计算机中，同时结合其他来源的电子数据，利用审计软件进行分析。概括起来，电子数据分析的基本过程如图 9－1 所示。

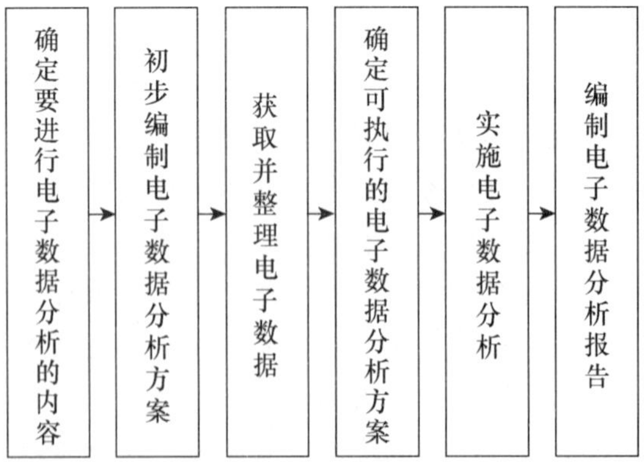

图 9－1　电子数据分析的基本过程

一、确定要进行电子数据分析的内容

电子数据分析是通过数据异常来发现疑点，无论在何种审计阶段应用电子数

据分析都是这个思路。然而，发现疑点的关键是寻找问题，所以要事先确定一个需要进行电子数据分析的内容体系或问题清单，围绕这个体系来设计电子数据分析方案。对于绩效审计来说，在不同的审计阶段，都是寻找绩效信息真实性或绩效水平偏差的疑点，然而，不同的阶段需要寻找的具体绩效信息真实性或绩效水平偏差可能会出现差异，所以，不同的审计阶段运用电子数据分析，需要单独确定电子数据分析的内容体系。

一般来说，对审计客体及相关情况了解之后，需要将绩效审计主题分解为审计标的（审计标的可以再分解为审计事项，下同），并为每个审计标的确定审计具体目标或审计命题。因为审计主题是同类事项的集合，是难以直接实施的审计内容，而具体的审计程序要针对可实施的审计内容。审计主题再分解就成为审计标的，而将关于审计主题的总目标分解到每个审计标的，就确定了审计标的的审计具体目标或审计命题。这个过程犹如将审计总目标这个总命题分解为可具体论证的小命题，所以，这种审计取证模式是命题论证型，而分解过程是这种取证模式的关键。后续的所有工作都是为了验证上述这些审计标的的审计命题（或审计具体目标）。当然，即使有了命题分解，也可以选择事实发现型取证模式，如果没有命题分解，则通常是根据经验初步确定电子数据分析的内容，并不断完善和修改这个内容体系，此时的取证模式只能是事实发现型。

二、初步编制电子数据分析方案

首先，按审计标的编制电子数据分析方案。以每个审计标的为对象，编制验证其审计具体目标可能涉及的数据分析方案，包括分析的问题及分析模型。建立数据分析模型是电子数据分析方案的重点内容，建立数据分析模型的方法可能有多种：依据法律法规的限定、根据业务的逻辑关系、依据数据勾稽关系、利用外部数据关联关系、基于业务规则、基于数据匹配技术、基于孤立点检测、基于数据规律、基于可视化技术、基于数据挖掘技术、基于数据流程、基于迭代式聚类等，都是可能的方法。其次，合并各审计标的的电子数据分析方案，删除重复程序，确定需执行的电子数据分析方案。由于为每个审计标的编制了数据分析方案，在一些情形下，一次数据分析可能与多个审计具体目标相关，甚至与多个审计标的相关，这些数据分析无须多次执行。所以，需要合并各审计标的的电子数据分析方案，删除重复的数据分析，得到一个无重复的电子数据分析方案，这个方案称为需执行的电子数据分析方案。

三、获取并整理电子数据

根据电子数据分析方案，提出电子数据需求，获取并整理电子数据。有了需执行的电子数据分析方案，就可以向审计客体或相关部门及单位提出电子数据需求，通过一定的方式获取这些数据，并对数据进行整理，得到审计人员可以直接利用的数据。

四、确定可执行的电子数据分析方案

获取并整理之后的电子数据可能与审计人员编制电子数据分析方案时的数据期望有差别，为此，需要根据电子数据状况进行调整，确定可执行的电子数据分析方案。

五、实施电子数据分析

执行上个步骤确定的可执行的电子数据分析方案，需要对每个审计标的的每个审计具体目标（或小命题）进行初步验证，将验证为伪的审计命题初步确定为疑点。根据疑点相关的审计标的的重要性，确定疑点的重要性。在此基础上，编制电子数据分析报告。

六、编制电子数据分析报告

电子数据分析报告主要是报告电子数据分析的发现，需要就不同的分析对象分别报告其电子数据分析发现的异常。不同审计阶段的分析结果有不同的用途。一般来说，初步业务活动阶段的数据分析结果不宜作为审计证据，而风险评估阶段的数据分析结果只能作为间接证据，实质性分析程序的分析结果可以作为主要的审计证据之一，其性质仍然是间接证据，只有在相应的违规风险较低时，才可以根据这种分析结果得出关于该特定审计标的或审计具体目标的审计结论。

第2节　电子数据采集和预处理技术

审计人员在进行电子数据审计时，一般是将所需的审计客体的电子数据采集到审计人员的计算机中，利用审计软件进行分析。电子数据审计需要进行如下几个关键步骤：电子数据采集，采集审计客体信息系统中的数据；电子数据预处理，根据对这些数据的分析和理解，将其转换为满足电子数据分析需要的数据形式；电子数据分析，采用通用或专门的审计软件对采集的电子数据进行分析处理，从而发现审计线索，获得审计证据。本节介绍电子数据采集和电子数据预处理的关键技术。

一、电子数据采集

简单地讲，电子数据采集就是审计人员为了完成审计任务，在进行电子数据审计时，按照审计需要从审计客体的信息系统或其他来源中获得相关电子数据的过程。其过程如图9-2所示。

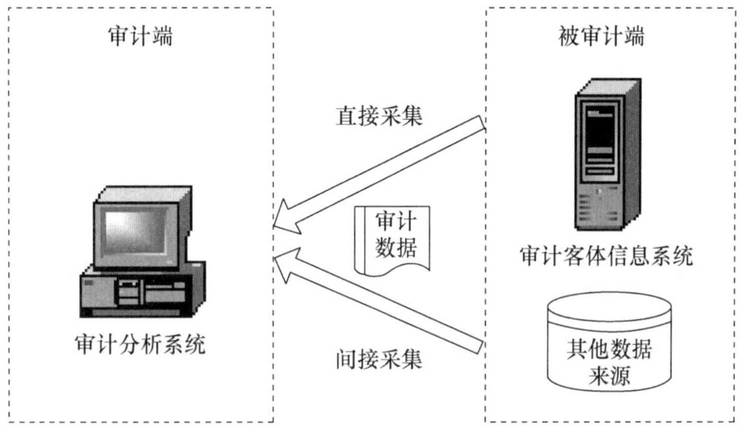

图 9－2　电子数据采集的原理

电子数据采集的对象一般是审计客体信息系统中的电子数据或数据库中的备份数据，审计人员也可以从其他来源获得审计客体的电子数据，例如，从会计核算中心、税务等部门获得电子数据。

（一）电子数据采集的特点

1. 选择性

选择性是指审计人员在进行电子数据采集时只采集与审计需求相关的数据。审计人员在进行电子数据采集工作之前，必须认真分析和研究本次审计工作方案中明确的审计范围、内容以及重点，结合审前调查所提出的数据需求，确认本次电子数据采集的范围、内容以及重点，特别是在不能完全采集电子数据的情况下。例如，当审计人员面对海关、银行、税务等审计客体海量的电子数据时，电子数据采集必须做到有的放矢，减少盲目性，提高审计效率，降低审计风险。

2. 目的性

目的性是指电子数据采集是为进行电子数据分析，发现审计线索，获取审计证据做基础数据准备。如前所述，为了完成面向电子数据的计算机辅助审计，首先需要采集审计客体信息系统中的数据，即电子数据采集；其次，根据对这些数据的分析和理解，将其转换为满足电子数据分析需要的数据形式，即电子数据预处理；最后，采用通用软件或专门的审计软件对采集的电子数据进行分析，从而发现审计线索，获得审计线索，即电子数据分析。由此可见，电子数据采集是开展计算机辅助审计的首要步骤，是为进行电子数据分析，发现审计线索，获取审计证据做基础数据准备的，具有一定的目的性。

3. 可操作性

可操作性是指审计人员在进行数据采集时，需根据审计客体的实际情况选择最合适的电子数据采集方案。后面将会介绍实现电子数据采集的多种多样的技术和方法，因此，在完成电子数据采集任务时，需要根据审计客体的具体情况采取最佳的电子数据采集方案，以降低审计成本和减少审计风险。

4. 复杂性

信息化环境下，审计客体的信息化程度差异较大，一些小的单位多采用自行开发的应用软件，数据库系统也一般采用单机形式，如 Access，Foxpro 等。而一些重要的单位如银行等，信息化程度高，采用的应用软件和数据库系统层次也较高，如数据库系统多采用 Oracle 数据库。有的单位甚至使用盗版软件，软件部分功能不能使用，不能备份数据库，从而无法顺利采集数据。审计客体信息化程度的差异造成审计人员在电子数据采集过程中不能采用同一种方法，必须根据审计客体的实际情况来选择，从而造成了电子数据采集的复杂性。

（二）电子数据采集的主要步骤

在实际的数据的计算机辅助审计过程中，电子数据采集一般可以归纳为以下几个主要步骤，如图 9-3 所示。

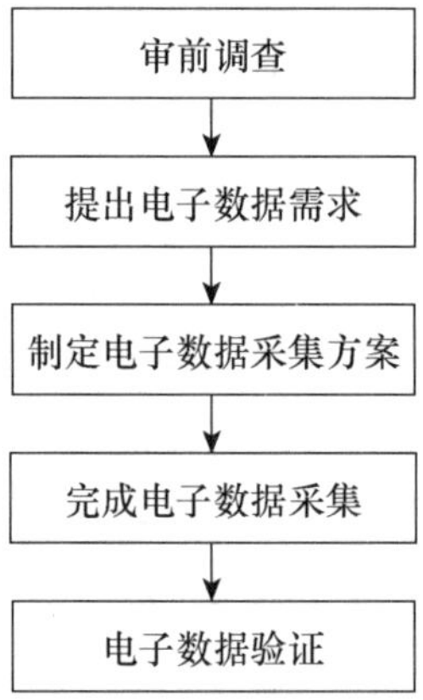

图 9-3　电子数据采集的主要步骤

1. 审前调查（初步业务活动）

开展计算机辅助审计之前，应在对审计客体的组织结构进行调查的基础上，掌握审计客体计算机信息系统在其组织内的分布和应用的总体情况。然后，根据审计的目的和审计客体计算机信息系统的重要性确认深入调查的子系统，进行全面、详细的了解。通过审前调查，对审计客体信息系统的相关情况进行了解。

2. 提出电子数据需求

在审前调查的基础上，应顺利提出书面的数据需求，指定采集的系统名称（必要时还应指定数据库中具体的表名称）、采集的具体方式、指定数据传递格式、所需数据的时间段、交接方式、数据上报期限和注意事项等内容。关键步骤如下：

（1）确定所需数据内容。首先，应在审计组内通报审计客体计算机信息系统的相关情况，将调查所形成的书面材料分发给审计组成员阅读，并由负责具体调查工作的组员对材料进行讲解。审计组全体成员应对所需数据的内容进行讨论之后，再决定初步的数据需求。进行讨论是必要的，原因在于：

第一，通过讨论可以提出尽量全面、完整的数据需求，防止因考虑不周多次、零星地提出数据需求而延误电子数据的获取。

第二，通过讨论使审计组成员了解审计客体计算机信息系统及其数据的概况，为后面的电子数据分析奠定基础。

（2）确定电子数据采集的具体方式。经过审计组讨论，初步确定电子数据需求后，应与审计客体的计算机管理人员商量，从技术的角度考虑所需要的数据能否采集，以哪种方式采集，以及具体的文件格式、传递介质等。如果在正式提出数据需求前不向审计客体的计算机技术人员询问，有可能造成电子数据需求不合理，特别是在数据格式、电子数据采集方式等方面不现实或不是最佳方式，不利于工作的开展。

（3）提出书面数据需求。在做好上述两步工作后，审计组应发出书面的电子数据需求说明书。说明书的主要内容应包括以下几个方面：被采集的系统名称、数据的内容、数据格式、传递方式、时限要求、双方责任等。在实践中，常用的方式是要求审计客体将指定数据转换为通用的、便于审计组利用的格式；也可以通过 ODBC（开放数据库互联）等方式连接，直接对数据进行采集；特殊情况下，还可以移植应用系统及数据。无论采取哪种方式，都应该以审计组的名义发出数据需求说明书，明确目的、内容和责任等事项。数据需求说明书可以消除只进行口头说明可能引起的需求不明，它能准确表达审计组的要求，并使审计客体正确理解数据需求，从而为顺利采集数据奠定基础。另外，在电子数据需求说明书中规定安全控制措施、双方责任等事项还可以在一定程度上避免审计风险。

3. 制定电子数据采集方案

制定电子数据采集方案，选择电子数据采集方法和工具。

4. 完成电子数据采集

根据电子数据采集方案，获得所需要的电子数据。

5. 电子数据验证

对获得的电子数据进行检查，以保证电子数据采集的真实性和完整性，从而降低审计风险。

需要指出的是，在电子数据采集过程中，由于电子资料比纸质资料更容易被篡改，而且难以发现篡改的痕迹，为了降低开展电子数据审计的风险，必须建立电子数据承诺制，即审计客体必须保证所提供电子数据的真实性和完整性。

（三）电子数据采集的方法

在电子数据采集过程中，审计人员常用的方法主要有以下四种。

1. 直接复制

当审计客体的数据库系统与审计人员使用的数据库系统相同时，只需直接将审计客体的数据复制到审计人员的计算机中，即直接复制的方式。

2. 通过中间文件采集

通过中间文件采集是指审计客体按照审计要求，将原本不符合审计软件要求的数据转换成审计软件能读取的格式（如txt格式、XML格式等）提供给审计人员。

对于一些比较敏感的系统，审计人员可能不便于直接接触其系统和相关资料，可以在审计人员的监督下，由审计客体技术人员将数据转换为标准格式数据或审计人员指定格式的数据，然后交给审计人员。

在数据采集的实际应用中，很多情况下采用文本文件作为约定的格式。这主要是因为大多数数据库管理系统都能导出、导入文本文件，应用范围广泛。审计人员在计算机辅助审计的实践中，经常会通过文本文件导入数据，所以掌握文本文件的导入是十分必要的。

3. 通过ODBC接口采集

通过ODBC接口采集数据是指审计人员通过ODBC数据访问接口直接访问审计客体信息系统中的数据，并把数据转换成审计所需的格式。

4. 通过专用模板采集

一些审计软件针对不同的被审计信息系统设计了相应的专用采集模板，审计人员在进行电子数据采集时，通过选择相应的模板可以自动实现数据的采集，这种方式称为通过专用模板采集。

这种方式的优点是使用简单，自动化程度高，对审计人员的技术水平要求不高；缺点是审计软件必须为每一类审计客体的应用软件（包括该软件的不同版本）设计一个专用采集模板。由于目前审计客体所使用的应用软件各种各样，很难为每一类应用软件以及相应的各种版本设计相应的模板，这使得专用模板采集法的成本相对较高。审计人员在实际的工作中，应考虑审计客体的实际情况，即有采集模板时用专用模板采集法，没有采集模板时再用其他数据采集方法。

国内的审计软件AO（现场审计实施系统）就采用了专用模板采集法，以AO 2011为例，其模板采集方法的界面如图9-4所示。

图9-4 AO 2011的模板采集方法界面

四种数据采集方法的优缺点分析如表 9-1 所示。

表 9-1　四种常用数据采集方法的优缺点分析

数据采集方法	影响使用的因素				
	动态还是静态	对被审计信息系统的影响	专业知识需求	对审计客体的依赖性	灵活程度
直接复制	静态	影响小	不需要	不依赖	一般
通过中间文件采集	静态	影响小	不需要	依赖	一般
通过 ODBC 接口采集（从审计客体信息系统中采集）	动态	影响大	需要	不依赖	高
通过专用模板采集（从备份数据中采集）	静态	影响小	不需要	不依赖	低

二、电子数据预处理

（一）电子数据预处理的意义

由于采集来的被审计数据中存在上述数据质量问题，因此需要对采集的电子数据进行预处理，为后续的电子数据分析奠定基础。概括起来，进行电子数据预处理的意义如下。

1. 为下一步的电子数据分析提供准备

采集的被审计数据不一定能完全满足电子数据分析的需要，因此，通过对有质量问题的被审计数据进行预处理，可以为后续的电子数据分析做好准备。

2. 帮助发现隐含的审计线索

通过对被审计数据进行预处理，可以有效发现被审计数据中不符合数据质量的数据。审计人员不能简单地把有质量问题的数据删除，因为这些存在质量问题的数据可能隐含着审计线索。因此，需要对发现的电子数据质量问题进行分析，找出产生质量问题的原因，发现隐含的审计线索。

3. 降低审计风险

有质量问题的被审计数据会影响电子数据分析结果的正确性，造成一定的审计风险。因此，通过对有质量问题的电子数据进行电子数据预处理，可以降低审计风险。

4. 通过更改命名方式便于数据分析

通过名称转换这一电子数据预处理操作，可以把采集的数据表以及字段名称转换成直观的名称，便于审计人员对电子数据分析。

（二）电子数据预处理的内容

根据审计工作的实际，电子数据预处理可简单地分成数据转换和数据清理两部分内容。

1. 数据转换

简单地讲，数据转换就是把具有相同或相近意义的各种不同格式的数据转换成审计人员所需的格式相对统一的数据，或把采集的原始数据转换成审计人员容易识别的数据格式和容易理解的名称。例如，名称转换、数据类型转换、代码转换等。

2. 数据清理

数据清理也称数据清洗。简单地讲，数据清理就是利用有关技术如数理统计、数据挖掘或预定义的清理规则等，从数据中检测和消除错误数据、不完整数据和重复数据等，从而提高数据的质量。数据清理原理可总结如图 9－5 所示。

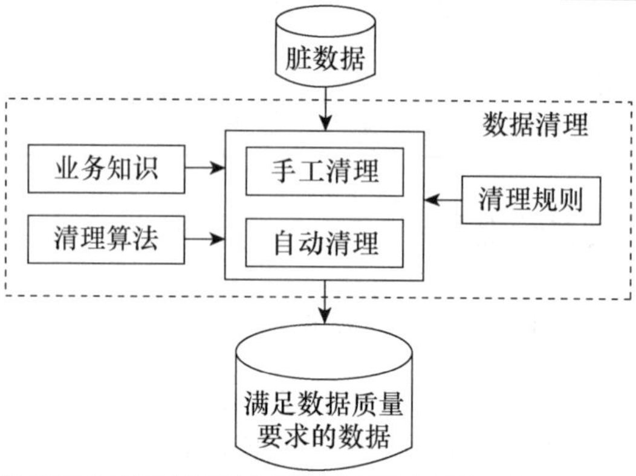

图 9－5 数据清理原理

第 3 节 电子数据分析技术

采集数据的目的是分析数据，本节将介绍一些电子数据分析技术。

一、常用电子数据分析技术

电子数据采集和电子数据预处理的目的是为电子数据分析做准备，通过电子数据分析发现审计线索、获得审计证据、形成审计结论才是审计的最终目的。因此，审计的过程实质上就是不断收集、鉴定和综合运用审计证据的过程。要实现审计目标，必须收集和评价审计证据。注重选择审计证据对做好审计工作有着举足轻重的作用。

综上所述，电子数据分析的目的是通过对采集的电子数据进行分析，从而获取审计证据。因此，如何对采集的数据进行分析是审计人员面临的重要问题。

在信息化环境下，审计的对象是电子数据，因此，审计证据的获取多是通过采用信息技术对被审计数据的分析来完成的。一般来说，常用的电子数据分析方法主要包括数据查询、审计抽样、统计分析、数值分析等，其中，数据查询的应用最为普遍。通过采用这些方法对被审计数据进行分析，可以发现审计线索，获得审计证据。

（一）数据查询

数据查询是目前面向数据的计算机辅助审计（电子数据审计）中最常用的电子数据分析方法。数据查询是指审计人员针对实际的审计客体，根据自身经验，按照一定的审计分析模型，在通用软件（如 Microsoft Access）中采用 SQL（结构化查询语言）语句来分析采集的电子数据，或采用审计软件通过运行各种查询命令以某些预定义的格式来检测审计客体的电子数据。这种方法既提高了审计的正确性与准确性，也使审计人员从冗长乏味的计算工作中解放出来，告别以前手工翻账的作业模式。另外，运用 SQL 语句的强大查询功能，通过构建一些复杂的 SQL 语句，可以完成模糊查询以及多表之间的交叉查询等，从而完成复杂的电子数据分析功能。

目前，多数审计软件都提供了数据查询这种电子数据分析方法。国内的审计软件如现场审计实施系统（AO）、电子数据审计模拟实验室软件等，国外的审计软件如 IDEA 和 ACL 等。

（二）审计抽样

审计抽样是指审计人员在实施审计程序时，从审计对象总体中选取一定数量的样本进行测试，并根据样本测试结果推断总体特征的一种方法。它是随着经济的发展、审计客体规模的扩大以及内部控制的不断健全与完善，而逐渐被广泛应用的审计方法。

根据决策依据方法的不同，审计抽样可以分为两大类：统计抽样和非统计抽样。统计抽样是在审计抽样过程中，应用概率论和数据统计的模型和方法来确定样本量、选择抽样方法、对样本结果进行评估并推断总体特征的一种审计抽样方法。非统计抽样也称判断抽样，由审计人员根据专业判断来确定样本量、选取样本以及对样本结果进行评估。一方面，审计人员可能不知不觉地将个人的偏见体现在样本的选取中，使样本不能客观地反映总体的真实情况；另一方面，也可以利用审计人员的经验和直觉，更有效地发现并揭露问题或异常。因此，非统计抽样只要设计得当，也可以达到与统计抽样一样的效果。

在审计中应用统计抽样和非统计抽样方法一般包括如下四个步骤：（1）根据审计具体目标确定审计对象总体；（2）确定样本量；（3）选取样本并审查；（4）评价抽样结果。

目前，很多审计软件中都开发了审计抽样模块，如现场审计实施系统、电子数据审计模拟实验室软件等，这使得以前烦琐的数学计算、随机数生成等工作得以轻松实现，并可以保证抽样工作的准确性和合法性。审计人员只要按照抽样向导的提示，输入相应的参数即可，为审计人员规避审计风险、提高审计工作质量起到了很大的作用。后面将以电子数据审计模拟实验室软件为例，来介绍审计抽样方法。

（三）统计分析

在面向数据的计算机辅助审计（电子数据审计）中，统计分析的目的是探索被审计数据内在的数量规律性，以发现异常现象，快速寻找审计突破口。一般来说，常用的统计分析方法包括一般统计、分层分析等，在不同的审计软件中统计分析方法的叫法略有不同。常用的统计分析方法介绍如下：

（1）一般统计常用于具体分析之前，以对数据有一个大致的了解，它能够快速地发现异常现象，为后续的分析工作确定目标。一般统计对数值字段提供下列统计信息：全部字段以及正值字段、负值字段和零值字段的个数，某类数据的平均值、绝对值以及最大或最小的若干值等。

（2）分层分析是通过数据分布来发现异常的一种常用方法。其原理一般为：首先选取一个数值类型的字段作为分层字段，然后根据其值域将这一字段划分为若干相等或不等的区间，最后通过观察对应的其他字段在分层字段的各个区间上的分布情况来确定需要重点考察的范围。

（3）分类分析是通过数据分布来发现异常的另一种常用方法。其原理一般为：首先选择某一字段作为分类字段，然后通过观察其他对应字段在分类字段各个取值点上的分布情况来确定需要重点考察的对象。分类分析的思路类似于分类汇总，它是一种简单且常用的数据分析手段。与分层分析不同的是，分类分析中用作分类的某一字段不一定是数值型数据，也可以是其他类型的数据，而分层分析中用作分层的某一字段则一定是数值型数据。

（四）数值分析

数值分析是根据被审计数据记录中某一字段具体的数据值的分布情况、出现频率等指标进行分析，从而发现审计线索的一种电子数据分析方法。这种方法是从微观的角度对电子数据进行分析，审计人员在使用时不需考虑具体的审计客体和具体的业务。在完成数值分析之后，针对分析出的可疑数据，再结合具体的业务进行审计判断，从而发现审计线索，获得审计证据。相对于其他方法，这种电子数据分析方法易于发现被审计数据中的隐含信息。常用的数值分析方法主要有重号分析、断号分析和本福特定律等。

（五）其他智能方法

除了以上常用的电子数据分析方法外，根据目前电子数据审计的需要，研究者还研究和设计了一些新的智能电子数据分析方法，如基于数据匹配技术的电子数据分析方法、基于业务规则的电子数据分析方法等。

二、基于数据匹配技术的电子数据分析方法

（一）原理分析

多个被审计数据源中可能含有相似重复实体，这些相似重复实体可能就是审计过程中要查找的可疑数据。例如，大数据环境下从不同地方采集的被审计数据中，数据 A 中的数据不应该出现在数据 B 中，通过数据匹配技术可以有效地发现

舞弊案件。国内外对数据匹配技术的研究多用来检测数据源中的相似重复数据，以达到提高数据质量的目的，直接把数据匹配技术应用于审计还不常见。

根据以上分析，可以把数据匹配技术应用于大数据环境下的电子数据分析来获得审计证据。为使后面论述方便，首先给出以下几个相关定义。

定义 9.1 相似重复记录

相似重复记录是指那些客观上表示现实世界同一实体，但由于在格式、拼写上有差异而导致数据库系统不能正确识别的记录。

定义 9.2 相似重复实体

相似重复实体和相似重复记录类似。相似重复记录主要针对同一个数据表中的记录；相似重复实体则是指那些分布在不同数据源中，客观上表示现实世界同一实体，但由于在模式级和实例级上有差异而被认为是不同对象的数据。如果能找到数据表中合适的主键，则可用它来解决实体异构的问题。当两个数据源中的记录没有共同的标识符时，相似重复实体检测就变得很重要。

定义 9.3 数据之间的相似度

数据之间的相似度（S）是根据要比较的两条数据的内容而计算出的一个表示两条数据相似程度的数值，$0<S<1$。

定义 9.4 数据相似检测

数据相似检测是指通过计算两条数据之间的相似度，来判定两条数据是不是相似重复数据（这里的相似重复数据包括相似重复记录和相似重复实体）。

定义 9.5 数据匹配

数据匹配是通过对采集的不同数据源中的数据进行匹配（包括数据相似检测），来发现不同数据源中相似重复实体的一种技术方法。

大数据环境下，采集的多个数据源中可能含有相似重复实体，这些相似重复实体可能就是电子数据分析中所要查找的可疑数据。

基于数据匹配技术的电子数据分析方法，其原理如图 9-6 所示。该方法的原理描述如下：

（1）根据对两个被审计数据源的分析，从两个要比较的数据表中选取公共字段。

（2）对两个数据表中的数据进行预处理，如标准化数据字段格式等。

（3）从算法库中调用相似检测算法，根据所选取的公共字段，执行两个数据表中数据之间的比较，并根据预定义的重复识别规则，检测出相似重复实体，从而得到可疑数据。

（4）对检测出的每一组相似重复实体（可疑数据），由审计人员通过一定的方法进行审计判断，并通过对可疑数据的延伸调查，最终获得审计证据。

（二）关键步骤分析

1. 公共字段的选取

要比较的两个数据表在内容上是一致的，但表结构可能不相同，如字段的命

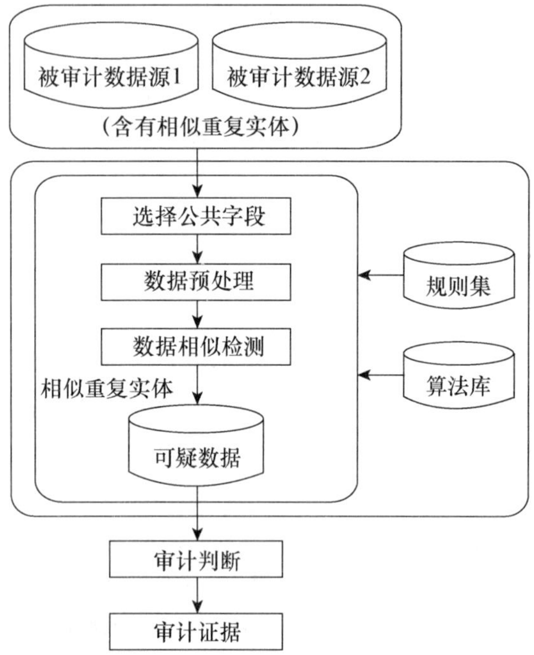

图 9-6　基于数据匹配技术的电子数据分析方法原理

名、字段的顺序、字段的个数等。公共字段的选取是为了从两个数据表中选取要比较的字段，通过对这些公共字段的比较来确定要比较的数据是不是相似数据。所选取的公共字段的字段名可以不一样，但字段内容必须一致。具体来说，假设 D_1，D_2 为两个数据源，$R_1 \in D_1$ 和 $R_2 \in D_2$ 为两个表示同一现实对象的记录，$R_1=\{a_1, a_2, \cdots, a_m\}$，$R_2=\{b_1, b_2, \cdots, b_n\}$。$R_1$，$R_2$ 没有共同的标识符，两者公共字段的集合表示为：$\{Y_1, Y_2, \cdots, Y_k\}$，$k \in [1, N]$，$N$ 为公共字段的数目。考虑两个实体 $a_i \in R_1$，$b_j \in R_2$；假设 $a_i(Y_K)=y_{aik}$，$a_j(Y_K)=y_{bjk}$ 为字段 Y_K 在 R_1 和 R_2 中的值，则需要比较的字段值就是 y_{aik}，y_{bjk}。

对于公共字段的选取，也有一些自动的方法，但为准确起见，一般还是采取人工方式。

2. 数据预处理

如前所述，为了准确地获得审计证据，在进行电子数据分析之前需要对被审计数据进行预处理，因此，在进行相似重复数据检测之前需要进行数据预处理。数据预处理主要用来完成数据标准化等，因为从不同数据源中采集的数据在格式上可能存在差异，所以，通过数据标准化可将特定类型的数据转化成统一格式表示，从而为电子数据分析提供方便。

3. 数据相似检测

（1）数据相似检测原理。数据相似检测是基于数据匹配技术的电子数据分析方法中的关键步骤，通过数据相似检测可以判断两条数据是不是相似重复实体。一些文献对同一数据表中的数据相似检测进行了研究，这里吸收了前人的思想，对数据相似检测算法进行了改进，使其适用于两个数据表中被审计数据的分析，其原理如图 9-7 所示。改进后的算法中，比较的字段就是从两个待比较的数据表中选择的公共字段。对于所要比较的公共字段的权重，可由审计人员根据审计的需要来确定，以提高相似重复实体的检测精度。

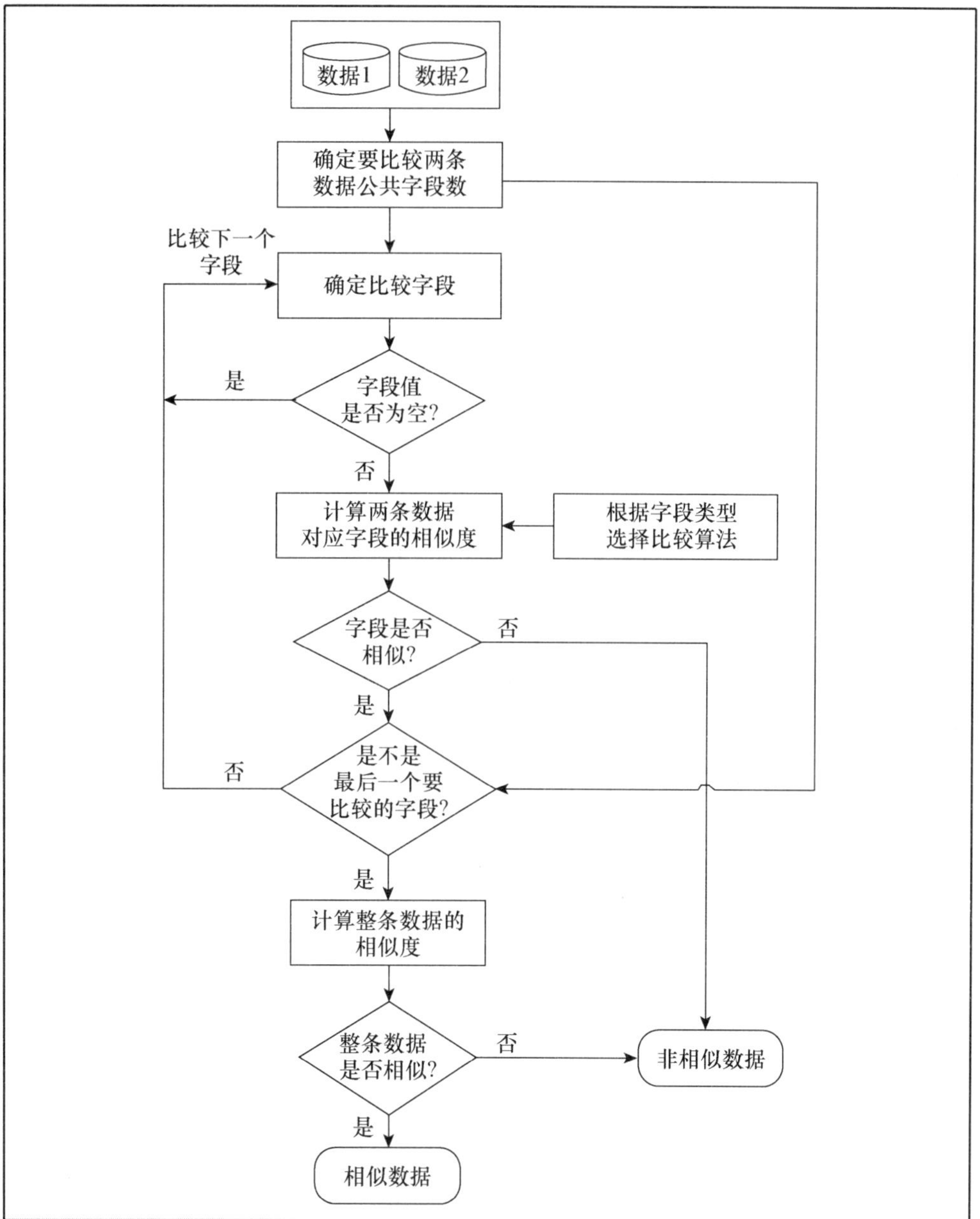

图 9-7　数据相似检测算法原理

（2）字段相似度计算方法。对于不同类型的字段，采用不同的计算方法。

1）布尔型字段相似度计算方法。对于布尔型字段，如果两字段相等，则相似度取 0；如果两字段不同，则相似度取 1。

2）数值型字段相似度计算方法。对于数值型字段，可以采用计算数字的相对差异算法，比如：

$$S(s_1, s_2)=\frac{|s_1-s_2|}{\max(s_1, s_2)}$$

式中，s_1 和 s_2 为数值型字段。也可以采用欧氏距离等方法计算数值型字段的相似度。

3）字符型字段相似度计算方法。对于字符型字段，一个字段可以看成是一个字符串，字符串的相似检测也称字符串匹配，它是计算机科学中一个最重要的研究问题，最主要的方法是基于编辑距离算法。通过采用编辑距离算法，可以计算出两个字段间的编辑距离。由于编辑距离值为整数，为了把字段间的编辑距离转换成字段间的相似度，提出以下转换方法，如表 9-2 所示。

表 9-2　编辑距离和相似度的对应关系定义

编辑距离	相似度
1	0.9
2	0.8
3	0.7
4	0.6
⋮	⋮

表 9-2 中的对应关系也可以由审计人员根据对数据源的分析进行调整，从而更准确地检测相似重复数据，相关内容将在后面实例中做详细分析。

编辑距离算法使用动态程序来实现，它运行 $O(m\times n)$ 次，其中 m 和 n 是两条数据的长度。由于编辑距离算法的计算比较复杂，其原理及实现过程描述如下。

定义 9.6　编辑距离

两个字符串 x 和 y 之间的编辑距离 $d(x,y)$ 定义为：把一个字符串转换成另一个字符串时，在单个字符上所需要的最小编辑操作（如插入、删除、代替）的代价数。

假设 A 是一个有限的符号字母表，A^* 是 A 上所有字符串的集合，ε 表示空符号，$|x|$ 表示字符串 x 的长度，$|\varepsilon|=0$。一个编辑操作就是以下的任何一个：

$$a\rightarrow b，a\rightarrow\varepsilon，\varepsilon\rightarrow a$$

这里的 a，$b\in A$，$a\rightarrow b$ 为一个代替操作，$a\rightarrow\varepsilon$ 为一个删除操作，$\varepsilon\rightarrow a$ 为一个插入操作。如果 $a=b$，则 $a\rightarrow b$ 为一个同一的代替操作，否则为一个不同一的代替操作。一个代价函数就是一个对每个编辑操作指派一个非负实数值的函数。令 $c(a\rightarrow b)$ 表示代替操作 $a\rightarrow b$ 的代价，$c(a\rightarrow\varepsilon)$ 表示删除操作 $a\rightarrow\varepsilon$ 的代价，$c(\varepsilon\rightarrow a)$ 表示插入操作 $\varepsilon\rightarrow a$ 的代价，假设 $S=e_1$，…，e_k 为一个编辑操作的序列，它的代价被定义为：

$$c(S)=\sum_{i=1}^{k}c(e_i)$$

根据以上定义，两个字符串 x 和 y 的编辑距离 $d(x, y)$ 可以被定义为转换 x

到 y 所需的最小操作序列的代价数，即

$$d(x,y)=\min\{c(S)\}$$

式中，S 是一个转换 x 到 y 的编辑操作序列。

计算编辑距离 $d(x,\ y)$ 的标准算法是基于一个动态程序，它使用以下递归公式来计算维数为 $(n+1)\times(m+1)$ 的二维编辑矩阵 $D(i,\ j)$ 中的元素。

$$D(0,0)=0$$

$$D(0,j)=D(0,j-1)+c(\varepsilon\rightarrow y_j),\quad j=1,\cdots,m$$

$$D(i,0)=D(i-1,0)+c(x_i\rightarrow\varepsilon),\quad i=1,\cdots,n$$

$$D(i,j)=\min\begin{Bmatrix}D(i-1,j-1)+c(x_i\rightarrow y_j),\\ D(i-1,j)+c(x_i\rightarrow\varepsilon),\\ D(i,j-1)+c(\varepsilon\rightarrow y_j)\end{Bmatrix},\quad i=1,\cdots,n;j=1,\cdots,m$$

可以看出：

$$d(x,y)=D(m,n)$$

计算编辑距离 $d(x,y)$ 的算法描述如下：

输入：要比较的两个字符串 X，Y

输出：两个字符串的编辑距离

(1) 求 X 的长度 N，Y 的长度 M，如果 N 为 0，返回 M 并退出；如果 M 为 0，返回 N 并退出。

(2) 构建一个 M 行 N 列的矩阵 $D[M][N]$，初始化第一行为 0 到 N；第一列为 0 到 M。

(3) i 从 1 到 N 检测 X 中的每一个字符。

(4) j 从 1 到 M 检测 Y 中的每一个字符。

(5) 如果 $X[i]=Y[j]$，则操作代价 $cost$ 为 0，否则，操作代价 $cost$ 为 1。

(6) 使 $D[i][j]$ 为 minimum($d[i-1][j]+1$，$d[i][j-1]+1$，$d[i-1][j-1]+cost$)，其中，minimum( ) 为求最小值函数。

(7) 返回 $D[M][N]$。

(3) 字段相似检测效率优化方法。大数据环境下，由于被审计数据是海量的，因此，必须提高数据相似检测效率。由图 9-7 所示的数据相似检测算法的流程可以看出：数据间的相似检测依赖于数据中每个字段的相似检测，因此字段的相似检测是一个相当重要的原子操作，其效率直接影响整个算法的效率。对于字符型数据的相似检测，一般采用编辑距离算法。由于编辑距离算法的复杂度为 $O(m\times n)$，当数据量很大时，如果不采用一种高效的过滤方法来减少不必要的编辑距离计算，则会导致相似检测时间过长。因此，为提高数据检测效率，提出了一种基于长度过滤方法优化的相似检测算法。

长度过滤方法基于以下定理。

定理 9.1　长度过滤

任意两个字符串 x，y，其长度分别为 $|x|$，$|y|$，如果 x 和 y 的编辑距离最大为 k，则两个字符串的长度之差最多不能超过 k，即 $||x|-|y||\leqslant k$。

从定理 9.1 可以看出，在计算字段的编辑距离之前，如果能利用此定理对所要比较的记录字段进行过滤，则可大大减少不必要的编辑距离计算，从而提高相似重复记录的检测效率。

假设 R_1 和 R_2 为两条记录，R_1. Field[i]和 R_2. Field[i]是字符型字段，两字段编辑距离的阈值 δ_1，函数 $d(R_1.\text{Field}[i], R_2.\text{Field}[i])$用来计算两条记录中字段 R_1. Field[i]和 R_2. Field[i]的编辑距离，则应用长度过滤方法算法的伪码描述如下：

```
s_int = length(R1. Field[i]);
//求字段 R1. Field[i]的长度
t_int = length(R2. Field[i]);
//求字段 R2. Field[i]的长度
If abs(s_int-t_int) > δ1 Then
Return False;
//如果两字段长度之差大于 δ1,则不用计算编辑距离就可判断两记录不相似
Else
Dist=d(R1. Field[i],R2. Field[i]);
//计算对应字段 R1. Field[i]和 R2. Field[i]的距离
End If
```

（4）数据记录相似度计算方法。整个数据的相似度计算方法为：

$$RS=\sum_{i=1}^{n} w_i S_i$$

式中，RS 为两条比较数据的相似度值；w_i 为两条比较数据中参与比较的各个字段的权重，$w_i\in[0, 1]$；S_i 为两条比较数据中参与比较的各个字段的相似度值，$i=1, 2, \cdots, n$；n 为两条比较数据中参与比较的公共字段的个数。根据 RS 的值可以判断两条比较数据是否相似。

4. 规则集与算法库

规则集与算法库是基于数据匹配技术的电子数据分析方法的一个重要部分。其中，规则库用来保存关于数据匹配的规则，主要包括：

（1）重复识别规则。重复识别规则用来指定两条数据为相似重复数据的条件，例如，字段相似度阈值、数据相似度阈值等。

（2）相似度关系规则。相似度关系规则用来保存编辑距离和相似度的对应关系，供执行相似重复数据检测时调用。

（3）警告规则。警告规则用来指定对一些特殊事件的处理规则及相应的提示

信息。

在对被审计电子数据进行分析时，可根据具体的业务，集中定义相应的规则或者修改已有的规则，从而使该系统适用于不同的业务数据，以具有较强的通用性和适应性。算法库用来存放相似数据检测算法。多种算法存放在算法库中，供电子数据分析时根据不同的情况来选用相应的合适算法。

三、基于业务规则的电子数据分析方法

（一）问题的提出

目前，电子数据分析的目的之一是查找被审计数据中的错误数据。简单地说，错误数据是指数据源中记录字段的值和实际值不相符的数据。对于错误数据的检测，一般有两种相联系的方法。

（1）通过检测被审计数据表中单个字段的值来发现错误数据。这种方法主要是根据被审计数据表中单个字段值的数据类型、长度、取值范围等，来发现其中的错误数据。

（2）通过检测字段之间以及记录之间的关系来发现错误数据。

在进行电子数据分析、查找审计证据时，如果能利用具体的业务知识，则能更好地完成电子数据分析。如表 9－3 所示，错误数据的出现是因为数据违反了业务规则。通过检测记录中各字段的值是否符合业务规则，如是否超出了该字段的数值范围，可以判断该字段值是否正确。使用业务规则来分析被审计数据源中存在的错误数据是最简单、最有效的方法，例如，对于数值越界问题，可以通过把给定数据和其数值的范围（即上下界）进行比较，检测出越界的数值；对于属性依赖冲突问题，可以简单地通过给出一个属性之间的对照检查表来解决。

表 9－3　因违反业务规则而错误的数据

问题	脏数据	原因
不合法值	出生日期＝1970/13/12	数值超出了域范围
违反属性依赖	年龄＝22 出生日期＝1970/12/12	年龄和出生日期不一致
违反业务事实	入库日期＝2003/12/10 出库日期＝2003/10/12	出库日期比入库日期早

基于以上分析，为了查找被审计数据中不符合业务规则的错误数据，提出一种基于业务规则的电子数据分析方法。

（二）业务规则

1. 业务规则的定义与分类

业务规则是指符合业务的某一数值范围、一个有效值的集合，或者某种数据模式，如地址或日期。业务规则根据其内容，可分为通用业务规则和特定业务规则。

（1）通用业务规则。通用业务规则是指对多数信息系统都适用的业务规则，例如，工资必须大于或等于零，如果数据表中“Salary＝－3500”，则表示无效的工资。

（2）特定业务规则。特定业务规则是指针对某一特定行业信息系统的业务规则，例如，在某住房公积金管理中心的公积金管理系统中，同一人在前一笔贷款未全部偿还的情况下不能以不同的购房交易再次贷款，这种规则就属于特定业务规则。

2. 规则的表示方法

在应用基于业务规则的电子数据分析方法时，要根据对具体业务的分析，在规则库中定义相应的业务规则，然后用这些业务规则来完成相应的错误数据检测工作。在基于业务规则的电子数据分析方法中，存在确定性业务规则和不确定性业务规则。因此，在规则库中，业务规则的表示也相应地分成确定性业务规则表示和不确定性业务规则表示，分别说明如下。

（1）确定性业务规则的表示。

R＃：IF(AND (OR {＜CONDITION＞})) THEN
　　({＜ACTION＞})
　END IF

（2）不确定性业务规则的表示。

R＃：IF(AND (OR {＜CONDITION＞WITH＜CF_CONDITION＞})) THEN
　　({＜ACTION＞})WITH＜CF_ACTION＞
　END IF

式中，R＃表示规则号；IF，THEN，AND，OR均为关键字；AND表示它所联系的条件必须同时满足，即“与”的组合；OR表示它所联系的条件必须有一个满足，即“或”的组合；｛｝表示可有一个或多个，但至少有一个；CF_CONDITION和CF_ACTION分别表示规则的可信度和事实的可信度，取值范围如下：

0＜CF_CONDITION＜1

0＜CF_ACTION＜1

在以上规则中，当满足条件＜CONDITION＞时，就会触发动作＜ACTION＞。

3. 规则的表示方法实例

确定性业务规则和不确定性业务规则表示方法的实例如下。

（1）确定性业务规则。

R1：IF R_i(Salary)＜0 THEN
　　该字段值为错误数据；
　END IF

式中，$R_i(Salary)$表示记录R_i中“工资”字段的值。

规则 $R1$ 表示如果记录 R_i 中“工资”字段的值小于0，则该数值为错误数据。

(2) 不确定性业务规则。

R2：IF$\mu_i+\varepsilon\sigma_i<R_i(Salary)$ OR $R_i(Salary)<\mu_i-\varepsilon\sigma_i$ THEN
　　该字段值为错误数据　WITH　0.9；
　END IF

式中，μ_i 表示“工资”字段的平均值；σ_i 表示“工资”字段的标准差；$R_i(Salary)$ 表示记录 R_i 中“工资”字段的值。

规则 R_2 表示如果满足条件：

$$\mu_i+\varepsilon\sigma_i<R_i(Salary)\ \text{OR}\ R_i(Salary)<\mu_i-\varepsilon\sigma_i$$

则该字段为错误数据的可信度为0.9。

(三) 基于业务规则的电子数据分析方法原理

基于前面章节的分析，提出一种基于业务规则的电子数据分析方法，其原理如图9-8所示。即通过在规则库中定义业务规则来检测数据是否满足字段域、业务规则，从而发现审计线索，获得审计证据。

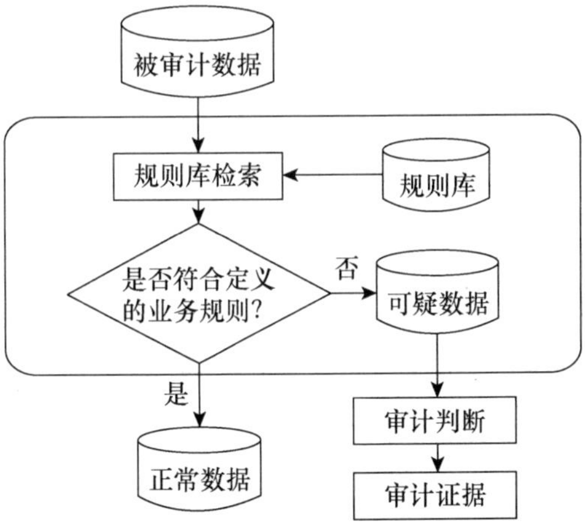

图9-8　基于业务规则的电子数据分析方法原理

基于业务规则的电子数据分析方法简要描述如下：

(1) 根据对审计客体的具体分析，在规则库中定义相应的业务规则。

(2) 对被审计数据执行自动审计。规则库检索模块检索规则库中的业务规则，根据所定义的业务规则，对每条记录做以下检测：

1) 根据字段的域来检测一条记录的每个字段。

2) 根据同一记录中字段之间的关系来检测，如采用函数依赖关系等，对每条记录的多个字段进行检测。

(3) 通过以上过程可以判定每条记录是否符合所定义的业务规则；如果记录

不符合所定义的业务规则，则将该记录“记入”到“可疑数据”数据库中，然后审计人员对可疑数据进行审计判断，从而发现审计线索，获得审计证据。

由以上分析可以看出，这种方法的检测效果取决于对审计客体的具体分析以及所定义的业务规则的数目。

（四）业务规则库的优化策略

基于业务规则的电子数据分析方法的工作过程就是不断搜索规则库，并对数据源中的数据记录进行检查，看其是否符合所定义的业务规则，从而检测出错误数据。由于整个规则库中所包含的规则数目较多，搜索空间较大，势必会降低检测效率。为了提高检测效率和系统运行的可靠性，可以根据对业务规则的分类，把业务规则库分成两个子规则库，即通用业务规则子规则库和特定业务规则子规则库。在完成某个审计数据分析任务时，除了需要到通用业务规则子规则库中搜索外，具体业务只需要到该任务相关的特定业务规则子规则中搜索，这样可以大大减小搜索空间。

（五）实例分析

下面以某医疗保险信息系统中“参保单位”数据表为例，说明基于业务规则的电子数据分析方法的应用。通过对该医疗保险信息系统业务的分析，针对“参保单位”数据表定义的主要业务规则的伪码描述如下：

```
R1：IF RTRIM(Ri(CODE),4)≠2254 THEN
        该字段值为错误数据；
    END IF
```

规则 $R1$ 表示如果记录 R_i 中“邮政编码”字段值的前四位不是“2254”，则表示该数值为错误数据，因为该城市的邮政编码前四位为“2254”。式中，$R_i(CODE)$表示记录 R_i 中“邮政编码”字段的值，$RTRIM(R_i(CODE),4)$表示取 $R_i(CODE)$的前四位数值。

```
R2：IF @ not in Ri(EMAIL) THEN
        该字段值为错误数据；
    END IF
```

规则 $R2$ 表示如果记录 R_i 中“电子邮件”字段的值中没有“@”符号，则表示该数值为错误数据。式中，$R_i(EMAIL)$ 表示记录 R_i 中“电子邮件”字段的值。

```
R3：IF Ri(IFPUBLIC)≠1 OR Ri(IFPUBLIC)≠2 THEN
        该字段值为错误数据；
    END IF
```

规则 $R3$ 表示如果记录 R_i 中“企业事业”字段的值不是“1”或“2”，则表示该数值为错误数据，因为“企业事业”字段的值只有两个，即“1”和“2”，“1”表示该单位的性质为“企业”，“2”表示该单位的性质为“事业”。式中，$R_i(IFPUBLIC)$ 表示记录 R_i 中“企业事业”字段的值。

```
R4：IF Ri(REGISTDATE)<Ri(PASSCHECKDATE) THEN
        该字段值为错误数据；
    END IF
```

规则 $R4$ 表示如果记录 R_i 中“参保日期”字段的值小于“批准日期”字段的值，则表示该数值为错误数据。式中，$R_i(REGISTDATE)$ 表示记录 R_i 中“参保日期”字段的值，$R_i(PASSCHECKDATE)$ 表示记录 R_i 中“批准日期”字段的值。

```
R5：IF Ri(PASSCHECKDATE)<Ri(CHECKDATE) THEN
        该字段值为错误数据；
    END IF
```

规则 $R5$ 表示如果记录 R_i 中“批准日期”字段的值小于“审批日期”字段的值，则表示该数值为错误数据。式中，$R_i(PASSCHECKDATE)$ 表示记录 R_i 中“审批日期”字段的值。

通过运行以上规则，可有效检测出被审计数据源中不符合业务规则的错误数据。通过对这些检测出的错误数据进行审计判断，可以最终获得审计证据。

（六）优缺点分析

基于业务规则的电子数据分析方法具有简单、易用、准确度高等优点。这种方法的审计效果取决于对具体业务的分析以及定义规则的数目，但同时这种方法又具有一定的局限性：它需要审计人员非常熟悉具体的业务，并且被审计数据的业务规则也比较容易获得。总之，从某种程度上说，这种方法也不失为一种好的电子数据分析方法。

本章小结

本章介绍三个方面的内容：电子数据分析的基本过程、电子数据采集和预处理技术、电子数据分析技术。无论电子数据分析应用于绩效审计的哪个阶段，为了避免影响审计客体信息系统的正常运行，审计人员在进行电子数据审计时，一般都不直接使用审计客体的信息系统进行查询、检查，而是将所需的审计客体的电子数据采集到审计人员的计算机中，同时结合其他来源的电子数据，利用审计软件进行分析。电子数据采集就是审计人员为了完成审计任务，在进行电子数据审计时，按照审计需要从审计客体的信息系统或其他来源中获得相关电子数据的过程。由于采集的被审计数据存在数据质量问题，因此需要对其进行预处理，为后续的电子数据分析奠定基础。电子数据分析的目的是通过对采集的电子数据进行分析，获取审计证据。常用的电子数据分析方法主要包括：数据查询、审计抽样、统计分析、数值分析等。

思考题

1. 电子数据分析包括哪些基本过程？
2. 电子数据采集包括哪些步骤？有哪些方法？
3. 电子数据预处理有什么意义？包括哪些内容？
4. 电子数据分析有哪些常用方法？
5. 建立电子数据分析技术的思路有哪些？

第 10 章

绩效审计的产生和发展概况

学习目标

1. 了解发达国家绩效审计的发展概况
2. 了解我国政府审计机关绩效审计的发展概况
3. 了解我国内部审计组织绩效审计的发展概况

绩效审计并不是学者们的理论推导，而是现实生活中已经开展的审计实践活动，本章对国外主要发达国家绩效审计的产生和发展以及我国与绩效审计相关的审计业务发展情况做简要介绍。

第 1 节　国外绩效审计的产生和发展概况

从绩效审计的视角出发，迄今为止，政府审计的发展历史可分为三个阶段：20 世纪 40 年代以前为以财务审计为中心的阶段；20 世纪 40—70 年代为以绩效审计为中心向以财务审计为中心的转型阶段；20 世纪 70 年代以来是以绩效审计为中心的阶段。美国是世界上最早开展政府绩效审计的国家，英国的绩效审计称为货币价值审计，加拿大的绩效审计称为综合审计，澳大利亚对是否开展绩效审计有不同的观点。虽然各国绩效审计呈现不同的特色，但总体来说，自 20 世纪 70 年代以来，绩效审计已经成为各国政府审计的重心，经济性、效率性和效果性是绩效审计的核心内容。

一、美国绩效审计的产生和发展

美国是世界上最早开展政府绩效审计的国家，绩效审计工作量占整个审计工作量的比重已经超过 85%。

美国在审计发展的最早阶段是借鉴英国的经验，于 1789 年在联邦财政部内设审计办公室，审计一直是财政的一部分。1920 年，国会提出议案，决定成立审计署，并送威尔逊总统批准，但因为有审计长独立于总统的条款，遭到总统否决。国会对法案稍做修改后将其提交至下任总统哈定。哈定于 1921 年 6 月 20 日以《1921 年预算和会计法》的修正条款批准了这项法案，并于当年生效。从那时起一直到 20 世纪 50 年代初，美国政府审计的重点一直是发票检查，也就是说，审计人员的工作是审核财政开支的每张凭单，以判断其真实性和合法性。这个时期的审计方法，总体来说，就是账项基础审计。

20 世纪 40 年代以来，由于 1929—1933 年资本主义世界经济大危机的影响，凯恩斯主义盛行，美国政府在社会经济生活中发挥的作用越来越多，再加上第二次世界大战的影响，需要审核的事项增多。为了审计所有账单，美国审计署大量增加雇员，但仍无法完成工作，1945 年末审计凭证达 3 500 万张。在这种背景下，当时的审计长认为，审计署需要从庞杂的基础性工作中解脱出来，每张凭单的具体审查将由各政府部门自行完成，审计署重点检查财务控制和程序，审计人员需要理解和评估审计事项运作的标准，分析实际情况并与标准做比较，衡量“现在怎样”以及“应该怎样”，因此，“标准、原因与结果”就成为这一时期审计报告的基本格式。这一变化，从审计内容来说，实现了从单纯财务审计向综合审计的转变；从审计方法来说，实现了以发票检查为特征的账项基础审计向控制评价为特征的制度基础审计的转变。

20 世纪 70 年代，美国的绩效审计走向准则化和法定化。1972 年，美国审计署根据立法所赋予的权限制定了《政府的机构、计划项目、活动和职责的审计准则》。这份被称为“黄皮书”的审计准则突出强调 3E 审计（对利用资源的经济性、效率性、效果性进行的评价）的重要性，并规定了如下审计目标：检查财务活动和遵循现行法律和规定的情况；评价管理工作的经济性和效率性；评价项目成果与预期成果的关系。这是首次在法规性文件中明确阐述与绩效审计有关的审计目标。《1974 年国会预算和扣押控制法案》首次以立法形式提出了政府绩效审计方法的新发展——项目评估。20 世纪 80 年代以来，新公共管理运动席卷全球，包括两个核心思想：一是强调绩效观念；二是重视量化的评估方法。在新公共管理运动浪潮的推动下，《1993 年政府绩效与结果法案》将绩效预算、绩效评估、绩效审计有机结合，建立起崭新的以绩效为导向的财政管理制度，进一步肯定、强调了项目评估这一新的绩效审计方法。

二、英国绩效审计的产生和发展

英国的政府绩效审计称为货币价值审计，英国国家审计署十分重视绩效审计，每年投向绩效审计的力量约占全部审计力量的 35%。

英国凭借工业革命及资本主义经济所创造的巨大实力，对世界政治、经济、军事、文化、社会等各个方面产生了前所未有的影响。进入 21 世纪以后，“日不落帝国”的风光不再，但英国仍是世界上主要的发达国家之一。就审计领域来看，英联邦 50 多个成员国在很大程度上受到英国审计的影响。即使是非英联邦国家，也有不少借鉴英国的审计经验。

英国政府审计有很长的历史，早在 1314 年财政部就有负责审计政府支出的官员。从此以后，历代王朝都设有审计机构。19 世纪，英国的政治体制发生了较大的变化，议会于 1866 年通过了《国库和审计部门法》，设立了由审计长领导的国库和审计部，它属于政府部门，对政府部门和公共机构进行审计。1921 年，议会对该法做了修改，通过了《国库和审计部门法修正案》。该修正案规定审计长应检查以下内容：政府拨款和赠款的使用是否符合议会的要求；支款程序是否符合授权权限；政府部门及其下属机构的商业、生产活动账目是否真实和正确。1866 年的《国库和审计部门法》及其修正案都没有授权审计长进行绩效审计，但是 1921 年的修正案允许依赖内部控制制度进行抽查。

第二次世界大战之后，随着公共支出的增加，英国出现了具有绩效审计特征的审计业务。1979 年撒切尔夫人上台以后，英国保守党政府推行了西欧最激进的改革计划，开始了在公共管理领域内以注重商业管理技术、引入竞争机制和顾客导向为特征的新公共管理改革，这就是新公共管理运动。在新公共管理运动的背景下，货币价值审计备受关注。1980 年 3 月，英国政府发表了“绿皮书”，该文件归纳了与政府审计机构有关的各种建议。1981 年 2 月，公共决算委员会发布了著名的特别报告书《审计长的作用》。该报告主张制定相应的法律条款，对审计总体结构进行规定。1983 年，《国家审计法》颁布，该法将国库和审计部门改称为国家审计署，直接向议会报告工作，确立了立法型审计体制。该法规定，审计长可以检查任何部门、机构以及其他团体履行职能过程中使用资源的经济性、效率性和效果性，第一次从法律上正式授权英国政府审计部门实施绩效审计。目前，英国的绩效审计一般可以分为四类：对严重的铺张浪费、效率低下和控制薄弱现象的检查；针对特定的部门、重大项目、工程的调查；对管理活动的检查；其他较小规模的检查。

三、加拿大绩效审计的产生和发展

加拿大审计长公署的绩效审计与财务审计相结合，称为综合审计，审计资源中用于经济性、效率性和效果性审计的约占 43%。

1973 年之前，加拿大政府审计部门基本上是从事单一的财务审计。1973 年，麦克唐纳出任审计长，在他的推动下，议会设立威尔逊委员会专门审视国家审计署的职责、与政府部门的关系、报告程序及审计长公署的独立性。1875 年，威尔逊委员会给议会提交报告，建议审计长公署应该关注已经支出的公共资金是否有效益，并向议会报告所发现的不良结果。威尔逊委员会的工作及其他相关因素推动议会于 1977 年通过了新的《审计长法》，这个法案将审计长公署的任务扩展到了审查经济性、效率性和效果性。

与此同时，民间审计组织也在积极开展公共部门的绩效审计研究。1978 年，加拿大特许会计师协会组成的亚当斯委员会在其出具的报告中指出，在非营利领域缺乏诸如盈利和竞争之类的刺激因素，因此扩大对这种机构的审计范围，与企业一样，使审计内容包括经济性、效率性和效果性可能是适宜的。

正是在政府审计和民间审计的共同推动下，加拿大出现了一种称为综合审计的现代审计模式。这种审计模式把传统的财务审计与绩效审计结合起来，既检查和评价审计客体遵守法律法规及会计准则的情况，又检查和评价审计客体的绩效情况，充分体现了审计的综合性。为了便于识别和说明综合审计的性质和范围，加拿大审计长公署创造了一个词组 FRAME，其中：F 表示财务控制，R 表示向国会呈报，A 表示验证和法规，M 表示管理控制，E 表示计算机控制。

1977 年的《审计长法》标志着综合审计在立法意义上正式确立。1980 年，加拿大综合审计基金会（CCAF）成立，其中心任务是在联邦公共部门、省及地方政府以及医院和学校的审计活动中传播综合审计经验。在审计长公署和 CCAF 的联合影响下，加拿大的综合审计得以大大拓展，成为政府审计部门的主要业务之一。

四、澳大利亚绩效审计的产生和发展

澳大利亚国家审计署从 20 世纪 70 年代初期开始对联邦公共部门开展绩效审计。1979 年，有关绩效审计的授权写入修订后的《审计法》。从此之后，澳大利亚绩效审计经过艰难摸索，到 20 世纪 90 年代末许多问题都得到了解决，绩效审计的地位与影响也得以最终确立。绩效审计支出已占国家审计署总预算的 50%，国家审计署内设有四个业务局，两个从事财务审计，两个从事绩效审计，绩效审计与财务审计“平起平坐”。

1974 年，由库姆斯担任主席的澳大利亚政府管理皇家专门调查委员会成立，该委员会第一次对联邦官僚机构进行了广泛的检查，并指出：由于内阁成员政治背景的差异已使得政府各部门的官僚机构不再是中立机构，很多部长以及官僚机构所负责的管理领域都没有很好地向议会尽职。它希望能通过绩效审计这一制度安排来检查公共管理部门负责人的业绩与表现，强化政府公共管理的责任。同时，库姆斯明确表示，绩效审计不应涉及政策本身的合理性问题，他将绩效审计分为效率审计和效果审计，前者由审计机关实施，而后者由于涉及政治问题，由内阁和总理幕僚来完成。

该委员会关于授予审计机关绩效审查的权力的这些建议，受到澳大利亚财政部等部门的强烈反对。它们认为，一些政策问题很难与管理事务相区分，而且对部长进行双重的“猜疑”也是不妥的。但是，澳大利亚总理以及大部分内阁高官都认为有必要对公共管理过程与行为进行审查与监督。1979 年，有关绩效审计的授权最终写入修订后的《审计法》。修订后的《审计法》赋予审计长对政府公共管理机构实施绩效审计的权力，但对国有公司的绩效审计必须得到澳大利亚总理的同意或请求。同时还特别要求审计机关必须向议会提供绩效审计报告并征求审计客体的意见。绩效审计主要面向三个方面：一是政府当局、部长们的责任；二是确保纳税人的资金得到合理使用；三是为审计客体提供更有效管理及使用资源的建议并协助政策的履行。

1979—1990 年是澳大利亚绩效审计艰难摸索的时期，为了应对来自各方面的偏见甚至是敌意，澳大利亚国家审计署不得不进行积极的调整，历任审计长前赴后继，艰难摸索，不断进取，最终凭借自身的绩效审计业绩赢得了社会的理解，为确立绩效审计的地位打下了坚实的基础。从 20 世纪 80 年代中期到 90 年代初，国家审计署和审计客体之间的关系并不太密切，国家审计署也始终处于被质疑的阴霾中。但是，到 20 世纪 90 年代末，许多问题都得到了解决，特别是国家审计署在绩效审计方面取得了公认的成绩，也正是在这一时期，澳大利亚绩效审计的地位与影响得以最终确立。

五、德国绩效审计的产生和发展

德国的审计有着悠久的历史，但真正意义上的绩效审计始于 1969 年修改的《预算法》，修改法案明确了审计院开展绩效审计的权力。但是，总体来说，在发达国家中，无论是实务还是理论研究，德国在绩效审计方面的成就都并不令人瞩目。

德国从 1714 年开始建立审计制度；1871 年建立德意志联邦审计院，隶属于国王；1950 年成立联邦审计院，属于联邦最高机构；1985 年修改联邦《审计法》，审计院不属于议会或政府，也不属于司法机构。

德国的绩效审计始于 20 世纪 60 年代。1969 年，联邦德国修改《预算法》，修改法案进一步扩大了审计院的权力和审计范围。从此，审计院的工作重点和任务发展重大变化，主要任务已经不再是财务收支的合法合规性，而是经济合理性。大体来说，绩效审计关心的问题主要是财政预算和公共财政涉及的内容：一是审查财政预算及经营活动，看政府部门是否按照规定程序和科学方法合理安排预算收支；二是重点审计民众广泛关注的养老、医疗保险和高等教育资金的使用效率和效果；三是审计公共投资及其资产，审查政府投资项目确立的目标是否适当，项目可行性研究是否与客观情况相符，可操作性、合规性、效益性满意度等；四是对政府在私人企业中所占股份的效益审计，主要审查政府在该企业的投资或资助中是否取得最大收益。

横向审计作为德国联邦审计院进行绩效审计的一种独特审计方式，是德国绩效审计的特色。横向审计主要是利用数值分析和情况分析，通过选择具有代表性的管理部门进行比较，对限定范围内的管理工作做出评价。主要是就同一审计事项或问题，对许多不同的公共部门和单位进行比较分析，查明产生问题的原因，并提出处理办法和建议，其实质上是比较分析方法在审计工作中的灵活运用。横向审计帮助审计人员找到评价经济性的标准，查明问题产生的原因，有针对性地提出改进建议，易于审计客体接受。同时，横向审计有助于审计人员发现具有普遍性、代表性的问题，从宏观角度提出意见和建议，以促使财政预算的调整和立法的完善。

六、法国绩效审计的产生和发展

法国的绩效审计始于 20 世纪 70 年代，但是，绩效审计本身的特点决定其难以进入司法程序，法国的司法型审计体制致使其绩效审计发展较慢。

早在 1318 年，腓力五世就敕令建立由法官审查公款使用的制度，奠定了法国司法审计的基础。1807 年拿破仑创立审计法院，为法国现代审计奠定了基础。当时不存在开展绩效审计的内在动因，主要是开展合规性审计。20 世纪 40 年代至 70 年代中期是法国的传统审计完善时代，这一时期的主要特点是完善合规性审计，同时扩大审计范围。20 世纪 70 年代后期开始了法国的现代审计时代。1976 年议会通过法律，审计法院开始对国有企业的账目和管理发表意见。1982 年，为适应地方分权的需要开始进行管理审计。1991 年《组织法》第 58 条赋予审计法院对公共政策进行调查的权力。1996 年《宪法》修正案规定，审计法院应协助议会监督公共资金的使用。2006 年审计法院开始对国家财政支出的绩效进行认证。法国的绩效审计遵循两个指导性原则：资金的良好使用和良好管理。总体来说，法国的绩效审计主要由管理审计和公共政策绩效审计组成。管理审计涉及的主要范围包括：政府各个部门及其公共机构；社会保险机构；国有企业以及国家拥有部分资产的合资企业；国家给予财政补贴或享受国家税收优惠的企业。审计法院开展管理审计旨在对管理活动提出管理意见和建议。至于公共政策绩效审计，主要是在美国审计署的影响下于 20 世纪 90 年代初期发展起来的，这类审计涉及的范围相当广泛，如教育体制、医疗卫生体制、社会保障体制、交通建设、就业政策、领土整治、环境保护、移民政策、司法管理、国防建设等。

七、瑞典绩效审计的产生和发展

2003 年之前，瑞典政府审计体制属于行政型，在这种审计体制下，瑞典政府审计局从 20 世纪 60 年代开始实施绩效审计。到 20 世纪 80 年代，绩效审计成果显著并积累了丰富经验，在政府审计局的工作中，绩效审计占用审计资源的 80%。

瑞典政府审计始于 1539 年成立的皇家审计厅，主要审计内容是皇家的财政及审计与主计工作。后来，瑞典政府审计经历了一系列的变革。1920 年，瑞典成立属于中央政府的审计机构，后改组为瑞典政府审计局。当时，为弥补政府审计的缺陷，瑞典还设有议会审计局，负责对议会和内阁各部门的审计工作，议会审计局的审计师由议会从议员中选出。瑞典政府审计局负责政府审计工作，同时负责政府会计和政府管理工作。进入 20 世纪，瑞典向福利国家迈进，在这个过程中政府一方面增加税收，另一方面扩大支出，因此，瑞典政府审计的工作重点一直放在对政府各项拨款与支出的审计上，以保证政府福利国家目标的实现。20 世纪七八十年代是瑞典政府审计发展的重要时期，标志有两个：一是发布《瑞典政府审计局法》，使政府审计有了法律依据，同时有了审计行为的基本规范；二是开始大力发展绩效审计。尽管 20 世纪 60 年代政府审计组织就已经开始实施绩效审计，但直到 20 世纪 80 年代，绩效审计才成为政府审计普遍实施的主要内容之一，绩效审计成果显著并积累了丰富经验，成为一种比较规范的审计方式。随着法律规定的日益完善和绩效审计的日趋成熟，绩效审计在瑞典取得了与财务审计同等重要的地位。在政府审计局的工作中，绩效审计与财务审计、财政管理形成了三分天下的局面。2003 年 7 月 1 日起，议会审计局和瑞典政府审计局合并为国家审计署，直接对议会负责，隶属于议会，它主要有两大任务：一是对政府机构及其所属的 270 个办事处的经营活动进行年度审计——财务审计；二是对政府工作的效力和效率进行审计——绩效审计。

八、国外绩效审计产生和发展的背景

以上介绍了有代表性的国家的绩效审计是如何产生和发展的。为什么绩效审计会出现呢？为什么绩效审计会发展呢？为什么不同国家的绩效会有区别呢？

不同的学者有不同的解释，但是，这些解释都可以归结为是环境因素制约绩效审计的产生和发展。在诸多的环境因素中，经济环境和政治环境可能是发挥主要作用的环境因素。

就政府绩效审计来说，经济环境是指经济发展水平、经济规模、经济体制等对绩效审计的影响。20 世纪 30 年代主张国家全面干预经济活动的凯恩斯主义兴起，政府职能迅速扩张，公共开支急剧增加，在这种背景下，公众要求评估政府绩效、减少和优化政府职能、强化经济责任的呼声越来越高。具有独立地位和专业资格的审计组织对管理公共资源的政府官员所负的经济责任进行审查，提供客观公正的反馈信息，使授予政府使用和管理公共资源权力的公众及其代表能够直接了解政府管理公共资源的状况和履行经济责任的情况，帮助立法机构乃至整个社会监督政府，从而把财务审计推进到绩效审计。此外，随着科学管理在公共管理中的运用，也为绩效管理、绩效评估提供了重要的技术支持。

就政府绩效审计而言，政治环境是指在一定的社会政治制度下形成的对政府绩效审计产生影响的政治体制、预算管理体制等制度条件。政治体制和预算管理体制对政府绩效审计有重大影响，在不同的政治体制下，审计机关的权限、审计重心、审计独立性、审计的组织形式等皆有所不同；不同的预算管理体制下，绩效审计的效果也不同。例如，美国实行立法、行政、司法三权分立制度，这一制度使其国家机器运转的许多方面呈现一种权力制衡关系。政府绩效审计针对财政资金使用部门的业绩、效率进行客观和公正的分析及评价。同时，美国的预算编制和预算执行分别由两个独立的部门完成，联邦预算管理局负责编制预算，财政部则负责执行预算，这样审计机关对预算执行部门进行审计就不会遇到自身预算受到不正当限制的问题，同时，美国审计署的预算经费直接由国会审批。这两种管理体制确保了美国对预算执行部门的业绩、效率进行审计有制度和经费的保证。

自 20 世纪 70 年代西方发达国家开始实施绩效审计以来，有学者进行过国别绩效审计比较研究，认为在西方发达国家能够开展绩效审计，其他欠发达国家也应当能够开展。有人在比较西方国家绩效审计开展情况后认为，沙特阿拉伯也存在开展绩效审计条件；还有人将美国、瑞典与利比亚的政府审计进行比较分析后认为，利比亚也应该且有条件开展绩效审计；更有一些学者认为，所有政府审计部门都应当大力倡导绩效审计。这些研究都告诉我们，不只是发达国家才能开展绩效审计，也不只是在一定的审计体制下才能开展绩效审计，但是，这些环境因素可能对绩效审计产生影响，从而使得绩效审计在不同国家呈现自己的特色，形成各具特色的绩效审计。

第2节　我国绩效审计的产生和发展概况

本节将对我国政府审计机关开展的绩效审计及内部审计开展的同类性质的审计业务的产生和发展情况做简要介绍。

一、我国政府审计机关开展的绩效审计

自1983年新中国审计事业恢复至今，政府绩效审计从独立探索、与国际接轨探索直至现在的全面推进，成效显著。政府绩效审计在提高财政支出绩效，促进高效、精干、廉洁政府机构的建立等方面起到了重要作用。但是，由于政府绩效审计在我国起步较晚，无论是在理论上还是实践上都还有许多问题需要解决，政府绩效审计的发展任重而道远。

（一）政府绩效审计独立探索阶段（20世纪80年代初至21世纪初）

1983年，随着中华人民共和国审计署的诞生，绩效审计以经济效益审计的名义走进我国，我国审计机关开始独立探索具有中国特色的经济效益审计。我国审计机关成立之初就树立了注重经济效益这一理念。1984年开始在全国范围内开展试审，充分关注经济效益问题，全国审计机关对1 263个部门和审计客体进行了试审，如天津铁厂经济效益审计、山西小氮肥行业经济效益审计、鞍钢内部控制评价、山东审计局关于企业内部控制制度评价，都是当时比较典型的经济效益审计案例。试审中对经济效益的关注，对改善单位经营管理、提高经济效益、增收节支起到了积极作用。

1991年初，在全国审计工作会议上，审计署首次提出："各级审计机关都要确定一批大中型企业进行经常审计，既要审计财务收支的真实性、合法性，又要逐步向检查有关内部控制制度和经济效益方面延伸，并做出适当的审计评价，推动经济效益的提高。"自从提出"两个延伸"后，国家和地方一些审计机关陆续开展了经济效益审计试点。

20世纪90年代后期，我国审计机关还结合宏观经济，开展了一些带有宏观经济效益审计性质的项目。例如，全国审计机关同时开展了建设项目开工前审计，共审计20 000多个项目，审计后对716个不具备开工条件的建设项目提出了意见，压缩建设规模的总资金达128.5亿元；同时，还在全国范围内组织对165个国家重点建设项目进行审计，共审计项目总投资2 007亿元，经审计处理后为国家节省

38 亿元。政府审计机关开展的行业审计、对五省市公路养路费审计等都带有宏观经济效益审计性质，针对审计中发现的带有普遍性的问题，从宏观上提出加强管理、提高效益的建议，在一定程度上发挥了审计在改善宏观经济管理中的积极作用。

据不完全统计，在审计署成立后十几年开展的经济效益审计中提出的改善经营管理的建议，使企业经济效益增加约 211 亿元。

（二）政府绩效审计与国际接轨探索阶段（21 世纪初至《审计署 2006 至 2010 年审计工作发展规划》发布）

2001 年之前，审计机关主要从事真实性和合规性审计，效益审计主要针对国有企业。从本质意义上说，并没有开展针对公共财政资金的绩效审计。在企业经济效益审计的探索中，也强调中国特色的经济效益审计与西方绩效审计的区别。2001 年之后，针对公共财政资金的绩效审计起步，与国际绩效审计接轨的理念开始被理论和实务工作者接受。

2001 年，审计署组织了退耕还林还草试点工程资金项目审计、农村电网审计；2002 年审计署统一组织了国债专项资金、重点机场建设项目、民航建设资金、国土专项资金、三峡库区外迁移民安置资金、农业综合开发资金、企业基本养老保险金的审计。这些审计项目从资金支出效果或预期目标完成程度来评价资金绩效，既有真实性、合规性审计的内容，又有绩效审计的内容，是专项资金财务审计延伸的效益审计。

2002 年，深圳市开始探索与国际接轨的绩效审计。深圳市审计局在市人大的关注、参与和推动下，借鉴香港地区绩效审计的经验，对市卫生系统医疗设备采购及大型医疗设备使用和管理进行了绩效审计；2003 年对深圳市海上田园风光旅游区、深圳经济特区污水处理建设项目、深圳市经济合作发展基金管理使用、深圳市福利彩票公益金等 4 个项目进行了绩效审计；2004 年对科技三项费用、政府部门预算（深圳市环境保护局）、深圳大学城、市客（货）运场站、大沙河整治工程、城管办下属 13 家市政公园建设和管养情况、生活垃圾无害化处理和市东湖医院建设项目等 8 个项目进行了绩效审计。

2003 年，《审计署 2003 年至 2007 年审计工作发展规划》要求到 2007 年投入效益审计的力量占整体审计力量的一半左右。当时的审计署领导明确指出，我国在今后将逐步开展效益审计，效益审计的重点是重大违法违规案件、因盲目决策造成的重大浪费和国有资产流失、单纯追求速度而片面提供优惠政策造成国家和人民利益受到损害这三大领域。

（三）政府绩效审计全面推进阶段（《审计署 2006 至 2010 年审计工作发展规划》发布至《审计署 2008 至 2012 年审计工作发展规划》发布）

经过前一段时期的探索，我国对绩效审计的国际惯例和中国特色都有了一定程度的理解，也积累了一些成功的经验，基本具备了全面推进绩效审计的条件。

2006年，《审计署2006至2010年审计工作发展规划》指出，今后五年审计工作的主要任务是：认真落实修订后的审计法，全面加强审计监督……全面推进效益审计，促进转变经济增长方式，提高财政资金使用效益和资源利用效率、效果，建设资源节约型和环境友好型社会。在审计内容和审计方式上坚持“两个并重”：坚持财政财务收支的真实合法审计与效益审计并重，每年投入效益审计的力量占整体审计力量的一半左右。以专项审计调查为主要方式，以揭露严重损失浪费或效益低下和国有资产流失问题为重点，以促进提高财政资金使用效益和管理水平为主要目标，全面推进效益审计，到2010年初步建立起适合中国国情的效益审计方法体系。这标志着政府绩效审计已经成为今后审计工作的重点内容和发展方向，政府绩效审计进入全面推进阶段。

（四）综合审计阶段（《审计署2008至2012年审计工作发展规划》发布之后）

2008年，《审计署2008至2012年审计工作发展规划》提出，全面推进绩效审计，促进转变经济发展方式，提高财政资金和公共资源配置、使用、利用的经济性、效率性和效果性，促进建设资源节约型和环境友好型社会，推动建立健全政府绩效管理制度，促进提高政府绩效管理水平和建立健全政府部门责任追究制。到2012年，每年所有的审计项目都开展绩效审计。从此之后，绩效审计并不作为独立的审计项目，而是与合规审计融合，成为综合审计的组成部分。

二、我国内部审计组织开展绩效审计的简要历程

我国内部审计组织对绩效审计的探索，在2003年之前，与政府审计基本一致，是以经济效益审计的形式出现的。2003年之后，中国内部审计协会陆续发布内部审计准则，经济效益审计被经济性审计、效率性审计、效果性审计等取代。

我国内部审计组织对经济效益的探索体现在两个方面：一是法规条款的规定；二是具体的经济效益审计实践。

从法规条款的规定来说，1983年，审计署在向国务院提交的《关于开展审计工作几个问题的请示》中指出：对下属单位可根据工作需要，建立内部审计机构，或配备审计人员，实行内部审计监督。在审计业务上，要受同级审计机关的指导。

1985年8月，国务院颁布《国务院关于审计工作的暂行规定》，其中第十条规定：国务院和县级以上地方各级人民政府各部门，大中型企业事业组织应当建立内部审计监督制度，根据审计业务需要，分别设立审计机构或审计人员，在本部门主要负责人的领导下，负责所属单位和本行业的财务收支及其经济效益的审计。

1985年12月，审计署首次颁布的《审计署关于内部审计工作的若干规定》指出：内部审计是部门、单位加强财政财务监督的重要手段，是政府审计体系的组成部分。国家行政机关、国营企业事业组织应建立内部审计监督制度，以健全内部控制，严肃财经纪律，改善管理，提高效益。

1988年11月，国务院颁布《中华人民共和国审计条例》，其中第二十七条

规定：国家金融机构、全民所有制大中型企业、大型基建项目的建设单位和财务收支金额较大的全民所有制事业单位以及审计机关未设立派出机构的政府部门等，可以根据需要设立内部审计机构或者审计工作人员。第二十八条规定：内部审计机构或者审计工作人员在本单位负责人领导下，依照国家法律、法规和政策的规定，对本单位及本单位下属单位的财务收支及其经济效益进行内部审计监督。

1989 年，审计署第二次颁布的《审计署关于内部审计工作的规定》重申，内部审计是中国审计体系的组成部分。政府部门、全民所有制企业事业单位实行内部审计制度，以加强内部的管理和监督，维护财经法纪，改善经营管理，提高经济效益。

1995 年 7 月，审计署第三次颁布的《审计署关于内部审计工作的规定》指出，内部审计是部门、单位实施内部监督，依法检查会计账目及其相关资产，监督财政收支和财务收支真实、合法、效益的活动。国务院各部门和地方人民政府各部门、国有的金融机构和企业事业组织，以及法律、法规、规章规定的其他单位，依法实行内部审计制度，以加强内部管理和监督，遵守国家财经法规，促进廉政建设，维护单位合法权益，改善经营管理，提高经济效益。审计机关对单位的内部审计工作进行指导和监督。

2003 年，审计署第四次颁布的《审计署关于内部审计工作的规定》提出，内部审计是独立监督和评价本单位及所属单位财政收支、财务收支、经济活动的真实、合法和效益的行为，以促进加强经济管理和实现企业经济目标为目的。

2003 年 4 月以后，中国内部审计协会陆续发布了《内部审计基本准则》《内部审计人员职业道德规范》和 20 多项内部审计具体准则、实务指南。《内部审计基本准则》对内部审计的定义是：组织内部的一种独立客观的监督和评价活动，它通过审查和评价经营活动及内部控制的适当性、合法性和有效性来促进组织目标的实现。

上述关于内部审计法规和准则清楚地表明，经济效益审计或后来的经济性审计、效率性审计、效果性审计，是内部审计的重要审计事项。

2005 年，中国内部审计协会提出了内部审计转型要求，倡导内部审计工作从传统的财务收支审计为主转向财务收支审计与风险导向绩效审计并重。通过对内部审计的理念、职能、目标、内容、方式、手段实行改造，把内部审计从传统财务审计推向现代管理审计。主要体现在：在审计理念上，由注重结果、重在治标向注重过程、重在治本转变；在审计职能上，由单纯监督检查的保护性职能向与咨询服务的建设性职能并重转变；在审计目标上，从以单纯的检查纠正财务会计领域的错弊为主，向以评价并改善风险管理、控制和治理程序的效果为主转变；在审计内容上，由以财务收支为主向与业务控制和信息系统控制并重转变；在审计方式上，由结果导向为主向与过程导向并重转变，由事后监督为主向与事前、事中全过程监督并重转变；在审计手段上，由手工操作为主向利用计算机、网络信息技术为主转变。

从具体的经济效益审计实践来说，我国内部审计组织在政府审计机关的推动下，积极开展经济效益审计的探索。云南财贸学院内部审计课题组1998年对全国内部审计情况的调查显示，72.8%的内部审计部门开展了经济效益审计，具体情况如表10－1所示。

表10－1　内部审计业务类型分布

业务类型	开展该业务的企业占全部企业的比例（%）
财务审计	92.3
经济效益审计	72.8
经济责任审计	72.8
工程预决算审计	10.2
经济合同审计	15.4
法纪审计	23.1
内部控制评审	18.0

中国内部审计发展研究中心2008年对国有企业内部审计问卷调查数据显示，各种形式的管理审计已经成为内部审计部门的重要审计事项，在全部审计业务中占有重要地位，具体情况如表10－2所示。

表10－2　内部审计业务重要性

业务类型	该业务占全部业务的比例（%）
财务审计	23.70
经济责任审计	20.21
专项审计	11.40
投资审计	10.97
经营审计	8.41
内部控制审计	8.37
采购审计	5.61
合规审计	3.77
其他审计	3.13
风险审计	2.60
舞弊审计	1.36
IT审计	0.47
合计	100.00

自2014年1月1日起施行的《第1101号——内部审计基本准则》规定，内部审计是一种独立、客观的确认和咨询活动，它通过运用系统、规范的方法，审查和评价组织的业务活动、内部控制和风险管理的适当性和有效性，以促进组织完善治理、增加价值和实现目标。这里的业务活动是行为审计主题，这里的内部控制和风险管理是制度审计主题，由此可知，我国的内部审计已经走向了行为审计与制度审计并重的发展方向，纯粹意义的绩效审计已经不是发展方向，尽管也颁布了《第2202号内部审计具体准则——绩效审计》。

本章小结

本章介绍了国内外绩效审计的产生和发展概况，包括：主要发达国家的政府审计机关绩效审计的产生和发展概况；我国政府审计机关的绩效审计的产生和发展概况；我国内部审计组织的绩效审计的产生和发展概况。

思考题

1. 美国绩效审计是如何产生和发展的？
2. 英国绩效审计是如何产生和发展的？
3. 加拿大绩效审计是如何产生和发展的？
4. 澳大利亚绩效审计是如何产生和发展的？
5. 德国绩效审计是如何产生和发展的？
6. 法国绩效审计是如何产生和发展的？
7. 瑞典绩效审计是如何产生和发展的？
8. 国外绩效审计产生和发展的背景是什么？
9. 我国政府审计机关开展的绩效审计经历了哪些阶段？
10. 我国内部审计组织开展绩效审计的简要历程是什么？

第 11 章

中国政府审计机关的绩效审计准则

学习目标

1. 掌握绩效审计通用操作指南
2. 掌握部门预算支出绩效审计操作指南
3. 掌握专项资金绩效审计操作指南
4. 掌握国有企业绩效审计操作指南
5. 掌握政府投资项目绩效审计操作指南
6. 掌握资源绩效审计操作指南
7. 掌握区域环境绩效审计操作指南
8. 掌握政府外债项目绩效审计操作指南
9. 掌握常用绩效审计方法

以美国为代表的国家在绩效审计准则方面的努力推动了国际审计组织在绩效审计准则方面的行动。1986 年，在悉尼召开的最高审计机关第十二届国际会议发表《关于绩效审计、公营企业审计和审计质量的总声明》，其中关于绩效审计的内容包括：绩效审计的定义、目标和局限性；绩效审计的技术和报告；人力资源利用审计。从 1998 年开始，最高审计机关国际组织即着手《绩效审计实施指南》的编制工作。2004 年 7 月，制定时间长达 6 年、其间几经修改和完善的《绩效审计实施指南》终于定稿发布。这份指南依据最高审计机关国际组织制定的《审计准则》和《职业道德规范》，综合国际绩效审计的经验，对绩效审计的基本原理、前提、程序与技术方法等都进行了详细的阐述。此外，最高审计机关亚洲组织也制定了《绩效审计指南》。

我国审计署没有制定独立的绩效审计准则。地方审计机关在审计署的领导下，积极探索绩效审计，不少地方审计机关颁布了绩效审计指南或办法。从时间来说，《兰州市绩效审计暂行办法》颁布较早；青岛市审计局的《绩效审计通用操作指南》对结合型绩效审计的探索具有代表性；浙江省审计厅的《浙江省宏观服务型绩效审计管理办法（试行）》在宏观服务型绩效审计方面的探索具有代表性；《安徽省固定资产投资项目绩效审计评价指南（试行）》是颁布较早的专门针对固定资产投资项目绩效审计的指南；江苏省审计厅的《绩效审计指南》虽然在时间上较晚，但是其内容体系较为全面。

江苏省审计厅的《绩效审计指南》参考了最高审计机关国际组织的《绩效审计实施指南》，体现了中国特色，并且内容全面，具有可操作性，所以本章主要介绍这一指南，具体内容包括：绩效审计通用操作指南；部门预算绩效审计操作指南；专项资金绩效审计操作指南；国有企业绩效审计操作指南；政府投资项目绩效审计操作指南；资源绩效审计操作指南；区域环境绩效审计操作指南；政府外债项目绩效审计操作指南；常用绩效审计方法。

第 1 节　绩效审计通用操作指南

一、概念和原则

绩效审计是指审计机关对审计客体管理和使用财政性资金及其他公共资源的经济性、效率性和效果性，进行审查、分析、评价的行为。经济性是指从事一项活动并在保证质量的前提下耗费最少的公共资源，主要关注投入和整个过程中的成本节约程度。效率性是指投入资源与产出的产品、服务或其他成果之间的关系，主要关注一定的投入实现最大化产出或者实现一定的产出时使用最少的投入。效果性是指目标实现的程度，以及实际取得的效果与预期效果的关系，主要关注政策、资金、项目等实现预期目标情况。

绩效审计的目标是审计机关依据审计发现做出审计评价，提出审计建议，促进审计客体改善管理，节约、高效、优质地使用财政性资金及其他公共资源，推动建立健全政府绩效管理制度，提高管理水平。

绩效审计应以真实性、合法性审计为基础，坚持服务性、建设性、增值性原则。

审计机关应加强与审计客体的沟通协调，在确定绩效审计评价标准、获取证据、形成初步结论、出具审计报告、提出审计建议等阶段认真听取审计客体的意见，获得审计客体的配合、支持，以提高绩效审计质量。

绩效审计业务包括审计和专项审计调查，审计机关可以就审计客体或审计事项的经济性、效率性、效果性进行全面审计，也可以就某些方面进行审计，由审计机关根据审计目标、审计资源等情况，对审计范围和方式做出恰当选择。

二、审计计划

审计机关应当根据法定的审计职责和审计管辖范围，编制年度绩效审计项目计划。

审计机关应逐步建立动态项目库，项目信息应包括选项依据、具体项目的背景、审计目标、审计范围、审计内容、所需审计资源等。

审计机关按照下列步骤编制年度绩效审计项目计划：调查审计需求，初步选择审计项目；对初选审计项目进行可行性研究，确定备选审计项目及其优先顺序；评估审计机关可用审计资源，确定审计项目，编制年度审计项目计划。

审计机关可从下列方面调查审计需求，初步选择绩效审计项目：地区财政收支、财务收支以及有关经济活动情况；政府工作中心；本级政府行政首长和相关领导机关对审计工作的要求和交办的事项；有关部门委托或者提请审计机关审计的事项；群众举报、公众关注的事项；审计认为在管理和使用财政性资金及其他公共资源方面值得关注的情况；其他方面的需求。

审计机关对初选审计项目应当进行可行性研究，并确定初选审计项目的审计目标、审计范围、审计重点和其他重要事项。进行可行性研究应当重点考虑下列事项：政策执行、资金使用或项目进展情况是否具备审计条件；有关法规文件资料、财务会计及业务资料、信息系统及电子数据、审计评价标准等的可获取性；审计客体的配合程度；人力资源、审计时间、技术装备、审计经费等审计资源条件的满足程度。

绩效审计项目根据下列原则确定：（1）重要性原则。即考虑项目是否对经济、社会、公众利益或环境等方面产生重大的影响；人大、政府、媒体和公众对项目的关注程度；项目覆盖面的大小或财政资金的投入量、资产规模的大小等。（2）增值性原则。即选项应有前瞻性，要看到审计客体在经济性、效率性和效果性上是否具有可改进的空间；通过绩效审计可以促进审计客体得到价值增值；审计成果可利用程度高，预期审计效果明显。（3）时效性原则。应关注审计需求，审计时机应贴近经济社会发展实际，能及时帮助解决问题。如果因为环境、政策变化使一些计划项目不合时宜，则一般不再选择。

审计机关在确定年度绩效审计项目计划前，可以根据需要组织专家进行论证。

三、调查了解情况

审计组编制绩效审计实施方案前，应当调查了解审计客体及其相关情况。

审计人员可以从下列方面调查了解审计客体及其相关情况：单位类型、组织结构、职责范围或者经营范围、业务活动、行业特点等审计客体基本情况；审计客体运营的内外部环境及风险情况；相关法律法规、政策及其执行情况；财政财务管理体制和业务管理体制；管理和使用的财政性资金及其他公共资源情况；审计客体或项目的目标、预期成果；适用的业绩指标体系及业绩评价情况；相关内部控制及其执行情况；信息系统及其电子数据的情况；以往接受审计和监管情况；

其他需要了解的情况。

审计人员可以采取下列方法调查了解审计客体及其相关情况：书面或者口头询问审计客体内部和外部相关人员；检查有关文件、报告、内部管理手册、信息系统的技术文档和操作手册；实地观察有关业务活动及其场所、设施和有关内部控制的执行情况；追踪有关业务的处理过程，对业务流程或管理环节较多的单位，可根据审计需要绘制资金流程、业务流程、财务流程、内部控制流程等工作流程图确定关键控制点；通过互联网、审计客体的内网、报纸等媒体了解审计客体和项目的相关信息；相关数据分析。

审计人员根据审计目标和审计客体的实际情况，运用职业判断确定调查了解的范围和程度。

审计组应根据调查了解的情况，评估审计客体存在重要问题的可能性，据以确定审计事项和开展绩效审计的应对措施。

针对审计事项确定的绩效审计应对措施主要包括：确定主要审计步骤、方法和技术手段；确定审计时间；确定开展审计所需要的技术和能力；确定执行审计的人员；确定绩效审计评价标准；设定绩效审计评价指标体系；确定需要收集的证据及其来源、程序、方法；确定是否聘请外部专家；其他必要措施。

四、审计实施方案

审计组应在对调查了解的审计客体及其相关情况进行评估并确定绩效审计应对措施的基础上，编制审计实施方案。

审计实施方案的内容主要包括：审计目标；审计范围；绩效评价标准；审计事项及其审计具体目标、审计内容、重点及审计应对措施等；审计工作要求，包括项目审计进度安排、审计组内部重要管理事项及职责分工等；其他内容。

审计目标应细化、具体、明确，一般以促进体制效率、政策效用、管理效能、工作成效、资金效益、资产安全、资源节约、社会公平、生态环境改善等为主要审计具体目标。

确定审计重点的方法主要有：（1）目标分析法。通过对审计客体的工作目标和影响目标实现的因素进行分析评估，按目标偏离程度的大小排序，据以确定审计重点。（2）制度分析法。对审计客体制度的健全性、遵循性和有效性进行分析评估，把制度不健全、执行不到位等方面的情况作为审计重点。（3）问题分析法。根据审前调查中评估审计客体可能存在的绩效问题，分析问题的根源，据以确定审计重点。（4）风险分析法。分析评估审计客体管理内外部风险的能力或水平，把管理不善、容易发生风险的领域作为审计重点。

审计组长应根据审计内容，考虑审计目标的要求和审计评价标准的需要，对获取、收集审计证据拟采取的各种审计方式、方法进行合理选择和确定，对运用审计方法的具体步骤和程序做出计划安排。

采用审计调查表方式就某一事项进行调查的，审计调查表应作为审计实施方案的组成部分。

审计组在分配审计资源时，应向重要审计事项分派有相应经验的审计人员和安排充足的审计时间，并评估特定审计事项是否需要利用外部专家的工作。聘请外部人员参加审计业务或者提供技术支持、专业咨询、技术鉴定时，应评估其独立性。审计机关应建立审计专家咨询制度，根据开展审计工作所需的专业要求，聘请具有专业特长和技能，在某个领域具有一定权威的专家、学者、专业人员作为审计咨询专家。

审计机关认为必要时，应当对审计组制定的审计实施方案进行审定。随着审计工作的不断深入，审计组可以根据实际情况按规定程序对审计实施方案进行补充和调整。

五、审计证据

审计人员应当依照审计实施方案的要求，按照法定权限和程序获取适当、充分的审计证据。

绩效审计证据的来源如下：

（1）审计人员收集的证据。包括：询问、访谈、问卷等调查记录；直接采集、制作的音像资料；观察、测试相关内部控制的结果；通过计算和分析形成的证据资料等。

（2）审计客体提供的证据。包括：有关会计凭证、账簿、报表形成的相关数据；与审计项目有关的计划、报告、决议、措施、办法、制度、规定、批复等文件，以及会议记录、工作总结、内部审计资料等；审计客体信息管理系统采集与生成的数据信息等。

（3）从第三方获取的证据。包括：政府部门的相关法规、政策性文件等；公共文献、图书、调查研究报告等；聘请外部人员的专业咨询和技术鉴定意见；监管机构、中介机构、内审机构等已经形成的工作结果。

审计人员利用所聘请外部人员的专业咨询和专业鉴定意见作为审计证据的，应当对下列方面做出判断：依据的样本是否符合审计项目的具体情况；使用的方法是否适当和合理；专业咨询、专业鉴定意见是否与其他审计证据相符。

审计人员使用其他审计机关、有关监管机构、中介机构、内审机构等已经形成的工作结果作为证据的，要对上述证据的可靠性、相关性以及与其他审计证据是否相符做出分析判断，慎重使用。审计人员使用有关部门的考核结果、公告报告、统计数据、声明证明和群众评议等形式的资料作为证据的，要说明来源和取得途径。

审计人员应当对取得的审计证据进行整理和归纳，进行定量和定性分析，做出职业判断，得出审计结论，并形成绩效审计工作底稿。

六、审计评价

审计组应就审计事项确定审计标准，作为审计评价的依据。一般的审计标准主要有：法律、法规、规章和其他规范性文件；国家有关方针和政策；国际、国家、地方和行业的技术标准；会计准则和财务制度；项目目标，包括可行性研究报告的有关要求，项目管理计划和项目管理制度确定的预算、定额、任务指标、技术指标、产出能力等；审计客体的管理制度、绩效标准；审计客体的历史数据和历史业绩；公认的业务惯例或者良好实务；专业机构或者专家的意见；相似的审计业务所应用过的标准或参考其他开展类似业务机构的标准。

审计标准应具备如下特征：

（1）可靠性。指在相同的环境和条件下，不同的审计人员应用同样标准能得出一致的结论。

（2）客观性。评价标准的确定不受任何单位和审计人员偏见的影响。

（3）适用性。通过应用有用的标准，可以得出满足使用者信息要求的审计结果和结论。

（4）易懂性。标准要表述清晰，不存在重大的歧义或模棱两可。

（5）可比性。指对其他类似的被审计事项以及对同一审计客体不同年度进行的绩效审计使用的标准是一致的。

（6）可接受性。指审计客体、立法机关、媒体和公众对标准的普遍接受。

标准不一致时，审计人员应当采用权威和公认程度高的标准。审计人员在审计实施过程中需要持续关注标准的适用性。

审计组依据审计发现，选择审计标准，对审计事项进行评价。可以对经济性、效率性、效果性进行综合评价，也可以进行单独评价。可定量评价，也可定性评价。对未涉及事项或评价标准不够明确、不够权威的，不做评价。评价结论应充分听取审计客体意见，在必要的情况下，应征询专业人员或机构的意见。

绩效审计评价应遵循客观性原则、重要性原则、谨慎性原则和恰当性原则。

绩效审计评价还应考虑下列因素：审计客体所在地区的经济环境、经济发展状况、历史因素等客观因素对所评价各项绩效指标的完成所产生的影响；国家政策调整带来的影响；审计客体一定时期内发生的经济活动对可持续发展产生的影响。

审计机关可根据绩效审计发展的状况，逐步分行业构建评价指标体系。运用已构建的行业评价指标体系时，应根据项目类别和特点有所区别和侧重。

七、审计报告

审计组实施审计结束后，按照国家审计准则的要求，撰写审计报告、召开业务会议、征求审计客体意见、出具绩效审计报告或绩效审计调查报告。

审计报告包括审计机关进行绩效审计后出具的绩效审计报告以及绩效审计调查后出具的绩效审计调查报告。

审计机关的绩效审计报告（审计组的绩效审计报告）包括下列基本要素：标题；文号（审计组的审计报告不含此项）；审计客体名称；审计项目名称；内容；审计机关名称（审计组名称及审计组组长签名）；签发日期（审计组向审计机关提交报告的日期）。

绩效审计报告的主要内容如下：

（1）审计依据。即实施审计所依据的法律法规的具体规定。

（2）实施审计的基本情况。包括审计实施背景，审计的目标、范围、重点内容、时间，实施审计所采用的审计评价标准和审计方法等，以及因时间或资源等限制而未完成的工作，应说明原因，以避免报告使用者的误解。

（3）审计客体（事项）基本情况。一般包括单位类型、组织结构、业务范围、行业特点、职责范围；项目背景或内外部环境情况；财政财务管理体制和业务管理体制；项目资金来源和使用情况；绩效目标；以前年度接受审计的情况等。

（4）审计评价意见。根据审计目标，通过比较审计发现和审计标准之间的差异并做出分析，评价实际的业绩，指出问题、缺陷，以适当、充分的审计证据为基础发表客观公正的评价意见。

（5）审计发现的主要问题及审计意见。主要包括：管理、使用资源及政策、制度、体制、机制等方面的绩效问题、缺陷的事实，分析原因、可能产生的影响或造成的后果，以及提出的纠正意见；相关内部控制、信息系统重大缺陷导致的后果及原因，以及提出的纠正意见；审计客体违反国家规定的财政收支、财务收支行为的事实、定性、处理处罚意见以及法律法规依据；依法需要移送事项的事实和移送处理意见；对审计发现的重要问题，在审计报告出具前审计客体已采取纠正措施的，审计组应将纠正情况在审计报告中反映。

（6）针对审计发现的问题，根据需要提出的改进建议。

（7）其他必要的内容。

绩效审计报告和绩效审计调查报告应当具有客观性、建设性，重点分析宏观性、普遍性、政策性或者体制、机制问题，审计建议应具有针对性、可行性、增值性。

在绩效审计或专项审计调查中发现的审计客体违反国家规定的财政收支、财务收支行为，依法应当由审计机关在法定职权范围内做出处理处罚决定的，审计机关应当出具审计决定书，涉及的相关处理处罚程序按国家准则中有关规定执行。

结合其他审计类型开展绩效审计的，除了出具相应的审计报告之外，还可以采取绩效审计分析或研究报告等多种形式反映审计成果。

八、审计整改检查

审计机关应建立绩效审计结果整改检查机制，对审计项目的效果和质量进行整改检查，促进审计建议落实。

审计机关可以采取下列方式检查了解审计客体和其他有关单位的整改情况：实地检查了解；审阅相关书面材料；其他方式。

对于定期审计项目，审计机关可以结合下一次审计了解审计客体的整改情况。

审计机关应对绩效审计项目的以下方面进行整改检查：对领导批转、批示的落实情况；关于建立和完善体制、机制、制度的审计建议采纳或落实情况；关于减少损失浪费或挽回（避免）损失的审计建议实现或改进情况；关于完善政策执行和管理的审计建议采纳或落实情况；违规、违纪问题的纠正情况。

第 2 节　部门预算支出绩效审计操作指南

一、概念和原则

部门预算支出绩效审计是审计机关对被审计的有关部门管理和使用财政性资金及其他公共资源的经济性、效率性和效果性进行审查、分析和评价的行为。

部门是指与财政发生预算缴拨款关系的一级预算单位或二、三级预算单位等，包括党的机关、人大机关、行政机关、政协机关、审判机关、检察机关以及工会、共青团、妇联等人民团体和事业单位。

部门管理和使用财政性资金及其他公共资源，主要是指部门预算安排的部门管理使用的各项财政资金，部门管理使用的其他财政性资金和资产，以及不通过部门预算安排但部门行使重要管理职能的财政专项资金。

部门预算支出绩效是指具有非经营性、非竞争性和非营利性特征的部门履行公共管理与服务职责的支出、成本、投入与效果、质量、责任、公共利益相互匹配的结果。

部门预算支出绩效审计应构建综合审计模式，以财政收支的真实性、合法性为基础，以部门预算支出为重点，以绩效为导向，从政策执行、资金使用、资源利用和行政效能等方面综合评价经济、效率和效果。

部门预算支出绩效审计的目标是通过对部门管理使用财政性资金及其他公共资源绩效情况的审计，分析有关影响绩效的因素，促进审计客体节约、高效、优质地管理使用资金和资源，提高公共管理和服务质量，推动建立和完善预算编制、执行、评价与监督相结合的公共财政管理体系，建立健全政府绩效管理制度和经济责任审计制度。

部门预算支出绩效审计应根据项目特点和审计目标恰当地选择审计、专项审计调查方式。部门预算支出绩效审计主要针对具体的部门、单位，侧重于发现影响资金、资源绩效的有关问题，帮助改善绩效管理。部门预算支出专项审计调查主要是针对一定范围内的部门、单位在预算支出、资源利用中的特定事项进行审计调查，侧重于分析研究，揭示有关体制、机制、制度等方面的共性和倾向性问题，发挥完善制度、加强管理的建设性作用。

部门预算支出绩效审计项目计划应在遵循本章“绩效审计通用操作指南”所确定选项步骤和选项原则的基础上，重点关注职责履行结果对财政、经济、社会和资源环境有重要影响的部门、单位。主要包括：与民生、社会福利等公共利益关系密切的部门；配置、管理、利用或使用财政专项资金或其他公共资源的部门；提供公共服务或公共产品的部门或单位；下属预算单位较多、政府非税收入规模较大的部门或单位；社会公众关注度较大的部门、单位；其他方面的审计需求。

二、审计准备

部门预算支出绩效审前调查的主要内容：

（1）部门（单位）类型、组织结构、职责职能等基本情况；

（2）相关法律法规、制度、政策及其执行情况；

（3）财政财务管理体制和业务管理体制；

（4）政府下达的财政、经济、社会发展目标；

（5）人力资源、固定资产等的存量、变化、分布以及管理使用情况；

（6）部门预算编制情况及项目支出预算目标，账簿账户、财务决算报表等资料；

（7）财务、业务信息系统及其电子数据情况；

（8）所属审计期的有关重大经济活动或项目进展情况；

（9）办公会议纪要、年终总结、系统年度工作会议材料；

（10）部门内部控制制度建立和执行情况；

（11）接受审计或财政监督、人大质询等情况的记录、结论、报告、决议等。

部门预算支出绩效审计实施方案应根据具体审计事项明确、细化审计具体目标，一般以健全完善制度、增强制度执行刚性，节约资金和资源、提高资金与资源效益，加强资产管理、规范核算管理，降低行政成本、提高行政效能等为具体事项的审计目标。

审计组应根据具体项目的审计目标讨论确定合理的审计范围和审计重点。应充分利用现代审计手段和方法，扩大部门、单位和资金审计覆盖面。对职能单一、无下属事业单位的部门，一般应进行全面审计；对履行职能较多、征收或管理使用财政性资金较多、下属单位较多的部门，应综合考虑行政职能、资金规模、社会评议、审计风险、审计频率、审计成本等因素，合理确定审计范围。部门预算支出审计的重点一般为项目支出、专项资金支出以及涉及公共产品、公共服务、公共利益的财政经济活动支出。

三、审计评价标准

部门预算支出绩效审计应根据项目特点、审计目标选择适用的审计评价标准。一般常用审计标准有国家法律法规、规章和其他规范性文件，国家有关方针和政策，部门预算和项目支出绩效预算目标，政府部门平均支出标准或历史数据，国家和地区的技术标准，专家意见和公众评价意见等，应根据不同预算支出性质从下列途径分析、确定具体审计评价标准。

（一）基本支出绩效评价标准

基本支出包括人员经费支出和公用经费支出两个部分，是政府购买行政服务、维持机构正常运转的经常性、消耗性支出，实行定额标准管理，按照核定人数、财政供给标准确定。人员支出包括工资福利支出、对个人和家庭的补助支出。公用经费支出是行政事业单位用于日常办公、业务活动方面的经常性开支。

人员经费绩效审计分析评价人力资源配置情况与部门、单位职能的匹配性、适用性，侧重于对使用编制外人员的人数、经费支出情况的审计，结合同一地区人均财力安排情况进行比较分析。

公用经费绩效审计分析支出结构，通过基本支出结构、基本支出占部门预算支出份额情况的比较，评价基本支出以及人员支出、公用经费支出预算安排的合理性。审查有关财政财务制度、定额控制标准、政府采购、公务卡等管理制度执行的遵循性和合规性，主要采取列举行为性事实的方法，揭示在支出用途、支出预算控制、购买方式、凭证入账等环节存在或隐匿的有关铺张浪费、不经济等问题。

（二）项目支出绩效标准

项目支出预算是部门支出预算的组成部分，一般单独考量、计算成本。绩效评价标准主要以项目申报文本、项目预算批复文件为依据，将立项依据、支出用途、经费预算等内容与实际执行情况进行分析比较，侧重对政府资金投入与支出效果或项目计划完成情况、项目效果的定性分析。

（三）专项资金绩效标准

财政专项资金具有专门、指定用途或特殊用途。专项资金绩效评价主要依据有关管理制度、考核办法确定的标准，以及专项资金在促进经济社会事业发展、保障民生福利、改善资源环境、提供公共产品或服务等方面的预期目标，分析评价资源分配的政策性、规范性、公开透明性以及经济效益、社会效益、环境效益等情况。

四、审计内容、方法及评价

部门预算支出绩效审计主要包括基本支出绩效审计、项目支出绩效审计、专项资金绩效审计以及其他财政支出绩效审计等。

综合分析、评价部门预算支出完成情况、部门预算支出结构、部门预算总支出及结构情况，以及部门总预算、各项支出预算与实际执行情况差异后，重点审计以下内容。

（一）基本支出绩效审计

1. 人员经费支出审计的主要内容和方法

以主管部门就政府部门性质、职能、职责范围和工作任务下达的人员编制标准为依据，检查因在职在岗人员不实、长期借用下属单位人员、使用编制外人员导致增加部门预算人员支出、扩大行政成本的情况；以政府统一规定的工资津贴补贴标准为依据，检查有无违反规定自行发放津贴补贴、奖金福利、社会保障和住房补助、交通补助等，提高行政成本。通过对人员经费实际发生支出情况的审计，以部门预算为标准，分析评价行政成本支出情况。

2. 公用经费支出审计的主要内容和方法

检查公用经费资金来源情况，比较预算支出与实际支出的差异，分析原因；检查有无截留、坐支应上缴财政纳入部门预算管理的政府非税收入用于部门经费支出；检查有无挪用项目经费用于公用经费支出；检查公用经费支出中的差旅费、车辆维修费、业务招待费、会议费、出国经费等的实际支出金额以及执行规定标准情况；检查办公用品的采购是否经济、节约，超过规定标准的物品是否通过政府采购，有无追求高标准和铺张浪费现象；检查、评价有关设施设备、网络信息平台等重大采购支出效果。

3. 基本支出绩效评价的主要指标

通过审计客观反映部门预算人员支出、公用经费等支出情况，以审计调整后的实际发生额为依据，分析评价基本支出绩效情况。

(1) 人员支出比率。

$$\text{人员支出比率}=\frac{\text{人员支出}}{\text{基本支出}}\times 100\%$$

该指标用于对同一地区不同部门之间的指标分析，反映该部门人员支出的合理性及在基本支出中所占比例的适当性。因各单位情况不同，离退休人员数量差别较大，缺乏可比性，人员支出应剔除离退休人员费用。

(2) 公用支出比率。

$$\text{公用支出比率}=\frac{\text{公用支出}}{\text{基本支出}}\times 100\%$$

该指标主要反映公用支出的合理性以及在基本支出中所占比例的适当性。

(3) 会议费、招待费支出比率。

$$\text{会议费、招待费支出比率}=\frac{\text{会议费、招待费支出}}{\text{公务费支出总额}}\times 100\%$$

该指标通过会议费、招待费两项支出占公务费支出总额的比重，反映行政成本支出的合理性以及有无铺张浪费的现象。

(4) 人均行政成本和人均公用经费。

$$\text{人均行政成本}=\frac{\text{基本支出}}{\text{单位人数}}$$

$$\text{人均公用经费}=\frac{\text{公用支出总额}}{\text{单位人数}}$$

以上两项指标需结合一定范围、一定类型的行政事业单位平均行政成本水平进行比较，结合部门职能情况，分析评价支出水平。单位人数按照编制核定人数计算。

(5) 基本支出预算执行差异率。

$$基本支出预算执行差异率=\left(\frac{基本支出实际发生金额}{基本支出预算金额}-1\right)\times 100\%$$

该指标通过预算执行情况与支出预算的比较，揭示差异，分析原因（是部门收入来源预算管理不到位、经费保障标准不合理还是支出预算执行未得到较好控制、支出不经济），结合同一地区部门预算基本支出实际执行差异的有关数据情况，反映和评价基本支出预算安排的科学性、合理性，以及预算执行的约束性。

（二）项目支出绩效审计

部门、单位在基本支出之外为完成其特定行政任务和事业发展目标所发生的支出作为项目支出预算管理。按其性质分为基本建设类项目支出、行政事业类项目支出。基本建设类项目是指按照国家关于基本建设管理的有关规定，财政预算安排并纳入部门预算管理的项目。行政事业类项目支出是指行政事业费开支的项目，主要包括大型修缮项目、资产设备购置项目、大型会议（培训）项目、大型会议项目、事业发展性项目和其他项目。

1. 基本建设项目支出审计的主要内容

审核立项和决策情况，项目是否属于国家有关政策、制度明确要求实施的，立项程序是否合规，是否经过可行性论证并履行报批程序，环评报告、用地审批等资料是否齐全；审核项目资金管理使用的绩效情况；审核项目竣工验收情况；审核项目效果情况。

有关基本建设项目绩效审计具体参见本章“政府投资项目绩效审计操作指南”。

2. 行政事业类项目支出审计的主要内容和方法

审核项目立项的必要性，项目是否符合国家和党委政府有关政策，适合部门或单位行政工作和事业发展需要；审核项目申报情况，是否有明确的项目目标、组织实施计划；审核项目预算情况，包括总支出预算、本年支出预算、预算内外各项资金来源等；审核项目支出情况，对资金定额、支出标准与实际开支情况进行比较分析，确定有无资金结余或支出控制不严出现资金缺口，有无虚报项目和工程量套取项目资金用于其他支出，或挪用项目资金用于本部门、本单位人员经费或公用经费支出，造成资金损失浪费、支出无效果的情况。对结转项目资金应区分未完项目、已完项目结余，对未完项目应分析原因，是属于跨年度项目、暂存暂付转账不及时还是因为项目进展缓慢、资金拨付不及时等影响资金使用绩效；对已完项目结余资金应审核未上缴财政或未作为资金来源编入部门预算的原因。支出绩效主要从以下三个方面进行评价：

（1）支出的经济性。检查有无未经规定程序改变原预算用途支出、不当经济活动或事务支出以及与促进事业发展、增进公共利益、改善公共服务无关的不必要支出等，不必要支出一般属于不经济支出。

（2）支出的效率性。即政府、部门达到预期目标需要花费的代价和支付的货币价值。事业成本衡量标准有单位成本、总成本、边际成本等。一般以事业的平均成本或市场公允价格为依据，超出平均成本或市场公允价格的拨款，一般属于不经济支出。

（3）支出的效果性。即依据事业成本，评价事业发展效果与支出相比是否匹配。成本与效益、投入与产出之比过高或高于政府平均标准或杠杆水平的部分，一般属于不经济支出。支出效果无法进行价值衡量的公共产品或公共服务类项目的支出效果，可采用专家意见法或公众意见法进行评价。

（三）专项资金绩效审计

专项支出是为发展、扶持某项特殊事业或处理突发事件而发生的支出，主要包括财政预算安排用于经济发展、社会保障、教育、科技、文化、卫生、农业、环保、公共安全、城市维护等专门用途的专项资金支出。专项资金主要通过财政国库集中支付系统直接拨付项目单位使用。主管部门的主要职责是提出年度总预算计划建议、管理分配专项资金、下达项目资金计划、项目管理和验收等工作。

专项资金支出审计的主要内容和方法如下：审查有关管理制度的健全性、完善性，有无因资金使用范围、项目立项程序和资金管理使用等方面的源头性制度漏洞造成资金使用低效无效；审查项目管理分配情况，指南发布、项目申报、项目评审、项目立项、资金拨付、项目管理验收等环节是否规范、公开、公平；审查项目资金的使用范围是否符合指定的专门用途，有无挤占、挪用、截留或虚列项目套取资金用于行政支出，导致资金损失浪费和低效；延伸审计或调查项目单位，检查是否按照规定用途管理核算使用专项资金，实现项目申报计划、项目可行性报告预期的使用效果；综合分析评价专项资金实现政府在科技创新、结构调整、保障民生、改善环境等方面的扶持、引导、保障、促进等方面的政策效果，依据不同性质资金的法定支出要求以及有关管理制度、绩效考核办法等，分析评价专项资金直接或间接的经济效益、社会效益、环境效益以及可持续性影响等。

有关审计内容、审计方法、评价标准等具体事项参见本章“专项资金绩效审计操作指南”。

（四）其他财政支出绩效审计

其他财政支出是指未纳入部门预算管理，也未通过财政预算安排的各类财政性资金实际形成的支出，以及固定资产管理使用情况。

其他财政收支审计的主要内容和方法如下：审核分析有关资金未纳入部门预算管理的原因；审查各项资金、资产来源渠道的合规性，有无违反国家有关规定擅自设立收费项目，截留应上缴财政专户或入库政府非税收入的问题；审核部门和单位在其他财政资金中违反规定用于工资奖金、津贴补贴以及其他福利支出扩大行政支出的情况；审核固定资产管理使用情况，是否未经批准处理、处置、经营国有资产造成资产流失。对其他财政收支绩效的定量评价指标主要有以下几个：

$$\text{未纳入部门预算管理的其他财政资金比率}=\frac{\text{未纳入部门预算管理的其他财政资金}}{\text{部门预算资金来源总额}+\text{未纳入部门预算管理的其他财政资金}}\times 100\%$$

该指标主要反映部门预算编制的完整性以及部门预算体制外循环使用、脱离财政监管的其他财政收入的规模情况。未纳入部门预算管理的其他财政收入金额应剔除跨年度结转的未完项目暂存款项，有关暂存暂付款项应按照相应科目关系进行结转。

$$\text{未纳入部门预算管理或未经财政批准支出比率}=\frac{\text{未纳入预算管理或未经财政批准支出}}{\text{部门预算支出}+\text{未纳入预算管理或未经财政批准支出}}\times 100\%$$

该指标主要反映未经合规程序部门、单位自行办理的支出占部门、单位全部支出总额的比例。未纳入预算管理或未经财政批准支出中不含跨年度结转的未完项目支出。

$$\text{资金闲置率}=\frac{\text{未纳入预算管理的其他财政收入中长期不动产账户资金}}{\text{部门预算收入来源总额}+\text{未纳入部门预算管理的其他财政收入}}\times 100\%$$

$$\text{资产闲置率}=\frac{\text{闲置或封存固定资产金额}}{\text{行政事业单位固定资产总额}}\times 100\%$$

（五）部门预算支出绩效评价的要求

部门预算支出绩效审计评价应坚持全面与重点相结合、宏观与微观相结合、长期绩效与短期绩效相结合、效率与公平相结合、定性分析与定量分析相结合的原则。

对综合经济管理部门、行业主管部门预算支出绩效的评价，应针对部门预算各项支出设定的预算目标或预期效果进行评价，注意数据之间的可比性，坚持投入与产出、成本与效益相匹配的原则。

第 3 节　专项资金绩效审计操作指南

一、概念和原则

专项资金是指各级政府为完成特定工作任务或实现某一事业发展目标而安排的具有专门用途的；或者依据法律法规及规章的规定，为支持某项事业发展，按照国家规定程序批准征收、提取的；政府部门、事业单位、社会团体接受社会捐赠的资金或者以政府信誉建立并向社会募集的基金。

专项资金绩效审计是指审计机关对各部门管理和使用专项资金的经济性、效率性和效果性，进行审查、分析、评价的行为。

专项资金绩效审计的目标是通过专项资金绩效审计，揭露专项资金筹集、使用、管理中存在的效益性问题，揭示专项资金政策措施的落实、执行效果，分析政策目标的实现程度，剖析问题产生原因，提出改进建议，促进审计客体改善管理，节约、高效、优质地使用专项资金，推动建立健全绩效管理制度，提高管理水平。

专项资金绩效审计选项应在遵循本章“绩效审计通用操作指南”所确定原则的基础上，主要选择一些政策性强，对经济、社会发展影响大，政府关心和社会关注，关系民生的重点专项资金。

二、审前调查、评价标准和审计方案

审计人员应当从下列方面调查了解审计客体及相关情况：相关法律法规、制度、政策及其执行情况；专项资金涉及的部门及其职责范围、经济环境、管理等情况；专项资金的类型、规模、结构、投向情况和业务流程；专项资金绩效目标；专项资金的预算及分配、管理、使用的基本情况；相关内部控制及其执行情况；其他需要了解的情况。

专项资金绩效审计评价标准主要有：国家法律法规和相关领域或行业的方针政策；会计准则和会计制度；各项专项资金管理规定或办法；国家、地方和行业的技术标准；项目预算所确定的绩效目标；项目单位自行制定的标准，如可行性研究报告、项目验收报告、预算、计划、目标、定额、技术标准、产出能力等；公认的业务惯例或良好实务；政府主管部门、专业机构或者专家的意见等。

专项资金绩效审计在确定审计范围和审计重点时，应参考本章“绩效审计通用操作指南”所提供的方法，区别不同的专项资金的性质、特点、用途、运作方式，根据审计项目的具体情况、审计目标、审计预期效果而确定。

三、审计内容

专项资金绩效审计一般以资金流向为主线，以业务活动为载体，围绕资金筹集和分配、管理、使用、效益产出等关键环节进行审计，重点关注专项资金项目的效果和政策目标的实现程度。

（一）资金筹集和分配审计

1. 审查资金筹集情况

从资金来源渠道入手，摸清专项资金的性质、规模、构成和所属主管部门；检查资金筹集依据是否合法合规，征收主体、客体是否合法合规；资金征收单位是否按照筹集的目的、目标要求做到及时足额筹集，是否做到应收尽收，有无欠收、多收的问题；配套资金是否及时配套到位，有无假配套以致影响项目实施的情况。

2. 审查资金分配情况

了解主管部门资金管理、分配方式及分配渠道，重点核对主管部门所分配的资金与使用单位申报的内容是否一致；是否按规定及时下达分配指标，资金分配是否公平、合理，有无随意分配或“暗箱操作”的现象；根据资金性质、指标、规模、用途、拨付路径，检查各环节应到位、已到位的资金数额是否真实及时到位；检查各级主管部门是否按指标、计划、进度或规定程序，及时、足额、规范地拨付资金，有无滞留、截留、挤占、挪用以及损失浪费问题。

（二）管理活动审计

1. 制度的建立情况及其有效性

检查是否建立了规范有效的管理和内部控制制度；是否制定了资金使用和项目管理单位责任制以及跟踪反馈、绩效考评与奖惩制度；检查各种制度是否健全有效，有无流于形式的制度和措施存在；评估制度、措施的执行是否到位。

2. 项目申报立项决策情况

（1）立项依据是否充分。项目决策是否遵循科学化、民主化原则，立项是否进行了可行性研究，可行性研究内容是否完整，技术经济论证是否充分，立项条件是否具备，有无脱离本地实际、违背发展规律、盲目上项目的问题；项目的布局和投向是否合理，项目安排是否统筹考虑，经济、技术是否可行，项目建设是否科学。

（2）审批手续是否完备。审查申报程序是否合规，有无虚假立项、重复申报等骗取上级拨款的问题。

（3）项目概预算是否经济合理。检查预算编制是否体现科学、可行和节约的原则，是否有利于可持续发展。

（三）资金使用审计

1. 专项资金是否专用

检查使用程序是否合规，资金是否按规定实行单独建账、单独核算，各项支出有无严密的审批手续；票据是否合法，资金投放是否符合政策，支出内容是否真实；用途是否符合要求，有无截留、挪用、擅自改变用途的情况。

2. 专项资金使用是否经济

检查各项支出是否精打细算；有无违反规定扩大开支范围，提高开支标准，侵占或浪费专项资金的情况；专项资金项目对外签订的合同价格是否合理；需要招标、政府采购的项目或物资是否真正履行了规定的程序。重点揭示专项资金在使用过程中的损失浪费情况，分析其产生的原因。

3. 专项资金使用是否及时

检查项目实施的程序是否规范有效，项目组织实施是否科学并按计划完成，有无因付款不及时而影响项目实施和效果的情况。

4. 专项资金发放是否规范

对救灾、救济、扶贫、涉农补贴等专项资金，审查款物的发放是否符合公平、公开、公正的原则。检查分配依据、标准是否合规、科学、合理；基层发放款、物是否履行民主评议、登记造册、张榜公布、公开发放的程序。

(四) 效益产出审计

1. 经济效益情况

主要审查项目完成后的相关财务、经济、技术能力指标，如投资回收期、获利能力、偿债能力、财务净现值等指标，以及是否增加产业化程度、提高生产能力、增加产品科技含量和附加值等。

2. 社会效益情况

主要审查项目运行后在增加税收、解决就业、改善民众生产生活条件、拉动周边和相关产业的成长、促进区域规模经济的形成、提升抵御自然灾害能力、提高重大疫情防控能力等方面的效益情况。

3. 资源与生态效益情况

主要审查项目对资源的消耗与利用情况；环保法规、政策和标准执行情况；噪声、污染物等排放是否控制在规定标准之内，治理措施是否有效，改造生态的能力如何等。

4. 项目后续发展情况

审查资产接收管理的主体是否合法及其管理能力如何；项目所规定的目标是否可以继续，项目是否可以持续发挥作用；现行管理体制能否满足长远发展需要，运行收入与成本费用有无严重倒挂，使运行难以为继而无法长远发展。

四、其他要求

涉及工程建设项目绩效审计的，具体参照本章“政府投资项目绩效审计操作指南”。

专项资金绩效审计根据审计结果和确定的绩效评价标准，对专项资金的绩效情况进行定量或定性评价。

专项资金绩效审计评价应坚持客观性原则、全面性原则、前后对比和有无对比原则、定性描述与定量计算相结合的原则、通用标准与专用标准结合原则，重点对专项资金的立项决策、经济效益、社会效益、资源与生态效益、项目后续发展情况做出评价。

五、评价指标

(一) 财务类指标

$$资金到位率=\frac{实际到位资金总额}{项目计划投入额}\times 100\%$$

$$资金拨付到位率=\frac{实际拨付资金额}{应拨付资金额}\times 100\%$$

$$资金利用率=\frac{实际用于专项的资金}{中央、地方、部门配套资金总额}\times 100\%$$

$$资金使用到位率=\frac{实际使用资金额}{应使用资金额}\times 100\%$$

$$项目资金节约率=\frac{资金节约额}{项目计划投入额}\times 100\%$$

（二）管理类指标

1. 项目可行性论证比重

即符合要求的项目可行性论证项目数与实际的项目可行性论证项目数的比例。

2. 专项资金项目的可行性

即实际效益值与可行性目标效益值的比例。其中，实际效益值可以通过成本效益分析结果值确定，可行性目标值根据可行性研究报告的标准值确定或行业标准值确定。

3. 审核审批的比重

对专项资金项目从项目立项、可行性研究、项目计划、资金下拨到项目的验收都应有审核审批。审核审批的比重是实际审核审批次数占要求审核审批次数的比例。

4. 项目招投标率

项目招投标率是实际项目招投标的资金额与制度要求招投标的资金额的比率。

5. 管理制度健全有效度

健全有效制度的个数与要求执行的管理制度总数的比例。

（三）效益类指标

1. 经济效益

通过对项目实施前后预期经济效益与实际经济效益分析比较，评价资金使用的经济性、效率性。

2. 社会效益

从项目建设对本区域经济发展、自然环境等方面的影响以及对项目单位改进和加强管理、提高工作效率等方面的效果，评价资金使用的社会效益。

3. 生态效益

从项目实施过程中是否保持生态平衡和生态系统的良性、高效循环，对自然环境产生有益影响和有利效果，评价资金使用的生态效益。

第4节 国有企业绩效审计操作指南

一、概念和原则

国有企业是指国有及国有资本占控股地位或者主导地位的企业，包括国有资本占企业资本（股本）总额的比例超过50%的企业和在50%以下但国有资本投资主体拥有实际控制权的企业。

国有企业绩效审计是指审计机关按照一定的标准，运用适当的程序和方法，对国有企业利用公共资源的经济性、效率性和效果性进行审查、分析、评价的行为。

国有企业绩效审计的目标是揭示国有企业在经营绩效和社会责任绩效方面存在的问题，提出意见和建议，以完善国有企业治理，促进国有企业可持续发展，实现国有企业经济价值与社会价值最大化。经营绩效是指一定经营期间内国有企业的经营效益和经营者业绩，可以从企业盈利能力、资产质量、债务风险、经营增长和长期价值创造五个方面进行评价。社会责任绩效是企业对社会的经济责任、法律责任、伦理责任和自由决定责任履行的业绩和效果，可以从社会贡献和社会责任履行两个方面进行评价。

二、调查了解审计客体及相关情况的内容

审计人员应当从下列方面调查了解审计客体及相关情况：企业职能、经营范围、管理体制、运行机制、公司治理结构和企业文化；企业战略规划、年度计划、财务会计报告、社会责任报告或可持续发展报告；企业施行的绩效考核内容和标准；企业的产业布局和近几年实施的重大并购重组、主要投资项目；近几年的经营状况、产品的研发及投产的主要新产品、销售渠道的分布及拓展等；收入和成本构成、产品结构以及主要的盈利点；信息系统情况；企业遵循的会计政策、财务报表合并范围、聘请的年报审计会计师事务所及其工作开展情况；内部审计开展情况及近几年内部审计主要覆盖范围，应索取并阅读拟选取的单位内部审计报告；报纸、杂志、网络等媒体对审计客体的报道，尤其关注负面报道情况；国际、国内和本地区同行业或相关行业情况。

三、审计内容

国有企业绩效审计的重点内容应当围绕国有企业的经济性和社会性。

从国有企业内部，重点审查其经济价值实现情况。主要包括会计信息真实性、资产质量、经营决策、内部管理与控制等方面。

从国有企业外部，重点审查其社会责任的履行情况。主要包括社会贡献、依法经营诚实守信、持续盈利能力、产品质量和服务水平、资源节约和环境保护、

自主创新和技术进步、安全生产、维护职工合法权益、参与社会公益事业等方面。

具体审计内容如下。

1. 会计信息真实性审计

主要审查企业会计核算是否符合现行会计准则和财务制度要求，财务会计报告是否真实、全面地反映了企业的财务状况和经营成果；揭示由于差错和舞弊造成企业资产、负债和损益等会计信息的质量问题。其核心是损益的真实性，主要目标是核实企业各项财务指标的真实性。

2. 资产质量审计

主要是审查企业资产结构，核实不良资产总额，重点揭露企业不良资产背后的损失浪费、潜在亏损等方面的问题。

3. 经营决策审计

主要审查企业的对内对外投资、经济担保、大额采购、资产和股权转让变动等重大决策是否严格执行了内部控制制度，是否执行了民主、科学的决策程序，重点揭露企业领导人员由于决策失误和管理不善造成的重大损失浪费。

4. 内部管理与控制审计

主要对企业内部控制制度建立、健全与执行效果进行审查，分析和发现薄弱环节。了解企业重要的管理措施，调查企业员工对领导推行的管理措施是否认同，能否严格执行。了解企业各部门职能设置是否清晰，有无交叉；领导人员有无兼任不相容职务，有无在下属单位兼职取酬。各项管理流程是否清晰明确，执行是否顺畅；财务管理制度是否完备，能否执行到位，资金出借、支付以及融资决策是否经由严格授权审批。

5. 社会贡献审计

主要审查国有企业利息支出的真实性、合法性，纳税义务的履行情况，固定资产使用状况及折旧的计提，工资、劳保退休统筹及其他社会福利支出情况及净利润等。

6. 依法经营诚实守信审计

主要审查国有企业是否遵守法律法规和社会公德、商业道德以及行业规则，是否及时足额纳税，是否维护投资者和债权人权益，是否尊重和保护知识产权，严格履行合同，恪守商业信用，是否存在不正当竞争和商业活动中的腐败行为。

7. 持续盈利能力审计

主要审查国有企业法人治理结构是否完善，决策是否科学民主；发展战略是否优化，主业是否突出，管理链条是否过长，配置资源是否合理；企业管理循环各个关键控制点是否有利于提高管控能力、降低经营成本和提高投入产出水平；风险预警机制是否有效建立，产品和服务是否具有持续的市场竞争能力。

8. 产品质量和服务水平审计

主要通过对产品性能、产品质量和服务体系的调查，评价产品和服务的安全性和消费者满意度；通过对消费者投诉和建议处理情况的了解，以及对消费者信赖与认同度的调查，评价国有企业在维护消费者权益和为消费者创造更大的价值等方面的绩效。

9. 资源节约和环境保护审计

主要审查国有企业是否落实节能减排责任，按时完成节能减排任务；是否积极发展节能产业，开发节能产品，发展循环经济，努力提高资源综合利用效率；是否增加环保投入，改进工艺流程，降低污染物排放，实施清洁生产。

10. 自主创新和技术进步审计

主要审查国有企业技术创新机制是否建立和完善；高新技术开发和传统产业改造的投入是否充足，产业和行业关键技术是否得以突破，技术创新储备是否持续增加；知识产权意识是否显著增强，知识产权战略是否实施，通过实现技术创新与知识产权的良性互动，是否形成一批拥有自主知识产权的核心技术和知名品牌，它们对产业升级、结构优化的带动作用是否明显。

11. 安全生产审计

主要审查国有企业是否严格落实安全生产责任制，是否有充足的资金和有效的技术加以解除，重特大安全事故的预警机制是否建立；应急管理体系是否建立健全，应急管理水平和应对突发事件能力是否不断提高。国有企业是否能为职工提供安全、健康、卫生的工作条件和生活环境，是否重视职工职业健康，积极预防和减少职业病和其他疾病对职工的危害。

12. 职工合法权益审计

主要审查国有企业是否依法与职工签订并履行劳动合同，坚持按劳分配、同工同酬，建立工资正常增长机制，按时足额缴纳社会保险；是否尊重职工人格，公平对待职工，是否存在性别、民族、宗教、年龄等各种歧视；是否重视职业教育培训，为职工创造平等发展机会；是否建立完善职代会制度，深化厂务公开，推进民主管理；是否关心职工生活，切实为职工排忧解难。

13. 参与社会公益事业审计

主要审查国有企业是否积极参与社区建设，鼓励职工志愿服务社会；是否热心参与慈善、捐助等社会公益事业，关心支持教育、文化、卫生等公共福利事业；是否在发生重大自然灾害和突发事件的情况下，积极提供财力、物力和人力等方面的支持和援助。

四、评价标准、指标和方法

（一）评价标准

国有企业绩效审计评价标准主要有：法律法规和方针政策；国家、行业或地区标准；国务院国资委每年公布的各行业、规模中央企业综合绩效评价标准；政府有关部门与企业签订的经营业绩目标、节能降耗、安全生产等方面的责任书；审计客体选定的对比企业的经营绩效；行业领先企业或同行业平均水平；审计客体经营历史最好时期的经营绩效；审计组与审计客体充分沟通后确定的绩效评价标准。

（二）评价指标

国有企业绩效评价指标由经营绩效定量、定性评价指标和社会责任绩效定量、定性评价指标组成。

1. 经营绩效定量、定性评价指标

经营绩效评价指标由反映企业盈利能力状况、资产质量状况、债务风险状况、经营增长状况和长期价值创造五个方面的定量指标及经济效益评价和内部管理与控制评价两个方面的定性指标构成。

（1）企业盈利能力状况以净资产收益率、总资产报酬率两个基本指标和销售（营业）利润率、盈余现金保障倍数、成本费用利润率、资本收益率四个修正指标进行评价，主要反映企业一定经营期间的投入产出水平和盈利质量。

（2）企业资产质量状况以总资产周转率、应收账款周转率两个基本指标和不良资产比率、资产现金回收率、流动资产周转率三个修正指标进行评价，主要反映企业所占用经济资源的利用效率、资产管理水平与资产的安全性。

（3）企业债务风险状况以资产负债率、已获利息倍数两个基本指标和速动比率、现金流动负债比率、带息负债比率、或有负债比率四个修正指标进行评价，主要反映企业的债务负担水平、偿债能力及其面临的债务风险。

（4）企业经营增长状况以销售（营业）增长率、资本保值增值率两个基本指标和销售（营业）利润增长率、总资产增长率、技术投入比率三个修正指标进行评价，主要反映企业的经营增长水平、资本增值状况及发展后劲。

（5）企业长期价值创造以经济增加值指标进行评价，该指标注重企业真实的经营业绩，着眼于企业的长远发展，鼓励企业的经营者进行能给企业带来长远利益的投资决策，主要反映企业的可持续发展能力。

（6）企业经济效益评价主要分析引起企业经济效益变动的原因，揭示各项影响因素，反映在销售、采购、生产、对外投资等环节中影响企业经济效益的因素。

（7）企业内部管理与控制评价主要反映企业在制度建设、内部控制、重大事项管理、信息化建设、标准化管理等方面的情况，包括财务管理、对外投资、采购与销售、存货管理、质量管理、安全管理、法律事务等。

2. 社会责任绩效定量、定性评价指标

社会责任绩效指标既有经济指标，也有非经济指标；既有从国有企业个体出发的微观指标，也有从国有企业整体出发的宏观指标。本指南主要从微观层面，采用经济指标和非经济指标结合的方式，将社会贡献率定量指标与依法经营诚实守信、持续盈利能力、产品质量和服务水平、资源节约和环境保护、自主创新和技术进步、安全生产、维护职工合法权益、参与社会公益事业等八个方面定性指标相结合。

社会贡献率评价指标主要是衡量企业运用全部资产为社会创造价值的能力。审计人员可选择将社会贡献率指标和净资产增长率等指标结合使用，更加科学、全面和客观地评价国有企业的社会价值创造情况。

（三）评价方法

国有企业绩效审计评价方法主要有经济增加值、平衡计分卡和杜邦分析法等。对具备条件的企业，可将经济增加值与平衡计分卡结合，形成经济增加值综合评价体系。以平衡计分卡为基础，将经济增加值作为平衡计分卡的财务评价主要指标，与平衡计分卡中客户、内部经营过程、学习和成长等方面的非财务指标结合，全面评价企业的经营绩效和社会责任绩效。

（1）审计人员运用经济增加值评价企业绩效，就是对企业税后净利润减去所占用的全部资金成本，包括债务资金成本和权益资本成本后的值进行评价。如果值为正数，说明企业创造了价值，增加了财富；反之，则表示企业发生了价值损失，减少了财富；如果值为零，则说明企业的利润仅能满足债权人和投资者预期获得的收益。

（2）审计人员运用平衡计分卡评价企业绩效，应将企业的战略和目标转变为由财务、客户、内部经营过程、学习和成长四个层面的指标组成的业绩评价系统。财务方面可通过经济增加值、权益报酬率等典型指标来评价企业为股东创造财富的大小；客户方面可通过市场份额，客户的保持度、满意度及潜在客户的开发等指标来评价企业怎样满足客户要求；内部经营过程方面可通过总资产周转率、应收账款周转率、产品质量等指标来评价企业业务优势和劣势；学习和成长方面可通过开发新产品所需时间、核心技术和知名品牌培育、人力资源的培养等指标来评价企业能否继续发展并创造价值。

五、主要评价指标

（一）盈利能力状况

1. 基本指标

$$净资产收益率=\frac{净利润}{平均净资产}\times 100\%$$

其中

$$平均净资产=\frac{年初所有者权益+年末所有者权益}{2}$$

$$总资产报酬率=\frac{利润总额+利息支出}{平均资产总额}\times 100\%$$

其中

$$平均资产总额=\frac{年初资产总额+年末资产总额}{2}$$

2. 修正指标

$$销售(营业)利润率=\frac{主营业务利润}{主营业务收入净额}\times 100\%$$

$$盈余现金保障倍数=\frac{经营现金净流量}{净利润+少数股东损益}$$

$$成本费用利润率=\frac{利润总额}{成本费用总额}\times 100\%$$

其中

$$成本费用总额=主营业务成本+主营业务税金及附加+经营费用(营业费用)+管理费用+财务费用$$

$$资本收益率=\frac{净利润}{平均资本}\times 100\%$$

其中

$$平均资本=\frac{(年初实收资本+年初资本公积)+(年末实收资本+年末资本公积)}{2}$$

（二）资产质量状况

1. 基本指标

$$总资产周转率(次)=\frac{主营业务收入净额}{平均资产总额}$$

$$应收账款周转率(次)=\frac{主营业务收入净额}{应收账款平均余额}$$

其中

$$应收账款平均余额=\frac{年初应收账款余额+年末应收账款余额}{2}$$

$$应收账款余额=应收账款净额+应收账款坏账准备$$

2. 修正指标

$$不良资产比率=\frac{资产减值准备余额+应提未提和应摊未摊的潜亏挂账+未处理资产损失}{资产总额+资产减值准备余额}$$

对未如实披露应提未提和应摊未摊的潜亏挂账及未处理资产损失情况的，参照存货、应收账款两项资金占用增加额确定。

$$资产现金回收率=\frac{经营现金净流量}{平均资产总额}\times 100\%$$

$$流动资产周转率(次)=\frac{主营业务收入净额}{平均流动资产总额}$$

其中

$$平均流动资产总额=\frac{年初流动资产总额+年末流动资产总额}{2}$$

（三）债务风险状况

1. 基本指标

$$资产负债率=\frac{负债总额}{资产总额}\times 100\%$$

$$已获利息倍数=\frac{利润总额+利息支出}{利息支出}$$

2. 修正指标

$$速动比率=\frac{速动资产}{资产总额}\times 100\%$$

其中

$$速动资产=流动资产-存货$$

$$现金流动负债比率=\frac{经营现金净流量}{流动负债}\times 100\%$$

$$带息负债比率=\frac{短期借款+一年内到期长期负债+长期借款+应付债券+应付利息}{负债总额}\times 100\%$$

$$或有负债比率=\frac{或有负债余额}{所有者权益+少数股东权益}\times 100\%$$

其中

$$或有负债余额=已贴现承兑汇票+担保余额+贴现与担保外的被诉事项金额+其他或有负债$$

（四）经营增长状况

1. 基本指标

$$销售(营业)增长率=\frac{本年主营业务收入总额-上年主营业务收入总额}{上年主营业务收入总额}\times 100\%$$

$$资本保值增值率=\frac{扣除客观增减因素的年末国有资本及权益}{年初国有资本及权益}\times 100\%$$

2. 修正指标

$$销售(营业)利润增长率=\frac{本年主营业务利润总额-上年主营业务利润总额}{上年主营业务利润总额}\times 100\%$$

$$总资产增长率=\frac{年末资产总额-年初资产总额}{年初资产总额}\times 100\%$$

$$技术投入比率=\frac{本年科技支出合计}{主营业务收入净额}\times 100\%$$

（五）长期价值创造

经济增加值＝利润总额－应交所得税－资本总额×平均资本成本率

（六）社会贡献率

$$社会贡献率=\frac{社会贡献总额}{评价资产总额}\times 100\%$$

社会贡献总额包括工资、劳保退休统筹及其他社会福利支出、利息支出净额、应交增值税、产品销售税金及附加、应交所得税及其他税、净利润等。

第 5 节　政府投资项目绩效审计操作指南

一、概念和原则

政府投资项目是指全部使用预算内投资资金、专项建设基金、政府举借债务筹措的资金等财政资金的项目；未全部使用财政资金，财政资金占项目总投资的比例超过 50%，或者占项目总投资的比例在 50%以下，但政府拥有项目建设、运营实际控制权的项目。

政府投资项目绩效审计是指审计机关对审计客体组织实施的政府投资项目的经济性、效率性和效果性进行审查、分析、评价的行为。

政府投资项目绩效审计业务包括审计和专项审计调查。审计机关可以根据需要对专项建设资金的筹集、管理与使用的绩效情况或与政府投资项目有关的重要事项或者倾向性问题的绩效情况等开展专项审计调查。涉及专项资金绩效审计调查的，可参照本章“专项资金绩效审计操作指南”。

政府投资项目绩效审计的目标是揭示政府投资项目在投资决策、政策执行、建设管理和运营管理中存在的绩效问题，提出加强和完善政府投资管理的建议，促进政府和有关部门规范项目管理，提高政府投资效益。

政府投资项目绩效审计一般应在项目投产运营后、目标成效显现时实施，对在建项目、已竣工尚未投入使用的项目实施绩效审计时，审计人员应充分考虑项目的阶段性特点和未来运行状况的不确定性。

在跟踪审计政府投资项目中实施绩效审计时，应充分发挥绩效审计在事前和事中的监控作用，可以针对特定建设阶段或具体事项，及时出具阶段性的或具体事项的绩效审计文书。

二、审前调查

审计组在编制政府投资项目绩效审计实施方案前，应对项目建设单位及与项目建设有关的勘察、设计、施工、监理、采购、供货等单位开展审前调查。

审前调查的主要内容包括：建设单位（代建单位）类型、组织结构、职责范围、人员编制等基本情况；项目立项及可行性研究报告批准情况；项目概算或预算的批准及调整情况；项目的勘察、设计、施工、监理、采购、供货等方面的招投标及承发包情况；项目适用的相关法律法规、政策及其执行情况；项目建设的内部控制制度的建立和执行情况；项目建设的规定程序及其执行情况；建设资金的筹集计划与实际到位情况；项目的财政财务管理体制和适用的财会制度；项目的决算报告及审批情况和施工单位的结算报告及审核情况；项目竣工验收情况及结果；项目所属行业的建设成本等平均水平、先进水平；群众来信、来访反映的情况及相关监管部门对项目的评价意见；其他需要了解的有关情况。

三、审计的主要内容

政府投资项目绩效审计可分为：立项决策情况绩效审计、建设准备情况绩效审计、建设管理情况绩效审计、投产运营情况绩效审计。

（一）立项决策情况绩效审计

1. 项目决策的程序性情况

决策环节是否齐全，有无漏项；立项审批手续是否合规，有无越权审批或未经审批。

2. 项目决策的科学性情况

（1）项目可行性研究是否全面深入，有无从投资收益以及与项目有关的环境、资源、技术、经济和社会等方面进行全面分析论证；有无进行敏感性和风险分析，对影响决策的不确定性因素是否进行了定量处理。

（2）评估论证是否充分，有无走过场和弄虚作假行为。

（3）项目总体规划（方案）设计是否科学合理；投资规模和标准的确定是否符合经济发展水平和功能配置要求；设备和工艺是否符合先进性和适用性统一的要求；项目选址是否符合国家产业规划布局及靠近原料、燃料和消费地的需要。

（4）项目投资估算的依据是否真实、科学；精度是否满足项目决策的要求；影响投资估算的因素是否充分考虑。

（5）投资项目是否符合国家产业政策、土地政策、环保政策、资源能源利用政策和规划等宏观调控政策要求；项目社会效益、国民经济效益、财务效益、环境效益等目标的科学性等。

（二）建设准备情况绩效审计

1. 内部控制制度的建立情况

项目建设单位是否建立健全了工程组织管理、质量管理、资金管理、材料物资管理、内部审计监督等内部管理制度；是否建立了签证、设计变更、授权控制等现场控制制度；是否建立了进度控制、质量控制和投资控制等项目建设的全过程控制制度。

2. 设计和概算的确定情况

主要审查是否根据项目可行性研究报告进行了初步设计、技术设计和施工图设计；设计深度是否达到了施工要求；施工图是否通过了专家评审；是否根据初步设计编制了设计概算；是否根据技术设计对设计概算进行修正；施工图是否按照项目概算进行限额设计；有无根据项目目标和概算要求，对设计进行价值工程优化。

3. 征地拆迁情况

土地征用手续是否合法、完善，有无未批先用违法占用等问题；拆迁安置政策是合理、合法，安置程序是否合法、公开；补偿标准是否公平、合理、统一，有无执行政策、标准不统一，以权谋私，损公肥私的问题；征地拆迁资金来源是否合法、充足，使用是否合法、有据，有无虚报、滥支、乱用的问题；有无拖欠国家土地出让金的问题；管理是否规范，有无挤占挪用和损失浪费等问题。

（三）建设管理情况绩效审计

1. 建设管理内部控制制度遵循情况

主要审查项目建设单位是否严格执行了各项内部控制制度，执行中有无薄弱环节，对建设目标的影响程度如何。

2. 国家建设管理制度执行情况

主要审查项目法人责任制、合同管理制和政府监督、社会监理、企业自检的工程质量三级保证体系等制度的贯彻落实情况。

3. 招投标制度执行情况

项目是否建立了招投标制度，成立了招投标组织机构，制定了招投标实施计划；是否按照国家的强制要求，将相关工程、材料设备和建设服务项目的承发包全部纳入招投标范围；招投标文件是否科学、规范，标底设定、招标方式、评标方案是否符合要求；招投标程序是否严格执行，有无违规不招标、明招暗定、弄虚作假、串标、围标等行为。

4. 经济合同的订立及执行情况

合同的格式是否规范，是否符合国家法律法规的规定，具体条款与招投标文件精神是否一致；合同条款是否严格履行，有无转包，违规分包现象；合同的修改、补充和终止是否真实、必须、合理，有无违反国家规定，有无损害国家或集体利益行为。非招投标方式形成的经济合同，还要着重审查其合同形成的过程是否公开、公正，是否通过市场竞争，结算价格是否与市场行情相符等。

5. 设计变更管理情况

项目建设单位是否严格执行设计变更管理制度，尽可能把设计变更控制在设计阶段初期；所有设计变更是否必须；设计变更是否符合合理性的要求，即设计变更方案是否经过充分认证，审批手续是否齐全，是否有利于保证质量、节约投资；设计变更是否符合经济性的要求，即设计变更的性价比是否达到最优，能否以最节省的投资，最大限度地完善和优化项目设计；对重大设计变更，是否做到先算账后变更，以控制造价；是否存在设计、施工等单位串通一气，低价中标高价结算，故意造成设计变更的行为。

6. 隐蔽工程管理情况

通过检查隐蔽图和隐蔽工程验收记录，审查隐蔽工程签证是否由设计单位、监理单位、建设单位等有关人员到现场验收签字，手续是否完整；工程量与竣工图是否一致；工程量是否在隐蔽前已验收确定，有无事后纠纷，其中是否存在偷工减料、以次充好等弄虚作假行为。

7. 项目竣工验收情况

通过检查项目竣工验收鉴定书、单位工程竣工验收证明书及相关验收申报资料，实地踏勘现场等方法，了解项目验收评定的质量等次，审查项目是否合格，有无不合格项目或需要整改的事项；了解形成原因及其对建设项目的影响，并追踪整改情况和索赔结果。

8. 竣工决算情况

通过检查施工单位报送的项目结算书，建设单位或其委托的中介机构对项目结算的审核认定书，建设单位编报的项目竣工决算报告，国家审计机关出具的审计报告等文件资料，审查建设单位或造价服务机构是否对施工单位项目结算书进行认真审核；实体项目费、措施项目费、人工、材料、机械台班消耗量的计算是否真实、准确、合法、合规；结算单价是否按照招投标或合同约定的计价定额和计价规范执行；套用定额、取费和确定材差等是否正确、合理；没有定额的项目是否按类似定额进行合理换算，或重新分析组价；是否存在多计或重复计算工程量，随意测算或估算单价等高估冒算问题；建设单位认定的结算结果与实际是否相符；审查建设单位编制的决算报告是否规范、完整、准确，有无多报投资，挤占建设资金，或漏报、错报形成资产流失等问题。

9. 资金筹集管理使用情况

主要审查项目建设资金筹集情况，包括资本金筹集到位情况，银行贷款筹集到位情况等，分析资金结构的合理性；项目建设资金管理使用情况，包括资金是否闲置，工程款是否欠拨，有无超进度、超合同支付工程款，决算审计前有无预留一定比例的应付工程款，是否存在超决算支付工程款等问题。

10. 建设管理目标实现情况

包括建设规模、建设质量、建设工期、投资控制等目标实现情况。是否存在擅自增减建设内容，擅自改变功能设计要求，擅自改变规定质量标准，以及超规模、超标准、超概算建设等问题。

11. 损失浪费情况

审查管理性费用、贷款利息等是否超支；审查工期及其他合同条款违约的赔偿情况，变更或返工的损失情况，违规罚款等管理损失情况，贪污、挪用建设资金和挤占建设成本情况等；审查是否存在虚假索赔、人为变更、故意违约、故意违规等人为增加投资，侵害国家利益的行为。

12. 监理履职情况

通过检查监理聘用合同、监理人员资质证书、监理工作日志，审查监理人员是否符合项目规定的资质要求；监理工作范围是否符合合同约定的要求；项目监理质量是否达到合同约定目标；监理签证是否真实可靠，有无玩忽职守、弄虚作假等行为。

（四）投产运营情况绩效审计

1. 技术和管理情况

包括设计生产（运行）能力、技术指标、产品质量等达标情况，交付资产的利用情况和劳动生产效率；工艺、技术、装备和设施的先进性、适用性、经济性、安全性；项目运行的管理体制机制和管理机构设置及其功能发挥情况等。

2. 经济效益情况

审查项目收益和贡献水平，包括国民经济效益情况和财务盈利能力状况、项目风险水平、还贷能力、投资回收能力等。

3. 社会效益情况

审查资源保护和利用情况，包括土地、煤炭、石油、电力、水等资源的保护和利用情况；社会功能发挥情况，包括满足社会交通、教育、医疗、文化、旅游等需求情况，推动产业技术进步和产业结构优化情况，促进就业和带动社区居民创业等情况，分析评估项目对完善、改进公共服务功能、提高公共服务水平、促进社会进步的作用和影响；对失地农民和被拆迁户的利益保障情况。

4. 生态环境效益情况

审查项目建设和运行中废气、废水、废渣的排放、治理和循环利用情况，噪声污染、放射污染产生和治理情况等；对大气、水、土壤、植被等生态环境产生的影响；环保制度执行情况、环保设施管理运行情况和环保部门监管情况等。

对政府投资项目中大型固定资产投资项目投产运营后实施的完整、系统的绩效审计，应包括以上主要内容。对中小型固定资产投资项目、未投产运营固定资产投资项目或结合预算执行情况、决算审计实施的绩效审计项目，可根据项目具体情况有所侧重和简化，也可选择其中的一部分内容实施。

四、审计评价

（一）评价标准

政府投资项目绩效审计评价标准一般包括以下几个方面：

（1）法定标准。即国家法律法规、政策中所规定的要求，其中包括国家及有关行业部门制定和颁布的各种标准、规范、定额和参数等。

（2）计划标准。即项目开工前预先设定的标准，包括项目建议书、可行性研究报告、项目评估报告、环境评估报告、设计任务书、土地征用文件、招投标文件、承发包合同、验收报告及鉴定书；投资计划批文、概（预）算批文、竣工决算书；地质水文等环境评估文件、设计和规划审批文件、产品技术参数等。

(3) 历史标准。即全国或本地区同行业以前年度的实绩水平。

(4) 先进标准。即全国或本地区同行业已达到的先进水平。

(二) 评价指标

政府投资项目的一般评价指标主要包括以下几个方面：

(1) 项目目标完成情况的评价指标。包括计划工期完成率、设计规模达成率、设计产能（功能）达成率、单项工程合格（优良）率、投资增减变化率（额）、计划单位造价增减变化率（额）、单位造价与同类项目造价比、投资结构变化率等。

(2) 项目效益情况的评价指标。主要包括财务评价指标和国民经济评价指标。

财务评价指标主要有：财务净现值（FNPV）、财务净现值率（FNPVR）、财务内部收益率（FIRR）、投资回收期、投资利税（利润）率、资本金净利润率、偿债备付率、利息备付率、借款偿还期、资产负债率、流动比率、速动比率、达产年限增减变化率。

国民经济评价指标主要有：经济净现值（ENPV）、经济内部收益率（EIRR）、费用效率（CE）、费用现值（PC）、费用年值（AC）。

(3) 项目管理情况的评价指标。包括合同条款执行率、招标文件和合同一致率、设计变更率、决算准确率、投资损失率、安全事故发生率、管理费用超（节）支率、总投资违纪（规）率、建设程序合规率、单项工程预算编制率、参建单位资质合规率、拆迁安置补偿到位率等。

(4) 项目影响情况的评价指标。主要包括经济影响评价指标、环境影响评价指标和社会影响评价指标等。

经济影响评价指标主要是指对所在地区、所属行业及国家经济方面产生的影响，包括对收入分配、劳动就业、技术进步、国内资源成本产生的影响等。

社会影响评价指标主要是指项目对所在地区和社区产生的影响，包括覆盖面、增长率和满意度三个方面。覆盖面反映政府投资项目投产运行后受益面的广度，是公共服务设施建设的首要目标，反映是否为大多数社会群体提供广泛公共服务；增长率反映政府投资项目投产运行后政府公共服务水平的提升情况，是公共服务可持续发展的基本要求；满意度体现政府投资项目建设的最终目标是否实现以及实现程度，是人民群众对公共服务最直接的评价。

环境影响主要是指项目实施后对项目所在地大气、水、土地、生态等方面产生的影响，包括环境质量、区域生态平衡、资源利用和保护、项目污染源控制等。

(三) 评价原则

政府投资项目绩效审计评价应当坚持以下原则：

(1) 客观、公正、科学、谨慎的原则。

(2) 具体问题具体分析的原则。

(3) 有无对比分析的原则。它是指通过将被评价项目未进行投资时与项目有关的资产、费用、收益的预计发展情况，与该项目投资后资产、费用、收益情况的对比，评价项目投资的绩效。

（4）可比性原则。

（5）定量与定性相结合、以定量分析为主的原则。

（6）动态与静态相结合、以动态分析为主的原则。

（7）收益与风险相权衡的原则。

（8）多因素综合分析的原则。它是指在评价政府投资项目绩效时，既要考虑经济因素，又要考虑政治、社会和环境因素。

五、政府投资项目绩效评价指标

（一）项目目标完成情况的评价指标

$$\text{计划工期完成率}=\frac{\text{实际工期}}{\text{计划工期}}\times 100\%$$

$$\text{设计规模达成率}=\frac{\text{实际达成规模}}{\text{设计达成规模}}\times 100\%$$

$$\text{设计产能(功能)达成率}=\frac{\text{设计产能(功能)达成数}}{\text{设计产能数}}\times 100\%$$

$$\text{单项工程合格(优良)率}=\frac{\text{单项工程中合格(优良)单位工程数}}{\text{单项工程中单位工程总数}}\times 100\%$$

$$\text{投资增减变化率(额)}=\frac{\text{投资增减变化(额)}}{\text{计划投资额}}\times 100\%$$

$$\text{计划单位造价增减变化率(额)}=\frac{\text{造价增减变化(额)}}{\text{总单位}}\times 100\%$$

$$\text{投资结构变化率}=\frac{\text{投资结构变化额}}{\text{总投资额}}\times 100\%$$

（二）财务评价指标

$$\text{财务净现值}(FNPV)=\sum_{t=0}^{n}(CI_t-CO_t)(1+i)^{-t},\quad t=0,1,\cdots,n$$

式中，CI_t-CO_t 为第 t 年的净现金流量；n 为方案计算期；i 为基准收益率。

$$\text{财务净现值率}(FNPVR)=\frac{FNPV}{K_p}\times 100\%$$

式中，$K_p=\sum_{t=0}^{n}K_t\left(\frac{P}{F},\ i,\ t\right)$ 为投资现值，其中 K_t 为第 t 年投资额，m 为建设期年数。

财务内部收益率（$FIRR$）的有关公式为

$$\sum_{t=0}^{n}\frac{CI_t-CO_t}{(1+FIRR)^t}=0$$

静态投资回收期(P_t)的有关公式为$\sum_{t=0}^{P_t}(CI_t-CO_t)=0$，实际工作中采用

$$\text{静态投资回收期}=\text{累计净现金流量出现正值的年份数}-1+\frac{\text{上一年累计净现金流量现值的绝对值}}{\text{出现正值年份的净现金流量}}$$

动态投资回收期(P'_t)的有关公式为$\sum_{t=0}^{P'_t}\frac{CI_t-CO_t}{(1+i)^t}=0$，实际工作中采用

$$\text{动态投资回收期}=\text{累计净现金流量现值出现正值的年份数}-1+\frac{\text{上一年累计净现金流量现值绝对值}}{\text{出现正值年份的净现金的现值}}$$

$$\text{投资利税率}=\frac{\text{利润总额}+\text{销售税金及附加}}{\text{投资总额}}\times 100\%$$

$$\text{投资利润率}=\frac{\text{利润总额}}{\text{投资总额}}\times 100\%$$

$$\text{资本金净利润率}=\frac{\text{税后利润}}{\text{资本金}}\times 100\%$$

$$\text{偿债备付率}=\frac{\text{可用于还本付息资金}}{\text{当期应还本付息资金}}$$

$$\text{利息备付率}=\frac{\text{税息前利润}}{\text{当期应付利息费用}}$$

$$\text{借款偿还期}=\text{借款偿还出现盈余的年份数}-1+\frac{\text{当年应偿还借款额}}{\text{当年可用于还款的收益额}}$$

$$\text{资产负债率}=\frac{\text{负债总额}}{\text{资产总额}}$$

$$\text{流动比率}=\frac{\text{流动资产总额}}{\text{流动负债总额}}$$

$$\text{速动比率}=\frac{\text{速动资产总额}}{\text{流动负债总额}}$$

$$\text{达产年限增减变化率}=\frac{\text{实际达产年限增减数}}{\text{设计达产年限数}}$$

（三）国民经济评价指标

$$\text{经济净现值}(ENPV)=\sum_{t=0}^{n}(CI_t-CO_t)(1+i)^{-t},\quad t=0,1,\cdots,n$$

经济内部收益率($EIRR$)的公式为

$$\sum_{t=0}^{n}\frac{CI_t-CO_t}{(1+EIRR)^t}=0$$

$$\text{费用效率}(CE)=\frac{\text{工程系统效益}}{\text{工程寿命周期成本}}$$

$$费用现值(PC)=\sum_{t=0}^{n}\frac{CO_t}{(1+i)^t}=\sum_{t=0}^{n}CO_t(P/F,i,t)$$

$$费用年值(AC)=\sum_{t=0}^{n}CO_t(P/F,i,t)(A/P,i,n)$$

（四）项目管理情况的评价指标

$$设计变更率=\frac{设计变更投资额}{总投资额}\times 100\%$$

$$决算准确率=\frac{决算报审价}{决算审定价}\times 100\%$$

$$投资损失率=\frac{损失额}{总投资额}\times 100\%$$

$$安全事故发生率=\frac{安全事故发生次数}{单位工程数}\times 100\%$$

$$管理费用超支(节约)率=\frac{管理费用超支(节约)额}{计划总管理费用}\times 100\%$$

$$总投资违纪(规)率=\frac{违纪(规)额}{总投资额}\times 100\%$$

第 6 节　资源绩效审计操作指南

一、概念和原则

资源是指自然资源。自然资源是在一定的时间和地点条件下能够产生经济价值，以提高人类当前和未来福利的自然环境因素和条件，包括土地资源、森林资源、水资源、气候资源、矿产资源及生物资源等。

资源绩效审计是指审计机关依据有关法规，按照一定的标准，运用适当的程序和方法，对资源政策、资源项目、资源开发利用、保护等的经济性、效率性和效果性进行审查、分析、评价的行为。

资源绩效审计的目标是维护国家资源利益，防范资源风险，保障国家资源环境安全，促进资源可持续利用。

资源绩效审计可以选择某类资源专题开展绩效审计，也可以结合环境审计、财政审计、投资审计、经济责任审计等其他专业审计开展。

各级审计机关要根据资源跨行政区域的特点，对资源质量和生态建设等共同关注的区（流）域性资源和生态环境事项，通过平行或联合审计的方式开展审计和审计调查，并建立协商机制。

各级审计机关对关系国计民生的重大资源开发利用和环保工程项目、重大资源环境管理政策措施和战略规划等（如国家大江大河及湖泊治理规划、退耕还林工程和节能减排政策执行），可采取后续审计的方式，确保国家重点建设项目得到顺利实施，资源环保工作措施和规划得到落实。

二、项目选择和审前调查

资源绩效审计选项应在遵循本章“绩效审计通用操作指南”所确定的原则的基础上，重点关注：人均占有量低、储备紧缺的资源项目；受污染、遭破坏程度严重的资源项目；与政府投资工程、环保等专项资金相关的资源项目；与国家战略发展相关，为社会所广泛关注的资源项目；结合本地实际，有区域性特色的资源项目；其他需要审计关注的资源项目。

资源绩效审计审前调查的主要内容包括：国家在资源保护、资源利用上的资金投入、使用和效果内容；对自然资源的种类、分布数量、质量特征与开发利用潜力进行调查；了解各种资源条件与区域经济发展的关系以及各种自然资源条件对资源利用的适宜性和限制性；资源条件在地域上组合状况及对经济利用的有利和不利影响，尤其要了解区域优势资源及劣势资源或条件；区域内主要生态经济问题类型、产生的原因、现状及发展趋势；资源开发利用现状及存在的生态经济主要问题；测量技术方法（如全球卫星定位系统监测技术、遥感技术等）；资源环境信息系统情况；资源管理法规、管理政策、条例和标准执行情况；资源产业管理情况；资源市场管理、价格管理和税收管理情况；国际、国内和本省各地区资源分布和开发利用情况。

三、审计内容

资源绩效审计的内容应当重点围绕资源的社会绩效、经济绩效和生态环境绩效展开。国家在资源利用与保护上的资金投入和使用的绩效审计内容参见本章“专项资金绩效审计操作指南”。由于各种自然资源具有不同的特征，根据江苏省资源的分布状况，本指南侧重规范土地资源、矿产资源和水资源审计的重点内容。

（一）土地资源绩效审计

主要审查土地利用总体规划和年度计划、耕地总量动态平衡和土地集约利用、土地市场管理和市场化配置、土地质量和生态环境建设等方面。

1. 审查土地利用总体规划

重点关注土地利用总体规划是否反映国民经济和社会发展规划、国土整治和资源环境保护的要求，是否满足土地供给能力和各项建设对土地的需求。具体包括：（1）土地利用总体规划是否与城市总体规划、村庄和集镇规划以及江河、湖泊、滩涂综合治理和开发利用规划、交通建设规划等相衔接。（2）在城市规划区内，村庄和集镇规划区内，城市和村庄、集镇建设用地是否符合城市规划、村庄和集镇规划；在江河、湖泊、水库的管理和保护范围以及蓄洪滞洪区内，土地利用是否符合江河、湖泊综合治理和开发利用规划，符合河道、湖泊行洪、蓄洪和输水的要求。

2. 审查土地利用年度计划

重点关注土地利用年度计划指标，是否优先保证国家和省人民政府批准的能源、交通、水利等基础设施建设用地，是否符合国家产业政策、区域政策和法律法规，是否符合土地利用总体规划确定的城镇建设用地规模范围内的建设用地。具体包括是否严格执行上级下达的土地利用年度计划，实行建设用地总量控制。

3. 审查耕地保护

重点关注是否严格实行占用耕地补偿制度和基本农田保护制度。具体包括：(1) 非农业建设经批准占用耕地，是否按照“占多少，垦多少”的原则，由占用耕地的单位和个人承担耕地补偿责任。(2) 对于没有条件开垦或者开垦的耕地不符合要求的，是否按规定缴纳耕地开垦费，并由土地行政主管部门会同有关部门统一组织开垦新的耕地，以补足与所减少的耕地数量和质量相当的耕地。(3) 土地开发整理项目是否存在采用编造虚假竣工验收资料、人为改变地类和数据等方式，虚报新增耕地。(4) 是否建立耕地占补平衡项目库，供耕地补偿责任承担者从项目库中选择项目进行开垦。(5) 耕地开垦费、新增建设用地的土地有偿使用费地方政府留成部分和土地闲置费等，是否专项用于耕地开发。(6) 是否违反土地利用总体规划随意减少基本农田面积；是否以农业结构调整为名，在基本农田内挖塘养鱼和进行畜禽养殖，以及从事其他严重破坏耕作层的生产经营活动。

4. 审查建设用地

重点关注建设占用土地是否符合土地利用总体规划和土地利用年度计划，涉及农用地转为建设用地的，是否依法办理农用地转用审批手续。具体包括：(1) 对城市规模已经达到或突破土地利用总体规划确定的建设用地规模的，年度计划指标已用完的，未依法及时缴纳新增建设用地土地有偿使用费的，已批准的城市建设用地仍有闲置的，是否一律不予受理新增建设用地申请。(2) 对未按国家有关规定进行建设用地预审的，未按预审要求完善相关内容的建设项目，是否一律不予受理其建设用地申请。(3) 对不符合国家产业政策的项目、不切实际的“形象工程”“政绩工程”项目等，是否一律不予报批用地。

5. 审查征地管理

重点关注农民权益是否得到有效保障，征地规模是否得到有效控制。具体包括：(1) 是否严格依法按规划计划、按程序征地；是否严格征地审核和落实法定的征地补偿和安置措施，是否有效解决征地安置补偿费用拖欠、挪用和截留问题。(2) 是否按照保障农民权益、控制征地规模的原则，严格界定公益性、经营性建设用地，区分土地征收与征用。(3) 征地程序是否完善，征地范围过宽、规模过大、补偿安置不到位、产权不清以及同农民协商不够等突出问题是否着力解决。

6. 审查供地政策和标准

重点关注政府供地的市场化程度。具体包括：(1) 工业用地、经营性用地是否履行招标拍卖挂牌出让制度，是否存在竞相低价出让土地和企业因用地成本低而“多占少用”“宽打宽用”“低效利用”的粗放用地行为。(2) 是否严把土地登记关口，对经营性用地没有进行招标拍卖挂牌的，对出让地价明显低于出让底价的，对未全部缴纳土地出让金的，对违反规划改变土地用途的，一律不予登记。

7. 审查土地集约利用

重点关注集约用地新机制的建立与完善。具体包括：(1) 城市内部是否存在处于闲置状态和低效率使用状态的土地，城市总体规划是否服从土地利用总体规划；地租地价是否有助于形成与城市土地价格水平相适应的城市用地结构，最大限度增大土地利用的总体社会经济效益；小城镇和农村居民点的占地面积是否合理，农村居民点和乡镇企业的分布是否有利于节约土地和生活环境改善；各业用地标准是否细化，是否严格按用地单位土地面积的投资强度、土地利用强度、投入产出率等指标供地。(2) 是否全面推行“净地”出让，强化土地市场动态分析制度，完善土地收储机制。(3) 是否通过开发后备荒地和复垦废弃地增加可利用土地面积。

8. 审查国有土地使用权出让

重点关注国有土地使用权出让收支是否纳入地方预算，实行“收支两条线”管理。具体包括：(1) 土地使用者是否严格履行土地出让合同，将应缴的土地出让收入及时足额缴入地方国库，地区、部门和单位是否以“招商引资”“旧城改造”“国有企业改制”等各种名义减免土地出让收入，实行“零地价”，甚至“负地价”，或者以土地换项目、先征后返、补贴等形式变相减免土地出让收入。(2) 土地出让收入的使用是否确保足额支付征地和拆迁补偿费、补助被征地农民社会保障支出、保持被征地农民原有生活水平补贴支出；是否将被征地农民的社会保障费用纳入征地补偿安置费用，切实保障被征地农民和被拆迁居民的合法利益；是否向新农村建设倾斜，逐步提高用于农业土地开发和农村基础设施建设的比重。

9. 审查土地质量

重点关注不适宜的耕作方式和土地利用措施导致土地数量减少和质量下降。具体包括：(1) 土壤侵蚀，即水土流失总面积和水土流失毁掉耕地的面积。(2) 土地沙漠化，即沙化土地面积和每年新增沙化土地面积。(3) 土壤盐渍化，即盐碱荒地和盐碱耕地面积。(4) 土壤环境恶化，污染严重，即耕地受城市工业三废污染的面积、受乡镇企业污染的面积、受农药化肥等不合理使用造成的污染面积、污染导致粮食减产的数量和污染粮食的数量。

10. 审查生态环境建设

重点关注是否有效运行产权制度和各种经济诱导机制，调动广大农民积极性。具体包括：(1) 是否增加土地长期投入、治理土壤退化、改造中低产田。(2) 是否引导农户对现有25°以上的坡耕地有计划地坡改梯田或逐步退耕还林、还牧，实现小流域治理，防止土壤侵蚀。(3) 是否对林业用地进行综合开发利用实现林、果、牧结合，不断提高林产品蓄积量和林、副产品的综合利用率及生态经济效益。

（二）矿产资源绩效审计

主要审查矿产资源总体规划，矿产资源勘查、开发利用与保护等专项规划，矿产资源勘查和开采，矿产资源开发利用和保护等方面。

1. 审查矿产资源总体规划

重点关注矿产资源规划是否坚持开发利用与保护并重、开发利用与节约并举的原则，兼顾当前与长远、国家与地方利益；是否控制矿业总量，优化矿业结构，节约利用矿产资源，实行矿产资源战略储备，并与本地区国民经济和社会发展的总体要求相适应。具体包括：(1) 矿产资源总体规划的编制依据、管理现状、需求预测、指导原则、政策措施等内容是否体现经济效益、资源效益、社会效益、环境效益的统一。(2) 是否经省人民政府审查同意，报国务院地质矿产主管部门批准。(3) 是否与土地利用、环境保护、水土保护、城乡建设、旅游发展、水资源开发、森林保护、防汛抗洪、地质灾害防治等规划协调一致。

2. 审查矿产资源勘查、开发利用和保护等专项规划

重点关注矿产资源专项规划是否服从矿产资源总体规划，下级矿产资源规划是否服从上级矿产资源规划。具体包括：(1) 专项规划是否依照法定程序和权限编制，审批后的规划是否存在擅自改变，确需变更的规划是否按照原审批程序报批。(2) 对矿产资源开发利用的可行性研究是否充分，在矿山设计、矿区建设、开采、选矿、冶炼工艺技术、综合利用等方面是否把生态效益和经济效益相结合，追求矿产资源开发的综合效益。

3. 审查矿产资源勘查和开采

重点关注审批、探矿权采矿权证持有、储量动态监测、矿山环境恢复治理、安全隐患排查及地质灾害预防等方面。具体包括：(1) 是否未依法履行有关审批程序，擅自勘探、建设和生产，以及假借整合名义实施开发建设。(2) 是否存在无证勘查开采、超层越界开采、非法转让矿业权和破坏矿山环境等行为。(3) 是否未依据方案开采，露天矿山实行“伞檐”开采，“一面坡”开采。

4. 审查矿产资源开发利用和保护

重点关注矿产资源综合开发、综合利用的效益以及矿产资源有偿使用制度执行。具体包括：(1) 是否选择合理的采矿方法和选矿方法，推广先进工艺技术，提高矿产资源利用水平。(2) 矿山企业是否按照国家有关法规及其主管部门的有关规章，建立、健全企业开发利用和保护矿产资源的各项制度，并切实加以贯彻落实。(3) 矿山开采设计要求的回采率、采矿贫化率和选矿回收率，是否列为考核矿山企业的重要年度计划指标。(4) 矿山企业是否提高矿床勘探程度，为开采设计提供可靠依据；对具有工业价值的共生、伴生矿产是否系统查定和评价。(5) 矿山的开拓、采准及采矿工程，是否按照开采设计进行施工，建立严格的施工验收制度以防止资源丢失。(6) 矿山企业在开采中对矿石损失、贫化是否建立定期检查制度，分析造成非正常损失和贫化的原因，制定措施，提高资源的回采率，降低贫化率。(7) 在采、选主要矿产的同时，对具有工业价值的共生、伴生矿产，在技术可行、经济合理的条件下，是否综合回收；对暂时不能综合回收利用的矿产，是否采取有效的保护措施。（8）矿山企业是否积极利用滞销矿石、粉矿、中矿、尾矿、废石和煤矸石；暂时不能利用的，是否在节约土地的原则下，妥善堆放保存，防止其流失及污染环境。（9）资源税征收是否存在漏报、虚报和报而不缴等现象。

（三）水资源绩效审计

主要审查水资源规划、水资源节约、水资源保护和水资源生态环境等方面。

1. 审查水资源规划

重点关注水资源规划是否贯彻全面规划、统筹兼顾、标本兼治、综合利用、讲求效益的原则，是否充分发挥水资源的多种功能，协调好生活、生产经营和生态环境用水。具体包括：（1）水资源规划是否在对水资源科学考察、调查评价和分析的基础上编制，是否按照水资源和水环境承载能力，合理安排生活、生产经营和生态环境用水。（2）是否统筹安排地表水和地下水，优先开发利用地表水，合理开采浅层地下水，严格控制开采深层地下水。（3）淮北地区、沿海垦区、丘陵山区等水资源紧缺的地区，是否限制高耗水项目建设，是否加快地表水水源工程建设，加大调水力度，鼓励和扶持农村集体经济组织和农民兴建蓄水、保水工程。（4）水资源紧缺的地区是否在水资源规划中确定。

2. 审查水资源节约

重点关注行业用水定额是否与用水需求变化、技术进步和经济发展情况相适应，水资源的重复利用率是否有效提高，节水新技术、新工艺、新设备是否推广使用。具体包括：（1）行业用水定额是否根据用水需求变化、技术进步和经济发展情况及时修订。（2）用水单位是否采取一水多用、循环用水等措施，提高水资源的重复利用率，间接冷却水是否直接排放。（3）新建、改建、扩建建设项目需要取用水的，是否制定节水方案，进行节水评估，配套建设节水设施。（4）节水设施是否与主体工程同时设计、同时施工、同时投入使用。（5）新建、改建、扩建的公共与民用建筑是否安装使用节水型器具、设备。（6）年取水量十万吨以上的单位是否开展水平衡测试，加强用水管理，减少漏损，提高水资源的利用效率。（7）是否根据当地水资源条件和经济发展水平，合理调整农业生产布局、种植结构，推广节水栽培技术和喷灌、滴灌、渗灌等节水灌溉技术。

3. 审查水资源保护

重点关注地方各级人民政府是否采取有效措施，防治水土流失和水源污染，防止水流堵塞和水源枯竭，改善生态环境。具体包括：（1）是否按照流域综合规划、水资源保护规划和经济社会发展要求，拟定江河、湖泊的水功能区划。（2）单位和个人从事开发利用水资源的活动以及向水体排污，是否影响水功能区确定的保护目标。（3）水行政主管部门是否按照水功能区对水质的要求和水体的自然净化能力，核定该水域的纳污能力，并向环境保护行政主管部门提出该水域的限制排污总量意见；是否对水功能区的水质状况进行监测，发现重点污染物排放总量超过控制指标的，或者水功能区的水质未达到水域使用功能对水质的要求的，及时报告政府采取治理措施，并向环境保护行政主管部门通报。（4）是否采取措施防止工业污水、城市生活污水、城市垃圾填埋和航运船舶对水资源的污染。（5）是否定期组织河道清淤，提高水体的净化能力。（6）是否按照规划和控制指标，科学合理地确定水产养殖规模。（7）是否鼓励和扶持发展生态农业，减少种植、养殖对水源的污染。（8）地下水是否分层开采，是否潜水和承压水以及承压水之间混合开采、咸淡水串通开采。（9）在城市、集镇等建筑物密集的地区是否开采浅层地下水用于水温空调。（10）开采矿藏或者建设地下工程是否造成地下水含水层串通或者地下水污染，是否因疏干排水导致地下水水位下降、水源枯竭或者地面塌陷。（11）是否向废井、废坑、裂隙和溶洞排放、倾倒有害的污水和其他废弃物。（12）是否对报废、闲置或者施工未成的深井，按照规定进行封填，防止地下水污染。

4. 审查水资源生态环境

重点关注水面面积、水体物质成分包括水中矿物成分、融氧含量以及水生动、植物资源和决定水面的水源因素和水源变化情况。具体包括：（1）水面是否完整，是否在江河上建闸筑堤隔断鱼蟹洄游通道，使得经济鱼类的自然生产率逐年下降。（2）是否围湖造田导致水面缩小、鱼类繁殖生长场所遭到破坏。（3）是否存在水产养殖侵占湖泊的洪水调蓄面积，加重防洪负担的情况。（4）是否出现湖面缩减、湖床变高、湖水变浅的趋势。（5）是否面临水资源污染。（6）是否把种树种草、建立绿色水库作为持久措施并加强对水利设施的保护和管理。

四、评价标准和评价指标

（一）评价标准

资源绩效审计评价标准主要有：综合性环境资源保护法及单项法；各种自然资源总规划和开发利用规划；自然资源管理政策、条例、标准；生态环境效益标准；经济效益标准；社会效益标准；防灾减灾标准；城市总体规划。

（二）评价指标

资源绩效审计评价指标由社会绩效评价指标、经济绩效评价指标和生态环境绩效评价指标组成。社会绩效评价指标主要是对资源利用方式对人们生活质量和生活公平性的影响以及人们对它认可、参与的程度进行评价。经济绩效评价指标主要是对各种资源利用方式下资源的生产力和生产效益进行分析与综合评价。生态环境绩效评价指标主要是对资源利用方式的适宜性，即资源利用方式对资源基本属性的影响和结果进行分析和评价。

1. 社会绩效评价指标

社会绩效评价指标由区域居民生活水平、资源占用水平、区域人口结构和发展潜力水平等四个方面的指标构成，用于综合评价资源利用方式是否促进人民生活质量和社会文明程度提高，满足人们需求和社会发展需要。

（1）区域居民生活水平以恩格尔系数、人均粮食占有量、人均肉奶、人均水产品和人均住房等指标进行评价。

（2）资源占用水平以人口密度、资源存量、人均资源占用量、资源数量变化率、资源开发利用程度、后备资源数量及等级和农林牧渔占地面积等指标进行评价。

（3）区域人口结构以外来人口比例、人口自然增长率、城镇化水平、初中以上受教育人口比重等指标进行评价。

（4）发展潜力水平以单位面积路网（航线）密度、单位面积机械总动力、万人拥有科技人员数等定量指标结合资源的勘探及研究进展、资源长远规划和资源综合利用前景进行评价。

2. 经济绩效评价指标

经济绩效评价指标由资源投入产出、资源经济利用两个方面定量指标构成，用于评价资源利用经济合理性和可行性，反映资源利用对社会经济增长和人们福利增加的促进作用。

（1）资源投入产出以投入产出率和资源容量等指标进行评价。投入产出率反映单位资源所提供的产品或服务数量，如单位能耗所能创造的国内生产总值、国民生产总值或单位能耗所能生产的产品量等。资源容量反映单位产品中某种自然资源的含量，如每吨钢材的能源消耗量、单位工业产值的能耗、单位谷物产量的水耗等。

（2）资源经济利用以资源利用强度等指标进行评价，反映对可更新资源利用和索取的强度，如单位草场的载畜量、单位耕地面积农产品量、水域捕捞强度和索取强度等。对可更新资源的利用进行评价时，要注意资源耗用速度与更新速度相等的点，耗用速度快于更新速度会导致资源总量（如生物种群数量）的减少，就是利用过度。

3. 生态环境绩效评价指标

生态环境绩效评价指标由反映生态质量、生态系统投入和生态要素变化三个方面的定量指标构成，用于评价资源生态系统的生产性、安全性和公平性。

（1）生态质量以土壤肥力指数、水质量指数、工业污染指数、流失泥沙量和携带氮、磷和钾等营养物质量等指标进行评价。

（2）生态系统投入以污染治理投资增长率、单位土地面积化肥用量、单位土地面积农药用量等定量指标结合土壤改良、耕地生产能力恢复和提高，采种、育苗、育林、营林和防治病虫火灾，水产育苗、水利建设、废气废水净化，复垦废弃地等情况进行评价。

（3）生态要素变化以森林（植被）覆盖率、人均绿地、人工植被与天然植被面积比、土壤肥力状况、建筑容积率提高、各种资源被污染损害的面积和强度等指标进行评价。

资源绩效审计可采用指标综合评价方法。该方法从可持续发展目标内涵出发，从生态绩效、经济绩效和社会绩效等方面构建了资源可持续利用的评价指标体系，以此对资源绩效进行综合衡量和评价。

第 7 节 区域环境绩效审计操作指南

一、概念和原则

区域环境绩效审计是指审计机关对一定时期、一定行政区域范围内，环保资金投入、环保政策执行及重大环保项目建设运营等一系列环境保护、环境管理活动的经济性、效率性和效果性进行审查、分析、评价的行为。

环境绩效审计的目标是通过环保资金的筹集、分配、使用和管理情况审计，分析评价环保资金使用绩效，揭露偷漏拖欠、挤占挪用、损失浪费等问题，促进规范资金管理，提高资金使用效益；通过环境政策法规的贯彻执行和战略规划的实施情况审计，分析政府履行环保职责绩效，促进落实和完善相关政策制度，规范环境保护工作；通过环境相关项目的建设和运营情况审计，揭示影响项目环境绩效的问题并分析原因，促进加强环境管理，维护环境安全。

二、审前调查

审计组在编制审计实施方案前，应当调查了解审计客体及其相关情况。在了解当地政府环境相关职能部门职责分工情况的基础上，确定调查了解的主要对象以及相关内容。因各地相关职能部门分工不尽相同，以及涉及机构职能调整等问题，审计人员应根据当地实际情况确定审前调查对象。

审计人员可以从下列方面调查了解审计客体及其相关情况：国家及地方政府制定的环境保护政策；区域内生态功能区划分情况；产业结构与能耗结构，主要高能耗行业产值、能耗、污染情况；环境统计报表、台账，各项环境监测数据；近年来该区域发生的重大环境污染事件；重点行业污染物排放执行情况；生活污水、生活垃圾等处理情况；环境执法行政处理处罚情况；环境保护资金投入、环境保护专项资金征收及安排情况；环境保护项目情况。

三、审计内容

环境绩效审计内容主要包括：环保专项资金征收管理使用情况审计；环境政策执行情况审计；环境综合治理工作审计；环保投入情况审计；产业发展对环境影响审计；污水收集处理系统建设、运行情况审计；生活垃圾无害化处理项目建设、运行情况审计。

（一）环保专项资金征收管理使用情况审计

主要审计排污费、污水处理费征收管理使用情况。审计重点内容和方法参照本章“专项资金绩效审计操作指南”。

（二）环境政策执行情况审计

主要审计当地政府及环保等相关职能部门执行环境政策法规、履行执法监督职能情况。

1. 新批建设项目环保准入政策执行情况

按行业类别分类统计发改委新批建设项目数据，对不同类别企业进行分析，检查新批企业中是否存在不符合环境准入制的情况。

2. 新建项目（企业）环境影响评价制度执行情况

将环保部门环境影响评价审批台账与工商部门的新办生产性企业开业登记台账数据比对，发现有无新建项目（企业）未进行环评或环评滞后现象。

3. 建设项目“三同时”政策执行情况

将环保部门环境执法行政处理处罚档案按处罚类别分类汇总，检查其中未严格执行“三同时”政策的项目（企业）数量；抽查部分执法档案，验证筛选结果，最终确认在处罚企业中未严格执行“三同时”政策的企业数量。

4. 政府自定政策、制度是否符合环境保护宗旨

调阅当地政府近年来颁发的相关文件、会议纪要等，检查其自行制定的政策、制度是否与环境保护宗旨相悖。

（三）环境综合治理情况审计

主要审计各项环境综合治理制度落实情况。

1. 主要污染物总量控制制度执行情况

与环境部门相关人员座谈，了解重要污染物总量控制制度落实分解情况；将主要污染物化学需氧量（COD）、二氧化硫（SO_2）削减任务落实分解情况与主要污染物控制指标比对，检查其总量控制任务是否得到落实分解；将根据总量控制任务分解后的各企业排污指标与排污许可证发放台账记录的许可排污量进行比对，检查其是否落实污染物总量控制制度。

2. 许可排污制度执行情况

将排污费收费台账的上缴排污费企业名录与排污许可证台账上的持证排污企业名单进行比对分析，检查是否存在无证排污现象，并计算无证排污企业占比情况。

3. 限期治理制度执行情况

调阅近年来限期治理相关文件，限期治理、关停企业名录；抽查部分限期治理验收档案，检查限期治理任务是否落实到位。还可将列入关停名录的重污染企业名录输入税务审计系统软件，看是否在关停期之后仍有纳税记录，分析其关停的真实性；抽查部分企业进行实地察访，检查其限期治理及关停政策是否落实到位。

4. 生态功能区划分制度执行情况

走访环保等相关主管部门，了解该地区是否实施生态功能划分以及所采取的各项措施，查看生态功能划分情况表等相关资料，了解生态功能区域具体划分情况以及各区域采取的环境措施；抽查部分区域，特别是化工、电镀等重污染区域，查看其各项环保措施落实情况。

5. 饮用水水源地建设保护情况

现场察看饮用水水源一级保护区域水体以及周边环境，检查是否设有排污口，是否存在与供水设施和保护水源无关的建设项目、设施及其他违规现象；二级保护区内是否设有排污口，是否存在水上餐饮、围网养殖、危险化学品装卸等有关污染排放的项目和设施；准保护区内是否建有高尔夫球场，是否存在化学制浆造纸、电镀、水泥及其他对水体污染严重的项目与设施等违规现象。走访水利等相关部门，检查区域内是否按规定建有备用水源地、了解备用水源地建设、运行情况。通过对水源地原水水质监测数据的比对分析，了解近年来水源地水质变化，检查是否存在源水水质不达标情况。

6. 固体废物处置情况

主要包括医疗废物、生活垃圾及废旧电池处置情况。

(1) 医疗废物处置情况。统计各医院产生的医疗废物数量、去向及医疗废物集中处置单位收集、处置数量，进行数据比对，检查是否有医疗废物未能集中处置；走访医疗废物集中处置单位、自行处置医疗废物的医疗机构，了解医疗废物收集、运送、贮存、处置等相关环节的具体做法，并对处置现场进行实地查看，检查其各个环节的管理上是否存在漏洞，是否存在不合规的地方，是否对环境产生二次污染。

(2) 生活垃圾处置情况。走访城管、环境卫生管理部门、垃圾中转站，了解该地区生活垃圾分类收集情况，抽查部分居民小区、农村集中居住地、垃圾中转站，实地查看生活垃圾是否分类收集。

(3) 废旧电池处置情况。实地查看废旧电池等危险废物是否专门收集，调查电池经销商、生产商废旧电池回收、储存、处置情况，是否存在污染环境的隐患。

7. 限值排放政策执行情况

分析环保部门在线监测系统后台数据库数据，按月汇总计算各监测单位化学需氧量、二氧化硫等主要污染物的平均浓度、最大超标浓度、超标次数、超标次数占检测次数比例，根据计算结果对超标值大，超标次数多的被监测单位进行重点分析，发现被监测单位恶意关闭监测仪从而偷排、超排线索，排除技术误差后，抽取部分样本实地查看，最终确认超标排污企业名单与超标排污事实。

8. 在线监测系统工作情况

将环保部门在线监测仪监测企业数据与重点排污企业名录等进行比对，查看在线监测指标，检查是否有重污染企业未纳入环境在线监测系统，是否将氨氮等指标纳入监测系统，在线监测覆盖面及监测指标是否存在盲点。

（四）环保投入情况审计

1. 环境综合治理投入是否达到工业化国家环境综合治理标准

从环保、统计等部门调阅近年来环境综合治理投入及地区国内生产总值等数据，计算环境综合治理投入与国内生产总值占比及变动趋势，抽查部分项目验证投入数据的真实性，判断近年来环境投入是否达到工业化国家环境综合治理要求及地方发展规划纲要的标准。

2. 财政投入是否符合相关要求

从财政等部门了解近年来财政对环境的投入情况，查阅相关数据，抽查部分项目验证数据的真实性，计算财政投入占环境综合治理投入的比重，检查财政投入是否达到相关要求，分析变动趋势及财政资金对全社会环保资金投入的引导作用。

（五）产业发展对环境影响审计

1. 区域产业结构布局对节能减排是否构成压力

从经贸等部门获取当地经济总量、产业结构、产值、能耗等基础数据，计算近年来该地区三大产业以及二产中重污染、高能耗行业产值与能耗占比，分析其变动趋势，测算现存产业结构对当前节能减排工作的压力。

2. 新建项目（企业）是否涉及高能耗、重污染行业

对环保部门环境登记（审批）程序的新建企业（项目）名录按照产业类别进行分类，检查新建企业（项目）是否涉及高能耗、重污染行业；对分类数据进行汇总分析，计算出高污染、高能耗项目（企业）占全部新办企业（项目）的份额，从而揭示政府招商引资过程中是否坚持环境优先理念。

（六）污水收集处理系统建设、运行情况审计

主要审计污水管网建设及污水处理厂设计、运营情况。

1. 污水管网铺设是否到位

走访规划、建设等部门，了解区域内城建规划情况以及污水管网铺设情况，将城建规划图与污水管网建设图进行比对，重点检查一些老镇区、新建开发区是否存在管网铺设不到位的情况。

2. 已建成管网是否存在闲置情况

走访建设、给排水管理等部门，了解区域内污水管网布局情况，查看管网建设布局图；了解污水主管、支管具体分布情况，检查是否存在污水干管支管不相匹配、管道建而未用、居民小区（企业）等排水户未接入污水管网以及其他影响管网效益发挥的问题。

3. 污水处理厂设计能力是否充分发挥

从环保部门收集区域内各污水处理厂设计能力、建成运行时间以及实际处理污水量等数据；抽查部分污水处理厂建设年报及污水处理日报表，验证环保部门数据的真实性。将各污水处理厂实际处理污水量与设计能力进行比对，检查污水处理厂设计能力是否得到充分发挥，是否存在功能性闲置。

4. 污水处理厂出水水质是否达标

查看各污水处理厂水质监测数据，根据相关标准统计出不达标数据；抽查环境部门在线监测数据有关水厂出厂水质报告，验证双方数据的可靠性；结合出厂水质设计标准，分析不达标原因。

5. 水处理污泥处置是否符合相关规定

分类统计各污水处理厂水处理污泥处置数据，现场查看污水处理厂污泥处置情况，检查所有水处理污泥是否得到规范处置，是否存在二次污染的情况。

6. 城乡生活污水处理率是否达标

以发放调查表方式，统计镇污水收集量、农村生活污水收集量、各城镇污水处理厂污水处理量，按人口计算出城镇污水收集率（已接入污水处理厂的城镇人口÷区域内全部人口×100%）、农村生活污水无害化处理率（接入污水管网、建立小型污水处理设施等无害化处理方式的总农户数÷区域内农户总数×100%）。根据自来水售水情况表计算出当年生活用水量、生活用水排放量（生活用水售水量×0.8）；按售水量计算出生活污水处理率（污水处理厂处理生活污水÷生活污水排放量×100%）。将两种方法进行比对，验证数据的可靠性。

（七）生活垃圾无害化处理项目建设、运行情况审计

主要审计生活垃圾处理项目建设是否违反环境保护法规，焚烧尾气、垃圾渗沥液、飞灰处置是否符合相关要求。

1. 项目建设是否违反环境保护法规

调阅区域环境保护总体规划，环境审批资料，对垃圾焚烧厂实地考察，查看生活垃圾焚烧厂选址是否符合当地城乡建设总体规划和环境保护规划要求，是否执行环评前置规定，焚烧炉烟囱建设是否符合相关技术要求，垃圾焚烧配套环境设施是否符合同时设计、同时施工、同时投产使用的“三同时”政策。

2. 焚烧尾气是否达标

查阅环保部门尾气监测报告，检查二噁英、烟尘、氯化氢等是否存在超标排放现象。

3. 垃圾渗沥液是否达到无害化排放

现场查看垃圾渗沥液收集处理系统，检查其是否能有效阻止垃圾渗沥液的渗透；从环保部门取得垃圾渗滤池在线监测数据，检查垃圾渗沥液是否达到无害化

排放标准。

4. 飞灰处置是否符合危险废物处置要求

询问垃圾焚烧场相关人员，了解飞灰处置情况；审阅垃圾焚烧日报表，统计全年垃圾焚烧量以及飞灰产生量；按处理方式分类统计飞灰外运处置（填埋或循环利用）量，检查有多少飞灰未能作为危险废物得到妥善处置。查看飞灰处置现场，检查飞灰处置实际情况。

5. 城乡生活垃圾是否无害化处理

采用调查表方式，按处理方式分类统计区域内生活垃圾处理基本情况，抽查部分乡镇，验证数据的真实性、准确性。对验证后的数据进行分析，计算出城乡生活垃圾无害化处理率。

四、审计方法、评价标准和绩效评价

环境绩效审计一般采用文件查阅、调查表、访谈询问、抽样调查、数据比对、现场查看、分析复核等方法。

环境绩效审计依据的评价标准主要包括：有关环境保护的法律；国家制定的环境政策法规和生态城市标准、小康社会标准中的相关标准；地方制定的环境保护法规和环境综合整治规划、专项整治规划等有时限性要求的环境工作目标，以及年度主要污染物总量控制计划、年度主要污染物削减计划和各项主要污染指标的达标规定等。

构建环境绩效评价指标，应当遵循以下原则：

（1）政策相关性原则。能够因地制宜，适应本地特点，客观反映评价区域的环境状态，且通过该指标能准确度量该区域的环境管理绩效。

（2）数据可得性原则。所选指标在评价时具有良好的操作性，指标数据应是已有统计数据或经过实际检测可获得的。

（3）完备性原则。所选指标应能全面反映环境绩效评价所需信息，使得评价结果更为准确、有效。

审计组在充分审前调查基础上，根据审计时限要求、审计资源配置特别是环保专业人才满足程度等情况，经过必要的论证程序，合理确定审计评价指标。

审计组根据审计结果，对照评价标准和评价指标，对各审计事项进行评价。审计评价除了遵循本章“绩效审计通用操作指南”中的方法、原则外，还应当兼顾环境保护工作的特殊性，不但要考虑历史因素及周边地区环境活动对当地环境的影响，还要充分听取环保权威人士意见。

基于区域环境保护工作的系统性、复杂性、专业性、不确定性因素多等特点，在具体操作过程中，遇到本指南未涉及或明确的事项，以及其他一些特殊情况时，审计人员应当按照重要性原则，运用其专业进行判断。

五、评价指标体系框架结构

具体内容如表11－1所示。

表 11-1

目标层	子目标层	子系统	指标名称	权重
审计期环境绩效总体评价 X	执行环境法规子系统评价 X1 (0.568)	政策执行绩效 X1A (0.614)	环保组织建立，国家、地方法规政策是否建立健全 X1A1	0.495
			环评前置政策执行的企业百分比 X1A2	0.136
			“三同时”政策执行企业的百分比 X1A3	0.136
			排污企业污染排放许可证申报率 X1A4	0.233
		符合性达标绩效 X1B (0.268)	省下达污染物 COD 削减指标完成达标情况 X1B1	0.100
			省下达污染物 SO_2 削减指标完成达标情况 X1B2	0.035
			重点工业企业污水排放的达标率 X1B3	0.075
			集中式饮用水水源地水质达标率 X1B4	0.380
			国家和省考核范围的出境水域断面水质达标率 X1B5	0.410
		管理绩效 X1C (0.118)	超标、偷排污染物处罚率 X1C1	0.184
			清洁能源使用率 X1C2	0.074
			城镇生活垃圾无害化处理率 X1C3	0.180
			城镇生活污水集中处理率 X1C4	0.121
			危险废物的集中处置率（包括工业危险废物、医疗废物）X1C5	0.337
			政府管网建设接入率 X1C6	0.057
			公众环境满意率 X1C7	0.047
	政府环保投入产出效益子系统评价 X2 (0.320)	环境状态评价 X2A (0.334)	空气环境质量 X2A1	0.226
			水环境质量 X2A2	0.673
			噪声环境质量 X2A3	0.101
		经济评价 X2B (0.128)	人均 GDPX2B1	1.000
		能源、水使用评价 X2C (0.189)	单位 GDP 能耗（吨标煤/万元）X2C1	0.550
			单位工业增加值新鲜水耗（立方米/万元）X2C2	0.210
			工业用水重复率（中水回用）X2C3	0.240
		财务绩效评价 X2D (0.116)	环境保护投资占 GDP 的比重 X2D1	0.634
			排污费应缴比率 X2D2	0.174
			合规排污费支出与收入比率 X2D3	0.192

续表

目标层	子目标层	子系统	指标名称	权重
审计期环境绩效总体评价 X	政府环保投入产出效益子系统评价 X2 (0.320)	污染控制评价 X2E (0.233)	主要污染物 COD 指标削减量 X2E1	0.450
			主要污染物 SO_2 指标削减量 X2E2	0.240
			万元 GDP 主要污染物 COD 排放强度（千克/万元 GDP）且排放总量在国家下达总量控制范围内 X2E3	0.205
			万元 GDP 主要污染物 SO_2 排放强度（千克/万元 GDP）X2E4	0.105
	管理成本与效率子系统评价 X3 (0.112)		环境管理部门管理成本率（注：环境管理部门管理成本占环境投入百分比）X31	0.250
			环境监测点取样的频率 X32	0.750

第 8 节　政府外债项目绩效审计操作指南

一、概念和原则

地方政府外债（简称外债）是指省内县级以上人民政府负责管理的，通过省级人民政府财政部门逐级转贷借入本地区的全部国际金融组织贷款和外国政府贷款（含一、二、三类项目贷款）。

政府外债项目绩效审计是指审计机关运用科学的审计方法和评价标准，对外债项目单位管理、使用外债及财政配套资金的经济性、效率性和效果性进行审查、分析、评价的行为。

审计机关应当根据审计管辖范围要求和外债项目实际情况编制年度外债项目绩效审计项目计划，对外债项目准备、实施、运营等不同阶段均可开展绩效审计。

外债项目绩效审计的目标是审计机关在依法监督外债项目财务收支真实性、合法性的基础上，评价项目经济、社会和环境效益等预期目标实现情况，揭露项目执行过程中存在的重大损失浪费和违法违规问题，揭示项目管理中存在的体制性障碍和制度性缺陷，分析影响项目目标实现和偿债能力的原因，并据此提出审计建议，促进主管部门和项目单位加强债务管理，防范财政风险，提高项目管理水平和资金使用效益。

外债项目绩效审计根据项目不同阶段的特点确定的具体目标包括：

(1) 项目准备阶段。通过绩效审计，掌握项目单位的外债协议总额、债务余额、负债率、偿债率等债务信息，分析和评价外债投向的合理性、外债规模的恰当性、项目目标的可行性，评估项目配套资金和偿债能力的真实性，促进提高项目论证和决策水平，降低外债风险。

(2) 项目实施阶段。通过绩效审计，掌握项目财务管理制度、债务管理制度和责任追究制度等的执行情况，分析和评价内部控制制度的有效性、资金或资源利用的经济性，对重大损失浪费和违法违规问题应查明原因、落实责任，提出审计意见和建议，促进项目单位和主管部门改进管理，完善机制，提高资金和资源的利用水平。

（3）项目运营阶段。通过绩效审计，掌握项目目标实现情况和还贷情况，分析和评价项目的经济性、效率性和效果性。对项目目标未实现、运营效果不佳、项目效益低下等问题，提出审计建议，促进外债管理效能的提高和可持续能力的增强。

二、绩效评价标准

确定外债项目绩效审计评价标准应遵循以下原则：

（1）相关性原则。即选定的绩效指标与项目密切相关，能够满足改进管理的需求。

（2）重要性原则。即对项目的各项指标进行筛选，选择最具有代表性，能满足绩效评价要求的指标。

（3）特殊性原则。在采用统一的基本评价指标的基础上，根据具体项目所处的领域或行业的特点设置特殊性评价指标。

（4）结合性原则。既要参考和利用国际金融组织已有的绩效评价成果，又要与我国的国情相结合。

审计机关应当选择具有科学性、客观性、先进性、有效性和可操作性的标准作为绩效审计评价标准。绩效审计评价标准之间出现不一致时，审计人员应当采用权威和公认程度高的标准。审计人员选择外债项目绩效评价标准除参考本章“绩效审计通用操作指南”列举的一般审计标准外，还可选择下列标准：国家中长期发展规划和产业政策；地方政府的长期发展规划；外债项目的项目建议书、可行性研究报告、立项审批文件、外债协议、转贷协议、项目竣工验收报告；外债项目执行单位的年度财务报告或决算报告；财政部门等主管部门的专项检查报告；外国政府或贷款机构有关贷款项目的评估结论；外债协议的约定目标。

三、绩效评价方法

外债项目绩效评价方法主要包括以下内容：

（1）宏观分析法。即依据国家发展规划、产业政策以及地区发展规划，对项目的符合程度以及可持续程度进行分析。

（2）成本分析法。即将一定时期内或一定阶段内的外债项目支出与效益对比，以分析评价外债项目的实际执行结果。

（3）比较分析法。即通过纵向和横向的比较，并参考外国政府或贷款机构有关贷款项目的后评估结论，对外债项目的实际绩效与预期目标实现程度等进行分析对比。

（4）指数分析法。即在计算多种绩效评价指标的基础上，根据一定的权重计算出外债项目的综合评价分值。

（5）整体评价法。即在单个外债项目层次绩效评价的基础上，通过由上而下、由点及面的比较，对行业或地方项目进行整体绩效评价。

四、审计工作内容

审计人员应根据确立的评价标准在对外债项目财务收支真实性、合法性审计的基础上，进行绩效审计。

（一）项目前期准备阶段

主要检查资料是否完整、真实；依据相关审计标准，分析和评估项目立项决策的科学性和项目预期目标的合理性；决策和论证过程是否严密细致；论证结果是否科学、可行，是否建立健全项目管理体制和制度，评价其管理体制和制度是否有利于项目执行；配套资金是否落实，有无虚假配套和多头配套问题；设备物资采购是否按规定进行公开招标；汇率和市场风险控制措施是否到位；项目单位和本地区外债和财力的增长比例是否恰当，负债率、债务率、还贷准备金率等指标是否在合理范围内；项目单位的财务状况和还贷资金来源是否能够保证，其中外国政府贷款一、二类项目单位与所在地财政部门的反担保、质押与债务风险控制措施是否落实。

（二）项目实施阶段

主要检查和测评项目单位内部控制制度的健全性和有效性，是否存在重大缺陷和障碍，是否存在渎职行为和监管盲点；基础资料、台账是否真实、完整，项目单位正常生产工作状况是否持续；有无随意扩大建设项目和变更标准；引进的设备、物资、资金及配套资金利用情况，资源利用程度是否最大化；有无损失浪费、闲置和报废情况；是否形成汇兑损失；国家会计制度、税务制度、优惠政策等制度调整对项目的影响；通过项目的实际投入与实际产出、行业水平、历史最好水平等指标的分析对比，关注项目结构是否合理；技术状况是否良好；衡量项目单位的生产能力与水平、劳动生产率等指标是否提高；项目单位及管理部门有无截留挪用项目资金，骗取项目资金；在项目转贷过程中是否层层加码、提高世界银行贷款转贷条件。

（三）项目运营阶段

主要检查项目的建设、经济、社会、环境目标实现是否达到预期目标；是否符合国家产业政策和地区发展规划；项目投入运营后，实际产量、成本、质量是否达到预期目标以及对地区和行业产生的影响；是否存在违规征地、严重破坏环境、损害农民利益等重大问题；偿债准备金的建立和使用情况；项目单位是否具有偿债能力，地区财政是否存在债务风险；关注资产闲置、不能正常投产运转的项目；关注决策失误、可行性研究偏离实际、规划布局不当、运营管理不善、运营条件不具备等问题和原因，将项目与国外其他同类型项目对比，评估项目可持续发展能力。

第 9 节 常用绩效审计方法

一、审计资料收集方法

（1）检查。它是指对纸质、电子或者以其他介质形式存在的文件、记录进行审查，或者对有形资产进行审查。

（2）观察。它是指查看相关人员正在从事的活动或者执行的程序。

（3）询问。它是指以书面或者口头方式向有关人员了解关于审计事项的信息。

（4）外部调查。它是指向与审计事项有关的第三方进行调查。

（5）重新计算。它是指以手工方式或者使用信息技术对有关数据计算的正确性进行核对。

（6）重新执行。它是指重新独立执行有关业务程序或者控制活动。

（7）集中讨论法。它是指审计人员为了全面深入了解问题，邀请与被审计事项相关的人员参与集中讨论。

（8）分析性复核。它是指审计人员通过对与被审计事项有关的重要金额、比率或者趋势进行比较和分析，从中发现异常变动和异常项目的审计方法。分析性复核主要有三种类型：一是比较分析，就是将与被审计事项有关的若干可比数据进行对比，找出同一时期、同一性质的若干数量之间的差异，从而对公共资金筹集，管理或使用情况进行总结，发现问题；二是比率分析，就是通过计算各种比率来分解、剖析被审计项目绩效；三是趋势分析，就是将与被审计项目有关的若干期财务或者非财务数据进行比较和分析，从中找出规律或发现异常变动。

二、审计资料分析方法

（1）成本效益分析法。它是将一定时期内项目的总成本与总效益进行对比分析的一种方法。针对支出确定的目标，在目标效益额相同的情况下，比较支出所产生的效益及所付出的成本，通过比较分析，以最小成本取得最大效益为优。

（2）因素分析法。它是将影响投入（支出）和产出（效益）的各项因素罗列出来，分析所有影响收益及成本的内外因素，计算投入产出比，进行综合分析的一种方法。

（3）层次分析法。它的基本原理是根据具有递阶结构的目标、子目标（准则）、约束条件及部门等来分析方案，用两两比较的方法确定矩阵，然后把判断矩阵的最大特征根相对应的特征向量的分量作为相应的系数，最后综合出各方案各自的权重（优先程度），是一种定性和定量相结合的方法。

（4）数理统计方法。主要有主成分分析法、因素分析法、聚类分析法、判别分析法等。主成分分析法是把原来多个变量划为少数几个综合指标的一种统计分析方法，从数学角度来看，这是一种降维处理技术；因素分析法是从指标的独立性角度挑选指标，根据因素载荷的大小来挑选指标，留下载荷较大者；聚类分析法是从指标的代表性角度筛选指标，先采用系统聚类法将指标聚为一定数目的类别，然后选择每一类中的代表指标作为入选指标，以每类中平均相关系数较大而类间平均相关系数较小的指标为代表指标；判别分析法是预先根据理论与实践确定等级序列的因素标准，再将待分析的地理实体安排到序列的合理位置上的方法。

（5）数据包络分析法。它用来评价多输入和多输出的决策单元的相对有效性。数据包络分析法可以看作一种非参数的经济估计方法，实质是根据一组关于输入-输出的观察值来确定生产可能集前沿面。

三、绩效审计评价方法

（1）平衡计分卡法。这是一种全面、系统、有效地考察和评价企业经营业绩的财务和非财务指标体系。它根据公司的战略目标涉及测评指标，从财务、内部经营过程、客户、学习和成长四个不同的维度，对公司的经营管理绩效进行综合、全面、系统的测量和评价。

（2）经济增加值法。这是一套以经济增加值理念为基础的财务管理系统、决策机制、激励机制制度。从算术角度来说，经济增加值是从税后利润提取包括股东和债务的所有资金成本后的经济利润，是企业业绩衡量的指标，衡量企业创造的股东财富的多少。

（3）目标评价法。这是将当期经济效益或社会效益水平与其预定目标标准进行对比分析的方法，分析完成（或未完成）目标的因素，从而评价支出绩效。该方法可用于对部门和单位的评价，也可用于周期性较长项目的评价，还可用于规模及结构效益方面的评价。

（4）历史动态比较法。这是将某一类支出或项目的历史数据进行对比分析，了解其历史上的变化及效益波动情况，既可以看出其发展趋势，也可以了解各种因素在不同时期的影响及作用机理，进而分析其效益差异的成因及改进方向。该方法适用于项目支出、单位支出和部门支出的绩效评价。

（5）最低成本法。它也称最低费用选择法或最低投入法，适用于那些不易观测或计算公共支出效益大小的情况。该方法通过分析比较项目的投入进行评价和选择，费用或成本最低为最优，如社会保障支出项目，以成本最低为原则来确定最终的支出项目。该方法主要适用于对项目支出进行绩效评价。

（6）公众评议法。这是指对于无法直接用指标计量其效益的支出项目，可以采取问卷统计、测评等方式，向公众进行该公共支出项目实施效益情况的调查，以评判其效益高低。该方法适用于对公共管理部门和财政投资兴建的公共设施进行评价，具有民主性、公开性的特点。

（7）专家意见法。这是通过邀请在某一方面具有特长的若干专家，对项目支出绩效进行评价后，汇总分析专家意见的一种评价方法。

（8）生产函数法。这是通过生产函数的确定，明确产出与投入之间的函数关系，借以说明投入产出水平即经济效益水平的一种方法。用公式表示就是：$Y=f(A, K, L, \cdots)$，式中，Y 为产出量，A，K，L 等表示技术、资本、劳动等投入要素。生产函数法不仅可以准确评价综合经济效益，而且对评价资源配置经济效益、规模经济效益、技术进步经济效益等都有重要作用，但函数关系的确定较为复杂。该方法更适合项目的绩效评价。

（9）费用-职能比较法。这是将公共管理部门及单位担负的社会职能与相关费用进行比较分析，从而评估其工作质量和效率。在公共管理部门及单位职能定位明确的情况下，行使某一项职能所需的资金应有一定的数量约束。只要数量约束是严格的，评估就会有比较充分的依据，公共管理部门和单位社会职能行使情况及行政效率的高低就可能被评估出来。但职能具有扩展性及不确定性，会相应增加评价的难度。

（10）本量效分析法。这是指将公共支出项目绩效评价中所涉及的项目投入、项目产出与项目效果这三大类指标分别赋予本量效的内涵，即将项目投入与项目成本相对应，项目产出与项目所涉及业务的数量相对应，而项目的最终结果与项目的绩效相对应，对公共支出项目的绩效评价采用本量效分析法，并将该分析方法贯穿于公共支出项目的决策、实施和完成阶段的全过程。

（11）标杆管理法。这是一个将产品、服务和实践与最强大的竞争对手或是行业领导者相比较的持续流程。标杆管理活动分为 5 个阶段，每阶段有 2～3 个步骤：

1）计划：确认对哪个流程进行标杆管理；确定用于做比较的公司；决定收集资料的方法并收集资料。

2）分析：确定自己目前的做法与最好的做法之间的绩效差异；拟定未来的绩效水准。

3）整合：就标杆管理过程中的发现进行交流并获得认同；确立部门目标。

4）行动：制定行动计划；实施明确的行动并监测进展情况。

5）完成：处于领先地位；全面整合各种活动；重新调校标杆。

标杆管理分为四类：内部标杆管理、竞争标杆管理、职能标杆管理、流程标杆管理。

（12）综合评价法。这是在多种指标计算的基础上，根据一定的权数计算出一个综合评价值，依据综合评价值对公共支出项目进行评价。综合评价法是我国目前使用最多的方法，我国政府部门和地方政府大多采用这种方法，评价的准确度较高、较全面，但在指标选择、标准值确定及权数计算等方面较复杂，操作难度相对较大。该方法可综合成本效益分析法、最低成本法、专家意见法、生产函数法等各方法的优点，适用于项目支出、单位支出、部门支出和财政总体支出等各层次的绩效评价。

（13）模糊数学法。这是采用模糊数学建立模型，对经济效益进行综合评价的方法，它对模糊的、难以进行比较、判断的经济效益指标之间的模糊关系进行多层次综合评价计算，从而明确综合经济效益的优劣。该方法适用于效益尤其是经济效益能准确计量的财政支出评价，项目支出和单位支出的绩效评价均可采用。

（14）沃尔评分法。把若干财务比率用线性关系结合起来，以评价企业的信用水平。该法选择流动比率、产权比率、固定资产比率、存货周转率、应收账款周转率、固定资产周转率、自有资金周转率等7项指标，分别给定各自的分数比重，然后通过与标准比率进行比较，确定各项指标的得分，从而对企业的信用水平做出评价。沃尔评分法的原理也用于对经营者的绩效评价，其缺陷在于所选定的指标不够科学全面。另外，当某项指标严重异常时，会对总评分产生不合逻辑的重大影响。

（15）综合指数评分法。这是在沃尔评分法的基础上改进发展而来的，增加了盈利指标和成长指标，使指标体系较为完善，在给每个指标评分时分别规定了上限和下限，从而减少了个别指标异常对总分的不合理影响。但其全部指标为财务指标，可能会使经营者忽视非财务指标。由于评分时有标准分值做基础，某一指标即使为负值，其得分也可能为正值。

（16）功效系数法。这是根据多目标规划原理，将所要考虑的各项指标分别对照不同分类和分档的对应标准值，通过功效系数转化为可以度量记分的方法。根据《国有资本金绩效评价规则》规定，国有资本金绩效评价指标体系由基本指标、修正指标和评议指标三层次共32项指标构成，基本指标和修正指标是定量指标，评议指标是定性指标。功效系数法从理论上说也属于综合指数法，它的改进之处在于在绩效评价中所起的功效不同，将指标分为三个层次，更主要的是增加了非财务指标，因而更加科学、完善。不足之处是：盈利指标所占权重较高，达42%，而盈利指标较容易人为调节，从而诱使经营者粉饰或片面追求权重较高的指标；修正指标也仅仅是对基本指标额进一步说明，并没有修正基本指标中存在的问题；测算过程过于复杂，指标体系也不尽全面。

（17）360度反馈评价法。这是一种多角度进行的比较全面的绩效评价方法，也称全方位考核法或全面评价法。它由被审计人员的上级、同级、下级以及客户综合评价同时结合自我评价综合而成。360度反馈评价就是指帮助一个组织的成员（主要是管理人员）从与自己发生工作关系的所有主体那里获得关于本人绩效信息的反馈过程，这些信息来自上级、下属、平级同事、本人及客户和供应商等。360度反馈评价方位全、角度多、误差小；实行匿名方式，比较客观；有助于促进组织成员彼此之间的沟通和互动，提高团体凝聚力和工作效率，促进组织变革与发展。但也存在评价成本大、评价时间长、评价工作难度大等问题，同时需要对收集到的信息进行分门别类的统计和分析，往往需要一些外部专业的咨询公司来指导完成。

（18）关键绩效指标法。这是指把对绩效的评估简化为对几个关键指标的考核，将关键指标当作评估标准，把员工的绩效与关键指标做出比较的评估方法，在一定程度上是将目标管理法与帕累托定律的有效结合。关键指标必须符合SMART原则：具体性（specific）、衡量性（measurable）、可达性（attainable）、现实性（realistic）、时限性（time-based）。这种方法的优点是标准比较鲜明，易于做出评估。缺点是：对简单的工作制定标准难度较大；缺乏一定的定量性；绩效指标只是一些关键的指标，对于其他内容缺少一定的评估。

关键绩效指标设计流程：设计企业级关键业绩指标、部门级关键业绩指标、岗位级关键业绩指标，制定评分要素和评估标准，确定指标权重，对关键业绩指标进行特性与属性测试，构建指标逻辑，建立指标辞典。

操作流程分为三步：关键绩效指标体系的设计、关键绩效目标体系的制定、关键绩效指标和目标的评估与调整。

运用关键绩效指标法应注意的事项如下：不同岗位应该有不同的关键业绩指标组合；关键业绩指标与绩效目标的衡量可量化的量化，难以量化的细化，但评估手段要量化、可操作；激励指标与控制指标相结合。

（19）目标管理法。这是一种综合性的绩效管理方法，是一种以建立目标体系为基础的考核方法，特别强调全体员工共同参与设定具体的又确实能客观衡量工作业绩的目标。目标管理法将组织整体目标逐层转化为各阶层与各单位的子目标，形成目标体系，同时以预定的目标作为激励员工的工具，定期反馈上级共同讨论进行绩效评估，是一种完整的规划与控制程序。

四、方法的选择

绩效审计采取何种方法，应根据项目特点、审计事项的性质来确定。

前面的方法分类是相对而言的，同一种方法根据需要可以在不同的审计环节使用，同一审计项目可以结合多种方法一起使用。

前面所列大部分方法简洁易操作，但分析不易深入，为了能够进行深入的分析与评价，前面介绍的一些操作较复杂的方法需要审计人员具有一定的数学和经济学知识。

本章小结

本章主要介绍江苏省审计厅的《绩效审计指南》，具体内容包括：绩效审计通用操作指南；部门预算绩效审计操作指南；专项资金绩效审计操作指南；国有企业绩效审计操作指南；政府投资项目绩效审计操作指南；资源绩效审计操作指南；区域环境绩效审计操作指南；政府外债项目绩效审计操作指南；常用绩效审计方法。

思考题

1. 什么是绩效审计？经济性、效率性、效果性各是什么含义？
2. 真实性、合法性审计与绩效审计有什么关系？

3. 如何计划绩效审计工作？

4. 绩效审计中，调查了解情况具体要做些什么工作？

5. 绩效审计实施方案如何编制？包括哪些内容？

6. 绩效审计中，如何收集审计证据？

7. 绩效审计评价标准有哪些？应该具备哪些特征？如何选择绩效审计评价标准？

8. 绩效审计报告的主要内容有哪些？

9. 绩效审计整改检查如何做？

10. 部门预算支出绩效审计步骤有哪些？各步骤的主要工作有哪些？

11. 专项资金绩效审计步骤有哪些？各步骤的主要工作有哪些？

12. 国有企业绩效审计步骤有哪些？各步骤的主要工作有哪些？

13. 政府投资项目绩效审计步骤有哪些？各步骤的主要工作有哪些？

14. 资源绩效审计步骤有哪些？各步骤的主要工作有哪些？

15. 区域环境绩效审计步骤有哪些？各步骤的主要工作有哪些？

16. 政府外债项目绩效审计步骤有哪些？各步骤的主要工作有哪些？

17. 常用的绩效审计方法有哪些？各是什么含义？

第 12 章

中国内部审计机构的绩效审计准则

学习目标

1. 掌握《内部审计具体准则第 25 号——经济性审计》
2. 掌握《内部审计具体准则第 26 号——效果性审计》
3. 掌握《内部审计具体准则第 27 号——效率性审计》
4. 了解《第 2202 号内部审计具体准则——绩效审计》

我国的内部审计准则主要有两个发展阶段：第一阶段是 2003—2007 年，形成了由内部审计基本准则、内部审计人员职业道德规范、内部审计具体准则和内部审计实务指南构成的较为完善的内部审计准则体系；第二阶段是 2007 年至今，尤其是 2013 年对内部审计准则的全面修订，新的准则于 2014 年开始实施。在第一阶段的审计准则中，绩效审计分为三项具体准则：《内部审计具体准则第 25 号——经济性审计》《内部审计具体准则第 26 号——效果性审计》《内部审计具体准则第 27 号——效率性审计》。2013 年修订时，将上述三项准则合并成为《第 2202 号内部审计具体准则——绩效审计》，合并的主要原因是经济性、效率性和效果性均为绩效审计的目标，实践中往往需要对某一事项或项目的经济性、效率性和效果性同时做出评价，原准则存在内容重复。从内容上说，只是删除了原来各准则之间的重复部分。我们认为，从学习绩效审计的角度出发，具体准则更加具有针对性，上述四个具体准则各有其价值。所以，本章将介绍四个具体准则。

第1节 经济性审计的审计准则

一、概念

经济性是指组织经营活动过程中获得一定数量和质量的产品和服务及其他成果时所耗费的资源最少。经济性主要关注的是资源投入和使用过程中成本节约的水平和程度及资源使用的合理性。

经济性审计是指内部审计机构和人员对组织经营活动的经济性进行审查与评价的活动。经济性审计是管理审计的重要组成部分。

二、经济性审计的一般原则

经济性审计的目的是通过审查与评价组织经营活动中资源的取得、使用及管理是否节约及合理，协助管理层改善管理、节约资源，增加组织价值。

经济性审计既可以针对整个组织的经营活动，也可以针对特定项目、特定业务。

内部审计机构和人员应当具备必要的专业知识和技能，熟悉组织经营活动过程中投入的人力、财力、物力、信息、技术及时间等资源，掌握经营活动经济性的评价标准，运用恰当的审计方法以获取充分、相关、可靠的审计证据。

内部审计机构和人员可以根据需要，适当利用外部专家服务，并对利用外部专家服务所形成的审计结论负责。

内部审计人员在整个审计过程中应当保持高度的职业谨慎性，以识别在资源的取得、使用及管理过程中可能出现的舞弊行为。

内部审计人员在进行经济性审计时应当避免影响客观性的利益冲突。

经济性与效果性、效率性有密切关系，内部审计机构和人员根据实际情况，可以同时对组织经营活动的经济性、效果性和效率性进行审查评价，并出具管理审计报告；也可以只对经济性进行审查评价。如果只进行经济性审计，内部审计机构和人员应关注与其他两种审计之间的联系，以提高内部审计的有效性，并出具专项经济性审计报告。

三、经济性审计的审计内容

经济性审计审查评价的主要内容包括：（1）资金的取得和使用是否节约；（2）人力资源的取得及配置是否恰当；（3）物资财产的取得及消耗是否节约；（4）资源取得和配置在时间消耗上的适当性；（5）资源取得的机会成本；（6）资源的取得、使用和管理是否合理，是否遵循有关法律、法规；（7）组织是否建立了健全的管理控制系统，以评价、报告和监督特定业务或项目的经济性；（8）管理层提供的有关经济性方面的信息是否真实、可靠；（9）其他有关事项。

四、经济性审计的审计方法

内部审计机构和人员在选择经济性审计方法时应当与审计对象、审计目标及经济性审计评价标准相适应。除了运用常规的审计方法以外，还可以运用数量分析法、比较分析法、标杆法等。数量分析法是对经营活动相关数据进行计算分析，并运用抽样技术，对抽样结果进行评价以获得充分、相关、可靠的审计证据的方法，具体包括线性规划法、网络分析法、回归分析法、经济批量分析法等。比较分析法是通过分析、比较数据间的关系、趋势或比率来取得审计证据、完成审计目标的方法。标杆法是内部审计人员对经营活动状况进行实际观察和检查，通过与组织内外部相同或相似经营活动的最佳实务进行比较而取得审计证据的方法。

内部审计机构和人员应当关注资源投入和使用过程，进行事前、事中和事后审计，及时将组织经营活动过程中资源的损失、浪费等情况报告适当管理层，以便其采取纠正措施。

五、经济性审计的评价标准

内部审计机构和人员应当选择适当的经济性审计评价标准。内部审计人员首先应确定组织管理层已建立标准的适当性。如果此标准是适当的，内部审计人员在经营活动的经济性评价中就应使用这些标准；如果标准不适当，应该向适当管理层报告；如果管理层没有制定标准，内部审计人员应会同管理层选择适当的评价标准。

内部审计机构和人员应当根据不同的审计对象及目标，选择定性或定量的经济性评价标准，或将二者适当结合。定量的评价标准主要包括计划、预算、定额、目标值、评价标准值等。定性的评价标准主要包括：国家法律、法规、方针和政策；主管部门的有关规定；组织的规章制度；职业组织推荐的最佳实务等。

经济性审计评价标准应具备适当性、先进性和动态性。评价标准可以是组织内部的，也可以是组织外部的；可以是本年度的，也可以是以前年度的。

六、经济性审计的审计报告

内部审计机构和人员在经济性审计结束后，应当及时形成恰当的审计结论和建议，并出具审计报告。具体情况分为：（1）对组织特定业务或项目进行专门的经济性审计，应当出具专项经济性审计报告；（2）对组织特定业务或项目同时进行经济性、效果性和效率性审计，可以根据实际情况将两项或三项审计内容相结合出具管理审计报告；（3）对组织经营活动和内部控制进行审计时涉及经济性审查和评价，可以一并纳入常规审计报告。

经济性审计报告的正文应当主要包括以下内容：（1）审计客体经营活动的基本情况；（2）开展经济性审计的立项依据；（3）开展经济性审计的目的；（4）经营活动经济性的评价标准及评价意见或结论；（5）经济性审计中发现的主要问题，

包括在资源的取得、使用和管理中的损失、浪费等事实，导致上述结果的原因及产生的影响；（6）对进一步优化组织资源管理、节约资源使用所提出的建议。

内部审计机构和人员应当及时将经济性审计报告提交给组织适当管理层，并在必要时实施后续审计，持续追踪问题是否得到解决，以促进组织经营活动投入资源的节约。

第2节 效果性审计的审计准则

一、概念

效果性是指组织从事经营活动时实际取得成果与预期取得成果之间的对比关系。效果性主要关注的是既定目标的实现程度及经营活动产生的影响。

效果性审计是指内部审计机构和人员对组织经营活动的效果性进行审查与评价的活动。效果性审计是管理审计的重要组成部分。

二、效果性审计的一般原则

效果性审计的主要目的是通过审查与评价组织经营活动既定目标实现的程度，以协助组织管理层改善经营水平，提高经营活动的效果。

效果性审计既可以针对整个组织的经营活动，也可以针对特定项目、特定业务。

组织经营活动特定项目或业务的效果既要考虑经济目标（如产值、收入、利润），也要考虑社会目标（如社会满意度、环保效应、社会责任）。

内部审计机构和人员应当具备必要的专业知识和技能，熟悉经营活动项目和业务，掌握经营活动效果的评价标准，运用恰当的审计方法以获取充分、相关、可靠的审计证据。

内部审计机构和人员可以根据需要，适当利用外部专家服务，并对利用外部专家服务所形成的审计结论负责。

效果性与经济性、效率性有密切关系，内部审计机构和人员根据实际情况，可以同时对组织经营活动的经济性、效果性和效率性进行审查评价，并出具管理审计报告；也可以只对效果性进行审查评价。如果只进行效果性审计，内部审计机构和人员应关注与其他两种审计之间的联系，以提高内部审计的有效性，并出具专项效果性审计报告。

内部审计机构和人员在对组织经营活动同时进行经济性、效果性和效率性的审查评价时，应当优先考虑效果性。

三、效果性审计的审计内容

效果性审计审查评价的主要内容包括：（1）组织经营活动的目标是否适当、

相关及可行；（2）组织经营活动达到既定目标或实现预期经济和社会效果等情况；（3）组织为实现既定目标所采取的程序和方法的合法、合理性，以及对有关政策、计划、预算、程序、合同等的遵循情况；（4）组织经营活动未能及时达到既定目标的原因；（5）组织无法按原定计划开展相应项目、业务或者中途停止项目、业务的原因；（6）组织是否建立了健全的管理控制系统，以评价、报告和监督特定项目或业务的效果性；（7）管理层提供的有关效果性方面的信息是否真实、可靠；（8）其他有关事项。

四、效果性审计的审计方法

内部审计机构及人员在选择效果性审计方法时应当与审计对象、审计目标及效果性审计评价标准相适应。除了运用常规的审计方法外，还可以运用调查法、问题解析法、专题讨论会等方法。调查法是凭借一定的手段和方式（如访谈、问卷），对某种或某几种现象或事实进行考察，通过对收集到的各种事实资料的分析处理，进而得出结论的一种研究方法。问题解析法是通过确定总括性问题、相关子问题以及用来解答这些问题的具体步骤来开展效果性审计工作的方法。专题讨论会是指通过召集组织相关管理人员就经营活动特定项目或业务的具体问题进行讨论及评估的一种方法。

内部审计机构和人员应当采取以结果为导向的审计方式，关注经营活动特定项目及业务的结果，确认项目或业务目标的实现程度及其产生的影响。

五、效果性审计的评价标准

内部审计机构和人员应当选择适当的效果性审计评价标准。内部审计人员首先应确定组织管理层已建立标准的适当性。如果此标准是适当的，内部审计人员在经营活动的效果性评价中就应使用这些标准；如果标准不适当，应该向适当管理层报告；如果管理层没有制定标准，内部审计人员应当会同管理层选择适当的评价标准。

内部审计机构和人员在对经营活动特定项目或业务的效果性进行评价时，应当充分考虑国家宏观政策、经济环境及组织内部条件等的变化对既定目标造成的不同影响，注意社会效果与经济效果、长远效果与短期效果的结合，选择恰当的评价标准。

内部审计机构和人员应当根据不同的审计对象及目标，选择定性或定量的效果性评价标准，或将二者适当结合。

内部审计机构和人员对组织经营活动特定项目或业务的效果性进行评价时可参照选择以下标准：（1）项目或业务的设计要求或计划应达到的水平；（2）项目或业务对完成时间的要求；其他组织的相同或类似项目及业务已达到的最佳状态；（3）国家已制定的最高标准或已达到的最佳水平；（4）国际上已达到的最高水平；（5）社会有关各方对该项目或业务的社会经济效果的满意程度。

六、效果性审计的审计报告

内部审计机构和人员在效果性审计结束后，应当形成恰当的审计结论和建议，并出具审计报告。具体情况分为：（1）对组织特定项目或业务进行专门的效果性审计，应当出具专项效果性审计报告；（2）对组织特定项目或业务同时进行经济性、效果性和效率性审计，可以根据实际情况，将两项或三项审计内容相结合出具管理审计报告；（3）对组织经营活动和内部控制进行审计时涉及效果性审查和评价，可以一并纳入常规审计报告。

效果性审计报告的正文应当主要包括以下内容：（1）被审计经营活动特定项目或业务的基本情况；（2）开展效果性审计的立项依据；（3）开展效果性审计的目的；（4）经营活动效果性的评价标准及评价意见或结论；（5）效果性审计中发现的主要问题，包括审计发现的事实、导致上述结果的原因及产生的影响；（6）对特定项目或业务经营管理的改善和效果提高所提出的建议。

内部审计机构和人员应当及时将效果性审计报告提交给组织适当管理层，并在必要时实施后续审计，持续追踪问题是否得到解决，以促进管理层持续改善和提高经营活动的效果。

第3节　效率性审计的审计准则

一、概念

效率性是指组织经营活动过程中投入资源与产出成果之间的对比关系。

效率性审计是指内部审计机构和人员对组织经营活动的效率性进行审查与评价的活动。效率性审计是管理审计的重要组成部分。

二、效率性审计的一般原则

效率性审计的主要目的是通过审查和评价组织经营活动的投入、产出关系，优化业务流程，提高经营活动效率。

效率性审计既可以针对整个组织的经营活动，也可以针对特定项目、特定业务。

内部审计机构和人员应当具备必要的专业知识和技能，熟悉经营活动特定业务或项目的流程，掌握国内外先进的生产工艺标准、流程设计方法和评价标准，熟悉计算机和网络技术等信息系统相关知识，运用恰当的审计方法以获取充分、相关、可靠的审计证据。

内部审计机构和人员可以根据需要，适当利用外部专家服务，并对利用外部专家服务所形成的审计结论负责。

效率性与经济性、效果性有密切关系，内部审计机构和人员根据实际情况，可以同时对组织经营活动的经济性、效果性和效率性进行审查评价，并出具管理审计报告；也可以只对效率性进行审查评价。如果只进行效率性审计，内部审计机构和人员应关注与其他两种审计之间的联系，以提高内部审计的有效性，并出具专项效率性审计报告。

在经营活动特定项目或业务有多种效果性目标时，效率性审计应当根据审计目标的要求对效率进行综合评价，这种评价可能因审计目标不同，对审计内容有不同的关注程度。

三、效率性审计的审计内容

效率性审计审查评价的主要内容包括：(1) 组织采购、销售等商业活动的效率；(2) 组织研发、生产等技术活动的效率；(3) 组织筹资、投资等财务活动的效率；(4) 组织为确保财产、信息及人员的安全以及对风险的管理所采取措施的效率；(5) 组织计划、控制等管理活动的效率；(6) 为提高上述经营活动效率所采取的措施是否遵循有关法律、法规；(7) 管理层提供的有关效率性方面的信息是否真实、可靠；(8) 其他有关事项。

内部审计机构和人员在进行效率性审计时，可以从以下几个方面考虑：(1) 确认与评价经营活动的投入；(2) 确认与评价经营活动的产出；(3) 综合评价投入产出的效率。

效率性审计要考虑经营活动中资源投入与成果产出之比。投入的资源主要包括人力、财力、物力、信息、技术、时间等方面的资源；产出则是投入资源后取得的实际效果。

四、效率性审计的审计方法

效率性审计的基本方法是在计算经营活动效率的基础上，与先进的、可比的效率评价标准进行对比，分析影响组织经营活动效率的主要因素，提出有针对性的、切实可行的改进建议。

内部审计机构和人员在进行效率性审计时，除了运用常规的审计方法外，还可以运用比较分析法、因素分析法、量本利分析法等方法，在对影响组织经营效率的各种因素进行综合分析后，提出进一步提高经营活动效率的建议。比较分析法是通过分析、比较数据间的关系、趋势或比率来取得审计证据、完成审计目标的方法。因素分析法是查找产生影响的因素，并分析各个因素的影响方向和影响程度的方法。量本利分析法是分析一定期间内的业务量、成本和利润三者之间变量关系的方法。

效率性审计应当将事中审计和事后审计适当结合。内部审计机构和人员可以在经营活动进行过程中对业务流程的效率进行评价，及时将组织经营活动过程中无效率或低效率的情况报告组织适当管理层，以便采取纠正措施，提高效率。

五、效率性审计的评价标准

内部审计机构和人员应当选择适当的效率性审计评价标准。首先应确定组织管理层已建立标准的适当性。如果此标准是适当的，内部审计人员在经营活动的效率性评价中就应使用这些标准；如果标准不适当，应该向适当管理层报告；如果管理层没有制定标准，内部审计人员应当会同管理层选择适当的评价标准。

内部审计人员选择的效率性评价标准应当符合以下要求：（1）可获得性，是指内部审计人员在现有的工作条件下能够以合理成本取得该效率性评价标准；（2）先进性，是指该效率性评价标准在被评价领域中代表了较优秀的水平；（3）适用性，是指该效率性评价标准符合审计对象的特征要求，能够恰当地对审计客体的效率性进行评价；（4）关联性，是指该效率性评价标准在各个历史时期具有可比的特征；（5）可验证性，是指效率性评价标准应当能够为组织管理层获取，以使组织管理层能够对效率性审计进行评价。

内部审计机构和人员对组织经营活动效率性进行评价时可以参照选择以下标准：（1）组织经营活动效率的设计水平或计划水平；（2）组织经营活动效率的历史同期最高水平；（3）职业组织推荐的最佳实务标准；（4）组织经营活动效率的国家标准水平；（5）组织经营活动效率的国际标准水平；（6）某国家或地区各该项效率指标的先进水平；（7）国内同行业同类组织各该项效率指标的先进水平。

六、效率性审计的审计报告

内部审计机构和人员在效率性审计结束后，应当形成恰当的审计结论和建议，并出具审计报告。具体情况分为：（1）对组织特定业务或项目进行专门的效率性审计，应当出具专项效率性审计报告；（2）对组织特定业务或项目同时进行经济性、效果性和效率性审计，可以根据实际情况，将两项或三项审计内容相结合出具管理审计报告；（3）对组织经营活动和内部控制进行审计时涉及效率性审查和评价，可以一并纳入常规审计报告。

效率性审计报告的正文应当主要包括以下内容：（1）组织经营活动与效率性审计有关的基本情况；（2）开展效率性审计的立项依据；（3）开展效率性审计的目的；（4）经营活动效率性的评价标准及评价意见或结论；（5）效率性审计中发现的经营活动无效率或低效率的问题，导致上述问题的原因及产生的影响；（6）对优化业务流程、改进经营管理和提高效率所提出的建议。

内部审计机构和人员应当及时将效率性审计报告提交给组织适当管理层，并在必要时实施后续审计，持续追踪问题是否得到解决，以促进管理层改善业务流程和提高经营活动的效率。

第 4 节　内部审计具体准则——绩效审计

一、概念和原则

绩效审计是指内部审计机构和内部审计人员对本组织经营管理活动的经济性、效率性和效果性进行的审查和评价。经济性是指组织经营管理过程中获得一定数量和质量的产品或者服务及其他成果时所耗费的资源最少；效率性是指组织经营管理过程中投入资源与产出成果之间的对比关系；效果性是指组织经营管理目标的实现程度。

内部审计机构应当充分考虑实施绩效审计项目对内部审计人员专业胜任能力的需求，合理配置审计资源。

组织各管理层根据授权承担相应的经营管理责任，对经营管理活动的经济性、效率性和效果性负责。内部审计机构开展绩效审计不能减轻或者替代管理层的责任。

内部审计机构和内部审计人员根据实际需要选择和确定绩效审计对象，既可以针对组织的全部或者部分经营管理活动，也可以针对特定项目和业务。

二、绩效审计的内容

根据实际情况和需要，绩效审计可以同时对组织经营管理活动的经济性、效率性和效果性进行审查和评价，也可以只侧重某一方面进行审查和评价。绩效审计主要审查和评价下列内容：

（1）有关经营管理活动经济性、效率性和效果性的信息是否真实、可靠；

（2）相关经营管理活动的人、财、物、信息、技术等资源取得、配置和使用的合法性、合理性、恰当性和节约性；

（3）经营管理活动既定目标的适当性、相关性、可行性和实现程度，以及未能实现既定目标的情况及其原因；

（4）研发、财务、采购、生产、销售等主要业务活动的效率；

（5）计划、决策、指挥、控制及协调等主要管理活动的效率；

（6）经营管理活动预期的经济效益和社会效益等的实现情况；

（7）组织为评价、报告和监督特定业务或者项目的经济性、效率性和效果性所建立的内部控制及风险管理体系的健全性及其运行的有效性；

（8）其他有关事项。

三、绩效审计的方法

内部审计机构和内部审计人员应当依据重要性、审计风险和审计成本，选择与审计对象、审计目标及审计评价标准相适应的绩效审计方法，以获取相关、可靠和充分的审计证据。

选择绩效审计方法时，除了运用常规审计方法外，还可以运用下列方法：

（1）数量分析法，即对经营管理活动相关数据进行计算分析，并运用抽样技术对抽样结果进行评价的方法；

（2）比较分析法，即通过分析、比较数据间的关系、趋势或者比率获取审计证据的方法；

（3）因素分析法，即查找产生影响的因素，并分析各个因素的影响方向和影响程度的方法；

（4）量本利分析法，即分析一定期间内的业务量、成本和利润三者之间变量关系的方法；

（5）专题讨论会，即通过召集组织相关管理人员就经营管理活动特定项目或者业务的具体问题进行讨论的方法；

（6）标杆法，即对经营管理活动状况进行观察和检查，通过与组织内外部相同或者相似经营管理活动的最佳实务进行比较的方法；

（7）调查法，即凭借一定的手段和方式（如访谈、问卷），对某种或者某几种现象、事实进行考察，通过对收集到的各种资料进行分析处理，进而得出结论的方法；

（8）成本效益（效果）分析法，即通过分析成本和效益（效果）之间的关系，以每单位效益（效果）所消耗的成本来评价项目效益（效果）的方法；

（9）数据包络分析法，即以相对效率概念为基础，以凸分析和线性规划为工具，应用数学规划模型计算比较决策单元之间的相对效率，对评价对象做出评价的方法；

（10）目标成果法，即根据实际产出成果评价审计客体或者项目的目标是否实现，将产出成果与事先确定的目标和需求进行对比，确定目标实现程度的方法；

（11）公众评价法，即通过专家评估、公众问卷及抽样调查等方式，获取具有重要参考价值的证据信息，评价目标实现程度的方法。

四、绩效审计的评价标准

内部审计机构和内部审计人员应当选择适当的绩效审计评价标准。绩效审计评价标准应当具有可靠性、客观性和可比性。

绩效审计评价标准的来源主要包括：（1）有关法律法规、方针、政策、规章制度等的规定；（2）国家部门、行业组织公布的行业指标；（3）组织制定的目标、计划、预算、定额等；（4）同类指标的历史数据和国际数据；（5）同行业的实践标准、经验和做法。

内部审计机构和内部审计人员在确定绩效审计评价标准时，应当与组织管理层进行沟通，在双方认可的基础上确定绩效审计评价标准。

五、绩效审计报告

绩效审计报告应当反映绩效审计评价标准的选择、确定及沟通过程等重要信息，包括必要的局限性分析。

绩效审计报告中的绩效评价应当根据审计目标和审计证据做出，可以分为总体评价和分项评价。当审计风险较大，难以做出总体评价时，可以只做分项评价。

绩效审计报告中反映的合法、合规性问题，除了进行相应的审计处理外，还应当侧重从绩效的角度对问题进行定性，描述问题对绩效造成的影响、后果及严重程度。

绩效审计报告应当注重从体制、机制、制度上分析问题产生的根源，兼顾短期目标和长期目标、个体利益和组织整体利益，提出切实可行的建议。

本章小结

本章介绍《内部审计具体准则第 25 号——经济性审计》《内部审计具体准则第 26 号——效果性审计》《内部审计具体准则第 27 号——效率性审计》及上述三项准则合并而成的《第 2202 号内部审计具体准则——绩效审计》。

思考题

1. 根据《内部审计具体准则第 25 号——经济性审计》，说明什么是经济性？如何开展经济性审计？
2. 根据《内部审计具体准则第 26 号——效果性审计》，说明什么是效果性？如何开展效果性审计？
3. 根据《内部审计具体准则第 27 号——效率性审计》，说明什么是效率性？如何开展效率性审计？
4. 根据《第 2202 号内部审计具体准则——绩效审计》，说明绩效审计的一般原则是什么？
5. 根据《第 2202 号内部审计具体准则——绩效审计》，说明绩效审计的内容是什么？
6. 根据《第 2202 号内部审计具体准则——绩效审计》，说明绩效审计的方法有哪些？
7. 根据《第 2202 号内部审计具体准则——绩效审计》，说明绩效审计评价标准应当具有什么特征？
8. 根据《第 2202 号内部审计具体准则——绩效审计》，说明绩效审计评价标准的来源有哪些？
9. 根据《第 2202 号内部审计具体准则——绩效审计》，说明绩效审计报告应该包括哪些内容？

第 13 章

国内绩效审计案例

学习目标

1. 了解国内绩效审计开展情况
2. 了解深圳专题绩效审计

案例一　香港审计署就业服务绩效审计案例①

劳工处提供的就业服务是为求职人员和雇主提供的一般就业和招聘服务，以及为有特别需要的求职人员，包括年轻求职人员、中高龄求职人员、少数族裔求职人员和残疾求职人员提供的专项就业服务。为了深入了解劳工处提供的就业服务的质量以及存在的问题，香港审计署在 2018 年 10 月通过收集分析数据和实地考察等方法，对劳工处提供的就业服务进行了审查，并针对发现的问题提出建议，于 2019 年 4 月发布了审计报告书。

劳工处提供的就业服务是求职人员就业的一个途径，此项服务的管理和执行情况与其能否充分发挥作用、促进劳动力市场健康有效运行紧密相关。香港审计署对劳工处就业服务进行绩效审计，是根据 1998 年 2 月 11 日政府账目委员会主席提交临时立法会的《香港特别行政区政府账目审计工作的范围——“衡工量值式审计”》进行的。

---

① 资料来源：香港特别行政区审计署. 审计署署长第七十二号报告书. [2019-04-17]. https://www.aud.gov.hk/pdf_ca/c72ch03.pdf.

一、案例背景

香港政府统计处的综合住户统计调查显示，2017 年，劳动人口共有 395 万人，整体失业率为 3.1%。在 2018 年 11 月至 2019 年 1 月，经季节性调整的失业率临时数字为 2.8%。在 2008—2017 年，15～24 岁和 25～29 岁年轻人的失业率分别介于 8.4%～12.6%和 3%～4.8%。15～24 岁年轻人的失业率显著高于 15 岁及以上人员的整体失业率。2017 年，15～24 岁年轻人的失业率为 8.5%，25～29 岁年轻人的失业率则为 4.2%，均高于整体失业率 3.1%。在 2016 年，剔除外籍家庭佣工后，香港约有 26 万名少数族裔人员，约占香港总人口的 3.6%。少数族裔失业人数为 6 281 人，失业率为 4.6%。政府统计处于 2015 年公布的残疾人员及长期病患者报告书显示，2013 年有 578 600 名残疾人员（只有一种残疾的智障人士或长期病患者除外），占香港总人口的 8.1%。在 558 000 名 15 岁及以上残疾人员中，约有 477 000 人（85.5%）为非从事经济活动人员，其余 81 000 人（14.5%）为从事经济活动人员。在 81 000 名从事经济活动的残疾人员中，有 4 800 人为失业人员，失业率为 6%。

劳工处通过 13 个就业中心、3 个招聘中心、1 个电话就业服务中心、1 个职位空缺处理中心，以及在 1999 年推出的互动就业服务网站（www. jobs. gov. hk）和在 2012 年推出的互动就业服务流动应用程序，为求职人员和雇主提供免费就业和招聘服务。为所有求职人员提供一般就业和招聘服务，以帮助求职人员寻找合适的工作和协助雇主填补员工空缺；为有特别需要的求职人员提供专项就业服务和就业计划，如针对年轻人的展翅青见计划、针对残疾人的就业展才能计划等，以促进他们就业，从而协助补充本地劳动力和建立共融社会。

二、案例分析与讨论

（一）对就业服务进行审计的原因

政府提供的就业服务能够把就业市场组织起来，促进就业。因此，就业服务的管理是否有效与社会劳动力市场是否健康运行有紧密联系。近年来，多项指标显示劳工处就业服务表现欠佳，体现在就业个案数目、就业中心访客数目和培训活动的出席率等方面。

为了解劳工处提供的就业服务的管理和实施情况，香港审计署对以下五个方面做出了调查：（1）一般就业服务已登记的求职人数、工作转介次数和就业个案数目、就业中心和招聘中心的服务状况、招聘会和互动就业服务网站的效果以及衡量自身服务表现的指标；（2）为年轻求职人员提供的专项就业服务——展翅青见计划和青年就业资源中心的推行和管理情况；（3）中高龄就业计划的推行和管理情况；（4）为少数族裔求职人员提供的就业服务的管理情况和效果；（5）为残疾求职人员提供的就业服务的效果和就业展才能计划的推行和管理情况。

（二）实施审计程序

为了解劳工处一般就业服务的管理情况和效果，香港审计署采取了如下方法：(1) 审查和分析劳工处关于已登记求职人数、工作转介次数、就业中心和招聘中心访客数目、招聘会安排面试次数等数据的记录和政府统计处统计数字；(2) 比较各项数据与以往数据；(3) 到就业中心和招聘中心实地调查。香港审计署的报告关注了2014—2018年劳工处关于一般就业服务的各项数据及其变动，并到4个就业中心（沙田就业中心、东九龙就业中心、北角就业中心及东港岛就业中心）和1个招聘中心（零售业招聘中心）进行了考察。

为了解劳工处为年轻求职人员、中高龄求职人员、少数族裔求职人员和残疾求职人员提供的专项就业服务的管理情况和效果，香港审计署审查和分析了近年来劳工处关于专项就业服务以及就业计划的各项数据及其变动。

（三）审计中发现的问题

1. 关于一般就业服务

(1) 已登记求职人数减少。香港审计署分析了2008—2017年间香港的失业人数和劳工处的已登记求职人数，其留意到，失业人数减少了3.6%，而劳工处的已登记求职人数则减少了70.8%。这可能表示越来越多的求职人员选择不在劳工处登记。

(2) 工作转介次数和经劳工处直接转介的就业个案数目减少。香港审计署分析了2014—2018年间劳工处为已登记求职人员安排的工作转介次数和经该处直接转介的就业个案数目，并留意到，2014—2018年，工作转介总数减少了59 354次（45%），其中，经就业中心和招聘中心安排的工作转介次数减少了50 069次（47.6%），已登记求职人员经劳工处直接转介的就业个案数目减少了7 415宗（48.8%）。

(3) 就业中心和招聘中心的访客数目减少。香港审计署分析了2016—2018年间13个就业中心和3个招聘中心的访客数目，并留意到，2016—2018年，13个就业中心的访客数目减少了69 350名（18%）；13个就业中心中，有12个访客数目的跌幅，介于3%（大埔就业中心）至34%（就业一站）不等。在考察其中4个就业中心和1个招聘中心时，留意到这些中心的访客不多。

(4) 地区性招聘会和行业性招聘会的效果不显著。劳工处在辖下13个就业中心和3个招聘中心分别举办了地区性和行业性招聘会。香港审计署留意到，就2016—2018年间举办的地区性招聘会而言，每场招聘会的平均面试次数不多（2016年为43次、2017年为33次、2018年为26次），而每场招聘会获得的平均就业个案数目只有2016年的5宗、2017年的4宗和2018年的3宗。

(5) 互动就业服务网站的浏览次数和浏览页次减少。劳工处于1999年3月推出互动就业服务网站，后于2012年1月推出互动就业服务流动应用程序，为求职人员提供职位空缺和就业信息，同时让雇主通过网站提交和刊登职位空缺资料。

香港审计署留意到，2014—2018 年，互动就业服务网站的浏览次数减少了 800 万次（40%）；网站的浏览页次减少了 8 100 万次（29%）；虽然互动就业服务流动应用程序的使用次数增加了 100 万次（1%），但有些载于互动就业服务网站的实用信息没有通过流动应用程序提供。

2. 关于专项就业服务

（1）为年轻求职人员提供的就业服务。

1）展翅青见计划的学员人数下降。劳工处推行展翅青见计划，为 15～24 岁学历在副学位或以下的年轻人提供全面的求职平台，以及一站式和多元化的职前培训与在职培训机会。香港审计署留意到，在 2012—2017 年间，15～24 岁年轻人的整体失业率维持在高水平（介于 8.5%～10.5%）。虽然目标年轻人的人数只下降了 26%，但参加展翅青见计划的学员人数下降了 42%。

2）被取消的培训课程数量大。根据展翅青见计划的规定，如果报读课程人数少于劳工处核准的最少人数，则有关的职前培训课程会被取消。在 2015—2016、2016—2017 和 2017—2018 计划年度，服务机构超过 50%的课程因报读的学员人数不足而被取消。香港审计署留意到，在 2017—2018 计划年度的 35 个课程类别中，有 11 个类别（31%）的所有已安排课程，均因报读人数不足而取消。

3）青年就业起点会员使用中心服务的人数未达标。劳工处开设了两个名为青年就业起点的青年就业资源中心，即旺角中心和葵芳中心，为 15～29 岁的年轻人提供一站式就业和自雇支援服务。劳工处于 2014 年在《青年就业起点管理机构运作守则》（简称《守则》）中声明，该两个青年就业起点中心每年需向约 29 000 名会员提供服务；劳工处会不定时检视青年就业起点会员使用中心服务的人数是否达标。香港审计署留意到，2018 年使用中心服务的青年就业起点会员人数为 14 889 人，只达到了《守则》所预期目标人数的 51.3%。

4）管制人员报告所载有关青年就业起点服务表现资料的准确性有误。在管制人员报告中，有关青年就业起点服务的表现指标为接受青年就业资源中心提供择业辅导及自雇支援服务的青年人数。然而，劳工处在管制人员报告中汇报实际服务表现时，只汇报青年就业起点服务的提供次数，而非接受青年就业起点服务的青年人数。香港审计署留意到，2018 年接受青年就业起点服务的青年人数（即 14 889 人），远低于青年就业起点服务的提供次数（即 72 899 次）。

5）部分培训活动的出席率未达标。根据劳工处与营运机构就 2016—2017 年度至 2018—2019 年度签订的青年就业起点中心营运合约：服务表现标准之一是每季举办的所有培训活动，其平均出席率需达到 85%的水平；营运机构需确保每项培训活动的出席率都达到目标参加人数的 80%，以作监察之用。香港审计署发现，2018 年虽然两个青年就业起点中心每季的培训活动平均出席率均达 85%，但营运机构在旺角中心和葵芳中心举办的培训活动中，分别有 15%和 24%的培训活动的个别出席率未达 80%。

（2）为中高龄求职人员提供的就业服务。

1）在职培训完成率下降。40～60 岁以下雇员的在职培训期为 3～6 个月，60

岁或以上者则为6～12个月。香港审计署分析了2013—2017年间共2 581宗取得中高龄就业计划原则性批准的就业个案，留意到其中只有1 951宗（75.6%）的员工能完成整段获核准的在职培训期。完成在职培训的就业个案所占的百分比，由2013年的78.5%降至2017年的71.2%。

2）中高龄就业计划下就业个案的留任率下降。最近5次留任期调查（涵盖2015年4月至2017年9月的就业个案）结果显示，留任期为6个月或以上的个案所占的比例，由2015年4—9月的77.7%降至2017年4—9月的61.8%。

3）汇报中高龄就业计划的就业个案数目存在问题。劳工处在其年报和提交给立法会财务委员会的资料中，会披露中高龄就业计划的就业个案数目。香港审计署留意到，所披露的中高龄就业计划的就业个案数目与符合资格参加计划的就业个案数目相同。雇主已参加中高龄就业计划的就业个案数目（在计划下取得原则性批准的就业个案）远低于符合资格参加计划的就业个案数目。例如，在2017年，雇主参加中高龄就业计划的就业个案数目为431宗，而符合资格参加计划的就业个案数目则有2 642宗。

（3）为少数族裔求职人员提供的就业服务。

1）出席就业讲座的求职人员不多。就业中心举办专为少数族裔求职人员设立的就业讲座，让他们加深了解劳工市场的最新情况和改善求职技巧。然而，在2016—2018年间，出席就业讲座的少数族裔求职人数偏低，每个讲座的出席人数为1～16人，平均为4.4人。

2）雇主注明欢迎少数族裔人员应征所占比例较少。雇主向劳工处提供资料以刊登职位空缺时，可选择注明欢迎少数族裔人员应征。香港审计署审查了2016—2018年间雇主刊登的职位空缺，并留意到注明欢迎少数族裔人员申请的职位空缺所占百分比不高，由2016年的12%至2018年的16%不等。

（4）为残疾求职人员提供的就业服务。

1）残疾求职人员就业个案数目汇报存在问题。劳工处以残疾求职人员直接转介的就业个案（即经劳工处人员转介而获得就业）和间接协助的就业个案（即已登记的求职人员自行或在其他方的协助下找到工作）的个案总数，作为管制人员报告内的表现指标之一。在2014—2018年间，间接协助的就业个案数目所占的百分比，由2014年的20%升至2018年的33.8%。香港审计署认为，劳工处需在管制人员报告中，分开汇报残疾求职人员直接转介的就业个案数目和间接协助的就业个案数目。

2）残疾求职人员就业个案的留任期偏短。香港审计署分析了2013—2017年间就业个案的留任期，并留意到：留任3个月及以上的残疾求职人员所占的百分比低于50%，由2013年的35.2%至2017年的45.3%不等；留任不足1个月的残疾求职人员所占的百分比偏高，由2013年的38.9%至2017年的52.7%不等。

3）就业展才能计划就业个案的留任率偏低。就业展才能计划旨在通过向雇主提供经济诱因，鼓励他们为残疾求职人员提供职位和工作适应期。参加计划的雇主可每月获得津贴，最长津贴期为9个月。香港审计署留意到，在计划的津贴期过后，就业个案中残疾雇员的留任百分比在 2015 年为 37.5%，2016 年为 38.1%，2017 年为 37.9%。

4）职前培训课程参加人数减少。根据就业展才能计划，劳工处定期在 3 个分区办事处为残疾求职人员举办为期 1 天的职前培训课程，以增加他们的就业机会。求职人员完成职前培训后，可获得培训津贴。2014—2018 年，职前培训课程的参加人数减少了 41.5%，每班平均参加人数也减少了 38%。

（四）香港审计署提出的建议及劳工处的反馈意见

1. 香港审计署提出的建议

为了更有效地为求职人员提供就业服务，香港审计署对劳工处处长提出以下五个方面的建议。

（1）为所有求职人员提供的一般就业服务。

1）全面检讨一般就业服务：理顺为已登记和未登记求职人员提供的就业服务能否满足其需要；在管制人员报告内使用已登记求职人数作为主要表现指标是否合适；就业中心、招聘中心和电话就业服务中心所提供服务的成本效益；探讨措施以应对就业中心和招聘中心访客数目减少的问题。2）考虑检讨地区性招聘会和行业性招聘会在协助求职人员就业和协助雇主招聘员工方面的成效。3）继续按需优化互动就业服务网站，加强网站的设计和功能，从而更有效地提供信息和服务，并提升用户体验；考虑通过互动就业服务流动应用程序提供更多必需和实用的信息，以切合求职人员的需要。4）在管制人员报告中，分开汇报直接转介的就业个案（经劳工处转介）数目和间接协助的就业个案（不经劳工处转介）数目，并披露间接协助的就业个案的计算方法；考虑是否需要修订劳工处的表现指标，以更好地衡量其所提供的就业服务的成效。

（2）为年轻求职人员提供的就业服务。

1）检讨展翅青见计划能否满足年轻求职人员的求职需要，并查明 15～24 岁年轻人的失业率相对较高，但展翅青见计划的学员人数一直下降的原因。2）采取措施尽量减少被取消的培训课程数目，并确保展翅青见计划学员的培训进度和课程类别的数目不会因课程取消而受到影响。3）采取措施鼓励更多展翅青见计划学员参加在职培训；留意展翅青见计划学员的在职培训完成率，并分析学员中止在职培训的原因，以确定可否采取进一步措施协助学员完成在职培训。4）密切监察青年就业起点会员使用中心服务的人数，并采取适当行动跟进未达标的营运机构；青年就业起点营运机构采取措施，以吸引更多年轻人使用青年就业起点服务。5）采取措施确保管制人员报告所载的资料准确无误，并确保管制人员报告中的表现指标准确反映劳工处的原意。6）监察青年就业起点每项培训活动的出席率，并在需要时针对出席率未达标的培训活动，联同营运机构采取适当的跟进行动。

（3）为中高龄求职人员提供的就业服务。

1）采取措施鼓励雇主就符合资格的就业个案参加中高龄就业计划。2）检讨中高龄就业计划在推动聘用中高龄求职人员方面的成效。3）监察中高龄就业计划下的在职培训完成率，并采取措施协助中高龄求职人员尽力完成在职培训。4）监察已按中高龄就业计划获得在职培训津贴的就业个案的留任率，并采取措施协助在留任方面有困难的中高龄求职人员。5）在披露中高龄就业计划的就业个案资料时，把雇主已参加计划的就业个案数目从符合资格参加计划的就业个案数目中区分出来。

（4）为少数族裔求职人员提供的就业服务。

1）致力于增加少数族裔求职人员就业个案数目。2）加强鼓励少数族裔求职人员出席就业讲座，让他们加深了解劳工市场的最新情况和改善求职技巧。3）采取进一步行动，以向雇主推广聘用少数族裔人员，并继续鼓励雇主在劳工处刊登职位要求时，注明欢迎少数族裔人员应征。

（5）为残疾人员提供的就业服务。

1）尽力在残疾求职人员登记人数和就业个案数目方面达到所预期的分科目标。2）监察残疾求职人员成功就业所需的时间，并尽力协助残疾求职人员就业，特别是已等候多时仍未就业的人员。3）在管制人员报告中，分开汇报直接转介的就业个案数目和间接协助的就业个案数目，并披露残疾求职人员间接协助的就业个案数目的计算方法。4）采取措施协助残疾求职人员留任更长时间，例如，将空缺职位的要求与求职人员的工作能力配对，并为残疾求职人员介绍在工作性质、工作环境和工作要求方面与他们期望相称的工作。5）密切监察就业展才能计划下的就业个案在津贴期过后留任的百分比，并采取措施协助残疾求职人员留任更长时间。6）理顺日后开办职前培训课程的数目，并密切监察职前培训计划的参加人数，以及采取有效的跟进行动，提高参与率；公布在履行就业展才能计划服务承诺方面的表现。

2. 劳工处处长对香港审计署就业服务审计意见的反馈

（1）为所有求职人员提供的一般就业服务。

1）由于经济活动蓬勃，加上失业率偏低，劳动力市场在过去数年明显出现紧张情况。2）劳工处会密切留意经济的转变，并因应不同的劳动力市场情况，致力提供适切的就业服务，以切合求职人员和雇主不断转变的需要。3）为了更好地满足雇主在招聘方面的迫切或特别需要，劳工处已在举办招聘活动时采取灵活安排，以应所需。4）劳工处会继续优化互动就业服务网站和互动就业服务流动应用程序，如《行政长官2018年施政报告》所公布的，劳工处会加强通过这些平台发布职位空缺信息，以更有效协助求职人员寻找工作和协助雇主招聘员工。5）就管制人员报告发给立法会财务委员会的回复中，已解释就业个案数目也包括间接协助的就业个案，以及如何计算得出间接协助的就业个案数目。

（2）为年轻求职人员提供的就业服务。

1）虽然经济和劳动力市场情况等解释了为何参加展翅青见计划的年轻人减少，但是劳工处会继续监察有关情况，并采取优化措施，确保以效率效益兼备的方式，为年轻人提供培训和就业支援。2）展翅青见计划会继续提供数量和种类充裕的培训课程，包括报读人数偏低的课程类别。劳工处现正招标承投2019—2020

和 2021—2022 计划年度新的职前培训服务合约；合约内已加入新的课程类别，并调整就每个课程类别订明的培训课程数目，务求更加满足学员的需要。此外，劳工处也推出了措施，为服务机构提供更多诱因和灵活性，以便这些机构能下调开办课程所需的最少学员人数，减少取消课程的情况。3）劳工处会继续留意因欠缺工作技能行为问题而中止在职培训的学员，并为他们提供协助。4）在 2019—2020 年度管制人员报告中，有关青年就业起点服务使用情况的表现指标已修订说明，以反映该指标是指青年就业起点服务的使用次数。5）劳工处会继续监察青年就业起点每项培训活动的出席率，并与营运机构合作，在切实可行的情况下尽量达到目标出席率。

（3）为中高龄求职人员提供的就业服务。

1）由于香港失业率持续偏低，加上有大量职位空缺，因此中高龄员工（包括中高龄就业计划参加者）另谋高就的情况并不罕见。尽管如此，劳工处会继续监察中高龄就业计划参加者的就业情况，抓紧跟进参加计划的雇主和雇员，并按需要提供协助。2）在职培训期于 2018 年 9 月延长至最长达 12 个月后，劳工处会就中高龄就业计划下的就业个案，为更长（最少 12 个月）的雇用期按月编制留任率。

（4）为少数族裔求职人员提供的就业服务。

1）在 2014—2018 年间，少数族裔求职人员经劳工处转介的就业个案数目稳定增加。2）为进一步加强为少数族裔求职人员提供的就业支援，《行政长官 2018 年施政报告》已公布，劳工处会推行试点计划，通过非政府机构以个案管理方式为少数族裔求职人员提供就业服务。3）尽管劳工处所接获的职位空缺中，注明欢迎少数族裔人员应征的数目和百分比持续增加，但劳工处会继续致力于向雇主推广聘用少数族裔人员，并通过推行试点计划，加强为聘用少数族裔人员的雇主提供聘用后支援服务。

（5）为残疾求职人员提供的就业服务。

1）劳工处会尽力根据审计署所建议的范畴，加强为残疾求职人员提供就业服务。管制人员报告公布的就业个案估计数字，是根据过往经验和其他因素（如劳工市场现况）计算得出的，但是偶尔会把分科目标定于稍高水平，以推动下属人员在协助残疾求职人员就业方面向更高目标迈进。2）一些求职人员经过一段较长时间后仍未就业的原因，包括有关人员虽然在职但是正另谋高就，而这些工作机会尚未出现或基于私人理由而暂时没有寻找工作。劳工处会继续密切监察每名求职人员的就业情况，并根据其个人情况和意愿，为他们提供适当的就业服务。3）随着劳工处加强提供跟进服务，协助残疾求职人员适应新工作，并让雇主加深了解残疾员工的特别需要，近年求职人员的留任率明显有所改善。4）劳工处会继续密切留意就业展才能计划下的就业个案在津贴期内和之后的情况，并协助计划参加者留任更长时间。5）通过就业展才能计划让残疾求职人员适应工作环境和接受培训，以提高其工作能力和竞争力。

三、结束语

在2021年的两会上，李克强总理做政府工作报告时强调加大“六保”“六稳”工作力度。“六保”是指保居民就业、保基本民生、保市场主体、保粮食能源安全、保产业链供应链稳定、保基层运转；“六稳”是指稳就业、稳金融、稳外贸、稳外资、稳投资、稳预期。可以看出，首要就是保就业、稳就业。政府提供公共就业服务，有利于促进就业、促使社会劳动力市场健康有效运作、帮助和保护弱势群体、促进社会稳定。审计作为党和国家监督体系的重要组成部分，有必要对就业服务进行审计。香港审计署对劳工处提供的就业服务进行的绩效审计，对我国内地审计机关有着积极的借鉴意义和参考价值。

思考题：

1. 我国内地审计机关开展的与就业服务审计相关的项目有哪些？这些项目的审计目标和重点有哪些？

2. 行政服务绩效审计是绩效审计的重要领域，你认为行政服务绩效审计关注的核心内容和审计方法有哪些？

案例二　深圳市审计局绩效审计案例

深圳市审计局自2002年开始探索与国际接轨的独立型绩效审计项目，2012年以来进一步深入开展了独具特色的专项绩效审计，审计领域涉及民生、环保、城市建设等，在绩效审计报告公开、整改问责等方面走在全国前列，本案例展示了深圳市2019年度的绩效审计工作报告、整改报告以及一个独立型绩效审计报告，以此为基础，引导学生认识中国特色的绩效审计模式。

深圳市于2002年开始探索与国际接轨的独立型绩效审计，取得了一定成效，在我国绩效审计发展中处于领先地位。2002年深圳市审计局在市人大的关注、参与和推动下，借鉴香港地区绩效审计的经验，对市卫生系统医疗设备采购及大型医疗设备使用和管理进行绩效审计，揭开了我国独立型绩效审计发展的序幕。深圳市绩效审计得到了审计署的高度评价，2005年时任审计长李金华指出，关于效益审计，各地都在探索，但实行最早、最有成效的是深圳市审计局。

深圳市审计局每年安排独立型绩效审计项目在8～9个，截至2019年底，深圳市已经开展了150多个独立型绩效审计项目，并在深圳市审计局官网上公布了审计结果，审计项目涉及城市交通、农业发展、基础设施、环境保护、民生福利等内容。2001年发布的《深圳经济特区审计监督条例》明确了绩效审计的概念和工作要求。2002年开始，深圳市审计局每年第四季度向本级政府和上一级审计机关提交绩效审计报告，并受本级政府委托，向本级人民代表大会常务委员会报告绩效审计工作情况。2006年开始，每年4月代表深圳市人民政府向深圳市人大常委会做上一年度绩效审计发现问题整改情况的报告，绩效审计开始向问责发展。

2018 年《深圳经济特区审计监督条例》完成第四次修订，在第七章专门规范了绩效审计监督。

2011 年发布的《深圳市“十二五”审计工作发展规划》进一步明确深圳绩效审计发展的新思路，提出要构建“一个体系”，实施“两类审计”，突出“三个探索”，实现“一个效应”，形成绩效审计主导全部审计业务的格局；重点推行分领域、分专题的深度审计，由注重评价项目微观绩效向揭示宏观运行薄弱环节、提供科学决策信息转变。“一个体系”指推动建立专门的绩效审计法规，探索建立绩效评价的统一标准，制定比较完备的绩效审计操作指南。“两类审计”指深化独立型绩效审计的深度和广度，逐步加大综合型绩效审计的比重，建立两类业务一起推进的业务格局。“三个探索”指探索开展政策执行情况的绩效审计，探索绩效审计和政府绩效管理工作的有机结合，探索地方绩效审计有效促进国家治理的新途径、新方法。“一个效应”指逐步提高独立型绩效审计项目在具体行业、具体领域中的典型性和示范性，注重揭示和反映经济社会运行中的薄弱环节和风险，从体制、机制、制度层面反映问题和提出改进建议，为科学决策提供及时、客观、可靠的信息，力求达到促进该行业、该领域在体制机制上不断优化、规范的效果。

以下为深圳市 2019 年度的绩效审计工作报告、整改报告和一个独立型绩效审计报告，供大家学习和思考。

资料一：深圳市 2019 年度绩效审计工作报告①

一、基本情况

根据《深圳经济特区审计监督条例》，深圳市审计局坚持以习近平新时代中国特色社会主义思想为指导，深入贯彻落实中央、省委、市委审计委员会会议精神，对照“促进经济高质量发展、促进全面深化改革、促进权力规范运行、促进反腐倡廉”的目标要求，紧紧围绕市委和市政府“城市质量提升年”“水污染治理决战年”工作部署，协同市委审计办组织开展了促进经济社会高质量发展专题绩效审计，努力发挥审计在党和国家监督体系中的重要作用，推动深圳朝着建设中国特色社会主义先行示范区的方向前行，努力创建社会主义现代化强国的城市范例。2019 年度的专题绩效审计主要关注：一是推进科技创新方面。对科技企业孵化育成体系建设，生物医药等战略性新兴产业资金管理使用，以及综合性国家科学中心——深港科技创新合作区、光明科学城和西丽湖国际科教城（以下简称“一区两城”）创建等情况开展审计调查，促进深圳在科技创新、产业发展等领域发挥辐射带动作用。二是夯实民生基础方面。对市公安局、城管和综合执法局等单位建设项目工程造价管理情况开展审计调查，对本年度其他审计客体涉及民生建设的

① 资料来源：深圳市审计局．深圳市 2019 年度绩效审计报告．［2019－12－29］．http://audit.sz.gov.cn/zxbs/sjgzbg/jxsjgzbg/content/post_6741213.html.

重大项目开展绩效评价，促进深圳在粤港澳大湾区基础设施互联互通、综合服务能力显著提升等方面发挥核心引擎作用。三是服务教育发展方面。对中山大学深圳校区、哈尔滨工业大学（深圳）等校区财政补贴资金使用，以及深圳市职业教育校外公共实训基地运营等情况开展审计调查，对本年度其他审计客体涉及教育发展的重大事项开展绩效评价，促进深圳进一步打造粤港澳大湾区教育高地。四是提升资源环境质量方面。对水污染治理建设计划执行情况和沙湾河流域水环境综合整治工程建设情况开展跟踪审计，并对布吉等6座水质净化厂运营情况开展审计调查，促进深圳进一步提升生态文明建设水平。

深圳市审计局2019年度安排的其他审计项目也高度关注促进经济社会高质量发展工作，积极向绩效审计延伸，分析评价资金管理使用和项目建设运营的经济性、效率性和效果性，深入揭示存在的问题，提出改进工作的意见建议。各区（新区）审计局2019年按计划组织开展了11个绩效审计项目，关注扶贫、医疗、教育、水污染治理等领域，审计工作情况分别向同级人大报告。本年度绩效审计工作报告共反映四个方面14类问题，市审计局已分别出具审计报告，依法做出审计处理。有关单位认真履行主体责任，落实整改或调查处理。市政府将在本次绩效审计工作报告审议结束后的四个月内，向市人大常委会报告整改情况。

二、科技创新项目绩效情况

（一）总体评价

1. 科技企业孵化育成体系政策落实方面

审计了2015—2018年科技企业孵化育成体系建设政策落实和相关资金管理使用绩效情况，重点关注政策落实、资金管理和项目审批验收等情况。通过规划引导、政策扶持和资金资助等，市科技创新委构建了“龙头企业＋孵化”“新型科研机构＋孵化”等创新创业发展模式，一批高成长、潜力大的科技企业在孵化器内成长壮大。2015—2018年，市本级累计资助孵化器和众创空间3.51亿元。截至2018年12月底，全市共有科技企业孵化器193家，面积483万平方米；在孵企业6 526家，其中科技型中小企业2 534家，高新技术企业950家，从业人员达到11.71万人；毕业企业6 936家，其中上市（挂牌）企业149家。共有众创空间294家，面积94万平方米，入驻创业团队8 707个、企业5 316家，带动创业人数5.63万人，举办创新创业活动5 572场次，常驻创业团队拥有有效知识产权数量6 876件。

2. 战略性新兴产业资金扶持方面

审计了2016—2018年生物医药等战略性新兴产业资金管理使用情况，重点关注财政资金投入监管和项目建设管理等情况。通过实施战略性新兴产业资金对生物医药的扶持计划，生物医药、生物医学工程稳步发展，产业高端化转型步伐不断加快。2016—2018年，市本级共安排战略性新兴产业专项资金和未来产业专项资金 121.91 亿元，其中资助生物医药产业 13.92 亿元。全市生物医药产业增加值分别为 222.39 亿元、295.94 亿元、298.58 亿元，上市的本土生物医药企业达到 45 家。

3. 综合性国家科学中心建设战略实施方面

审计了“一区两城”创建情况，重点关注规划编制、机制运行和项目建设等情况。按照《粤港澳大湾区发展规划纲要》《关于支持深圳建设中国特色社会主义先行示范区的意见》部署，深圳稳步推进“一区两城”创建工作，在土地整备、项目建设、科技资源引入、创新政策及配套措施制定等方面取得了一定进展。截至 2019 年 9 月底，深港科技创新合作区已初步形成以总体规划、空间规划、科研规划为主的“1＋N”规划体系，推动 5 项促进深港创新要素流动的政策加快落地。光明科学城发展规划纲要已初步编制完成，土地资源和产业空间已基本梳理完毕，2 个大科学装置土建工程已动工建设。西丽湖国际科教城已集聚清华大学国际研究生院、北京大学深圳研究生院等 7 所高等院校，拥有超过全市 80％的省部级以上创新载体，在建和拟建重点项目 15 个。

（二）主要问题

1. 孵化器和众创空间项目管理不到位

一是规章制度不够完善。截至 2019 年 9 月底，市科技创新委未制定深圳市科技企业孵化器和众创空间管理办法等规范性文件。《深圳市创客专项资金管理暂行办法》已于 2017 年 6 月 19 日失效，市科技创新委未及时修订完善，2018 年仍根据该办法编制其他文件。二是对项目动态监管不足。由于未严格落实年度报告制度，项目实施单位未按年度及时报告项目进展和资金使用情况，市科技创新委对超期未申请验收的项目监管存在不足，对项目具体实施进度掌握不到位。截至 2019 年 10 月底，2015—2016 年资助的 154 个项目中，有 17 个项目超期未申请验收，涉及资金 2 800 万元，财政资金存在损失风险。三是未按规定开展绩效评价工作。市科技创新委对 2015、2016 年度创客专项资金使用情况合并进行绩效评价，但未按要求对 2015—2018 年每个年度的专项资金单独开展年度绩效评价。

2. 生物医药等战略性新兴产业扶持存在不足

一是资金分配布局存在缺项。2016—2018 年，主管部门在战略性新兴产业资金中分配投入生物医药产业 9.42 亿元。其中，市发展改革委未布局生物医药产业中的数字生命领域。市科技创新委 2018 年未分配投入生物医药产业，也未布局生物医药产业中的数字生命领域。市工业和信息化局近三年均未分配投入生物医药产业。二是资金扶持方式较单一，以直接资助、事前资助为主。2016—2018 年，市发展改革委、科技创新委共扶持项目 263 个，资助金额 9.42 亿元。其中，1 个项目采用贷款贴息方式资助 12.78 万元，其余 262 个项目均采用直接资助方式。事前资助项目 212 个、资助金额 8.37 亿元，事后资助项目 51 个、资助金额 1.05 亿元；事前资助占市财政资助额 88.89％，市科技创新委资助的项目全部为事前资助。由于市场不确定等因素，事前资助项目存在不能达到建设目标及资金安全等方面的风险。三是扶持项目验收通过率不高。截至2019年7月底，2016年以前资助的项目中，仍有到期未验收项目22个，涉及财政资金7 360万元。2016—2018年资助的项目中，有到期未验收项目130个，涉及财政资金6.8亿元，资助项目平均验收通过率为74.9%。四是未建立统一的信息管理系统。市发展改革委有2套信息管理系统，市工业和信息化局有3套内外网系统，但数据均未实现统一汇总。五是诚信异常名录及黑名单未及时更新和共享。由于市科技创新委未及时更新诚信异常名录，1家涉贿赂案的企业于2016年10月被法院判决后，仍于2017年4月获得资助450万元。由于市科技创新委未与市工业和信息化局及时共享诚信异常名录，市工业和信息化局对前后11次被市科技创新委列入诚信异常名录的同一家单位给予了资助资金300万元。

3. “一区两城”建设工作推进需加大力度

一是深港科技创新合作区相关政策未能及时出台。市建设深港科技创新合作区领导小组办公室（以下简称合作区办，设在福田区政府）牵头起草的有关园区开发建设的1项重大政策措施，计划于2019年2月后尽快颁布实施。受机构改革等因素影响，发布主体发生3次变更，牵头修改主体发生6次变更。截至2019年9月底，该政策尚未启动审签发布程序。合作区办研究提出了支持科研项目管理专项“政策包”，也因涉及事权划分、制度改革等事项，截至2019年9月底仍在持续修订和研究中，影响首批科研项目落地。二是工作任务制定不够科学合理。深港科技创新合作区、光明科学城均制定了2019年工作任务和要点。其中，深港科技创新合作区2019年工作要点无明确时间节点要求。光明科学城建设2019年重点任务内容简单空泛，缺乏明确时间节点，各季度任务划分不细致、内容雷同，不利于工作任务落实。三是创建规划工作未同步推进。西丽湖国际科教城高层次人才占全市比重超过60%，科教机构创新载体约占全市总数的70%，但对与深港科技创新合作区、光明科学城同步推进、实行协同发展的思路不够明确，不利于西丽湖国际科教城发挥更大作用。

（三）审计处理

1. 对于孵化器和众创空间项目管理不到位的问题

审计建议：市科技创新委要完善规章制度建设，及时修订已失效的规章制度。要督促实施单位按年度及时报告项目进展和资金使用情况，按期完成项目，加强对超期未申请验收的项目进行追收清理，对未切实履行合同的资助项目要追缴资助资金。要开展年度绩效评价工作，总结经验，梳理问题，进一步提升专项资金使用效益。

2. 对于生物医药等战略性新兴产业扶持存在不足的问题

审计建议：市发展改革委、科技创新委、工业和信息化局、财政局要充分发挥市场配置资源的决定性作用和财政资金的杠杆作用，运用多元化扶持方式，加大资金投入。要建立到期未申请验收项目预警制度，督促项目单位按时申请验收，按规定收回撤项或中止项目的资助资金。要将资助项目纳入全市财政专项资金项目管理平台统一管理，及时更新共享诚信异常名录、黑名单，完善风险防控机制。

3. 对于“一区两城”建设工作推进需加大力度的问题

审计建议：合作区办要充分发挥综合协调功能，加大统筹协调力度，相关部门要积极主动履职，协同推进，形成全市一盘棋、层层抓落实的局面。合作区办、光明区政府要合理制定任务分工，提出时间节点要求，建立任务计划动态调整机制，提高任务计划的可执行性，确保各项任务顺利推进。市发展改革委、科技创新委要会同市教育局、南山区政府等认真研究，明确西丽湖国际科教城发展思路，推动“一区两城”创建工作协同开展。

三、民生基础项目绩效情况

略。

四、教育发展项目绩效情况

略。

五、资源环境质量项目绩效情况

略。

六、关于进一步促进经济社会高质量发展的意见

略。

资料二：深圳市 2019 年度绩效审计发现问题整改情况的报告①

一、审计整改工作的整体推进情况

深圳市政府高度重视市六届人大常委会第三十七次会议提出的审议意见，如召开市政府六届一百九十次常务会议，专题部署了审计发现问题的整改工作。各责任单位按照“进一步优化专项资金扶持方式，不断完善重点支出的绩效考核机制，严格规范民生基础项目管理程序，切实提高绩效管理部门主体责任”的要求，围绕 2019 年绩效审计发现的问题，深入贯彻中央、省委、市委审计委员会会议的各项精神以及先行示范区意见精神，不断完善工作制度，健全工作机制，强化审计整改结果运用。《深圳市 2019 年度绩效审计工作报告》共涉及整改事项 39 个，其中完成整改 21 个，正在整改 18 个。截至 2020 年 2 月，各责任单位健全完善规章制度 58 项。相关单位通过核减投资额、调账等方式加强整改，涉及资金 9.88 亿元。审计移送违法违规问题线索 55 条，涉及金额 30.66 亿元，问责处理 14 人。

① 资料来源：深圳市审计局. 深圳市 2019 年度绩效发现问题整改情况的报告. [2020-04-28]. http://audit.sz.gov.cn/attachment/0/509/509792/7263918.pdf.

22家责任单位主动公开整改结果。

二、审计整改责任落实情况

1. 落实好审计整改工作责任

略。

2. 落实好审计整改的跟踪督促

略。

三、审计整改工作成效

1. 加强科技创新项目的管理和扶持力度，全力推动市委市政府科技创新系列重要决策部署落地生根

本年度绩效审计重点关注了科技企业孵化育成体系政策落实、战略性新兴产业资金扶持、综合性国家科学中心建设实施等情况，各相关责任单位在完善生物医药产业布局、加大政府引导基金注资力度、支持产业市场化发展、健全扶持资金管理机制等方面推动整改。

（1）关于孵化器和众创空间项目管理不到位的问题，各相关责任单位主要采取以下整改措施：一是健全完善规章制度。市科技创新委发布实施了《深圳市科技研发资金管理办法》《深圳市科技企业孵化器和众创空间管理办法》等规范性文件。二是加强项目管控。市科技创新委制定了《超期未申请验收项目处理方案》，明确规定了超期未申请验收项目的各种处理措施。截至2020年2月，绩效报告涉及的17个超期未申请验收项目中，6个项目已完成验收，涉及项目资助资金1 100万元；4个项目正在进行验收，涉及项目资助资金700万元；2个项目已撤销，退回项目资助资金及孳息201.29万元；5个项目正在按不同情形分类处理，涉及项目资助资金800万元。

（2）关于生物医药等战略性新兴产业扶持存在不足的问题，各相关责任单位主要采取以下整改措施：一是加大生物医药产业扶持力度。市工业和信息化局继续加大生物医药产业专项资金的分配投入，2020年向社会征集项目70个。市科技创新委在2020年科技计划项目中，计划资助生物医药领域基础研究项目554个，资助金额1.14亿元。发布基础研究重点项目指南149个，计划资助金额2.04亿元。发布技术攻关项目指南32个，计划资助金额1亿元。二是充分发挥财政资金的杠杆作用。市财政局不断加大对政府引导基金的注资力度。截至2019年12月，引导基金参股新兴产业发展基金47只，基金规模1 607.61亿元；参股子基金累计对外投资项目2 118个，投资金额1 070.17亿元；累计投资战略性新兴产业项目1 775个，投资金额861.23亿元。三是采用信息化手段建立项目验收预警机制。市工业和信息化局通过“阳光资金平台”组织实施项目的督促、提醒以及资金收回。截至2020年2月，到期的项目中，已验收21个，其中合格17个。四是扎实推进违规失信惩戒工作。市工业和信息化局强化对失信名单的核查和监管，对违反规定的项目单位予以资金资助限制。市科技创新委建立科研诚信异常名录，截至 2020 年 2 月，共收录 246 条科研诚信异常信息，其中法人 54 家，自然人 192 名。

（3）关于“一区两城”建设工作推进需加大力度的问题，各相关责任单位主要采取以下整改措施：一是充分发挥综合协调功能，促进形成协同推进的工作局面。深港合作区领导办增加市发展改革委、市科技创新委、市规划和自然资源局等 3 家单位，加强了市区联动。2020 年 1 月 14 日，市规划和自然资源局、住房建设局联合印发了《关于规范深港科技创新合作区深方园区开发建设的若干措施（暂行）》，以研究支持合作区科研项目的有关优惠政策。二是优化工作机制，科学合理确定工作任务。深港合作区领导办积极配合市委市政府督查室，加强对相关工作的督查督办，对相关区承担的开发建设工作实行定期报告制度，出台了《2020 年建设深港科技创新合作区工作要点》，共计 50 项重要工作，明确了完成时间表。光明区政府建立了任务计划动态调整机制、季度反馈机制、督查考核机制，制定了《光明区推进光明科学城建设 2020 年工作方案》。三是形成合力，着力推动“一区两城”创建工作开展。市发展改革委推动促进西丽湖国际科教城纳入粤港澳大湾区国际科技创新中心范围。南山区政府形成了部省市共建科教城推进方案讨论稿。市科技创新委参与起草和论证《西丽湖国际科教城总体发展规划》《西丽湖国际科教城空间发展规划》。

2. 加强民生基础项目建设管控，充分发挥国有资金使用效益

略。

3. 加强教育项目建设，努力打造教育发展的“深圳质量”

略。

4. 加强水污染项目建设推进力度，深入践行绿色发展理念

本年度绩效审计重点关注了水污染治理和水质净化等方面的情况，各相关责任单位通过强化项目建设管理，加强项目资金监管以及提升水质净化厂运营绩效进行整改。

四、下一步工作安排

从整改结果来看，《深圳市 2019 年度绩效审计工作报告》反映的大部分问题整改措施得力，取得了较好成效，但仍有 18 个事项处于正在整改阶段，主要存在以下几种情况：一是涉及经济社会发展的中长期目标，需要通过深化改革逐步解决，如战略性新兴产业的扶持、“一区两城”创建工作等。二是受疫情影响错过当期整改时机，补办手续或推进项目建设需要等待合适时机，如人才安居房建设缓慢等。三是情况复杂，存在涉及部门较多、牵涉面广、纠纷易发等工作难点，需要统筹各方合力推进，如水污染治理等。接下来，各相关责任单位要坚决以习近平新时代中国特色社会主义思想为指导，认真贯彻落实党中央、国务院，省委、省政府和市委、市政府对审计整改工作的要求。一是坚持目标导向和问题导向。紧紧围绕统筹推进“五位一体”总体布局和协调推进“四个全面”战略布局，聚焦市委市政府中心工作，进一步推进深化改革和完善制度。二是助推国家治理体系和治理能力现代化。以促进经济高质量发展、促进全面深化改革等为着力点，加快构建系统科学的制度体系。以审计整改为契机，深入分析原因，主动查找制约政策实效、教育发展质量等方面存在的突出问题，注重从体制机制破解整改顽疾。三是全面提高审计整改成效和水平。加快建立审计整改工作新格局，结合疫情防控和经济社会发展大局，制定切实可行的整改计划，加强审计结果运用，严肃追责问责，加强协作机制建设，合力推动整改。

资料三：关于2016年至2018年深圳市本级中小学信息化建设绩效审计调查的审计结果公告①

根据《中华人民共和国审计法》的规定，2019年3月6日至4月25日，深圳市审计局对2016—2018年度深圳市本级中小学信息化建设绩效情况进行了审计调查。

一、基本情况

（一）被调查单位的概况

深圳市教育局是主管全市教育行政工作的市政府组成部门，主要职责是贯彻执行党和国家关于教育的法律、法规、规章和方针、政策；草拟本市教育法规、规章，并组织实施；编制教育事业的发展规划和年度计划，提出教育改革的政策和教育发展的目标、重点、结构、速度，并协调指导实施；规划、指导和协调全市教育系统的科研、科普工作；组织实施教育信息化工程和管理学校开展勤工俭学和校办产业工作等。

（二）本次审计调查的基本情况

本次审计调查范围是2016—2018年度深圳市本级直属单位（学校）的所有信息化支出，包括基本建设项目支出和各单位在部门预算拨款中的考场建设、系统软件、信息安全、信息运行维护、校园安全监控、一卡通、培训费和系统维护费等支出，共计3.42亿元。

二、绩效审计调查发现的主要问题和处理意见

（一）信息化投入资金分散，仅有“教育云”一项重大投资项目

近三年本级教育信息化建设支出中超过一半是直属学校从其生均拨款或开办费中开支的。由市教育局统一组织实施的仅有“教育云”一个项目，占近三年来信息化支出比例为15.22%。审计调查发现，近三年市直属学校部门预算经费信息化投入约1.85亿元，占教育经费总支出1.76%，相对于其他区域投入比

① 资料来源：深圳市审计局. 关于2016年至2018年深圳市本级中小学信息化建设绩效审计调查的审计结果公告. http://audit.sz.gov.cn/zxbs/bggk/content/post_6741795.html.

例较低。

（二）“教育云”项目建设进展和部分已完成的内容试点推进缓慢

（1）项目建设进度缓慢，截至 2019 年 4 月，累计完成项目投资计划的 50.58%。

审计调查发现，已实施的 20 个单项工程，其中 6 项存在工期延误情况，合同金额 1 079 万元，占投资完成额的 20.71%。其中，局综合办公系统升级等 4 项没有工期延误审批资料，涉及合同金额 738.9 万元。审计报告征求意见期间，市教育局积极整改，补办和完善了相关审批手续。

（2）B 包（资金管理系统）项目试点推广不全面，超半数子系统部分投入使用或尚未使用，试点推广进展缓慢，缺乏具体推广方案。

“教育云”B 包项目将核心财务业务数据纳入平台统一管理，并对教育投入情况进行成效分析，包含 9 个子系统，已于 2018 年 12 月竣工验收。目前，项目库管理系统等 4 个子系统已投入使用，局机关采购系统等 2 个子系统部分投入使用，经费测算等 3 个系统尚未投入使用。市教育局针对新系统推广使用的培训工作尚未开展，推广试点计划尚未制定。

（三）“智慧校园”示范学校全市分布不均衡，网络课堂发展缺乏系统规划

（1）“智慧校园”示范学校全市分布不均衡，主要集中在市直属学校，区属学校比例较低。

2016 年底，市教育局已提前 4 年完成“打造 100 所以上的‘智慧校园’示范学校”目标，评选出 100 所示范学校，占全市 484 所公立中小学校的 20.66%。其中，16 所市直属中小学中有 14 所“智慧校园”示范学校，占 87.5%，远高于全市平均比例和各区示范学校比例；区属学校中，南山区有 23 所示范学校，占区属学校比例最高 35.94%，龙华区最低为 9.52%。

（2）以升学考试分值权重为导向，优质课例视频的制作和相关网络课程的设置缺乏系统规划，网络课程各科目课时安排不均衡。

根据市教育局提供数据的统计分析，初中阶段网络课堂资源共 6 542 节，占义务教育阶段整体的 28.13%。其中，课时较多的是数学、英语、物理、语文科目，合计课时 4 457 节，占总课时的 68.13%，分别为 21.89%、17.49%、14.95%、13.80%。其余 11 类占比合计 31.87%，其中，思想品德科目仅占 0.89%。

（四）“智慧校园”示范学校评选确定之后，未按管理办法对其资助经费的使用进行后续的监督检查

为推进“智慧校园”建设，市教育局 2015—2016 年在市本级统筹教育费附加中列支 2 015 万元对 100 所“智慧校园”示范学校进行资助。审计调查发现，市教育信息中心并未对该笔资金的使用及挂牌学校的后续示范推广活动进行跟踪检查。

（五）培训工作的内部控制和管理存在缺陷，培训合格率虚高5.23%，培训费超付29.27万元

（1）市教育信息中心组织的培训合格率虚高5.23%。

该中心负责组织信息化技术的各类培训，经统计三年来有1 740人参加培训，1 620人领取了合格证书，合格率93.1%。审计调查发现，符合发证人数应为1 529人，合格率实为87.87%，统计合格率虚高5.23%。

（2）费用结算审核环节存在漏洞，未按实际参训人数结算，超付结算费用29.27万元。

调阅每次参加培训的签到表，发现都有缺勤现象，甚至个别人员全程缺席，但该中心均按照合同金额全额支付培训费用。经计算，这些缺席培训人员的住宿费、伙食费合计29.27万元，占培训费（合同金额719.75万元）的4.07%。

（六）网络安全维护资金和信息学科教师人数存在缺口

调查发现，基于现行信息化建设的责权分工和资金投入模式，学校的生均拨款成了各校信息化建设的主要资金来源。调查了3所学校后，发现都存在一些资金缺口，尤其在网络安全维护方面。

调查显示市直属学校信息技术学科专职教师人数共计127人，兼职教师人数共计32人，平均年龄为38.61岁，占全校在编教师比例为3.12%。各学校信息技术教师较少，个别学校信息学科教师年龄偏大，多数学校信息学科专职教师配备严重不足。

（七）高考志愿填报智能测评服务系统试点使用效果欠佳

2017年5月市教育信息中心与市亚太未来教育科技发展有限公司签订高考志愿填报智能测评服务系统合同，金额为23.90万元，并于当年进行试点。从3所学校的试点过程和效果来看，明显不达预期目标。由于推广使用效果不达预期，该系统于合同到期后下线。

三、审计建议

（1）建议市教育局牵头，充分发挥教育信息化领导小组统筹规划的职责，协调实施全市教育系统校园网建设、应用和管理，以及教育信息资源配置工作；尽快组建深圳市教育信息化工作专家委员会，加强教育信息化项目统筹工作；制定统一的学校信息化建设标准、统一的大数据管理与应用软件平台以及健全配套制度，逐步实现教育信息化项目的“大集中、大平台、大统一”建设思路，避免重复建设和形成“信息孤岛”现象，实现信息系统互联互通和教育资源共享，提高教育信息化资金的使用效益。

（2）建议市教育局进一步加大中小学信息化建设的人力和资金的投入，在深入调研和整体规划的基础上，参照国内先进省市的做法，考虑各学校师资的具体情况，优化配置信息化专门机构；建议市教育局积极向有关部门反映情况，增加信息化专业人才的配置，同时信息化建设主管部门整合学校的各类需求，统一申请增加专项资金，对各学校的同类需求争取集中打包建设，做到统一规划统一管理，发挥规模效应。

（3）建议市教育局加强“网络课堂”建设的系统规划，优质课例视频资源不仅仅争取数量上的提高，也争取质量上的提升。为鼓励优秀教师积极参与，可参照浙江省等教育信息化工作开展较好的省市的做法，采取评优、补贴、奖励、资助等形式，教育部门协同财政、人社等部门，探索对教师知识产权的保护和专项资金资助、辅助拍摄处理等技术支持的扶持政策，推进教育资源优质均衡和体系发展。

（4）建议市教育局完善内部审核流程，加速“教育云”项目的建设进度；进一步加强试点推广工作，使已建成的平台和系统更好发挥作用，全面考虑实施建设和试点推广工作，进一步推进全市中小学教育信息化建设，提高财政投资的使用效率。

（5）建议市教育局及所属单位健全单位内部控制制度建设，强化教育信息化建设和管理的督导机制，抓好现有规章制度的落实工作，加强制度的执行力。

四、审计发现问题的整改情况

对本次审计中发现的问题，审计客体已采取积极措施进行整改。一是以调研为基础推动统筹，为全市统筹提供依据，初步形成了《深圳市教育信息化发展报告》；以标准促进统筹，现已完成《深圳市义务教育阶段学校设备设施配备标准（2019 版）》和《深圳市高中阶段学校设备设施配套标准（2019 版）》的编制工作；启动全市性工程，2019 年着手制定《深圳市中小学“智慧校园 2.0”建设与应用标准》。二是已采用大包集中采购等方式加快“教育云”等建设进度。三是开展智慧校园示范资助经费后续监督检查工作。四是市教育信息中心按照培训服务原招标合同标准与原承办单位签订补充协议，已由原承办单位提供后续的培训服务。五是进一步加强网络安全维护资金统筹规划和预算编制指导工作，协调安排教育信息化资金渠道。六是市教育局通过人才培训培养、外包服务、与市人力资源沟通提高学校的师生比，解决信息化人才的问题。七是市教育局目前正在研究对软件和服务的采购方式进行改革。

思考题：

1. 独立型绩效审计与现代综合审计模式的区别与联系是什么？

2. 专题绩效审计的优缺点是什么？

3. 以科技创新绩效审计内容为例，剖析绩效信息鉴证、绩效水平评价、绩效差异分析三种绩效审计定位在项目中的具体体现。

4. 以中小学信息化建设绩效审计调查项目为例，思考该项目中可能用到的绩效审计方法。

案例三 A 市饮用水源地安全保护绩效审计案例①

本案例再现了 A 市审计局饮用水源地安全保护绩效审计调查项目的立项、方案的编制、审计调查实施、审计调查发现、成果转化等全过程，可以引导学生对绩效审计的几个核心问题，如项目立项、审计评价标准、审计方法、绩效审计与传统审计的关系等进行思考，从而对绩效审计形成一个整体的认识。

一、审计项目概述

在地方经济快速发展、城市化进程高速推进的经济转型时期，A 市审计局针对市区人口逐年增加、用水量逐年增多，水源地域广、污染风险大的特点，从民生工程审计着手，将市区饮用水源地安全保护作为 2010 年的重点审计项目。审计工作得到市政府领导的高度重视和密切关注。审计人员不断加强相关专业理论学习，努力更新知识结构，逐步解决专业难题。审前调查用了近 2 个月时间，及时编制审计实施方案，确定审计重点、拟定审计方法。审计实施历时 5 个月，审计过程中采用了查看资料与走访了解相结合、实地察看与现场摄录取证相结合、问卷调查与聘请专家共同参与相结合、自学专业知识与向有关专家请教相结合、上下联动与内外协作相结合等方法，有效保证了审计质量。通过审计，找出了饮用水源原水水质长期达不到Ⅱ类、E 河取水口搬迁工程效益低下等五个方面的问题，并对问题的产生原因进行分析，针对性地提出了健全体制、完善机制、合理调水等七条建议。审计结果引起了市委、市人大、市政府的高度关注，促进相关部门出台了多项地方性法规与管理制度（办法）。审计过程中，多篇审计信息被审计署、省审计厅采用，××日报、××电视台等主流媒体也进行了采访报道。审计工作受到了社会的广泛关注，收效甚好。

二、审计项目选择

（一）从审计价值考虑

纵观 A 市区饮用水的安全现状，市审计局以科学发展观为统领，以维护民生、促进审计工作全面可持续发展为出发点，增强民本服务意识，着眼民生工程审计。2009 年底，通过将政府关心、社会关注的热点和民生问题向部分省市人大代表、政协委员、市民广泛征求意见，市政府同意确定将市区饮用水源地安全保护的绩效情况列入 2010 年重点审计项目。

① 资料来源：赵耿毅．环境绩效审计实务指南．北京：中国时代经济出版社，2012.

（二）从关注民生考虑

盘点 A 市在 2003—2009 年历次重大水污染事故：2003 年 2 月 16 日，H 河 4 亿立方米污水下泄，Z 湖 210 万千克鱼、虾、蟹全部死亡，直接经济损失近 5 000 万元；2004 年 7 月，H 河 5.4 亿立方米污水下泄，Z 湖 L 镇 G 村 1 万多亩围网受损严重，死蟹 25 万千克，鱼 15 万千克，直接经济损失达 2 000 万元；2005 年，Z 河硫酸钠（芒硝）污染，致沿岸引用该水灌溉的 1 000 亩秧田遭受污染，枯死率达 90%以上，直接经济损失达 200 多万元；2008 年，S 坝（原饮用水源地）旁鱼塘砷污染，直接经济损失达 790 万元；2009 年 2 月，E 河水源遭受人为污染，市区自来水水色异常，居民饮用水安全受到了影响。为维护人民群众身体健康，加强市区饮用水源地的监督和管理刻不容缓。

（三）从审计可行性考虑

市区饮用水源地安全保护绩效审计调查在评价标准和评价体系方面没有现成的模式，经与专家共同研究，上级部门调配了有多年环保专项资金审计经验的财务、工程、计算机人员组成了审计组，借助“×河×湖”水污染防治等项目审计的成功经验，拟以项目建设计划和资金使用要求作参照物进行评价，针对水质分析等知识的不足，一方面征求专家意见，另一方面通过学习、调研、借鉴经验来解决。

（四）从实现审计目标考虑

根据审计调查中发现的水源地在污染防治、管理能力建设、工程投资和资金使用效益等方面存在的问题，提出建设性的意见和建议，促进完善制度、健全机制，进一步加强饮用水源地的监督和管理，保障人民生命健康，满足南水北调东线××段输水线路的水质要求。

三、审计评价标准

如何对饮用水安全保护情况做出客观的审计评价，针对本项目定性评价多于定量评价的特点，以法律、法规和规章，行业技术标准，专家判断，审计职业判断四个不同层面作为本次审计的评价标准体系。

（一）法律、法规及规范性文件

（1）《中华人民共和国水污染防治法》（1996 年 5 月 15 日全国人民代表大会常务委员会第十九次会议通过）；（2）《B 省水资源管理条例》；（3）《B 省人大常委会关于加强饮用水源地保护的决定》；（4）《A 市饮用水源保护暂行办法》；（5）A 市市委常委《关于研究市区自来水水源保护和污染防治有关问题的会议纪要》；（6）A 市人民政府《关于集中整治市区饮用水水源保护区内污染源的意见》；（7）A 市人民政府专题会议纪要《关于加强市区饮用水源保护工作的会议纪

要》；（8）《A市城市饮用水水源地安全保障规划报告》。

（二）行业技术标准

（1）《地表水环境质量标准》（GB 3838—2002）；（2）《生活饮用水卫生标准》（GB 5749—2006）；（3）《城镇污水处理厂污染物排放标准》（GB 18918—2002）；（4）《饮用水源保护区划分技术规范》（HJ/T 338—2007）。

（三）专家判断

适用于法律、法规规定评判标准以外的原因分析、事理评判等。

（四）审计职业判断

主要对项目本身相关节点的效能、效益以及项目涉及的相关部门的架构建设、履职情况等进行分析判断。

四、审计程序与方法

该项目审计（调查）具有水源地域宽、区间环境杂、涉及部门多、资金投入大、专业人才少、审计内容广等特点，在审计（调查）过程中，审计组严格按审计署六号令要求进行，不断创新审计方式方法，确保审计（调查）达到预期效果。审计调查中使用的审计方法如表13-1所示。

表13-1 A市区饮用水安全保护绩效情况审计调查审计方法

项目	内控测试	实地调查	访谈	资料审阅	比较分析	专家经验	专题讨论	计算机审计	问卷调查	检查
原水水质不达标问题		√	√		√	√	√		√	
水源保护区范围划分问题		√	√	√		√			√	
水源保护地方文件规定执行不力问题		√		√	√		√			
管水体制不顺问题	√	√		√	√		√			
备用水源问题		√								
E河取水泵站工程效益问题		√			√					
水质在线监测系统运行问题		√						√		
E河水环境综合整治工程专项资金使用问题	√	√								√
水污染防治专项资金使用问题		√			√					

（一）成立审计协调组

为做好此次审计调查的组织和协调工作，市审计局专门成立了市区饮用水安全保护绩效情况审计调查协调小组。协调小组由局长、分管局长、审计组成员、相关行业 4 名专家、计算机处人员组成，主要负责把握项目进展，及时掌握调查情况并向审计组提出审计指导性意见；统一调配审计力量；研究解决疑难事项；对外沟通协调；统一做好信息上报和媒体宣传报道衔接工作等。分管领导负责项目的全程指导、协调和帮办。

（二）审前调查多样化

审前调查从 2010 年 2 月初开始，到 2010 年 3 月底结束，历时近 2 个月，持续时间长。根据审计质量控制办法，审前调查采取到审计客体了解情况、查阅资料、走访有关监管部门等方式，根据项目的立项背景和审计调查所要达到的目标及审计人员对行业管理的了解程度，主要采取了五种审前调查方式。

1. 纵向与横向结合方法

审计人员分析认为，体现饮用水源安全最本质的指标是水质，影响水质的主要因素是上游污染源、保护区内污染源以及水源地环境监管和水源保护工程作用的发挥。审计人员决定用系统论指导审前调查，从横向和纵向两个方面开展工作。纵向方面，调查各涉水管理部门组织实施的饮用水源地保护项目的资金投入、项目运营、设计能力等基本情况；横向方面，调查了解涉水管理部门职责的履行情况。审计组先后对市环保局、市水利局、市建设局、市卫生局、市自来水公司、P 区、H 区、Y 区、市经济开发区、Z 县等多个部门（单位）以及饮用水源地保护 31 个项目进行了审计调查，基本摸清了市区饮用水源地基础环境总体情况、市区备用水源现状、市区常住人口用水总量以及各级财政 2007—2009 年对饮用水源地保护资金投入等情况。

2. 抽选项目试审方法

审计人员针对饮用水源保护涉及的具体项目较多的情况，按照水源保护工程、污染防治项目、日常监管专项经费三个标准，从众多项目中各选一个有代表性的项目进行初审。通过初审增强审计实施方案的针对性和可行性，为后期的现场审计积累了经验，探索了道路。一是验证了该项目立项的可行性和必要性，查找饮用水源保护项目实施中普遍存在的问题，及时修正了审计思路；二是摸索了审计调查取证的具体方法，如通过对污染防治项目初审，摸索了审查项目申报—资金来源—资金支出—实地查看实施结果四个步骤的审计思路。

3. 多渠道收集资料方法

一是问卷调查。设计 6 类问卷调查表，1 类发放到有关部门和单位，主要围绕部门职责及管水职责履行中存在的问题和困难进行调查；另外 5 类发放到水源地、与水源地有水力交换关系的河流和上游 H 河、Z 湖周边的群众手中，主要围绕居住区周边河道沿线工业企业分布、水上运输、码头生产作业等情况进行调查。共发放问卷调查表 198 张，回收 146 张，回收率 74%。二是实地查看。由于项目审计有很多情况无资料可查，只有深入现场、实地察看，才能取得第一手真实的资料。针对这一特殊性，审计组商请了市海事局协助，借用了一艘执法艇，并邀请市电视台记者一起参与，用近一周的时间，对Z湖、B湖、H河、E河、F河、D河、Z河、X灌溉总渠等河流沿岸的企业排污口、船只流经线、生活污水排放口、农业面源污染等进行现场摄像、记录取证，为制定切实可行的审计实施方案打下了良好基础。三是材料汇报。要求有关涉及饮用水管理的单位，围绕自2007年以来饮用水安全保护方面所做的主要工作、有关项目的进展情况以及在饮用水安全日常管理中存在的问题、困难和解决的方法，以书面材料形式提供给审计组，以便快速整合、全面了解相关信息，提高办事效率。

4. 自学与拜师结合方法

审计人员主动学习"充电"，跨越专业界限，本着缺什么补什么的原则，采取自学和向专家请教相结合的方法，加强饮用水保护方面的专业知识的学习，拓宽知识面，更新知识结构，逐一打破项目专业瓶颈，逐步解决专业难题，为有针对性地确定本次审计调查重点，编制、实施审计方案奠定了良好的基础。

5. 综合分析方法

根据实地察看以及收集到的各种资料，审计人员多方论证、综合分析，最终确定审计调查重点，并对重点调查内容中可能存在的问题，提出补救性建议，为方案的实施提供了坚实的理论支撑。

（三）审计方案定重点

审计组于2010年3月下旬草拟了A市区饮用水源地安全保护绩效情况审计调查实施方案，确定调查水源地水质达标情况，分析影响水质的各种主客观因素；调查现有的管水体制的运行效率，分析影响管水效能发挥的体制、机制等深层次原因；调查水源地保护工程投资效益，分析影响工程效益充分发挥的原因这三个方面为本次审计调查的重点内容。协调小组对方案制定要求明确：一是风险控制意识要强，要充分考虑专业瓶颈；二是严格按照《质量控制办法》和《审计机关审计方案准则》制定；三是目标要具体明确，内容要重点突出；四是重要事项和审计步骤要具体详细，可操作性要强；五是责任明确，因事制宜。针对审计组草拟的方案，协调小组三次召开方案专题研讨会，邀请专家教授对专业方面的可操作性和可能带来的审计风险给予把握、点评、指导。根据专家及与会人员科学合理的意见和建议，草案先后进行了多次修改和完善。在此基础上，审计实施方案做到了实施重点突出，方法适当，可操作性强。审计实施方案制定流程如下：有关资料分析研究→主审编写→协调小组讨论修改→相关专业完善→专家学者把脉→审计组长审核→业务处室审核→局领导审批。

（四）立体审计查源头

2010年3月30日至8月30日，审计组按照审计实施方案开展了现场审计调查工作。现场审计调查呈现以下特点：一是系统论指导调查；二是取证方式灵活多样；三是重大问题重点突破。审计调查采用了内部控制测试、同一调查内容多次现场察看和摄录取证、专业机构检测、外部证据研判、横向分析、分析性复核、专家评价等方法，整个项目开展有序。

1. 找证据辨别真伪

饮用水源地安全最根本的体现是水质达标，而影响水源水质的有多种因素。审计中必须查清影响水源水质的各种因素，研究相关的管水体制、机制和监督管理中存在的问题，并注重对问题产生的原因进行剖析，从完善管水体制、机制和政策制度的高度提出审计建议，从而实现审计目标。

在前期的审前调查中了解到，市环保局、市水利局、市卫生监督所、市政公用局及已经改制的市自来水厂对饮用水原水水质都有监测数据。评价水质是否达标应在一个较长的时段内，包括丰水期、枯水期和平水期。审计组从上述部门分别取得了 2009 年水质监测数据和监测报告。由于受到专业条件的客观限制，审计组决定从上述资料中分析判断证据的可采用性，分析发现市卫生监督所和市自来水厂的监测报告与市水利局和市环保局的监测报告结论相悖。由此，审计人员推断有的部门可能存在资料提供不实的问题。为进一步验证审计人员的判断，审计组走访了城南水厂，负责水质检测的人员反映近几年原水水质一直不达标。同时，经过研究发现，水利部门和环保部门对水质达标都有监管职责，而卫生监督部门对饮用水方面的监督职能重在成品水，原水监督只是内部检测参考，不对外公布；自来水厂已改制成民营企业，原水水质是否达标对水厂处理成本、出厂水的安全至关重要。综合上述情况分析，来自市卫生监督所和市自来水厂的水质监测报告更客观。

2. 查原因实地详勘

针对以上分析结果，审计组人员在无第一手资料的前提下提请协调小组专家讨论，分析认为水质不达标的原因可能是来自保护区上游的污染源和保护区内仍然存在各类污染。协调小组发出认真详查的指令。

一是对保护区内和上游污染源进行实地调查。协调小组向市海事局借用执法艇，沿途实地调查保护区内的工业污染源，农业面源污染和码头、船舶停靠污染，并请××电视台全程录像；走访当地群众了解企业排污对当地生产生活造成的影响；查看 Z 湖内渔业养殖和周边生产生活污水的排放情况；调查 S 市境内监测点的监测数据和来自 S 市境内的污染源。二是分析研讨。经认真比对分析，审计人员最终认定，市卫生监督所和市自来水厂的结论是有效的。

根据市卫生监督所 2009 年 3 月 24 日至 2009 年 11 月 16 日对城南水厂的原水抽检结果，对照《地表水环境质量标准》（GB 3838—2002）中对地表水饮用水原水水质的规定，判定市区饮用水水质达不到国家规定的Ⅱ类标准。

3. 横向比效能

饮用水源日常监管涉及环保、建设、水利、卫生等多个部门，各级政府对饮用水源保护的文件规定也由上述部门参与执行。审计调查中运用横向分析法和内部控制测试法，综合评价水源管理效果。

一是围绕涉水管理部门的职责履行情况，研究管水体制、机制中存在的职责交叉或重复情况，横向评价现行管水体制中存在的问题。审计过程中按照政府分管领导—管水部门—管水职责—治水效果四个层面，从宏观到微观横向对比分析，结果发现涉及管水的水利、环保、建设、卫生、交通等主要部门由5个分管市长领导，水利部门管水源而不管供水，建设部门管供水而不管排水，有关企事业单位管排水而不管治污，环保部门管治污而不管回用。水体是流动的，本应是一个系统管理过程，由于在管理体制上被人为分割且监管程序上未能有效衔接，导致管水综合效果较差。

二是运用穿行测试，抽取若干具体监管事项验证部门之间水源管理信息沟通交流的情况。审计调查中抽取部分事项进行了穿行测试。对市水利局2010年1—8月对Z河在E河入河口的水质监测结果，追踪到市环保局、Z县环保局污染防治措施落实情况，发现市水利局已按规定将监测结果报送到市政府督查室，由于部门之间横向沟通机制不畅，应由环保部门负责的污染防治等后续工作没有衔接，导致Z河水质污染在1—8月连续超标情况未得到及时处理；对水利、环保、建设和卫生部门之间日常涉水监管信息的交流情况进行验证，发现各部门信息互不交流、各自为政。

三是围绕各级政府对饮用水源保护的文件规定的执行情况，分析文件尚未执行到位的原因。通过对水源保护文件规定执行情况调查分析发现，水源保护涉及多个部门和单位，由于没有形成长效的部门联动治水机制，有时单靠几次部门联合“运动战”或个别部门“单兵作战”难以达到理想的监管效果。

4. 纵向查效益

饮用水源保护项目效益的发挥对饮用水安全至关重要，涉及饮用水安全的专项资金主要用于水源地保护工程建设和水污染防治。审计过程中采用了项目实地验证法、分析性复核法和计算机采集业务数据分析法，对E河水环境综合整治项目、E河新取水口搬迁等项目的资金效益和工程效益进行分析评价。

在E河水环境综合整治项目中央补助财政资金的审计中，把项目资金使用是否规范作为审计重点，按项目申报内容—专项资金收支—实地察看—重新验证项目申报内容的方法实施审计。审计组进点时，项目实施单位P工业园区管委会提供了与项目申报内容相符合的支出账册、凭证，从账面上看不出破绽。但审计组按照项目申报内容到实地察看，发现该工程实施单位P工业园区管委会将部分中央财政资金“以奖代补”用作P区城市拆迁改造，属于E河水环境综合整治工程项目申报范围的工作没有开展。项目资金被挪用，没有发挥效益。该问题已移送至A市纪委做后续处理。

在E河取水泵站使用情况的审计调查中，审计人员曾经2次到取水口现场调查，发现取水泵站没有使用，就此询问了泵站值班人员，其推托说泵站维修；后又3次到现场察看，泵站仍然没有使用。这一现象引起了审计组的高度关注。取水口工程使用单位是市自来水厂，该厂现已改制成民营企业。经审计协调小组联系，从市供电公司取得了E河新取水口泵站自运行以来的实际用电量，从市政公用局取得了城南水厂2008年至2010年6月的实际供水量。根据市政公用局提供的E河泵站工程设计安装图纸，了解泵站功率、单位时间内取水量，测算出泵站实际取水量，将泵站实际取水量与城南水厂同期内的供水量进行对比分析，得出泵站未正常使用，城南水厂仍从老取水口取水的事实，工程效益没有充分发挥。

对 E 河取水口水质自动监测站运行情况的审计调查中，审计组围绕系统设定的数据采集、分析和系统报警功能，从自动监测站主机上采集自运行以来的业务数据（2008 年 7 月 25 日至 2010 年 6 月 29 日），分析验证系统功能的实现情况，然后把原系统业务数据进行整合并导入 AO 系统，利用 AO 分析工具分析得出：有 21 天 600 条记录未达到系统设定的每 4 小时采集分析数据的标准；有 143 天未采集数据；设定的监测参数高锰酸钾指数 5 次超标未报警；系统未设定采集分析的 EC 和 TRUB2 参数报警 22 767 次；溶解氧（DO）超标 2 191 次而系统只报警 12 次；水温超标 3 次却报警 526 次；设备状态异常 104 次而系统却报警 383 次。系统基本功能没有实现。

对水污染防治资金审计调查中，将环保、发改委、经信委等部门申报及批复的文件，按照申报单位、申报内容进行汇总交叉复核并实地察看项目实施情况，发现 T 化工公司等 7 家企业存在以同一项目重复申报财政资金的问题。

5. 专家共把脉

水源保护区是一个城市的生态敏感区域，在某种程度上，保护区划分范围的大小也是与地方政府经济发展理念相妥协的结果。保护区范围一经划定，对项目准入和城市发展有一定的限制。结合 A 市区饮用水源地水系复杂及承担南水北调东线输水任务的客观实际，审计组关注现有的水源保护区是否适应水源保护的客观需要。针对这一问题，审计组实地调查了现有水源保护区、市区境内的水系分布流向、与水源地有水力交换关系的河道沿线的污染源分布情况以及在南水北调输水线路中承担的任务。组织水利、环保、建设部门的专家，共同讨论分析，他们一致认为因水系复杂，应适当扩大现有的水源保护区范围，并提出搬迁市区 D 河两岸企业的建议。通过专家的适时指导，解决了专业难题，提高了审计结论的专业性和权威性。

（五）审计模式多样巧创新

在项目实施过程中，有效整合审计资源，采取上下联动、内外协作、资源共享等方法开展工作。在筛选 2010 年全局审计项目后，将省办公厅的“一条鞭”项目、处室内部及处室之间的关联项目整合开展。省办公厅组织的节能减排项目审计，揭示了影响市区饮用水源地水质的工业污染源和污染防治专项资金使用存在的问题；固定资产投资项目审计，评价了饮用水源地保护项目运行情况和财政资金使用预期效益；市水利局等单位任期经济责任审计，发现了饮用水源地保护项目资金使用不规范等问题。审计模式的创新和审计资源的有效整合，提高了审计工作的效率和质量。

五、审计结果与审计建议

（一）审计调查结果

1. 绩效认定

经过市环保局、市水利局、P区、H区等部门（单位）的共同努力，市区饮用水源地在规划建设、日常监管和备用水源地建设等方面取得了一定成效，水环境质量得到了不断改善，饮用水安全保障程度有了进一步提高。(1) 根据省定方案划定饮用水源地保护区域。按照省定划分方案，市区E河、F河两个饮用水源地分别划定了一、二级保护区和准保护区，并树立了保护标志牌。A市相继编制了《A市城市饮用水源地安全保障规划》《入河排污口整合规划》，为市区饮用水源安全保障提供了技术支撑。(2) 各级政府专项投入大。2007—2009年中央、省、市共投入专项防污治污和安全保护资金53 723.5万元，目前已到位使用47 396.24万元，为饮用水安全保护提供了物质保障。(3) 创新监管体制机制建设。市政府建立了E河饮用水源地巡查组织网络体系，制定了饮用水源地巡查和定点值守管理制度。同时，积极探索适合本市河道管理和饮用水源地保护的新机制，在全省率先实行"河长制"，对水源流经区域，明确县（区）、乡（镇）、村三级党政主要领导为第一责任人，层层分解目标任务，落实责任到人。(4) 形成饮用水保护立体监管框架。市环保局、市水利局等监管部门在日常监管、人工监测的基础上，建立了水质自动监测和污染源在线监控体系，市水源地保护立体监管框架基本形成。(5) 建立饮用水源地保护应急预警机制。全市出台了突发公共事故应急预案，市水利、环保、建设等各相关部门在各自的职责范围内都建立了饮用水源突发性污染应急预警制度，为突发性水污染事故提供了制度保障。(6) 推进市备用水源地建设进程。市区饮用水源主要来自Z湖，易受H河流域突发性水污染影响。市政府积极开展城市备用水源地工程建设，确定将南水北调通道——B湖作为市区的备用水源地。同时，建设F河节制闸，利用拦蓄的河川库容作为短期应急用水的工作正在有序开展。

2. 审计调查发现的主要问题及产生的原因

(1) 饮用水原水水质长期达不到Ⅱ类。市卫生监督所2009年3月24日至2009年11月16日对城南水厂的原水抽检结果显示，水源污染频次越来越多，总氮在Ⅳ左右，有1/3的时间超出Ⅴ类，总磷长期在Ⅲ左右，石油类长期在Ⅲ左右，化学需氧量长期在Ⅲ左右。氮、磷和化学需氧量长期超标，直接导致藻类长期存在。原水有些指标长期在Ⅳ类和Ⅴ类，达不到国家规定的Ⅱ类限值。

1) 直接原因。一是保护区上游的污染源。①上游H河来水沿途携带的大量污染物流入Z湖内。②Z湖周边有12家较大企业直接或间接向Z湖排污（S市境内有7户）。据2009年监测资料统计，有11家企业排污口水质标准在Ⅲ类以上，超标数达92%。③湖区周边农业生产活动中化肥、农药等产生的面源污染、周边乡（镇）居民生活污染和湖区内水产养殖投放的饵料污染等污染源。上述因素导致 Z 湖富营养程度加重。市环境监测站 2009 年人工监测数据显示：2009 年 Z 湖总体水质劣Ⅴ类，主要污染物为总氮和总磷，超标率均为 100%，L 乡测点总氮最高年均值超标 1.58 倍，M 乡测点总磷最高年均值超标 3.4 倍。2009 年总体水质富营养状态指数比 2008 年上升了 3.6 个百分点。二是保护区内各类污染源。水源地保护区内仍然存在生活污染、农业面源污染、工业污染及潜在风险污染等。

2）根本原因。一是地方监管部门对来自 H 河上游的污染源管理缺乏主动，H 河上游向下游排污的流域性水污染问题一直未能解决。二是由于行政区划的调整，Z 湖 1/2 湖面在 S 市境内，对来自 S 市境内的污染源 A 市无法监管。三是对沿湖部分企业污染物排放监管不力。四是少数地方产业布局不合理，环评准入制度未能有效执行。五是地方财力投入有限，湖区周边面源污染治理未能引起足够重视。

（2）现有保护区范围不能满足饮用水源保护的客观需要。省人大文件要求，保护区现有的划定范围为取水口上游 3 000 米，下游 1 500 米（从水域到相应的陆域范围）。由于水系纵横交错，E 河和 F 河存在处于水系交错中心位置的客观水环境状况，已划定的保护区只局限在水源地本身一定的范围内，对于与水源地有水力交换关系的 Z 河、××灌溉总渠、D 河等可能带来的污染源未予充分考虑。已划定的保护区不能适应饮用水源保护的客观需要。

Z 河沿线的盐化工企业排放的氯化物和硝酸盐以及生活污染源，导致 Z 河在 E 河水源地入河口水质连续超标。2010 年 1 月 5 日至 2010 年 8 月 5 日，市水利局委托省水文水资源勘测局在 Z 河与 E 河入河口共监测水质 22 次，超标 5 次（3 月 15 日氨氮超标，5 月 15 日高锰酸盐指数、氯化物超标，6 月 25 日氯化物超标，7 月 25 日溶解氧超标，8 月 5 日高锰酸盐指数、溶解氧超标）。2010 年 7 月 27 日，审计组在 Z 河中游取回的 B 化工公司、T 化工公司排入 Z 河的水样检测结果显示，T 化工公司的氯化物为 468mg/L，硫酸盐为 578mg/L，分别超过标准 87.2% 和 131.2%；B 化工公司的氯化物为 415mg/L，硫酸盐为 452mg/L，分别超过标准 66%和 80.8%（农业灌溉标准 250mg/L）。××灌溉总渠沿线化工企业生产的部分苯类和硝酸类化工产品，通过××灌溉总渠外运，船舶往来运输事故、化工产品的破损和泄漏、企业偷排等风险极大。D 河两岸的 Q 石化公司、A 电化公司、E 化工公司、Y 电厂等大中型企业的风险污染源对市区饮用水源地的水质也存在安全隐患。

水源地保护区作为城市生态敏感区域，其生态、环境及空间方面对区域人口、产业布局具有较高的要求，保护区一经划定，客观上在项目准入、城市发展等方面具有制约作用。如何合理划分保护区以确保水源安全，同时引导生态环保产业入驻，促进水源保护、城市建设和经济发展协调统一仍是现实难题。

（3）水源地环境的监督和管理不到位。

1）水源保护地地方政府上级文件未能有效执行。2004 年以来，国家部委，省、市政府和相关部门先后多次颁布水源地保护有关的法规和文件。但审计调查发现，部分地方政府和相关部门存在政府文件执行不力的问题，本地污染源仍未得到根治。一方面，饮用水源地治理是一项长期工作，需要多个部门（单位）通力协作，虽然在实际工作中有“运动战”或“单兵作战”，但没有形成多部门联动的长效治理机制；另一方面，污染源的根治涉及企业搬迁、居民拆迁安置等问题，需要必要的资金作为支撑，单纯依靠县（区）财力客观上难以实现。同时，污染源的屡治屡犯，也增加了环保、水利等部门的执行难度和执法成本。

2）水源监管体制不顺畅，部门之间缺乏信息沟通机制。市水利局、建设局、环保局、卫生局等部门均对水源保护有相应的管理职能。审计调查发现，水资源管理格局表现为管水源的不管供水、供水的不管排水、排水的不管治污、治污的不管回用。在水资源管理遇到问题时，由于部门间缺少横向信息交流机制，形成时间上的拖延，影响及时有效地防范治理和消除面临的风险隐患。

造成上述状况的主要原因是水源管理部门之间职责交叉，管理体制没有理顺，未能形成协调统一的管理架构，导致在实际工作中部门之间职责不明确，部分工作难以落实，责任归属难以区分，相关部门关联监管工作缺位或延迟。

3）水源预警监控信息分散在不同部门。目前，市区饮用水源地已形成了自动监测、人工监测、日常监管相结合的水源地立体预警监控框架。市水利、环保、建设等部门对水源水质均有预警监控管理职能，但是自动监测、人工监测和日常监管这三个方面的日常监管信息分散地保存在各部门，未能建立信息整合平台，综合分析水源预警监控的整体情况。上述监控管理信息未能有效整合，主要是由于该项工作未能引起相关部门的足够重视，未能加大前期投入和协调配合。

4）B湖备用水源地污染源急需整治。市政府已将B湖定为了市区第二水源地。但B湖水环境状况堪忧：一是Z县污水处理厂的尾水通过X河排入B湖，尾水排放执行《城市污水处理排放标准》，远低于饮用水源水质标准。据了解，Z县每天产生生产、生活污水5万多吨，该县污水处理厂日处理能力只有4万吨，其余1万多吨污水直接排入X河而进入B湖。二是B湖内无序的渔业养殖污染。三是湖周边的地表径流旱季汇集的生产废水和生活污水会在雨季下泄排入B湖。

（4）E河取水口搬迁工程效益低下。由于S坝干渠（城南水厂原取水口）的水质受到两岸居民生活、农业面源等污染，影响了市区饮用水源安全，市政府决定将S坝干渠取水口直接搬迁至E河取水。E河取水口搬迁工程包括城南水厂至新取水口输水管网、取水泵站和水质自动监测站。新取水口泵站的使用及水质自动监测站的运行没有达到预期效益。

1）新取水口泵站未正常使用，仍从原取水口取水。2008年4月至2010年6月，城南水厂实际供水6 830万吨，折算原水量6 969万吨（按生产损耗原水2%计算），其中：新取水口取水量3 589万吨，老取水口取水量3 380万吨，新取水口取水量占总取水量51.50%。城南水厂仍然从老取水口S坝干渠取水使用，企业从自身效益考虑，不愿放弃原取水通道。由于E河取水口地势较高，需要靠泵站提升再输往城南水厂，全部使用泵站取水，企业每月需增加电费成本20余万元。

2）水质自动监测站在线监测功能作用有限。一是系统运行不稳定，基本的数据采集、分析和报警功能没有发挥。E河取水口水质自动监测系统于2008年7月25日调试运行，人工设定7项分析指标（水温、浊度、PH值、溶解氧、电导率、氨氮、高锰酸钾指数），4 小时分析存储数据一次。审计组调取 2008 年 7 月 25 日至 2010 年 6 月 29 日之间的数据分析发现，系统有 600 次没有适时分析数据，143 天没有采集数据，2010 年 4 月 8 日、5 月 7 日、5 月 22 日水温超标却没有报警。二是本地特征性的有毒污染物未在监测范围之内。该系统内置设定监测参数 33 项，在用指标仅为 7 项且都是常规的监测参数，对直接威胁饮用水源安全且有本地特征污染源的有毒污染物（如重金属类参数）没有设定，弱化了在线监测的意义。

（5）饮用水源地综合整治资金违规使用。

1）项目资金拨付不够及时或用于其他方面。2007—2009 年各级财政安排 A 市水污染防治及市区饮用水源地保护资金不能及时到位。E 河饮用水源地环境综合整治项目由 P 工业园管委会负责实施，项目总投资 15 500 万元，其中：中央财政资金 1 814 万元。审计调查发现，该项目资金主要用于 P 园区城市建设性质拆迁补偿等，项目申报的新取水口水源保护区内应该搬迁的 J 铸造公司、S 建材公司、L 化工公司 3 家企业并未搬迁。此外，W 镇 E 河周边环境整治工程也未实施。

2）同一项目重复申报获取上级补助资金。A 市 H 河流域“十一五”污染防治规划项目 28 个，审计调查发现有 7 家企业以同一项目重复申报，虚报了项目资金。省财政厅、环境保护厅于 2008 年 12 月发布了《关于下达 2008 年度 H 河流域中央财政水污染防治项目专项补助资金通知》，下达 T 化工公司等 6 家企业中央“×河×湖”流域水污染防治财政专项补助资金。省财政厅于 2009 年 6 月发布了《关于下达 2009 年十大重点节能工程、循环经济和资源节约重大示范项目及重点工业污染治理工程建设扩大内需中央预算内基建支出预算（拨款）的通知》，下达上述 6 家企业第三批扩大内需中央预算内基建支出预算（拨款）指标。T 化工公司等 6 家企业以同一个项目两次申报专项资金，虚报项目资金。B 电化公司于 2008 年以综合污水生化处理装置扩能改造项目通过市发改委向国家发改委申请资源节约和环境保护项目资金。同年，又以此项目通过环保部门向国家环保部申请项目预算资金。

（二）审计调查建议

1. 健全体制，为水源地保护提供组织保证

建议成立市水资源综合管理领导小组，由市政府主要领导任组长，分管市长任副组长，下设办公室为常设办事机构，各相关部门为成员单位。办公室全面负责水资源规划、开发利用和省际、市际上下流域之间污染排放协调工作。加强水事法律、法规建设，完善管理制度建设，监督检查各成员单位工作落实情况。各成员单位按照职责分工，建立责任制，把水资源管理纳入日常考核。

2. 完善机制，实现监管部门信息共享

进一步完善政府、部门间横向和纵向相结合的信息交流机制，以现有的地理信息系统作为基础和平台，整合已运行的水质在线监测系统信息、污染源在线监控系统信息以及人工监测和日常监管信息，建立水源水质信息管理系统，实现水

源管理信息化，提高水源管理预警水平。

3. 合理调水，有效应对上游H河突发性水污染

H河上游突发性水污染成为市区水源地安全的最大威胁。对水利工程的合理调度，是目前应对H河突发性水污染的有效方法之一。一是在正常年份，调度上游水利工程分批少量下泄水流，避免水流集中下泄；二是在上游污水汇集多的干旱年份，Z湖在雨季污染范围大，如果Y河、S河水量丰沛，则可从L湖调水入Z湖冲污稀释；Y河水紧缺时，可启动江水北调工程，利用长江水对水源地污水稀释。三是及时调度Z湖下游控制工程，拓宽、疏深H河出口至J坝船闸的航道，使H河污水沿航道直接经×河闸下泄，避免H河污水进入Z湖后再排出，尽量减少Z湖污染范围，加快排污速度，减少污水对Z湖东南部水域水质的影响。

4. 因地制宜，合理扩大市区饮用水源保护区范围

建议市政府提请省有关部门将饮用水源保护范围向上游Z湖、××灌溉总渠、D河等流域扩大；同时引导生态环保产业入驻保护区，促进水源保护、城市建设和经济发展协调统一。

5. 加强督查，保证E河取水口搬迁工程发挥预期效益

市建设部门要督促城南水厂正常使用新取水口，杜绝再从S坝干渠取水。对水厂经营过程中确实存在的困难经核实后实事求是地予以解决；完善水质监测管理，增加水质在线监测指标，充分发挥水质在线监测系统的作用。

6. 抓紧落实，强化Z湖湖区污染源治理

提请省政府成立Z湖水环境监管专门协调机构，全面监管湖区周边的污染源。加强与S市沟通协调，确保来自S市境内的污染源达标排放。

7. 加大宣传，进一步提高公众的参与意识

饮用水源地保护涉及群众饮水安全和人身健康，关乎广大群众的切实利益，因此，政府及相关部门要加大宣传力度，呼唤社会公众积极参与，力争做到水源地保护工作全覆盖。

六、审计成效

审计结果引起了市委、市人大、市政府领导的高度关注，相关县（区）部门对该项目工作十分重视，审计成效显著。

（一）领导部门合力办案，出台文件，亲临指导

（1）市委成立工作组，专项落实饮用水源地保护区上游E河水源地上游3家企业搬迁及E河取水口附近居民的安置工作。

（2）2010年7月，市人大常委会根据《关于A市2009年度本级财政预算执行和其他财政收支的审计工作报告》中反映的饮用水安全存在的问题，出台了《关于加强饮用水水源地保护的决定》。

（3）2010年7月，市政府根据《审计要情》反映B湖水环境监管迫在眉睫，出台了《关于规范B湖涉渔活动保护渔业资源管理的通告》。

(4) 2010 年 11 月 10 日，市人大领导到相关部门专题调研市区饮用水源地保护审计及整改情况，在认真听取了审计情况汇报后，还实地察看和督查了有关项目的整改情况。

(5) 2010 年 11 月 12 日下午，市人大常委召开第二十九次主任会议，专题听取市审计局局长对市区饮用水源地安全保护绩效审计情况的汇报及市人大财经委主任对市区饮用水源地安全保护绩效审计调研情况的汇报。会议认为，市区饮用水源安全审计报告反映问题比较客观，原因分析到位，建议具有针对性和可操作性，审计为政府决策提供了依据，为人大关于饮用水保护方面的决议提供了参考，并提出了完善制度、形成长效机制和加强监督、落实整改措施的建议和意见。

(6) 市政府召开专题会议（2010 年市政府第 59 号会议纪要），责成市发改委、环保局、财政局三个部门在规定时间内收回 7 家企业虚报的财政资金，重新安排其用于其他污染防治项目。

(7) 审计结束，市委、市政府领导对审计报告和《审计要情》分别做出批示，认为审计报告提出的问题客观存在，建议切实可行，有关部门应抓紧落实；市区饮用水安全事关重大，《审计要情》提出的问题，希望有关部门引起高度重视，采取切实有效措施，确保饮用水安全。

(8) 审计中向市纪委移送的《关于××工业园区 P 工业园管委会涉嫌挪用专项资金的移送处理书》，市纪委对所反映的问题正在调查。

（二）平行单位积极响应，联手搭台，多管齐下

(1) 2010 年 9 月，P 工业园管委会出台了《关于 E 河饮用水源地环境综合整治工程项目整改意见》。

(2) 2010 年 10 月，P 区出台了《关于加强 E 河饮用水源地保护的管理意见》。

(3) 2010 年 11 月，市环保局出台了《关于加强水质自动监测站管理的通知》。

（三）落实整改

(1) P 工业园管委会对未搬迁的企业和居民做出限期搬迁的承诺。

(2) 2010 年 7 月 20 日，市环保局根据审计通报的情况，制定了 B 湖水污染防治规划和 Z 河水环境综合整治规划工作方案。B 湖规划为饮用水源地，以污染防治为主；Z 河以整治工业废水为主，同时建设管网工程，解决尾水出路问题。

(3) 在审计实施过程中，市水利局、环保局协同 P 区、Y 区成立整治专项小组，共拆除 E 河、G 河饮用水源地小码头 32 座，浮吊 24 个；聘请当地渔民巡查 E 河上、中、下游的 E 河闸、E 河和平渡口、五岔河口的 E 河水质情况；增加对 F 河水源地五叉河口附近的 N 电厂、L 水泥厂码头巡查频次，督促对 N 电厂做好码头围堵。

（四）审计成果转化

(1) 编写“审计方法”2 个（居民饮用水质自动监测站计算机审计方法、污染

源在线监控系统审计方法），在省厅评比中获得优秀奖，并推荐参加审计署评比（评比结果及相关资料在省厅计算机处）；AO案例1个（AO系统在水质自动监测现场控制系统运行情况审计中运用）。

（2）审计信息被采用7篇，其中，审计署1篇，省厅6篇。

（3）项目引起多家媒体关注：2010年4月8日，××日报报道《市区饮用水安全进入审计视线》，被人民网、中国水利网和环球电子商务网等多家网站转载。

（4）××电视台2010年4月25日晚播出“市审计人员实地察看Z河、E河等市区饮用水水源污染情况”，被省网络电视台转载。

（5）2010年11月7日，××日报发布《筑起“免疫”屏障——市审计局加强饮用水源地安全保障专项审计纪实》。

七、经验与体会

领导重视是做好工作的保证。饮用水安全事体重大，加强监管、完善制度、健全机制势在必行。市县级领导单位高度重视，相继出台了多项文件、法规、条例，并采取了相应措施，使工作得以顺利开展，在体制和措施上为开展工作起到了保证作用。

社会关注是推进工作的压力。新闻媒体的参与、各界人士的关注于无形之中增强了审计人员的责任感，国家、省市报刊、电视传媒等各类宣传报道也潜移默化地给审计工作施加了压力。在这样的压力下，审计人员拜师学艺，自我充电，更新知识，提高能力，付出了常规审计工作数十倍的艰辛，以期不负众望。

严谨求实是开展工作的前提。全面细致的审前调查、刻苦艰辛的资料分析、周密翔实的实施方案、聘请专家的审慎把脉、领导集体的严格审批是做好此项审计的前提。由于这项工作风险系数极高，容不得半点马虎，勤奋学习、认真思考、查阅资料、虚心请教、边审边学、学会沟通协调，是审计人员应具备的条件。

创新方法是实现目标的基础。创新审计方法，借鉴成功经验，拓宽审计视野，整合有效资源，多重标准评价，提高审计质量是做好此次绩效审计的基础。上下联动、内外协作、横向调研、专项审计的立体模式运用，审计方法编写、AO方式创建、软件系统使用的科技手段渗透为审计评价提供了科学的依据，为实现审计目标夯实了基础。

实现目标是完成使命的动力。此项目开展当初，审计组就确立了边审计边整改、促进审计成果转化的思路，对审计调查过程中发现的问题适时以审计要情、审计信息等方式及时向地方领导机关报送，促进相关部门进行有效的整改完善。审计人员出于对民生负责的责任感和使命感，在民间回访、向上级汇报、维持部门协调的基础上认真督查，尽最大可能实现初始的审计目标，最大限度地做到让人民满意。

思考题：

1. 审计组织选择绩效审计项目的原则有哪些？
2. 绩效审计方法与合规审计方法的区别是什么？
3. 绩效审计产出与合规审计产出的区别是什么？
4. 绩效审计评价标准如何确定？

国外绩效审计案例

参考文献

[1] 最高审计机关国际组织. 绩效审计实施指南.

[2] 最高审计机关亚洲组织. 绩效审计指南.

[3] 最高审计机关国际组织. 关于绩效审计、公营企业审计和审计质量的总声明.

[4] 最高审计机关国际组织. 最高审计机关国际组织审计准则.

[5] 美国审计署. 美国政府审计准则.

[6] 郑石桥. 绩效审计方法. 2 版. 大连：东北财经大学出版社，2017.

[7] 郑石桥. 管理审计方法. 2 版. 大连：东北财经大学出版社，2017.

[8] 赵耿毅. 绩效审计指南. 北京：中国时代经济出版社，2011.

[9] 罗奈尔·B. 罗姆，斯蒂芬·L. 摩根. 绩效审计：一个计量的过程和方法：第 2 版. 陈华，李丹，等译. 北京：中国时代经济出版社，2014.

[10] 蔡立辉. 政府绩效评估. 北京：中国人民大学出版社，2012.

[11] 万振邦，葛蕾蕾. 政府绩效管理. 北京：中国人民大学出版社，2015.

[12] 卓越. 公共部门绩效评估. 北京：中国人民大学出版社，2015.

[13] 方振邦，罗海元. 战略性绩效管理. 3 版. 北京：中国人民大学出版社，2010.

[15] 杨肃昌. 中国公共支出绩效审计制度研究. 北京：经济科学出版社，2014.

[16]《国外绩效审计理论与实务》课题组. 国外绩效审计理论与实务. 北京：中国时代经济出版社，2010.

[17] 欧阳华生. 中国政府绩效审计研究：理论基础与制度变迁. 北京：经济科学出版社，2010.

[18] 祁敦芳，叶鹏飞，叶忠明，等. 政府绩效审计. 北京：中国时代经济出版社，2009.

[19] 施青军. 中国特色的绩效审计探索. 北京：中国财政经济出版社，2007.

[20] 赵保卿. 绩效审计理论与实务. 上海：复旦大学出版社，2007.

[21] 陈宋生. 政府绩效审计研究. 北京：经济管理出版社，2006.

[22] 蔡春，刘学华. 绩效审计论. 北京：中国时代经济出版社，2006.

[23] 刑俊芳，陈华，邹传华. 最新国外绩效审计. 北京：中国审计出版社，2001.

［24］赖火云．走进深圳政府绩效审计．北京：中国时代经济出版社，2005．
［25］鲍国明．国外绩效审计方法与案例．北京：中国时代经济出版社，2004．
［26］赫伯特．管理绩效审计学．张国祥，等译．北京：烃加工出版社，1988．
［27］李克勤．绩效审计．广州：中山大学出版社，1988．
［28］刘世林．政府绩效责任审计及其评价模型．北京：中国时代经济出版社，2011．
［29］李璐．政府绩效审计研究．武汉：湖北科学技术出版社，2009．
［30］R. E. 布朗．政府绩效审计．袁军，等译．北京：中国财政经济出版社，1992．
［31］曲明．政府绩效审计：沿革、框架与展望．大连：东北财经大学出版社，2016．
［32］聂萍．顾客导向型政府绩效审计制度改进与实现途径．北京：中国人民大学出版社，2015．
［33］曲婧．我国自然资源绩效审计评价指标体系研究．北京：中国时代经济出版社，2014．
［34］冯均科．基于过程控制的公共投资项目绩效审计评价制度建设与指标设计研究．北京：经济科学出版社，2014．
［35］薛芬．农村饮水安全工程绩效审计研究．北京：中国时代经济出版社，2014．
［36］张慧英．军队绩效审计推广应用研究．北京：中国时代经济出版社，2014．
［37］陈薛金．绩效审计理论与实务．北京：中国时代经济出版社，2013．
［38］审计署外资运用审计司．国外贷援款项目绩效审计评价指标体系研究及案例．北京：中国时代经济出版社，2012．
［39］周亚荣．政府治理视角下的中国政府绩效审计研究．武汉：武汉大学出版社，2010．
［40］李四能，叶晓钢．绩效审计实务．北京：中国时代经济出版社，2009．
［41］刘晓莲．市县绩效审计．北京：中国时代经济出版社，2009．
［42］刘均刚．外资绩效审计实践与探索．北京：中国时代经济出版社，2009．
［43］谢力群．宏观服务型绩效审计模式·实例．北京：中国时代经济出版社，2008．
［44］周云平．转型期政府绩效审计模式研究．济南：山东人民出版社，2008．

中国人民大学出版社　管理分社

教师教学服务说明

中国人民大学出版社管理分社以出版工商管理和公共管理类精品图书为宗旨。为更好地服务一线教师，我们着力建设了一批数字化、立体化的网络教学资源。教师可以通过以下方式获得免费下载教学资源的权限：

★ 在中国人民大学出版社网站 www.crup.com.cn 进行注册，注册后进入“会员中心”，在左侧点击“我的教师认证”，填写相关信息，提交后等待审核。我们将在一个工作日内为您开通相关资源的下载权限。

★ 如您急需教学资源或需要其他帮助，请加入教师 QQ 群或在工作时间与我们联络。

中国人民大学出版社　管理分社

教师 QQ 群：648333426（工商管理）　114970332（财会）　648117133（公共管理）
教师群仅限教师加入，入群请备注（学校＋姓名）

联系电话：010-62515782，82501868，82501048，62514760

电子邮箱：glcbfs@crup.com.cn

通讯地址：北京市海淀区中关村大街甲 59 号文化大厦 1501 室（100872）

管理书社　　人大社财会　　公共管理与政治学悦读坊